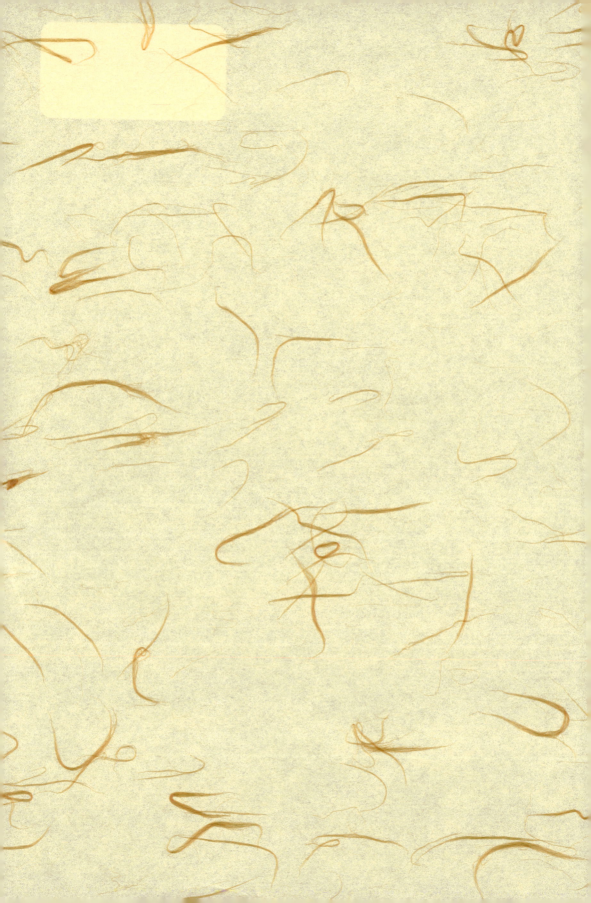

丽泽忆往

刘家和口述史

刘家和 口述
全根先 蒋重跃 访问整理

SINCE 1897
商务印书馆
The Commercial Press

图书在版编目（CIP）数据

丽泽忆往：刘家和口述史 / 刘家和口述；全根先，蒋
重跃访问整理 . —— 北京：商务印书馆，2021
ISBN 978-7-100-19211-8

Ⅰ.①丽…　Ⅱ.①刘…　②全…　③蒋…　Ⅲ.①刘家
和—自传　Ⅳ.① K825.81

中国版本图书馆 CIP 数据核字（2020）第 247562 号

丽泽忆往
　　—— 刘家和口述史

刘家和　口述

全根先　蒋重跃　访问整理

商 务 印 书 馆 出 版
（北京王府井大街 36 号　邮政编码 100710）
商 务 印 书 馆 发 行
北京艺辉伊航图文有限公司印刷
ISBN　978-7-100-19211-8

2021 年 1 月第 1 版　　　开本 787×1092　1/16
2021 年 1 月北京第 1 次印刷　印张 24½　插页 6

定价：86.00 元

2015 年，在北京师范大学校园

在国家图书馆

大学毕业照

中年时的刘家和

2007年，参加学术会议

2013年，在电脑前工作

2015 年，在写作

2019 年，在北京师范大学讲课

刘家和（右1）与白寿彝（右3）、杨钊（右5）等合影

1995年，参加全国希腊罗马史学术讨论会（前排左2）

与北京师范大学史学研究所教师合影（左起：易宁、许殿才、吴怀祺、龚书铎、刘淑玲、刘家和、瞿林东、陈其泰）

2019年，与丘成桐（左）在清华大学合影

2019 年，在《史苑学步》新书发布会上讲话（左 1 廖学盛，右 1 陈启能）

2017 年，博士论文答辩会后合影

2019年，在北京师范大学史学理论与史学史研究中心座谈（右起：杨共乐、刘家和、蒋重跃、于殿利、郑殿华、刘林海、王大庆、李渊）

刘家和与夫人金德华合影

1998 年，正在新加坡国立大学讲学的刘家和教授（左 3）和夫人金德华（左 2）与丁伟志研究员（左 1，曾任中国社会科学院副院长）、庄锦章教授（左 4，新加坡国立大学哲学系主任）合影

2018 年 4 月 9 日，第一次口述史采访，全根先（左）宣读伦理声明

刘家和、蒋重跃在口述采访中

在国家图书馆接受口述史采访（左起：谢忠军、蒋重跃、刘家和、全根先、刘东亮）

刘家和素描像

引　子

我叫刘家和，姓刘，名家和；家是排行，和是我的名字。这个名字还有故事，叫刘家和的人不知道有多少，我的家里就还有一个叫这个名字的人，他比我至少要大五岁。

我的家乡是江苏省南京市六合县。我出生的时候，这里是一个县城，现在是六合区。我生于民国十七年（1928）农历冬月①初九，公历是12月20日。我出生的时候，我们家还是一个大家庭。

今天你们采访我，可能我这个人还是有些特点，有我的一点个性。为什么我会成为现在这个样子？先不说好坏，其中也反映了不同时期的历史背景和人民生活。我个人是渺小的，是那个时代、国家和民族，以及我个人的家庭环境和生活经历使我逐渐成为现在这个样子。

---

① 冬月：即农历十一月。成语"寒冬腊月"，十月为寒月，十二月为腊月。按：本书以下注释除非注明刘家和先生自注，其余皆为整理者所加。

目　录

上篇　往事回忆 / 1

一　童年时代 / 3

二　国难临头 / 30

三　我的高中 / 55

四　江南大学 / 75

五　南京大学 / 118

六　辅仁大学 / 128

七　北京师大 / 146

八　东北师大 / 164

九　重回北京 / 175

十　动荡年代 / 201

十一　岗位转移 / 225

十二　教学科研 / 254

下篇　丽泽卮言 / 283

十三　关于历史的客观性 / 285

十四　历史理性问题 / 312

十五　关于历史比较研究 / 337

十六　学术工作的基础问题 / 363

十七　记忆与史 / 383

后　记 / 387

上篇

往事回忆

一　童年时代

1. 记忆缘起

我想首先从我的家庭说起，因为一个孩子总是出生在家庭里，离不开家庭环境。我是民国十七年（1928）底出生的。我最早能够记事，1929年很少，只记得个别事情，1930年就记得比较多了，因为这一年有几件大事。

1930年，就是民国十九年。这一年，我的家乡发大水，滁河①涨水，把六合南面的城门淹了一半。从南门要坐小船出去，城墙高高的，水位很高，比一个成年人还高，南门的城墙上，沿着河道都做了记号。这是一件事。

第二件事，因为夏天很热，我的头上生了一个疖子，长了一个脓包。我的父母带我到一个西医那儿去看病，我非常害怕，要开刀，把脓放出来。这个时候，我有记忆，因为对我来说很痛苦。

第三件事，稍后一点，是我听说的，但是不懂。民国二十年（1931），

---

① 滁河，古称涂水，唐代改名滁河，为长江下游一条支流，发源于安徽省肥东县梁园镇，主要流经安徽合肥市（肥东县）、滁州市、马鞍山（含山县）、马鞍山（和县）及南京江北，自南京市六合区龙袍街道汇入长江，干流全长约269公里。

东三省[1]被日本人占领，看大人们谈这个事，都非常伤心。我看到六合县城街上有人游行，有学生游行。从那以后，我就知道要打倒帝国主义，打倒日本。这件事情，我印象最深。

我能够记得这三件事，一个是我的切肤之痛；一个是发大水，我们家没被淹，但是我很害怕，好多亲戚家都被淹了；还有一个，就是东北沦陷。虽然我不懂什么沦陷，也不知道东三省是哪三个省，但是知道日本人把我们的东三省占领了。这个事刻在我心里，我的反日情绪是从那时候开始的。

1931年，我能记得的事情是什么？这一年是我的悲痛之年。我的母亲在秋天难产，我的一个弟弟生命垂危，我哭着喊着要见娘。为什么我叫娘，而不叫妈？这个我后面再说。我记得当时父亲抱着我在另外一个屋里，就不让我去见妈。怎么办？后来，我父亲决定，请外国人办的一个医院医生来接生，叫和平医院，请西医大夫。这是美国人办的一个医院。

这时候，我一边哭，一边闹。那边，大人们要做重大决定，是不是要做全身麻醉？后来没办法，就做全麻。这样做，保住了我母亲的生命，可是我那个弟弟就没有了。这是我记得最清楚的一件事。

那么，这一年我还记得很多比较细碎的事情。我记得父亲经常把我扛在肩膀上，我两条腿骑在他的脖子上，然后他的两手拉着我的手，进出家门，一直到街上，在街上走来走去。这是我对父亲的一个印象。

1932年秋天，中秋节刚过，那时候我记得的事情就比较清楚了，我的外祖父家打来电话，不是给家里打电话，是给县里边打电话。外祖父家在镇上，他们来电话说我外祖父病重。当时，我父亲有病，母亲就带着我坐轿子，来到一个镇上。我们在镇上待了一天，到外祖父家时，外祖父已经去世，入殡了。我记得舅父在床上打滚痛哭，惨不忍睹。我们跟着哭。我一个小孩子，不懂事，也跟着哭。

---

① 东三省：即东北三省，辽宁、吉林、黑龙江。

可是，就在这样的情况下，县城里打来电话，说我父亲病重。于是，母亲赶紧带着我坐轿子回六合县城。回到县城时，已经是下午。我清楚地记得，父亲躺在床上，不是躺在被窝里。南方人起床的时候，习惯把被子叠起来，叠成长条，放在床底下，那个床比较宽。我记得父亲横卧在床上，我就叫他。要是平常的话，他会坐起来，抱抱我。那天，他只是答应了我一声，很没有精神，到晚上他就去世了。我就听到哭声，我的一个表姐哄着我。

我父亲去世，对我和我们家影响很大。我父亲去世时，虚岁四十九，母亲比父亲小十一岁。我为什么要说这个？其实，我受的刺激，最早是来自家庭的这场变故啊！

我想，这世界上很多的事情，首先，我不知道什么叫生，什么叫死。我父亲一死，家里整个就乱了，以后就有亲戚过来帮忙。

我的一个堂兄带着我。第二天早上，当然他们先让我到父亲房间里，去看他。父亲已经躺在床上，脸上不知是盖了一张纸还是一块布，我也不清楚，人们都围在我母亲的身边。还有一些亲戚，他们都围在外面哭。这时候，堂兄带着我。我就问："发生什么事了？"他说："三伯父升天了。"我父亲排行老三。我堂兄是四叔还是五叔家的孩子，他比我大。他就哄我，说"三伯父升天了"。我说："什么叫升天？"他说："不知道，就上天了。"我说："上天了，怎么没有梯子？"他说："不是，是灵魂升天了。"我说："什么叫灵魂升天了？"我根本都不懂，完全不懂。我说："人不还在床上吗？"不管他怎么解释，我还是不懂。

可是，我的堂兄呢，就是避开对长辈说一个"死"字。说死也没用，我也不懂什么叫死。最后，我就问："那他还能起来吗，还能跟我说话吗？"他木然地说："不能了，以后永远不能了！"这时候，我"哇"的一声就哭了，我这才知道死到底是什么意思了。

所以，我是在那么小的情况下，在还不满四周岁的情况下，就受到这么一个强烈的刺激，真切地感受到人世间的生离死别，在我幼小的心灵中，成为无法抹去的一道伤痕！

我为什么讲这个？就是因为我这个人可能受刺激早，这是极其痛苦的事情，令人上火的事情！古人云："死生亦大矣。"《诗》云："无父何怙？"[1]岂不痛哉，痛哉！

2. 故乡六合

我的家乡是六合县。过去有人叫六（Lù）合，南方人叫六（Lù）合的多，这两个都是入声字。为什么叫六合？因为县西南有一座山，共六个山峰，六个山峰合在一起，聚成一山，叫六合山。所以，这个地方就叫六合。

春秋时期，楚国伍子胥[2]的哥哥伍尚曾到过这里。吴国与楚国毗邻，所以有时叫楚吴。我出生的地方，因为就靠长江边上，在南京的江对面，所以有时候属吴国，有时候就变楚国了。

六合这个地方，就在沿长江一带。它有一条主要河流，叫滁河。其实，滁河发源地并不在滁州，还在更西面一点，在安徽肥东。这条河不长，但水源较多，主流在六合汇入长江。

六合是个县城，我就出生在这里。六合位于长江与滁河之间，这一带原来全是水田，有点像江南水乡，水网密集。这个地方，沿江沿河都筑有大堤，堤上有涵闸，有闸门，把田围起来。这种田，就是圩田[3]，可以旱涝保收。为什么能旱涝保收？因为涝了，可以用抽水工具把圩田里的水排出去；旱时只要打开闸门，江水、河水都能够灌溉。所以，这个地方是高产之地。而且里边有很多小的渠道，村村都有小船通过。这样的地方，大概

---

[1]《诗经·小雅·蓼莪》："无父何怙？无母何恃？"

[2] 伍子胥（前559—前484），名员，字子胥，楚国人（今湖北省监利县黄歇口镇），春秋末期吴国大夫、军事家，辅佐吴王阖闾攻打齐国、越国。以封于申，也称申胥。

[3] 圩田，亦称"围田"，古人改造低洼地、向湖争田的一种造田方法，始于春秋时代。

占六合的三分之一。

六合西北地势逐渐高起来，高起来的地方是小丘陵。滁河在六合有两条支流，东边的一条通到八百桥，小帆船可以钻过去。西边有一条河，已经在江苏和安徽边界了，原来叫皂河，解放后把它拉直了，叫向阳河。这个上游可以通航，小帆船过去，可以到竹镇①。我外婆家就在竹镇。

六合有几个重要集镇。有一个瓜埠镇②，这个地方历史上很有名。南朝宋文帝元嘉③年间匆忙北伐，招致失败。北魏太武帝拓跋焘带兵南下，一直打到江边，就在瓜埠镇。瓜埠镇在滁河边，是个小镇，从前就在江边，从那里可以眺望南方。对南京来说，当时如果从北方攻打南京，六合是一个门户。瓜埠镇有很多圩田，所以在六合是最富庶的地方，农业发达。瓜埠镇虽小，可在六合名气很大。

第二个就是竹镇。竹镇这边有条支流，可以通航。这个船呢，水涨了以后不进水，基本上可以四季通航。夏天时，这条河水很大、很深，甚至木排都可以进去，可以走大船。等水小的时候，只能走小木船、小帆船。同时，河水可以灌溉农田，所以这个地方比较富庶。这里还有一些山田，就是没有围栏，它有池塘，在山上，叫练山。

六合还有一个城桥镇。这都是沿滁河的。所以，滁河对于各个集镇影响很大。当时，很多安徽人到南京来，水不深的时候，经津浦路，他们是

---

① 竹镇，地处六合西北，历史悠久，古称士林，因"其地习儒术，多仕宦"而得名。南宋时韩世忠追击金兵，金兀术帐下一爱将战死，葬于古镇街东，并栽紫竹以为标记，改称竹墩。后因避宋光宗赵惇讳，改名竹镇，沿用至今。

② 瓜埠镇，位于六合区东南部，始建于东汉元初六年（119），是贯穿中国南北古驿道必经之著名渡口，与长江南岸栖霞古渡相衔接。公元450年，北魏太武帝拓跋焘曾率步骑十余万南下，设行宫于瓜埠山（又名龟山）之上。因太武帝小名佛狸，后人便把此行宫改称佛狸祠（又名太武真君庙）。辛弃疾《永遇乐·京口北固亭怀古》有"佛狸祠下，一片神鸦社鼓"语。

③ 元嘉，南朝宋文帝刘义隆年号（424—453）。

怎么来的呢？先骑驴、坐轿，再步行到六合，然后坐小轮船到南京。还有一个很奇怪的现象，就是很多芜湖人去南京，芜湖是在长江以南，滁州在长江以北，现在从芜湖到滁州，坐火车非常方便。可是从前芜湖的商品要拿到南京去卖，怎么办呢？他们一定要从长江里头走航运，进滁河，经过六合，再运到滁州，用帆船运货。这样，六合就成了安徽东南部的一个交通要道。北方往南方走，从运河过来是镇江，通过六合过去是南京，是这么一个道路。

六合虽然离南京很近，可是南京人说的是官话①，六合人说土话（方言），南京周围都说土话，但是互相能够听懂。举个例子，南京说街道，新街口，六合说新街（gāi）口。南京说做官，六合说做官（gōng）。所以，我小时候读书，就知道那诗韵里头十三行（háng），平声十三行，行人的"行"（xíng），在北京人看来，这不能成一个韵啊！可是用吴语、浙江话来讲，完全能通。我们那儿的人基本可通。官、雇，仆、棚，多、读，这些东西都是这样的，读音很接近，行（xíng）读 háng 等，真的很有意思。

南京人为什么讲官话？其实，北京人说这个行（háng），杭州人也说行（háng）。浙江也有官话，杭州城里人讲官话。杭州曾作为南宋首都②。南京做过好多朝代的首都，尤其是明朝，南京有些官话，是这个原因。

六合是南京的一个交通要道。可是我小时候赶集市，要从六合去南京，唯一的办法就是出南门，就是河南。南门城墙就贴着河边，没走几步就上轮船。上轮船以后，先从六合到大河口，从六合过来是曲曲弯弯地到

---

① 官话，古代对汉语官方标准语的一种称呼。在周朝称"雅言"，明清时称"官话"，清末（1909）称为"国语"，1956 年起大陆称"普通话"。官话又可分为：东北官话、胶辽官话、北京官话、冀鲁官话、中原官话、江淮官话、兰银官话和西南官话。

② 南宋建炎三年（1129），朝廷感念吴越国王钱镠纳土归宋，以其故里临安为府名，升杭州为临安府。绍兴八年（1138），定都于临安府，即杭州。

长江，沿着长江往东。然后再往西走，再折回来，就到南京，大概要走六个小时。

六合虽然语言上与南京比较接近，但是文化上有落差，相对保守。六合这个地方，一边是南京，一边是扬州。六合东边是扬州，向东走是仪征，仪征属于扬州。所以，六合又是南京与扬州的文化边缘区。清代，扬州经济、文化是非常繁荣。六合不是文化最发达的，是一个偏僻地区，可是受扬州文化的影响很深，像清代学术这些，老一辈都很熟。可是，六合出了什么大儒没有呢？没有，不如仪征。六合人总说，仪征没有六合那么富庶，城市也小，可是出大学者，出大官，像阮元①这些。仪征有很多历史文化名人。仪征人说自己是扬州人，他们的话也比较旧。六合呢，又不讲扬州话，基本上跟南京话差不多，但是土语较多。

3. 旧时景物

八年以前，我曾经回六合一趟。现在六合有地铁了，完全并入南京了，那个方言也没有了。我小时候，这个地方比较闭塞，也不是完全闭塞。有美国人的一个教会②，就是一个宗教组织，在县城里办的小学和中学，这里不可能办大学。他们办的学校，小学叫光明小学，中学叫益智中学，还有一个医院，叫和平医院。1932年给我母亲治病的医生，就是和平医院的。所以，六合是这么一个很矛盾的地方，在当时来讲还比较富庶。

六合西北有一个竹镇。这地方比较富裕，因为有条皂河，边上有圩田。

---

① 阮元（1764—1849），字伯元，号芸台，晚号怡性老人，江苏仪征人，进士，历仕乾隆、嘉庆、道光三朝，官至湖广总督、两广总督、云贵总督等职。著名学者，著有《经籍籑诂》《畴人传》等。

② 贵格会（Quakers），又名教友派、公谊会，基督教的一个教派，兴起于17世纪中期的英国及其美洲殖民地，教徒主要在美国。

可是水少的时候，皂河水灌溉圩田不够，水大的时候还可能受涝。这个地方比较富庶，有很多商店和仓库，地方保留的传统比较多。但是，我小时候就看到它在变。一开始，电灯也没有。商店里头，晚上大家都用汽油灯，就是把煤油灌进去以后，它有个打气筒，要打气。把这个煤油高压以后，通过一个小管喷出来，底下有个石英做的槽，煤油喷出来以后，火就点着了，比一般煤油灯要亮。我小时候家里没用电灯，都用煤油灯。

那时候，六合已经有机米，就是用机器碾出来的大米。这个机器，用的就是柴油机。所以，可以看到外国经济已经渗透到六合，不仅是有教会，有他们办的学校和医院，还有机器。煤油是从外国运来的，不是叫"洋油"吗？煤油是通过油船运来的，就装在一条轮船上，通过滁河运进来。煤油怎么运进来的呢？就是由本地商人运来。

我家有个亲戚，是我的一个表姐家，他们跟洋人商量好，做代理商。他们家的货源是美国的石油公司，像美孚石油公司①，还有一个叫德士古（公司）②。他们先建一个大房子，建个大的油柜，都是外国派技术员来指导他们怎么盖、怎么修，然后地下埋油管，在城墙里头打个眼，通一根管子。往城墙外走二十步左右，就是河了。他们就把船上的油管与埋的管子接上，不用人运，就从城墙底下通过油管，把煤油灌到这个储油罐里去。这个亲戚家呢，他们就从大油罐里把煤油再灌成一小桶、一小桶，封起来卖，可以成桶卖，也可以零卖。

所以，那个时候外国经济已经渗透到六合。煤油也可以通过船再运到别的镇上卖，也可以运到安徽其他地方卖。外国经济进来了，很快就有电

① 美孚石油公司，即埃克森美孚公司（Exxon Mobil Corporation），世界最大的非政府石油天然气生产商，总部位于美国得克萨斯州爱文市，其历史可追溯至约翰·洛克菲勒于1882年创建的标准石油公司。
② 德士古，即德士古公司（Texaco Incorporated），成立于1901年，美国大型石油公司之一，又称得克萨斯石油公司，总部设在纽约州哈奇森。

灯了。当时，电灯不是二十四小时都有电的。那时不叫电厂，叫电灯厂，白天没电，天黑了来电，点电灯，到十二点就停了。生活中已经有很多变化。六合到南京之间也有了轮船。到南京的轮船来回不是一班，每天至少有两班对开，但是还没有汽车。

六合其实变成了一个转运码头，水路很方便，而且租金相对比较便宜。外国东西进来了，生活比较方便，有了电灯。一直到抗战以前，我当时已经懂事了，六合生活变化很快的，很多人家电风扇都有了。没有电冰箱，但是已经有那种简易冰箱，有冷饮了，做冰棍。有了这些东西，生活明显在发生变化。街上店铺很多，霓虹灯好像还没有，但街上有做装饰用的彩色灯泡。这样，六合就由原来一个很传统的城市，慢慢在发生变化。

4. 夕阳之家

我的家呢，从祖上到我父亲这一辈，就是有谱记载的，到六合大概已经有五代了。我们家，在我曾祖父那一代，就他们弟兄三人。他们开始经商，就逐渐发起来了。一开始，他们主要搞食品加工，主要是卖酱，自己有酱源，加工酱油，家里还有作坊和商店。这么经营些年以后，逐渐富起来了，就买些田地和房产。这时是家里最有钱的时候，但是具体是个什么情况，我也不太清楚，原来家里有个老宅子。

可是，真是富不过三代。我祖父这一代还行，到我父亲这一代，虽然还是大家庭，没有分家，我的大伯、二伯当家时，他们就任意挥霍，这个家就开始衰落。除了二位伯父，家里还有公亲，就是姑姑、姑父，因为他们对于各房都是公共的。我父亲在家中大排行是老三，到他当家的时候，他人又老实，没有什么才能，但是他不败家。结果他就提出来，分家吧。要不分家的话，整个大家庭都完了。

分家以后，我的小家就分得一所房子，还分得十五担种土地。"担种"这词，现在听起来可能觉得很奇怪。这是因为在六合那个地方，江边圩田是论亩的，桑田论担种，大概六点几亩为一担种。如果论亩的话，大概总共一百五十亩左右。我家分得这些田地，应该说不算少，但是，当时收成不高。我家分得的一所房子，是我祖父那一代买的。他们买了以后，肯定是经过重新装修的。为什么？因为房屋中留下好多我们家的印记。

那么，分家以后，我们家人口就少了，人丁不旺。大伯父、二伯父去世得很早，我父亲在我四岁时也去世了，四叔、五叔很快就垮了，其他叔叔也都还小。

我父亲是一个比较老实的人，他没有能力去挣钱，也不那么喝酒，但他留下来一个最大的问题，就是家道已经没落了，但还要摆谱。我们家里买的房子是这样，房子装修以后，家里这个情况也都要摆谱。

5. 六进老屋

我家的老宅子，这个房子不知道是谁做的，当初是怎么设计的。我家的房子坐东朝西，方向不太好，在文昌街。这是六合一条主要街道，到现在还是主要街道。不过，现在那个老房子已经完全被拆掉了。

我家的这个房子共有六进①。第一进与第二进，都是两层小楼。一进是商业用房，肯定是自己不用的，盖房时目的就很清楚。一进跟二进中间，两边都有披房②连着，一进后面有一个院子，二进前面也有一个院子，一进跟二进中间有一堵墙，跟那个楼一样高。所以，进入一进以后要经过院子，再通过一个门，才能到二进前面的院子里。楼上、楼下还做小圆拱门，都可以通行。有的门可以关起来，二进可以把这个门关起来，不通。

二进干什么用呢？前面房子租给商铺以后，二进就是商铺礼堂似的堂

---

① 进，旧式房院层次，平房的一宅之内分前后几排，一排称为一进。
② 披房，即披屋，正房两侧或后面相连小屋。

屋。过年过节，都在二进。所以，一进与二进，南方话叫走马楼①。楼下是可以通的，只要门一开，一进与二进是可以通行的。楼上也可以通，一进上楼梯以后给它围成圈，四面这一圈是可以通的。三进是给这个商铺储藏商品、同时作厨房什么用的。工人也在这一间，还有两面厢房和披房。四进以后就变了，四进是厅。四进、五进、六进，又是一个单元。

说起来很可笑。一进与二进之间有两个院子，二进与三进之间只有一个院子，三进与四进之间也只有一个院子。这就是原来我家的厅堂。三进后院有两扇门，不是从三进里面的，那个门是开的，这墙里面就有它，有固定的两个门在那，由四进从后面关门。

三进里面，抬头望去，上面有一副对联，我小时候就背下来了，上联是：书校天禄；下联是：派衍彭城。当时不懂，以后我就知道这个典故了。这个对联，说的是西汉末年的刘向②。刘向不是曾在天禄阁③校书吗？他是彭城（徐州）人，是楚元王刘交④的后代。这大概是说我们这个家的来历。不过，这个来历到底是否可靠，谁知道啊？就因为姓刘吗？这个，我猜想肯定是祖上买房子以后装修时重新做的。我觉得这个不可靠，不是真的，彭城来的，汉代贵胄，都是后人往自己脸上贴金的。

抗日战争以前，我家里每年都要糊一次灯笼，灯笼挂在北街和南街。灯笼一边是一个大字"刘"，那边是"青藜堂"。当时，我也不知道为什么。后来读书，我就知道这里有故事。就是刘向在天禄阁夜里校书，那天是元

---

① 走马楼，南方民居建筑中一种特有的建筑形式，是四周都有走廊可通行的楼屋，甚至中间可以骑马。

② 刘向（前77—前6），字子政，沛郡丰邑（今属江苏徐州市）人。汉宗室大臣，经学家、文学家，楚元王刘交四世孙，经学家刘歆之父，曾任光禄大夫，领命校秘书，所撰《别录》，系中国目录学开篇之作。

③ 天禄阁，中国古代传统建筑名，汉代宫廷藏书之所。

④ 刘交（？—前179），字游，西汉诸侯王，刘太公第四子，汉高祖刘邦异母弟，曾为《诗经》作传注，号称《元王诗》。

宵节，别人都出去了，他还在里面辛苦校书。后来有个老人敲门进来，看他在那里有些看不清，老人就用手中的犁杖，犁杖是青色的，从那个拐杖的头上一吹，于是出现了一个很亮的火苗，帮助刘向解决了好多问题。这都是些神话，"青藜堂"从这儿来的。这都不说明我家什么问题，不可能有这样的事。

我想，可能是什么情况呢？他们在房子装修以后，找文人写一副对联："书校天禄，派衍彭城"，然后又用"青藜堂"给配一下。我很早知道，这是假的，是往自己脸上贴金的。不仅是我们家，我看好多人家的对联也都是这样，就是为了讲面子。这个东西是很糟糕的。

四进是厅。厅后面，两面都有披屋，自己家有井。这井还是蛮深的，从来水不断，再干旱，水也不断。

然后是五进与六进，这才是我家自己住的，也是一个四面环绕，连着的这么一个院子。五进向东，六进向西，两面堂屋对堂屋，是面对面的。我们家是坐西朝东的。那么这样一个房子，五进厢房这一间没有隔层，南面这个有隔层房间。六进有隔层房间。

六进以后，就是在北面这边有厢房，有披屋，共三间半，是朝南的。我稍微大一点，不再跟母亲一起住以后，就住在这厢房里，这也是我的书屋。三间半里面，有两间能住，那一间半呢，半间是厨房，另外一间放东西，也可以在那里吃饭。

灶台南面一间没有厢房和披屋，墙都是花墙。六进南面一间有后窗户，早上起来，东晒很厉害。所以原来那个地方有一条路径，院子没有铺砖，就一间房，那么宽，地上种有芭蕉和花草，朝着六进的后院门。

最后六进为什么被堵了呢？是邻居家的房子到这儿了。那么，我们家怎么办？我们家是在六进这个院子里，在厨房对面开了一个南门。向南门出去有个园子，我小时候叫大园，实际上是个小园，里边有树，有花草。这个园里没有房屋，南面有五间半披屋，堆放一些杂物。

那么，从这个披屋南面有个门出去，因为东面是另一家人的。这一家人还挺有名，就是达浦生①家的。我们从六进的东南角开个门。你再往书房里看，是看不到路的，中间切了一段，隔道墙，一个门，上面花墙。那边有个花坛，种的天竹，一年四季都是绿的。天竹后面有一个门，出去就是花园。而且我回去也经过这个花坛，向南也有个门通的院子。为什么当中要隔一道墙呢？实际上，可能是觉得，我们六进的院子，看它通过的门，里边是花坛，给人家一种好像没有尽头的感觉。

从那个门一进去，右手不就是南面，进门不是从西往东走吗？走到那儿，左手是一个门，开门进去，外边就是院子。这个院子最南面有一排房，门就在那个地方。其实，这是一个很小、很窄的房子，但是比较复杂，摆了一个"大架子"，给人感觉院子很大。我们就住在这房子的后面。说实话，父亲去世以后，我一直都很害怕，就怕前面那个商铺倒了，到晚上我要关门啊！否则，要是贼进来了，我能知道吗？

我小时候家里的环境就是这样。我家住的实际上就是五进和六进，晚上把五进后院的门关了，就跟前面不通了，前面人过不来，六进有两间书房。

6. 我的父母

我家里人很少。我父亲第一次结婚时，家里还没有分家，是大家庭。我父亲跟我生母结婚前，曾有过婚史。我前面的母亲姓王，叫刘王氏。他们结婚大概有二十来年，一直没有孩子。后来母亲得了病，他们当时叫臌胀②，可能是因为血吸虫，去世了。她死了以后，没有孩子，当时她在府里攒了

---

① 达浦生（1874—1965），回族，南京人，著名学者、教育家、社会活动家，系辛亥革命以来我国内地回族穆斯林中享有盛名的四大阿訇之一。
② 臌胀，中医病名，指腹部胀大如鼓的一类病证。其病因比较复杂，有酒食不节、情志刺激、虫毒感染、病后续发等。

一点私房钱，她没有把私房钱给自己娘家，而是交给了我父亲。所以，我父亲心里很感动，就决定对她进行厚葬，花了很多钱，就开始举债。本来我家的收入就靠一点房租，土地实际收获不了多少，主要是靠前面十几间房子出租给商铺的一点租金收入。我前面母亲去世以后，没有孩子，当时我家属于没落家庭，但是，父亲还讲排场，必须要有孝子。这孝子哪来？没有啊！于是，就雇了一个孩子当孝子。这个孝子的名字，就是刘家和。那时候哪有我呢？可是，前面就有一个刘家和。

我前面的母亲去世两年多以后，我父亲才跟我母亲结婚。我母亲是续弦。我父亲感觉，不应该亏待我母亲，我的生母。所以，这次结婚又铺张，花了很多钱，于是又欠债。这个事，我的外公家、我的母亲当时都不知道。

我的外公家很有钱，他们是做生意的。他们做什么生意呢？就是把粮食运到外地去卖。他们把收来的粮食，先用帆船运到六合，再换成大帆船，顺着长江，到无锡去卖。无锡不是米市嘛！卖着卖着，我舅父就到上海去做股票交易了。他们到无锡、上海做生意，家里很有钱。那时候，社会上最先进的东西他们家都有。家里都装的彩色窗户。他们家还买了风琴、留声机，等等。我的外公家很有钱，所以，我母亲陪嫁的首饰很多。可是，等我母亲跟我父亲结婚以后，才知道家里欠债过多。我母亲很坚决，把陪嫁过来的首饰都卖了，还了债，还欠七八百块钱。

我父亲在家中排行是"悦"字辈，名煦，是光绪十一年（1885）生的。我生母姓汪，原来名菊，后来自己改名为勤，是光绪二十二年（1896）丙辰（三月）生的。母亲出生于商人之家，小时候读过书。我外祖父家有钱，专门给我舅父请了一个老师，教读书、写文章，母亲跟着学，但不要求她做作业。所以，我母亲能读书、讲故事，就是没写过东西，作点古文什么的。

父亲和母亲结婚以后，第二年生了一个孩子。这是我哥哥，但是，他生下就夭折了。我上面一个哥哥、下面一个弟弟都没活下来。所以，我实际上是老二。那么，我怎么称呼我母亲呢？叫娘。按六合当地习惯，亲生母亲称妈，继母称娘。为什么我称生母为娘？因为有一个说法，"敬前妻发后子"，这样对儿子有利。所以，我要认这个母亲，虽然没有见过，但是叫王氏妈，称自己生母为娘。

小时候，我对母亲的一些印象，她好像没有唱什么儿歌似的，就是教我背诗。后来我才知道是《千家诗》。她就拿来当儿歌教我，我也不认识字啊，我就跟着背。实际上，上私塾前，我已经背了几十首了。母亲对我很严，可是因为我外祖父和父亲先后去世，这边没有丈夫，那边没有父亲，娘家人在上海做股票交易，两边没有什么依靠。

我的外祖父是怎么死的？他家里本来很有钱，结果我舅父认为做期货可以挣钱。现在做期货很普通了，可在那个时候，期货很少有人做。什么是期货？就是我买一个茶杯，加上一块钱买一个，十块钱买十个，每一个涨一毛，我就能赚一块钱。期货是买空卖空，买一个茶杯，不用花一块钱，交二毛钱定金。所以，我如果有十块钱，买的不是十个，而是五十个。到期了，一个杯子涨一毛，就可以赚五块。假使跌了，到期了，可以填，要是填不起，平仓①，那就麻烦了。我小时候就知道这个，以后学经济学，我就懂。我的外祖父听舅舅在上海做期货，赚钱的时候是赚多了，可是赔了以后，一下子整个把家里的老本都赔了，除了房产以外，所有现金都赔进去了。

我的外祖父一家，他们在银行、钱庄都还没有追究之前，实际上是负了债的，资金没有了，生意就不能做了，商号就关门了。

7. 家庭重创

我家的房子有六进，前四进房子出租。租给谁呢？租给做锅碗、瓷器

---

① 平仓，商品期货交易术语，指的是期货买卖一方为对销以前买进或卖出的期货合约而进行的成交行为。平仓在股票交易中，是多头将所买进的股票卖出，或空头买回所卖出股票行为的统称。

生意的一个商家，这家商店的字号叫恒祥。这个恒祥，就是从江西景德镇买各种瓷器来，通过水路运到六合；还有芜湖生产的铁锅，也通过水路运到六合来卖。同时，他们还在六合收购各种废铁，铸锅的话，不是要铁作为原料吗？他们收购废铁，然后拿到芜湖去卖，重新生产锅。我家前面四进房子全是他们的商铺和堆货的地方。抗战以前，他们的店生意做得很好，很赚钱。

前面四进房子租给他们，五进、六进是我们自己住。所以，他们还在别的地方另外再租房子做堆栈，堆放很多东西。他们是怎么卖东西的呢？有两种方式：一种是大宗批发，把锅碗这些东西打成包，用船运到滁州这些地方；还有一种是通过零售。说起来很可笑，芜湖的东西运到滁州，要绕这么一个大弯，经过六合，再运过去。江西的东西也是这样。所以，这个商号很发财。

这个商铺中，有一位学徒姓严，叫严立诚。这个人我觉得非常惋惜，他只上过几年私塾，就来当学徒。他自己摸索，懂电，懂一些数学和物理知识。他竟然能装无线电，买材料来自己拼装。所以，抗战以前，他们不仅有电灯，还有广播。他有收音机，晚上我就到他那里去听新闻。

我家的收入主要是靠房租。房租高的时候，一年三百六十元钱，每月房租就是三十元钱。有时候比这还多，一个月三十六元钱，或者三十到三十六元之间。当时还是用银元，后来用法币①，零花的时候用铜板。一个铜板原来是顶十个制钱，就是十个带有方孔的铜钱。那时候，六合的消费是什么情况呢？早上一根油条，两个铜板。一块钱，最多可以换多少铜板？三百六十个铜板。北京情况是怎样呢？警察每月工资是八元钱。所以，像我家里头这个收入，在一个小县城里面，人口也少，生活应该还是

---

① 法币，1935年至1948年中国流通货币，旧中国采用银本位制。抗日战争爆发后，民国政府实行外汇统制政策，规定一切公私款项必须以法币收付，并将市面银元收归国有。

可以的。

　　我家平常吃的大米，都是买来的。按理说，家里收入还是不错的。但是因为我父亲娶我母亲的时候，欠了不少债，债没有还清，父亲就死了。父亲去世以后，我母亲还是这样，讲排场。父亲给我前面的母亲办丧事，后来父亲和我母亲结婚，都讲排场，借了不少钱。父亲和母亲结婚后，母亲把自己陪嫁的首饰什么的都卖了，用来还债。到我父亲去世的时候，她不能让一个男人的葬礼那么简单，于是又大办丧事。

8. 相依为命

　　我父亲去世的时候，这个给我印象就深了。我们跟前面商家关系很好，房客与房东感情很好的。当时，我们六进的院子，第一进是门面，第二进堆货什么的。从二进起，就变成我家的灵堂了，每一个门都扎有纸花，然后请和尚念经。所有这些，我也不知道花了多少钱。从二进一直到六进，每进都有一些安葬用的装饰物品。结果这一下，家里又欠了很多债，大概欠了七八百元债。

　　我父亲去世以后，母亲怎么办？就在这房租里头省吃俭用，甚至将零钱当整钱花，然后还债。每一次出去还债回来，她把那个借条拿回来，让我写一个"此条作废"。直到1935年，我父亲的丧事办完以后，我也不用戴孝了，债才刚刚还完。我家里的日子又开始好过一些。

　　可是，好过了两年，日本人来了，抗日战争就开始了。那时候，社会有明显进步，六合准备修公路了。而且到抗战前，南京到浦口、六合到浦口的汽车已经通了。汽车通了以后，轮船的重要性就慢慢减弱，因为时间太长了，汽车多快。那时候，路再不好的话，汽车也就是两个小时，而轮船要走六个小时。其实，那是六合繁荣的时候。可是这也预示一点，现在我才知道，就是六合因为原来靠那么一条河，滁河，不算太小，但也不是太大，这个时候就不行了。这个时候，六合江边兴办了一个永利铔厂①，是范源让②（范旭东）来办的。他不是在天津塘沽建了一个永利碱厂吗？这是一个什么厂呢？既生产化肥，又可以造火药。所以，六合境内工业也起来了，大工业也发展起来了。

我父亲是农历八月十九去世的，这个日子我记得很清楚，可父亲的生日我却忘了。这里还有个笑话。后来我要去美国，美国大使馆要我填什么表格，其中有一项是关于父亲的。我忘了父亲的生日，结果我儿子说，就随便填个日子吧！美国人逼着我说假话，由孙子决定爷爷的生日。父亲去世以后，母亲和我相依为命，艰难度日。

9. 私塾启蒙

我父亲去世以后的第二年，刚过完年，母亲就把我送到私塾了。这个私塾就在我家附近。这位先生姓什么，我忘了。启蒙读什么呢？就是读《三字经》《百家姓》这些，还有商务印书馆出版的一些儿童读物。这书我家里还有，是小学作文，共八册。何兹全③先生曾跟我说，他也读过。我很快就把这八本书读完了。读完以后，我一般的文言文都能看懂了，也知道了好多事。

那时，我觉得光读这个不行，就换了一个老师。当时我不敢问老师

---

① 永利铔厂，位于南京市六合区，始建于 1934 年，1936 年启用，中国第一家化肥厂，首任厂长为侯德榜；是当时具有世界先进水平的联合化工企业，号称"远东第一大厂"。

② 范源让，即范旭东（1883—1945），祖籍湖南湘阴，生于长沙，毕业于日本京都帝国大学，中国化工实业家，中国重化学工业奠基人，被称为"中国民族化学工业之父"。

③ 何兹全（1911—2011），山东菏泽人，曾任北京师范大学教授，博士生导师，著有《魏晋南北朝史略》等。

名字，记得是一位姓纪的老先生。因为，这时候再读《三字经》《百家姓》《幼学》^① 这些就有点奇怪了，不是科举时代了。我还读《千家诗》。我不仅能背，有时还问母亲是什么意思。母亲就给我讲，她也不能把每一个问题都讲清楚。我不仅背得很熟，而且还知道这个调。但是，是不是一个标准调，我不敢说。《千家诗》第一首是程颢^② 的《春日偶成》：

> 云淡风轻近午天，
> 傍花随柳过前川。
> 时人不识余心乐，
> 将谓偷闲学少年。

纪先生是这么读的（六合话）：

> 云淡风轻近午天，
> 傍花随柳过前川。
> 时人不识余心乐，
> 将谓偷闲学少年。

背了以后，我慢慢就懂得平仄^③：

---

① 《幼学》，《幼学琼林》简称，中国古代启蒙读物，作者为明末西昌（江西新建）人程登吉。此书初名《幼学须知》，又称《成语考》《故事寻源》。

② 程颢（1032—1085），字伯淳，号明道，世称明道先生，河南府洛阳人。北宋理学家、教育家，"洛学"代表人物。与其弟程颐，合称"二程"，同为北宋理学的奠基者，作品收入《二程全书》。

③ 平仄，中国诗词中用字声调，平指平直，仄指曲折。根据《切韵》《广韵》等，中古汉语有四种声调，称为平、上、去、入。除了平声，其余三种声调有高低变化，统称为仄声。

仄仄平平仄仄平，

平平仄仄仄平平。

平平仄仄平平仄，

仄仄平平仄仄平。

早些年，我不懂这个道理，就像跳舞似的，跟着音乐节奏跳。后来，我发现把这些格律背熟以后，这个诗就很容易背，除《国风》《乐府》以外，凡是格律诗、绝句，都可以这么背。从这时开始，我学了唐诗以后，我就自己摸索写诗。

我学了《幼学》以后，就有兴趣，背得很快。《百家姓》我也能背，什么蒋沈韩杨、全郗班仰、祖武符刘，不会有错，我现在还能背。我背《三字经》和《幼学》，熟得不得了。特别是背《幼学》以后，知道了好多典故。

我为什么这些东西背得熟？我刚去念私塾的时候，很害怕。老先生脸都是铁青的，要烧香，点蜡烛，给孔夫子像磕头，对着牌位磕头，要给先生、师母磕头，然后坐到自己的位置上。我看到有学生不会背，就打手板了。有一天，我就吓得不敢去。我这一生，只逃过一次课。

那天早晨起来，母亲教我去上学。那时，家里还有一个保姆陪我去。因为还小，害怕我走丢了，保姆陪我去。我从五进出来，不是有两进是开着的，有柱子在外面，我就绕着柱子转，不肯去。母亲就拿着做衣服用的尺子追，要打我。小孩子跑得也挺快的，后来母亲说一句话，哭了。她说："你这个不争气的东西！"接着，她就哭了。这对我触动很大，必须要学！我以后一生的努力，可以说都跟母亲这一哭是有关系的。自从父亲过世以后，每到清明节或什么纪念日，母亲都要到父亲离世时那个床前去哭。大概到抗战以后，她就不再哭了。我一听到母亲哭，心中就特别难受。我说："娘，你不要哭，你不要哭！我去，我去，我再也不逃学了！"

从那以后，我背书背得很快，背《幼学句解》背得很快。那时候，新书圈着要点，买的都是新编的教材，那个书没有句号，没有标点的。先生拿来读一下，他是这样，你把书拿过去，先生让你看，他是倒着看的，到哪了，就不一定是一句，可能是一小段，给你们四个学生都画上，然后他给你读两遍，让你自己回去背。

我知道自己背书的能力。因为前面背《百家姓》《千家诗》，我很快就背会了。我读《幼学》的时候，也要背。对普通人来说，不一定能背下来。我说不行，我要背。《幼学》不是第一个讲天文吗？第一天就背："混沌初开，乾坤始奠……"，可以不往下背了。我说："先生，我还能背。"先生说："不能了，这已经是背一半了。你不能一天就背一半吧？"因为过半个月，我们要复习一次，从头到尾背，一年中还要抽查背，先生提到哪，你就背哪。

我背书比较快。那么，有什么秘诀没有？我就是尽可能地把意思弄懂。我知道，掌握典故越多越好。我开始背《幼学》，得到两个收获：一个是典故；一个是学会了"四六文"（骈体文）[①]。其实，我学诗的时候，已经有对仗了：

> 两个黄鹂鸣翠柳，
> 一行白鹭上青天。

> 窗含西岭千秋雪，
> 门泊东吴万里船。

这不是对联吗？那么，《幼学》是"四六文"啊！所以，以后读"四六文"也很习惯了，作对联也习惯了。所以，我作对联、诗词，那时候就会了。

[①] 骈文，骈体文，起源于汉魏，盛行于南北朝，中国古代以字句两两相对而成篇章的一种文体。因其常用四字句、六字句，故又称"四六文"或"骈四俪六"。

以后呢，就是读"四书"①。可是有一个误区，我读"四书"，前面三本都是读朱熹的《四书集注》，到读《孟子》时，就不同了。先生就说，你想要学作古文，你得读苏批《孟子》，就是苏洵、苏轼、苏辙父子三人批注的。先生还跟我说《孟子》怎么好，可是《孟子》我没有背完。后来，我的一个亲戚，就是我的一个姨母，跟我母亲说："表姐，你不能把孩子惯成这样，科举时代已经过去了。"那时我已经开始写文言文了，当然写得很少。

10. 六峰小学

1936年春天，我上小学了。不是秋天，一般都是暑假以后开学，可是我母亲还是按照惯例，认为春天是一年的开始，所以我上的是一年级下。

我一上小学，问题全出来了。人家下课去玩，我不知道，还坐在那里。新的算术法，别的同学已经识阿拉伯数字了，我却不认识。所以，数学不好。我的语文、写字，都是优，数学不及格。我当时可能有一点数字障碍，说1、2、3、4、5、6、7、8、9，都没问题，10我也认识。老师叫我写11，我一定写成101。老师说，怎么是这样呢？我还跟老师辩论，这分明就是11么？我不懂，很笨，老师讲的听不懂。

我母亲也不认识阿拉伯数字。母亲会算数，她会打算盘。母亲心算能力很强，还会打算盘。她就把算盘拿过来，说："家和，你看，这是个位，这是十位，个位1加1加1加1……，下面5个跟上面1个相加以后就是10，归零后在十位上加1，然后在个位上再加个1，中间没有0。"我这回才明白了。我要不是真弄清楚，我不干。这是我第一回弄清楚了。以后我数学不好，因为计算能力差。不过，我对数学的道理就从这次开始领会。

1936年，我读了一年小学，1937年又读半年，跟着就抗日了。可是，

---

① 四书，《论语》《孟子》《大学》《中庸》的合称。南宋朱熹取《礼记》中的《中庸》《大学》两篇单独成书，与《论语》《孟子》合为"四书"。

我那个时候已经有初步的阅读古文能力和读书能力。我有个习惯，就是我会把人家唱的一些歌词什么记下来，我发现好多同学唱歌的时候，歌词都不对。我也没见过歌词到底怎么写，但是，我每天早上唱一首。有一首歌我还能记得：

> 大好金瓯将破碎，
>
> 黑水白山尽魑魅。
>
> 青年肝胆如风雷，
>
> 健儿身手英雄队。
>
> 复兴民族舍我们其谁？
>
> 奋起，奋起！
>
> 努力求学新知培，
>
> 养成实力大无畏，
>
> 奋起，奋起！
>
> 看我们十年后，
>
> 发扬祖国的光辉！

这首《救国歌》写的是东北沦陷，作者是易君左。当时有一首歌，我认为很好的，叫《燕双飞》①。这歌词很美，曲调委婉，旋律优美。但是，我觉得大家唱得都不准确，我就非要把这个歌词找出来。后来，我真找得差不多了，我就记得这首歌词。《燕双飞》歌词是这样的：

> 燕双飞，
>
> 画栏人静晚风微。

———————————————

①《燕双飞》，20 世纪初期电影《芸兰姑娘》插曲，词曲作者为高天栖。

记得去年门巷风景依稀，

绿庇庭院，

细雨湿苍苔；

雕梁尘冷春如梦，

且衔得芹泥[1]，

重筑新巢傍翠微[2]。

栖香稳，

软语呢喃话夕晖。

参差双剪，

掠水穿帘去复回。

魂萦杨柳弱，

梦逗杏花肥，

天涯草色正芳菲。

楼台静，帘幕垂。

烟似织，月如眉。

其奈流光速，

莺花老，

雨风摧，

景物全非。

杜宇[3]声声唤道：

不如归！

---

① 芹泥，燕子筑巢所用草泥。

② 翠微，泛指青山。

③ 杜宇，杜鹃鸟。

这个歌词我把它理出来以后，就背下来了。

11. 迷上对联

　　父亲去世以后，因为我和母亲住在五进、六进，我平时把老师教的书读完以后，在家里干什么呢？一个是背书。书是经不起背的，只要真会背的话，效率是很高的。我就看家里墙上挂的字画。那个字画中间有一些对联，因为读书以后，有些我也能懂。我知道家里最好的一副对联是什么呢？

> 明珠翠羽黄初赋，
> 红树青山白下诗。[①]

黄初是魏文帝曹丕的年号，白下不就是南京吗？意思是古往今来，风景秀丽的南京城不知留下多少文人墨客的诗歌。我就喜欢得不得了。这是我家堂屋挂的一副对联。另外，我母亲的房里还有两副对联。一副对联是这样写的：

> 落遍杨花浑未觉，
> 飞来蝴蝶已成双。[②]

就是那种东西。我后来在北京故宫见过这些。就是玻璃底下，好像木格子、几何形的那个，然后用那个细纸片和木头片刻成的字，仿何绍基体[③]写的。

---

① 此对联为清代学者包世臣所写。包世臣（1775—1855），安吴（今安徽泾县）人。
② 这两句诗出自元代诗人张昱所写《绣球花次兀颜廉使韵》。张昱，约1330年前后在世，庐陵（今江西省吉安市）人。
③ 何绍基（1799—1873），字子贞，号东洲，别号东洲居士，湖南道州（今道县）人，晚清诗人、画家、书法家。书法初学颜真卿，尤长草书。

这大约是一般闺房里贴的对联。我是怎么认识的？这些对联时间久了以后，有的字已经掉了，不完整了，倒在地下了，我硬拼出来的，就记住了。我就根据它掉到地下的那个字，还剩半个，给它拼出来了。

母亲这个房子的屋顶上，还有一副对联。这就比较俗了，写的是："开镜香生京兆笔，启窗花印寿阳妆。"这是结婚时用的对联，男才女貌的意思。新郎文笔如京兆之才，新娘容貌如寿阳之美。京兆，即首都；寿阳是指南朝宋武帝刘裕之女寿阳公主[1]。我家有个老亲戚，是我姑夫的一个哥哥，他给我父亲写了一副对联："银管提诗纷满帙，赤泥印酒新开缄。"我不知道这是别人作的，还是他自己写的。我姑夫的哥哥叫张海帆（张树屏），是一个老举人。

家里的对联我都能背，然后自己琢磨意思。所以这些东西，不知多少年没有见过了，我还记得。连我外祖父家里的一副好对联，我也记住了。他的堂屋里头，中间是一幅山水画，边上有一副对联：

> 春水船如天上坐，
> 秋山人在画中行。[2]

像这些，我都没有忘。这是因为我闲着没事做，我就东看西看，琢磨这些对联是什么意思。后来，我读了《幼学》以后，就知道这些故事："开镜香生京兆笔"。为什么是"京兆笔"？擅长画梅啊！"启窗花印寿阳妆"，说的是寿阳公主。这样就逐渐培养了我的兴趣。家里没人了，只有母亲和我，我就

---

[1] 寿阳公主，相传为南朝宋武帝刘裕之女，史书记载不多。《太平御览·时序部》引《杂五行书》："宋武帝女寿阳公主，人日卧于含章殿檐下，梅花落公主额上，自后有梅花妆。"

[2] 此对联可能源自唐李商隐诗："春水船如天上坐，老年花似雾中看。"又，杭州刘庄有一副名联："春水船如天上坐，秋山人在画中行。"

干这个。所以，对我来说，读古书我根本不怕，反而有一种强烈的兴趣。

为什么我会对这些有兴趣？这跟家里环境有关。我对书法也有兴趣，字写得还可以。我没有专门跟人学，就是人家写的时候，我在边上站着看，一看就是半天，琢磨人家怎么写。只要人家写得好，就都站半天。我家里有黄庭坚[①]写的一幅行草《大江东去》，就是苏东坡的《赤壁赋》。我看他怎么写，我就怎么写。看见何绍基写的字，我不喜欢，但也看。那时候，我只要认谁的字，哪一个地方有，我都得看。我就自己想办法，懂得这些。

我家里有好多字画和对联。有一个《朱子家训》，不是朱熹的，是朱柏庐[②]家训。这个我也能背得。他是一段一段的，先写成小字，然后把这些话刻成一个个图章，有的是阴文，有的是阳文。他用真、草、隶、篆，我就顺着戳，读这个古文。要是篆字的话，就一个字一个字地对。就这样，引起我的兴趣，我下了很多功夫。当然，那个东西完全是封建主义的，是我祖父写的。例如《朱子家训》开头说：

> 黎明即起，洒扫庭除，要内外整洁。
>
> 既昏便息，关锁门户，必亲自检点。

像这一段，他就画一个屏，或者画一个什么东西。然后，他里边有的是用朱文横写，有的是他上来刻印似的，其实不是印，他画的。你从那里就可以对这个字。我的兴趣就是这么引起的。以后，我看到什么不懂的东西，就来劲了。我认不得的字，我非要弄懂它。我觉得这些东西很美，根据节奏、韵律来补齐缺的文字，其实这也是锻炼自己的能力。

---

① 黄庭坚（1045—1105），字鲁直，号山谷道人，洪州分宁（今江西省修水县）人，北宋著名文学家、书法家、江西诗派开山之祖。与苏东坡齐名，世称"苏黄"。

② 朱柏庐，即朱用纯（1627—1698），字致一，号柏庐，江苏昆山人，理学家、教育家，著有《治家格言》等。

二　国难临头

1. 避难竹镇

1936 年到 1937 年，这是中国历史发生巨大变革、中华民族面临生死存亡考验的两年。1936 年以前，我就知道东北被日本人占领了，学校里都讲，日本企图灭亡中国，就知道危险，孩子们都知道。我们在学校里唱歌，几乎每个星期、每天早上都要唱歌，那时候还有"总理纪念周"①，纪念孙中山，都会讲这些。可是，1937 年上半年，这个情况就非常清楚了。

1937 年 7 月 7 日，卢沟桥事变爆发！卢沟桥事变发生时，我已经在六峰小学读完三年级。暑假时候，我患痢疾，母亲带我回到外婆家，住在竹镇。竹镇是六合第二个大镇，最大的是瓜埠。瓜埠在滁河边，最大，也最富庶。竹镇在六合西北，滁河的支流皂河流经这里，小木船、帆船可以挂起帆来走。不过，我小时候看到的竹镇，船已经不能直接驶到集镇里边了。不像浙江的一些河流，船可以直达集镇里边。到竹镇还有一段距离，船只能到那儿停下。

---

① 总理纪念周，1925 年 3 月 12 日，孙中山先生在北京逝世，开始陆续举行纪念活动。1926 年 1 月，国民党"二大"通过决议，要求各级党部及国民政府所属机关、军队均应于每星期举行"纪念周"一次，随后又制定了《总理纪念周条例》，"纪念周"活动走上常规化。

竹镇是两条河流汇合的地方。皂河实际上是山溪，平常水不多，尤其是另外一条支流，水就可能更少了。可是，一旦下雨多了，山洪暴发，两条河就波涛汹涌，甚至可以淹好多地方。竹镇农业比较发达，因为集镇比较大，文化也比较发达。

母亲带着我到外婆家。"七七事变"发生前，我就已经离开六合县城了。那时候有收音机，我们能知道前方的情况。所以，上海三个月的淞沪会战①，我们几乎每天都可以听到新闻。关注当时四行仓库保卫战②，那个抵抗啊，大家听得都流泪，都觉得中国人要奋起抵抗！日本人狂言，要很快消灭中国。自从四行仓库保卫战以后，中国军队抵抗三个月以后，日军就从上海往南京方向打。那时候，我们每天听广播，知道中国军队跟日军一仗一仗地作战，日军从上海到南京一仗一仗往前打，最后南京就沦陷了。

南京沦陷以后，其实日本兵是很凶险的。日军攻打南京的时候，他们不仅从东边直接打过来，而且还从西边包抄过来，从芜湖、马鞍山方向这么包抄过来。所以，南京只留了一个口子。那时候，南京人怎么跑呢？只有一条路，过长江，到浦口。浦口有津浦铁路③，他们可以搭乘火车，就往徐州，从徐州再到洛阳，然后往内地避难。

南京大屠杀④发生时，我并不在城里，但是我知道一些情况，因为我们

---

① 淞沪会战，战斗始于 1937 年 8 月 13 日，是南京国民政府为改变日军入侵方向而在上海主动发起的反击战役。中日双方约 100 万军队投入战斗，持续三个月，日军损失惨重，从而彻底粉碎了日本"三个月灭亡中国"的计划。

② 四行仓库保卫战，战斗发生于 1937 年 10 月 26 日至 11 月 1 日，参加这场保卫战的中国士兵被称为"八百壮士"，他们击退了日军的多次进攻，振奋了因淞沪会战受挫而下降的中国军民士气。战斗以中国军队撤离而告终，标志着淞沪会战的结束。

③ 津浦铁路，又称津浦线，是中国近现代铁路交通南北重要干线，北起京奉铁路天津总站（今天津北站），南至南京浦口火车站，全长 1014 公里。

④ 南京大屠杀，1937 年 12 月 13 日，南京沦陷后，侵华日军在华中派遣军司令松井石根和第六师团长谷寿夫指挥下，对南京及附近地区进行长达六周的血腥暴行，大量平民及战俘被日军杀害，遇难人数超过 30 万。

在南京的下游江边上。我自己没有到江边去，我知道这个船过来，因为天很冷，为了过江，日本飞机轰炸得很厉害，很多人抱着一块木板过江。有的人更惨，就是抓住一捆救命稻草，急得抱着一捆稻草过江。你说，那么冷的天，稻草到江中间就散了，许多人都这么被淹死了。从长江漂流下来的遇难者遗体，就在江中漂流啊！南京城的对岸是八卦洲，12月啊，天有多冷，很多遇难者遗体在那里。当时也没照相什么的，但是我听了这些，心中非常痛苦。

日本人占领南京以后，他们一度占领了六合。后来，不知道为什么，他们又退出过一段时间，可能感觉还是不太安全，他们的兵力毕竟有限。

2. 竹镇小学

转眼就到了1938年初。母亲把家里的一些细软①带上，带着我到外婆家，来到竹镇。外面发生的情况，这些消息我们都是听收音机得知的。后来，我们中国的收音机也没有了，广播电台没有了，听不到了，变成日本人的了。

这时，竹镇有一个竹镇小学，1937年下半年，我因为有病，没有上学，母亲就安排我上竹镇小学。这个小学是县里办的，原来这里是小营房，用来驻扎军队的。学校四面都有河沟，有水稻田，还种了很多竹子。竹镇、竹镇，竹子很多，山上也有，平地也有。所以，它有一个缺点，就是校园不大，但是，四面有水。这个校舍，正面是一个进门，朝着大门的是礼堂，两边厢房是教室。往外侧走的话，还有一些房子，那是老师的宿舍和办公地方。

当时，真是环境很好。学校操场在小河的东边，有一个小桥来往。小桥过来就是操场，操场再往东边就是河。那河是有水的。要过河，有一个

---

① 细软，精细而易于携带的贵重物品，如首饰等。

跳板，不是桥。通过这个跳板，才能过河。孩子们有时玩球，球就踢到河那边去了。这边是校园，那边是河，孩子们就用竹竿什么的把球弄过来。

我那时还小，都没弄过这个。学校环境很好。当时有一首校歌，我起初听的时候，也不知道是什么意思，后来慢慢琢磨出来，大概还是不错的。现在来讲，恐怕能记得这首校歌的，在这世界上可能就我一个人了。这首校歌是这样唱的：

> 竹水环绕西复东，
>
> 吾校在其中，
>
> 磐石东峙，
>
> 龙凤西蟠，
>
> 形势称阔雄。
>
> 莘莘学子，
>
> 琢磨、攻错，
>
> 学术是从。
>
> 潜移社会，
>
> 默运人心，
>
> 发聩振聋。
>
> 努力求学，
>
> 日积月累，
>
> 巍巍西北文化宗。

歌词我记得不是很清楚了，觉得很有文采，就是这个口气有点大，不过倒是有一种文化使命感。写歌词的老师我还记得，叫郑九香，竹镇人，他是我舅父的一个朋友。我舅父也写古文，舅父很佩服他。当时我对歌词不是十分理解，但是背下来以后，就慢慢在心里消化。

还可以补充一点，我有一个二表哥，三年前去世了，他跟我一起上学，他对这个歌词一点印象都没有了。所以，我这个回忆，如果要写地方志的话，还可以作为一个补充材料。

3. 日寇轰炸

1938 年农历四月二十七（公历 5 月 26 日），那时候一般人都记农历，我经历了一次难忘的日寇轰炸，异常悲惨。

那天上午九点左右，正巧是下课以后，学生要回教室接着上课，这时候日军飞机就来了。平常也有飞机过来，可是，那天飞机声音大家听到逐渐觉得不对，越飞越低。那个声音，呼啸而过的声音，接着炸弹就扔下来了！教室里顿时乱作一团。当时，我们的班长是年纪比较大的，是我的一个表姐，她就顶住教室大门，不让大家出去，怕被飞机炸伤。可是那些小同学，他们不知道是什么，不让他们走，怎么行啊！他们纷纷跳窗户出去。这时校门也关了。校门旁边不是有水吗？他们就干脆不管鞋湿不湿了，就从那个河边跃过去，经过校门口的堤防出去了，鞋都湿了。

小孩子知道什么呀！我也要回家找母亲。母亲也出来了。外婆说："你不要管我。"她叫我母亲别管她，接孩子去。母亲就出来接我，我们母子在路上碰面了。

我们在路上跑时，飞机一直轰炸街道，子弹密集地扫射下来。我们往家跑的那条路是从南到北，路上不是我一人跑，孩子们都跑，还有大人啊！好多人就这样死在路上，被机枪子弹打中。那时，江南春天的雨刚过，初夏时节，不是有句话"梅子黄时日日晴"①吗？土地比较干。机枪子弹打到地上以后都冒烟，我就眼看同学有一些被打死。但是，大家还是不顾死活地往前跑。

---

① 梅子黄时日日晴，语出南宋诗人曾几《三衢道中》诗。曾几（1084—1166），字吉甫，自号茶山居士，祖籍赣州（今江西赣县），徙居河南府（今河南洛阳）。

像我这样人，那个年纪，又当不了兵，能干啥？我如果说经过枪林弹雨，听起来像是笑话，但是，我的确经历过日本人机枪扫射的枪林弹雨，幸好没中啊！就是如此而已。

见到母亲以后，母亲带着我，为防机枪扫射，就到房檐下面躲一躲。我们一边跑，一边躲，就这样逃过了桥，出了竹镇。好像我们要经过两个桥，要么东桥，要么西桥，才能出镇。出镇以后，我们先躲在一个古庙里边。飞机轰炸一天，我们就躲在那儿。轰炸一直持续到下午，中间停一会儿，过不久又来，三架飞机轮流轰炸，天快黑了才停。

那天日本飞机轰炸了六合县城，还轰炸了六合几个主要集镇，炸死了很多人。我家很多亲戚都被炸死。直到天快黑了，要下雨了，飞机不能再打了，才停止轰炸。

我们跑到古庙里躲，也不是个事儿，不能一直躲在里面。于是，我们又向西走，过了桥，回到镇上。在回来的路上，我们看到飞机轰炸后的情形。有很多人被炸死在街上，有的人烧死了，就成了焦炭似的，还坐在那墙边呢！还有的人，我看到一个人的一条大腿挂在树上，就与遗体分离了，腿挂在树上。那时候，我也不知道害怕，都麻木了。

然后，我们就从东边的桥过来。经过第一个街以后，从西边的桥过去，回到外婆家。外婆家有一些土地，我们就到她家村庄去了。

这是我人生经历过的第一次轰炸，第一次知道轰炸是什么情况！那天，我外婆不是先没走吗？外婆小脚，走不了，她叫母亲带我走，她自己慢慢走到那个后门外面，就在一个农民家的茅舍里躲着。傍晚时候，我的舅父找人，把外婆接到农村来了。

外婆家有三间房，中间即第二间房是最坚固的，也是最好的。她的很多财物，包括外婆为自己准备的寿材①，这些东西被子弹扫射，都被烧了。

---

① 寿材，指棺材，多为生前准备的。

不过，屋子比较坚固，第一间、第三间都没被烧。可是，把家里比较好的东西，包括我母亲从六合城里带来的一些细软都烧掉了，到冬天连换的衣服都没有了。

于是，过一段时间，我们就想是不是要回县城来。回到街上，学也上不成了，日本飞机又来轰炸了。这次轰炸跟前面不一样，六合县城已经被日本人占领了。这次轰炸，他就是为了让你不能在这儿，有些力量不能聚集，所以再来轰炸。干脆，我们又回到外婆家那个农庄去。

4. 生死之间

在竹镇，除了外婆，还有舅父、舅母和我的一些表兄弟，住不下了。怎么办？我舅父说，不是在农村也有一些地嘛，那个地方也有房子，我们就移居到那里去。向东边走，就移居到那个地方。这时已经是秋天了，马上要过冬，可是没有棉衣。我家土地也不多，收一点田租，好不容易勉强过日子。当然，我们吃饭没有问题，所以就考虑卖一点粮食，买一点布。母亲就给我、给她自己做棉衣，要不然，过不了冬啊！

这时，社会上疟疾流行。我也被感染了，没有药。疟疾刚发作的时候，身上发冷、哆嗦。有个老乡看到这孩子这么冷，直哆嗦，挺可怜的，就给了我一口白酒喝，说喝一口白酒，御御寒吧。哪里知道，这一口白酒喝了，我也没感觉暖和，过一会儿就发高烧了。你想，本来不喝酒的人，喝了酒以后，这高烧就烧得更厉害了。母亲把我弄到我们住的那间房子床上睡。

我们住的那个房子，南方的房子一般都比较大，房子是靠北的。靠南边的房，就是厨房。我叫母亲叫娘，我说："娘，我渴得很，你给我烧点水喝吧！"她就拿柴给我烧水去了。就在母亲给我烧水时，我就活见鬼了，躺在床上，床就摇动起来了，眼睛里看到什么呢？床的两个角落，一边儿一个小鬼样子，都是只有在画上看到的！他们正在把这个床摇晃来，摇晃去。

我当时虽然小，但也有点懂事。为什么说懂事呢？我知道，我娘性情最脆弱了，我父亲去世以后，她非常容易伤心，遇到一点事儿就哭。所以，我就不能让母亲哭，以致后来我听到哭声都受不了。我听到哭声，尤其是晚上听到人的哭声，我这个心就快要碎了！我看到这样的情况，我也没有说自己看到什么了，这个没说。我说："娘，水不要烧了。"她说："怎么了？"我说："我不行了，不要烧了。"母亲说："你不许胡说！"她还是坚持把水烧了，递给我。我跟母亲一说话，这个鬼就没有了。

这当然是因为发高烧闹的。我喝了开水以后，又好了。所以，你看这个人生，就是这样，有病了，都出现幻觉了。后来，高烧又来回反复，好不容易托亲戚朋友弄到一点金鸡纳霜[①]，吃了以后烧就退了。母亲也出现了发烧症状，也是吃了点金鸡纳霜好了。老子说："大军之后，必有凶年。"[②]的确是这样。1938年，我们是在竹镇农村过的。

5. 二进私塾

1938年过去了，日本人把整个六合县城都占领了，县城附近的几个集镇也都被占领了，当然，竹镇相对较远。这时候，日本人就逐渐贴出安民告示，说县里的老百姓可以回来了。要不然，整个是一个空城啊！在农村，孩子没法上学，各种条件都没有，住的民房，都靠接济，才让我们住的。怎么办？后来，我们不是有房子出租吗？前面四进房子租给一家叫恒祥的商铺，他们卖铁锅和各种瓷器。我们关系挺好，他们先回去了。他们来人跟我们说，可以回去了，我们当时还犹豫了一下。后来，他们又来人说，的确可以回去了，还过来接我们。这样，我们就回到县城。

我们回到县城以后，看到的情况就与过去大不相同。由于刚被日本飞

---

① 金鸡纳霜，即奎宁（Quinine），抗疟药，茜草科植物金鸡纳树及其同属植物的树皮中的主要生物碱，化学称为金鸡纳碱。

② 语出《道德经》第三十章。

机轰炸过，城里许多房子被毁了。我家还算是幸运的，飞机轰炸了我家房子，但没被毁。所以，回到县城以后，我们就继续住在自己的房子里。我们前面四进房子还在，邻居家却都被毁了，没烧到我家，我家房子只是有一点损伤，需要维修一下。

可我们回去以后，生活发生了很大变化，就是得过穷日子。回去了，还得有"良民证"①。"良民证"最初是一块布，印了一个名字，然后再摁上指纹。大家进出城，都要带着这个"良民证"，还要向日本卫兵鞠躬行礼，就是亡国奴了。

那么，我的学业怎么办？1939 年，我又开始上学。1937 年下半年我因病停学，1938 年春天在竹镇小学，现在回来再学。没有学校，于是再入私塾。这时在我的心里已经知道，中国没有灭亡，可是我们已经成为亡国奴了，心里头非常痛苦。回到家里，家里已被掳掠一空。原来，我家好多间屋子里都有时钟什么的，回来连个钟都没有了，家里箱子都被掏空，日子过得很艰难。

6. 时霖先生

那几年，我每天还没有多少时间睡觉，就跟着先生学古文，跟了好几位先生。1939 年和 1940 年，哪怕是在学校上课，我也要跟着老先生补习古文。其中，有一位时先生给我印象很深。

我是 1939 年跟着时先生学习的。时先生的名字是他自己取的，名霖，字仰伯，在家中他排行老大。这位时仰伯先生，如果我不说的话，现在大概没有人会知道他。

时先生教古文有个特点。他教我们读《古文观止》，还有《孟子》。那

---

① "良民证"，日寇占领时期，日本人为了维持占领区治安，确定人员身份，进行了工程浩大的居民身份管理，为每一位占领区百姓发放"良民证"。

时课文都要背。背过以后，他就讲课，不仅讲课文，还对一些字作解释，主要是进行分析，文字、原文怎么理解？譬如说，蔡国的"蔡"，蔡字草字头底下不是一个祭祀的"祭"字吗？很多人把蔡字底下祭祀的祭字，写成左边一个"夕"字、右边一个"又"字，或者是那个發達（发达）的"發"字，用繁体那个"癶"。还有很多人就把这个头，就是左边，这边是一个"月"，这边是一个"走"，就变成这样子，把發上面那个"癶"写错了。他说，为什么会写错？写错字的人，我看到好多，后来我在大学里还看到有人写错。时先生说，这个字为什么这么写？祭祀的"祭"，又读祭（zhài），为什么？这个祭与祭（zhài）是可以通假的。祭的上面为什么这么写？为什么是这个"癶"呢？"癶"是什么呢？是两个脚趾。发就是發射的"發"，发射的时候，先是两个脚趾站好弓箭步。弓的这边一个是什么？上面像个"己"字，底下是个"又"，就是拉弓、射箭，两个脚蹲好。祭是怎么回事呢？这边是"月"（肉），这边是"手"。手把肉放底下，用来祭神。他会讲这些文字学的东西。

　　时先生讲的这些激起了我的兴趣。我得看看，这个字为什么这么写？他教我们读古文，要按照他的调儿背。他这个调，跟我舅父背的调基本上是一样的，我有时候听到过，所以我就按照他的这个调背。背了以后，他就要我们体会这个意思。《古文观止》他也不全讲，也不可能全讲。反正《左传》《战国策》，还有《史记》《汉书》，一直到唐宋八大家[①]，包括明代的，他都讲，而且要我们背。

　　他还有一个要求，不仅要背，还得自个儿写。怎么写？他给我们读一段古文，随便找一段，譬如《战国策》里较短的一段文字，一两百字或三百来字，他说："你们听着。"书在他手里，我们没书本。他说："你们听

[①] 唐宋八大家，又称"唐宋散文八大家"，柳宗元、韩愈、欧阳修、苏洵、苏轼、苏辙、王安石、曾巩八位散文家之合称。明初朱右编《八先生文集》，始用八家之名；明末茅坤选辑《唐宋八大家文钞》，此说遂流行。

着，听一遍，有没有不懂的地方？有不懂要问，你们再听一遍。听好了，你们就写。凡是听了记得的，你们就照人家这个默写下来。如果没有记住，就自己写，给它补上。总之，这个意思要讲明白，你们把它补全了。"

这个东西，当初弄得我感觉又好玩，又害怕。好玩是，不错，老师念，赶快记，书背熟了，前面记得，后面就能搭上几句。其实，他这是在训练我们的写作能力，你没记住，自己往上填。一开始，有点像狗尾续貂，一看，简直就不成样子。但是，他就是在训练学生，没有记住，下回就更注意听。经过这个训练，我背古文的能力就逐渐得到提高，而且写作能力也得到了训练。

顺便说一下，我在时先生这儿听课，跟我前面学的东西有一定关系。他使我想起了从前学《三字经》时候。《三字经》别人可能觉得比较难背。我找了一个《三字经》本子来读，我家里有《三字经注》，是石印本。《三字经》是宋代王伯厚（王应麟）①先生写的，他是浙江人。当时，我也不知道王应麟是什么人。《三字经》里面有很多故事，实际上像是一部少儿百科全书，各种各样知识都有。但是，都是旧的东西，现在看来是没用的。不过，那时对我来说还是比较重要的。

还有一本书对我来说也比较重要，就是《幼学句解》②。《幼学句解》也是一部百科全书，有各种各样典故。我读《幼学》，读《三字经》，为什么背得都比较快？我尽可能把意思弄明白。比如背《三字经》，我听同学背什么，譬如历史地图，讲东周："周辙东，王纲坠。逞干戈，尚游说。"有的同学不懂其中意思，就背错了。我就知道，读书必须先明白它的意思。老师让我读的时候，我一边读，一边揣摩意思，要知道这个字是怎么来的，到

---

① 王应麟（1223—1296），字伯厚，鄞县（今宁波市鄞州区）人，南宋著名学者、教育家、政治家。

②《新增足本大字幼学琼林句解》，共四卷，每卷一册，共四册，清代上海启新书局印行。

底是什么意思。这样背书，也不会感觉枯燥。

时先生刚开始教我们时，就是他读，我们来写，写得简直不像样子。后来我很快感觉到，要逐渐把自己想的东西往里面填，这样就稍微像点样子了，我就能够写一点文言文了。时仰伯先生实际上是在教我写文言文啊。

7. 光明小学

我上小学的时候已经读过一些古文，能写一点简单的文言文了，写得还比较通顺，像《三字经》《幼学》里面的东西，基本上都懂。这时，我母亲的一个表妹，就是我的一个表姨跟母亲说："大表姐，你不能让孩子再上私塾了，时代变了，这不是科举时代了。你不愿意让孩子上日本人学校，可以让他上教会学校啊！"

这样，我就上了教会学校，光明小学。我考了五年级，插班考的。光明小学是基督教贵格会办的。贵格会在六合办了光明小学、益智中学，另外还有一个小学，一个和平医院，是配套的。

到那儿以后，我的直觉就是与以前上的私塾大不相同。我父亲是1932年去世的，1933年我应该上幼儿园，母亲把我送到了私塾。我上私塾的时候，是要给孔夫子像上香磕头的，给先生、师母也要上香磕头的。抗战以前，我上过小学，没有上香磕头的事，但是教室里上面挂有孙中山先生遗像，两边是一副对联："革命尚未成功，同志仍须努力"[1]；上面是"天下为公"。每个星期都有纪念孙中山先生的集会。到教会学校以后，整个教室什么像也没有，当然不会有孔夫子像，也不会有孙中山像。但是，它有一条，就是有宗教课。其他的课是六十分毕业，宗教课是七十分。一个星期只上五天班课，每星期六下午休息。星期天上午，大家必须排着队上教堂，这

---

[1] 这句话为孙中山于1923年在中国国民党恳亲大会上的题词。

是作为宗教课的一部分。

刚进教堂时，我觉得非常奇怪。中国人的庙都有菩萨、罗汉什么的，都供着这些，教堂里却空空荡荡，什么都没有。上帝在哪儿？上帝在心里。然后，牧师，还有长老[①]，传教的牧师是第一级，长老是第二级。一般是外国牧师讲道，他也用汉语讲，也有中国牧师。到做礼拜的时候，有各种各样的人。除了学生排队，还有社会上各种各样的人，很贫苦的人，教堂救济的。

在教会学校上学，是要读《圣经》的。一读《圣经》，我就感觉与中国书不一样。《圣经》主要是读《新约》，但《旧约》也要知道。我还买了本《新旧约全书》来读。我怎么读《圣经》？我觉得它跟中国经书完全对不上，感觉明显不同。《圣经》怎么能跟《三字经》、"四书"对得上？根本对不上。那么，我就知道国外的一个文化传承。我感觉，像美国人在这个地方，这是沦陷区，日本人对我们中国人，简直就把我们当奴隶，可是美国人进出城是不向日本人鞠躬的，他们大摇大摆进来，大摇大摆出去了。日本人也不敢抢他们的学校、抢他们的教堂，日本兵从来不进来。教堂门口有四个大字："美国教会"。学校门口也是："美国教会"。这就等于进了租界。

学校有一些美国的老师或者牧师，校长是美国人，对中国学员很和气，那时感觉美国人对中国人比较友好。还有过圣诞节，完全与中国节日不同，是另一种过法。我在教会学校时间很短，就过了两次圣诞节。我就感觉，为什么中国人就这么受日本欺侮，为什么美国人能这样？这深深地刺激了我。日本人对美国人就不敢阻拦。

在这儿，除了宗教课，就是学英文。英文课本是文幼章[②]、一个加拿大

---

① 长老，基督教某些教派中协助牧师管理教务的人。

② 文幼章（James Gareth Endicott，1899—1993），加拿大传教士。1925年来华，在华西协和大学任教，曾任大学英语教授，致力于和平事业，2009年被评选为"致力于世界和平友好事业，世界著名的和平战士"。

人编的 *Direct English Reading Book*（《直接法英语读本》）。所谓"直接说英语"，就是不讲语法。上课时，老师不讲汉语，能讲汉语，他也不讲，中国老师也讲英语。美国人教都不说中文，其实他们都会说，上课直接说英文，a book，a pencil，等等。我觉得，这个教学方法能培养孩子的外语能力，假如能彻底完成学业的话，培养出来的学生可能英文就比较好。可是，我们学习的时间太短了。这个教法对我们还有一个好处，就是敢开口说。老师知道你会说错。比如我有一个同学，那时候画画，后面有一节图画课，他画了妈妈抱着一个孩子，旁边写了一句英文：

Today is very cool.

这当然错了。老师给他改了：

Is it very cool today?

可是，老师也没有责备他，鼓励孩子敢开口说。所以，我虽然外语不好，可我见到外国人就敢说，敢开口。这个是受他们影响。

我上了这个教会学校以后，还有一个感触，就是作为中国人，我一方面热爱中国文化，一方面又感到我们的文化里面大概有不足的地方，我们怎么会被欺负到这个地步？虽然我当时不知道是什么，说不清楚，这种文化到底有什么缺点，但是感觉我们的文化一定有缺点，要不然，当时怎么会这样惨呢？日本人狂到什么程度？他们的飞机来轰炸，俯冲时可以擦到树梢啊！如果有枪，老百姓用步枪就能打，可是连支步枪都没有，更不用说别的了。要是有步枪，飞机离得这么近，肯定打得到。我们就弱到这个程度！所以，我心里非常非常痛苦。

8. 日伪学校

我跟时仰伯先生学习大概有大半年，在这个教会小学勉强读了两年，这时珍珠港事件①发生了。珍珠港事件以后，美国的校长、老师都离开了，学校由日本人接管。后来，县里要办中学了，有的老师就到那儿去教书了。

我该怎么办？就上中学吧，也不能跳级。那时候，我感觉很屈辱。学校在日本人统治下，老师不接受他们，校长还是中国人，但是他教你唱的歌，分明是听日本人的。

可是，同学们有时候会怎么做呢？唱完那个歌以后，当时不知道怎么传来的，同学们会唱《三大纪律　八项注意》。那个歌不难唱，也不知道是怎么传来的。这时候，我才听说有共产党，说这是共产党的抗日歌曲。同学们听会了，在教室里大声唱，这歌词也唱不全。老师听到了，最初不管，后来因为怕日本人，就过来说，你们可以唱《义勇军进行曲》，就是现在我们的国歌。老师都必须这样，两面的，我感觉太委屈了。

当时是日本人办的中学，可是老师不是汉奸啊，他们还是爱国的。我在那里读了有一年吧。那个学校后来要求学日文，除了个别日本人，其他都是中国人。老师还是讲中文。讲中文，可以说是爱国。日本人要求讲日语。就是给日本人当翻译官的，他当日语老师。这个日语老师，就是日本人的走狗。我们学生不肯学，恨日本人，不肯学。

我们班上日文课，学生一排一排坐着。凡是不会的，老师就站到你跟前，老师问："你会不会？"回答说："不会。"不会，手伸出来，他打一戒尺。他再问下面一个同学。不会，再打一戒尺。同学们成排地站起来，齐声说："你打吧！"这个事儿，老师觉得很难办了。就连女同学都义无反顾，

---

① 珍珠港事件，1941年12月7日清晨，日本海军的航空母舰舰载飞机和微型潜艇突然袭击美国海军太平洋舰队在夏威夷基地珍珠港以及美国陆军和海军在瓦胡岛上的飞机场，太平洋战争由此爆发。

勇敢地站起来，都说："老师，不会。"老师问："为什么不会？"同学们回答："我们笨。"老师很尴尬，就走了。看到这样的情况，我觉得我们还是不行，后来就离开了这个学校。

9. 重习国故

离开日本人办的中学以后，我上了一个补习馆。我跟时仰伯先生学，还跟其他几位老先生学习古文，继续读《古文观止》。可是，我学习《古文观止》这些东西，就跟社会上情况不太一样。那时候，我已经十四五岁了。孔子说："吾十有五而志于学"[①]。当时同学们都看小说，看什么"四大名著"，《三国演义》《水浒》《西游记》《红楼梦》，我对《三国演义》比较感兴趣，其他三部都不喜欢。

《三国演义》看过以后，就看《东周列国志》，冯梦龙[②]的小说。冯梦龙的小说比较好读。小时候，我喜欢读"三言""二拍"。特别是《东周列国志》，我反复读了很多遍，我当时印象，好像是读了三十遍。我每看一遍，画一个圈。我把《三国演义》和《东周列国志》看完了。我觉得，读《左传》可以跟这个联系起来。

这时候，为了作古文，我还读一本书，《东莱博议》，是吕祖谦[③]写的，浙江金华人。读吕祖谦的《东莱博议》，我特别有兴趣。他也讲《左传》，是纪事本末体[④]，跟我读过的差不多，他还有评论。我觉得，读《东莱博

[①] 语出《论语·为政》。

[②] 冯梦龙（1574—1646），明南直隶苏州府长洲县（今江苏苏州）人，文学家、思想家、戏曲家，作品为《喻世明言》《警世通言》《醒世恒言》，合称"三言"。

[③] 吕祖谦（1137—1181），字伯恭，世称"东莱先生"，婺州（今浙江金华）人，南宋著名理学家、文学家，著有《东莱博议》等，并与朱熹合著《近思录》。

[④] 纪事本末体，是指以历史事件为主的史书体例。纪事本末体分为两种情况：一是"一书备诸事之本末"，二是"一书具一事之本末"。将重要史事分别列目，独立成篇；各篇又按年月的顺序编写，可补编年、纪传体之不足。

议》，不仅可以跟他学作古文，还可以学习怎么写议论文，直接把春秋战国时期那些人的内心世界表现出来，表现他们的矛盾心理，表面上仁义道德，实际上争权夺利。这本书分析得很好。所以，我后来读《左传》，因为这些事我都熟悉，可能别人读起来有困难，对我就没有了。

我没有读其他小说。读《东莱博议》，让我真正对中国文化产生了兴趣，培养了对史学的兴趣，以后读《春秋》三传①，都是在这个基础上。读《东周列国志》和《东莱博议》，对我影响较大。《东莱博议》有六十多篇，大多数我都读过。特别是书中的评议，我觉得很过瘾。这样，我就慢慢地把经学和史学自然地融合在一起了。

10. 数学兴趣

我在补习馆，就学三门课，除了国文和外语，就是数学。数学本来是我的弱项。我最初是上私塾，到上小学时，就显得很笨，不知道跟别人打交道，家里孤儿寡母，又经历了这些苦难，心灵非常脆弱，性格很内向，平时不太同人来往。原来对数学没有什么基础，我对四则运算，简直是难于上青天。这时开始学代数，我倒觉得有一点变化，原来觉得数学困难，可是学习代数，感觉非常简单。像学因式分解时候，我就感觉这个有点意思，学到指数的时候，觉得太有意思了。

这样，我就逐渐对数学产生了兴趣。直到现在，我还经常问我的博士生一些数学问题。我说，一个 a，a 如果它的底不是 0，a 本身不是 0 的话，a 的 0 次方是多少？这个问题，有的学生就答不上来。好的呢，就回答说，a 的 0 次方是 1。我觉得，这个挺不错。但是，a 的 0 次方为什么是 1？这时，能回答出来的人就很少了。我在这个问题上再次"卡壳儿"，就像在小

① 《春秋》三传，《春秋左氏传》《春秋公羊传》《春秋穀梁传》之合称。

学写 11，我一定是写成 101。我说，a 的 0 次方怎么可能是 1 呢？不是应该等于 0 吗？平方不是乘法吗？怎么没有 0 呢？老师讲的，我不懂。老师说，真要不懂，你回家自己看例题去。

我回来看例题。我一看，这个题为什么是这样？我忽然明白过来。1 个 a，是 a 的一次方；a 乘 a，两个 a 相乘，a 的二次方；3 个 a 相乘，a 的三次方；4 个 a 相乘……那么，这样相乘的时候，底数相乘的时候，指数还有幂啊，它是相加的。那么，a 的四次方除以 a 的一次方得什么？得 a 的三次方；a 的四次方除以 a 的二次方，等于 a 的二次方；a 的四次方除以 a 的三次方，等于 a。a 除以 a 的一次方，是 1，指数是 0，对不对？这样，我就给它推导出来了。

我忽然想到，原来我学过的中国这些古籍，读《左传》《东莱博议》等，意义都相当深，但是中国没有西方数学这样的东西。这些东西有什么用呢？看起来好像没什么用，其实很有用。所以，a 的 0 次方能够设想出来。因为我们凭感觉的话，是根本不能想象的。a 的 0 次方是什么？不能凭直觉和想象，或者凭经验能想出来。我感到，原来在经验以外还有学问，我们不能够仅用经验来考虑问题。

那么，以后我学代数、各种各样公式的时候，这一类问题都解决了。看起来因式分解这些没有用，其实它的用处很大。再比如几何学，最初看起来好像毫无用处，其实它非常有用。以后我学到虚数、复数什么的，这些都是高中的事了。虚数有什么？最初觉得虚数是没用的。所以，我觉得，有很多东西人家开始没有那么考虑使用。

学了代数以后，接着学初中几何，平面几何，当时叫《三 S 几何学》[①]。学三 S 几何时，我就更有兴趣了。这本《三 S 几何学》，我不知道到现在读了多少次。当初读这本书的时候，像触了电似的，感到很震惊。一上来，

---

① 三 S 平面几何学，民国时期数学教材，原著 Schultze、Sevrnoak、Sehuyler，骆师曾译，骆承绪校订。

它就讲定义，点、线、面、体。点是什么？点是两条直线相交的一个地方。这个地方不仅没有高度，也没有广度，也没有密度，直接就是抽象的空间的位置。点就是两条直线之间的一个交汇点。点运动而成线，线运动而成面，面运动而成体。这是汪海秋先生教我的。

我接触到几何学后，汪先生首先告诉我，感觉是欺骗人的。这句话，讲的是几何学，实际上也是哲学啊！上大学一年级时，我听唐君毅[①]先生讲哲学概论课，他就说："你们学哲学，不要用常识来思考、用经验来思考，你们要用逻辑来思考。"你看，汪先生说，感觉是欺骗人的。那么，一切要从概念来考虑。而概念呢，要有定义。刚才讲点、面、线，然后，汪先生就拿起粉笔，在黑板上点一下。

我们几位同学在他家补习，就四五个人吧。汪先生实在穷得太厉害了，他不得不在县里中学兼课教书。当时，补习班是下午，我就在那儿补习。他教我们几何时，拿粉笔先画一个点、画一条线，让同学们来回答。我没有回答。汪先生说："刘家和，你为什么不回答？"我说："如果按照几何学定义来讲，这不是点。"他说："不是点，那它是什么？"我说："是体。为什么？点是没有面积、没有体积的。这一个点，有面积。你仔细一看，粉笔灰在地上，它是一个体。"我当时还不知道三维或二维。他说："你答对了。"

以后学几何学，我都从定义出发。什么是圆？茶杯口是圆的。这个圆，在柏拉图[②]看来，就是柏拉图提出的"理念"[③]。什么叫向心力？我们看到的具体的圆，都不是真正的标准的圆。标准的圆是什么？就是一个点，一个定点。这个是 O，这是个 a，或者是一个 b，当这个点的距离不变时，其运

---

① 唐君毅（1909—1978），四川宜宾人，曾任北京大学、中央大学教授，江南大学教务长，后任香港中文大学、台湾大学教授，著有《唐君毅全集》。
② 柏拉图（Plato，前427—前347），古希腊伟大的哲学家，也是西方文化最伟大的哲学家和思想家之一，与老师苏格拉底、学生亚里士多德并称为希腊"三贤"。
③ 理念，柏拉图提出的一个哲学概念，是把人从个别事物中抽象而得的普遍概念加以绝对化，说成是事物原型。这种永恒不变的理念的总和构成理念世界。

行轨迹是圆。如果用圆规画出来，是圆。可是在概念上，圆的定义是什么？几何学可以从一些公理推出来，随后就推出定理系列。首先要有定义，汪海秋先生教几何学，告诉我们一定把概念弄准确，必须有定义，点、线、面、体，然后再提出整套学问。几何学本身，丈量土地什么，geometry，本身就要做测量嘛！英文叫 geometry。可是，阿基米德①的几何学不是这个。我们读几何学，从已知数求一个未知数，叫你证明什么，先假设能证明什么么。所谓证明，必须是逻辑的步骤。学平面几何学，是绝对没有用处的，没有任何的实际用处。

通过学代数和几何学，触发了我对西方文化的一个思考。我读《左传》，读《东莱博议》，或者读"四书"的时候，所学到的就没有这些东西，两者完全不同。我就想到，西方就是因为这样一个情况，它数学发达，以后就是整个自然科学发展起来了。那么，我们怎么解决这个问题呢？所以说，我到十五岁的时候，大概就开始"有志于学"②了。这个是孔子讲的。

什么叫"有志于学"呢？简单地说，就是我想学习了。怎么才能说想学习了呢？我今天试图做点分析，看对不对。第一个，还是唯物主义观点，外部环境条件刺激是非常重要的。我自己知道，我是一个非常无用的人，而且是个性情内向、也没有实际能力的人。但是，我就想，我们怎么样能够强大起来呢？我有问题。这是外边刺激我的。内心来说，我不仅觉得要学，我要想办法让自己产生兴趣，被动学是学不好的。必须我内在产生兴趣，如果只是外部条件告诉你，督促你，这是不可避免的，你是不自由的，学不好。你自己有兴趣，这就是自由的，自己想学。真正学习的时候，更重要的是我自己要有好奇心，外在因素只是促进我学。

---

① 阿基米德（Archimedes，前 287—前 212），古希腊伟大的哲学家、数学家、物理学家，有"力学之父"的美称，与高斯、牛顿并称为世界三大数学家。
② 孔子说："吾十有五而志于学，三十而立，四十而不惑，五十而知天命，六十而耳顺，七十而从心所欲，不逾矩。"语见《论语·为政》。

可是，如果真正想要学好，必须靠内在兴趣。兴趣有两个。如果我对中国传统的东西，比如说不读"四书"《左传》《东周列国志》，不读《东莱博议》，我不知道这些东西，对它们没有兴趣，就不会来回反思。另一方面，对代数、几何，这是我不懂的。可是我接触以后，就非常有兴趣。直到现在，我还有好几位数学界的朋友，经常向他们请教一些数学问题。比如我们北师大的教授、数理逻辑的权威王世强[①]先生，我也向他请教过，可惜他不久前去世了。

我对中国文化有兴趣，对西方文化也有兴趣。我觉得能够在这里面找到一些异同，都有价值，都有兴趣。实际上，从那个时候起，我就想，这既是我的使命，又是我的兴趣所在。

11. 汪海秋师

汪海秋先生讲几何学。汪先生太了不起了，他对我影响非常大。可是，汪先生实际上是一位可怜的人，深层次说是可敬的人，实际生活中却是一个可怜的人。在那个时代，某种程度上说，我也是汪先生的一个缩影。

汪海秋先生教数学，古文也很好，还是一位诗人。抗战以前，他当过小学老师，也当过中学老师。他因为字写得不好，文科就没让他教。可是，那时工资比较高，他还能买一些书，还组织诗友聚会，把朋友们一起写的诗编辑自费出版。这个诗集我看到过，我记得有一个诗人叫徐逸兴，还有其他几个人的名字。

汪先生这个人极其老实，谁都认为他是个懦弱可欺的人啊，说话吞吞吐吐的，几乎都说不清楚。他跟人说话，动不动脸就红了。他家里有老母，家里穷得什么也没有。抗日战争期间，汪师母给人洗衣服，当保姆。汪先

[①] 王世强（1927—2018），河北省石家庄市人，曾任北京师范大学教授。

生有两位公子。

我曾跟汪先生说："汪先生，你的名字真好！海秋，这个气魄就不一般。"他说："刘家和，我这个名字最俗不过了。"我说："你这个名字这么好，你想想看，海边的海秋，这个气氛怎么得了！"他说："这是你的理解。我姓汪，我在家里排行是宗字辈，我的名字叫棠。海秋，就是秋海棠倒过来了，我自己取的名字。"他本来叫汪宗棠，后来自己改的名，叫海秋，多风趣啊！

汪先生家在六合算是一个大家族。他的儿子是"国"字辈排行，大儿子叫汪寿国，也可以叫汪国寿，排行放后面。他的儿子很聪明，可是读不起书，送到一个绒布店去当学徒了。因为到布店里当学徒，经常还能拿回来一点零钱，还能帮助养家糊口。他的二儿子叫汪同国。这个更可怜了，他就去挖野菜，因为家里连买菜钱都困难。六合这地方，蚊子多得不得了，可是他家的蚊帐都是破的，根本就不能挡蚊子。所以，汪先生家生活费用中很多还要去买蚊香。

可是，汪先生作为一个学者，仍然怡然自得，安贫乐道。夏天时，天黑得晚，南方春秋天也长，傍晚下了课以后，他经常带我们到河边、池塘边、柳树下，一边走，一边聊天。对这样艰苦的生活，我看他没有什么抱怨，给我讲了好多人生有趣的事儿。汪先生会作对联，而且还作些绝对，有时候让我对。我还记得一个。他出个上联："霜降降霜霜降来"。霜降这个节气，开始降霜了，霜降时候冷啊！他说："刘家和，你来对。"我怎么也对不出来。后来，汪先生跟我说："月经经月月经来"。他就讲妇女月经的事，过一月后，月经就来了。我一听，傻了，天哪！因为我还不知道什么叫月经呢，这个我记得很深。

汪先生给我讲了好多事情。因为我也背了好多诗词，我也懂。我读过《幼学》以后，也懂了。我觉得在他身上，在学校里头受欺负，别人都能争，都有什么，他也没有后台，也不会说话。我也没听他抱怨过，就是穿一件大褂，那穷得！所以，我看到知识分子身上的东西，为什么在那样

51

艰难的情况下仍然爱国。但是，他们又没有能力。汪先生对我有很大影响，我很怀念他。我不知道后来他怎么样了。

12. 触电之感

在这样的情况下，我就逐渐对中国文化和西方文化都产生了兴趣，这两种截然不同的文化在我的心中产生碰撞。要是没有学几何学，我不可能对逻辑学有兴趣，不可能对西方文化有兴趣。这一时期对我来讲，我就初步感到，我既要学中国的东西，这是我们祖国的文化，我不能忘掉它；同时，我又懂得了一件事，我们中国的文化就全好吗？如果我们全好，怎么成了这样一个状况？我想，恐怕还是要睁开眼睛看世界，这是非常必要的。我们要学另外一套东西，恐怕不是一个简单看一点外国历史或什么就能解决的，可能需要了解外国人真正的学术思想。

这是比较重要的。我知道自己的知识实在是太贫乏了，一方面需要学习中国文化，一方面要学外文。这时，我也知道学习外文的重要了。从前在那个教会学校学英文，我出来以后没怎么学。据说，那时候我的英文在班上还是领先的，就是不懂文法，落后下来了。后来，我就开始注意语法了。

在这个补习班学习时，我对英文也很有兴趣。那时候，英文的学习材料比较好，我觉得不错，学的都是一些外国名著，是经过改写的简本，比如《卖火柴的女孩》《灰姑娘》，《辛德瑞拉》《皇帝的新衣》《罗宾汉》，还有什么《泰西五十轶事》《伊索寓言》，等等。这些东西，也帮助我多少了解西方文化是什么样子。虽然是课本里面讲的一个一个故事，其实也在告诉我们西方人是怎么认识真理的。《皇帝的新衣》[①]，说明什么？很深刻。还

①《皇帝的新装》，丹麦童话作家安徒生创作的童话，是其代表作之一。安徒生（Hans Christian Andersen，1805—1875），被誉为"世界儿童文学的太阳"。

有，我们上《最后一课》^①的时候，简直眼泪就下来了。上《最后一课》的时候，就觉得更要学中国，但是，恐怕也得学外国啊！

有一个故事，英国国王阿尔弗雷德（Alfred）^②，打了多少次败仗，什么都没有了，成了孤家寡人了，就在山洞扛着，他还在考虑怎么样打败敌人。他看到蜘蛛结网，想到自己兵败以后，怎么能灰心丧气，结果他终于重新振作，战胜敌人。所以，我觉得从这方面来讲，西方文化里也有很多宝贵的东西值得我们学习。

这样就使我产生了一个强烈愿望，我在抗日期间，就是努力学习。因为我没有上中学，上的是补习馆，就三门课，国文、英文和数学。这时，我的古文写得越来越好了，也开始写诗了，还会写对联。我开始读"四书"了。我最大的遗憾，就是没有背《诗经》。我背了一些《楚辞》。我主要是学三个方面：一是对中国传统文化的兴趣和志向；另一个是对西方文化的那种感受，那个也算是一种刺激，包括这个教会学校，还有数学，引起逻辑上的思维；再一个，就是学习外文。我没有学物理、化学和生物，就是光学数学，我对数学有兴趣，其他课没学。总的来说，我是一个偏文科的人，理科没办法了。

我感觉，人真正要能够对一个东西发生兴趣，要想学的话，一是要有使命感，还有就是外在压力。光有使命感是不够的，还要引起自己强烈的兴趣。外部这种压力，我必须要做这事，可能被动，所以还要自己从中找到兴趣。譬如说，我读《左传》，我就自己找到了兴趣。我读《三字经》，琢磨着读。读《幼学》，其实是让我们学会写骈体文的。我开始写文言文时，都是很肤浅的，包括早期写的一些诗都是肤浅的。读诗歌，平常读书

---

① 《最后一课》是 19 世纪法国作家都德的短篇小说，创作于 1873 年。都德（Alphonse Daudet，1840—1897），普罗旺斯人，爱国作家。

② 阿尔弗雷德（Alfred，849—899），英国国王，率众抗击北欧维京人的侵略，使英格兰大部分地区回归盎格鲁－撒克逊人统治。

是按照那个调读，逐渐启发人的兴趣，一旦有了兴趣，别人就挡不住了。使命感是来自外面的压力，兴趣就是自己追求了。使命感有时候它会有功利主义，到有兴趣的时候，直接就是我想做。

我为什么讲汪海秋先生？汪先生穷成那样子，很落魄的样子，可是他对学术有兴趣。像汪海秋先生，名不见经传，恐怕除了我，现在世上没有第二个人会记得他。这样的人，他觉得自己那样的生活是自由的。孔子讲："知之者不如好之者，好之者不如乐之者。"①读书要有兴趣。西方的学术就是兴趣，亚里士多德在形而上学、文学、哲学等方面都有很深研究。哲学是没有用的，哲学就是好奇心。现在人学习，有时太功利，这不行。一定要有好奇心，我不是为了功利目的，就是我想做。假如这个同使命感结合起来，就比较好。

我觉得，像汪海秋先生，他穷成那样，要是有功利心的话，他就不会这样落魄。他没有功利心，也没有能力去做，他是这么一个人。所以说，一个是使命感，一个是好奇心，有兴趣，不可阻挡。当然，能遇到这样的老师，也是一个外部条件，时代使然。这个，恐怕跟明清以来的学术传统有一定关系。我觉得，最主要是两条：使命感和兴趣。后来，从抗战胜利直到解放，我为什么能够疯狂地学那么多东西？渴。渴的来源，就在这儿。

我以前说过，家里对联我都背，我看书比较杂。我现在作对联还可以，那时候打下的基础，包括给易宁②写的。我写的挽联是："有学有才方其大展，悼君噩耗亟至；斯人斯疾终成不治，令人悲惋难名。"当然是很伤心了！

---

① 语出《论语·雍也》。
② 易宁（1955—2018），江西南昌人，曾任北京师范大学教授、博士生导师，史学研究所所长，《史学史研究》杂志副主编，著有《古代希腊史》等。

三　我的高中

1. 成美学堂

我开始懂事的时候，就遭逢国难，所以对中国传统文化下了点苦功夫，打了点基础，我对传统文化有兴趣。还有，在抗战期间，通过学数学和外语，我开始对西方文化有所了解。不过，我要补充说一下，我的外语是有问题的。我上教会小学的时候开始学英语，兴趣很浓，背得很熟。但是，那个时候是美国老师，发音是准的，直接讲英语，可留下一个问题，就是轻视文法。

珍珠港事件以后，教会学校老师被日本人集中了。以后再学英语，开始改为由中国老师教。这时候，不像以前美国老师那样，用直接法教学了，而是我们读什么呢？像《伊索寓言》《泰西五十轶事》①等，同时讲语法，就是《纳氏文法》②。这对我来说，非常新。这时候我对学英文既有兴趣，又发

① 《泰西五十轶事》，〔美〕詹姆斯·鲍德温（James Baldwin）编著，又译《西方老故事五十篇》，20世纪初中国流行英语读本。
② 《纳氏文法》，即 *Nesfield's English Grammar*，原名 *English Grammar Series*，由英国人 J. C. Nesfield 编写，1895年由英国麦克米伦（Macmillan）公司出版，曾长期作为中国学生英语语法教材。

现有两种学法。有两种学法，我该怎么办？我就问老师，我应该怎么办？这个，对我以后一生学习外语都有关系。还有就是学数学，我开始学数学时，一塌糊涂；学代数，开始有感觉；到学因式分解、学几何时，我就有兴趣。还有一个问题，就是把我堵到中国书里了。我是带着这样一个情况走到抗战胜利。

抗战胜利以后，我因为根本就没有正式学历，而且严重偏文，最后就决定考文科。现在要考一个中学，我手续都不齐。1946年初，我到南京去报考成美学堂[①]。

这是一个私立学校，要求按照同等学力报考。这个学校录取学生，看来能够宽松一点。像我这样，分明物理没学过，化学没学过，生物没学过，而且我还没有上过高一，补习困难，也没有学过三角（三角是以后自学的）。在这样的情况下，我到几年级去插班呢？按照我的年龄，这时候该上高二下了。所以我很主观的，就报考高二下的插班生，幸而被录取了。从我被录取情况看，大概学校里看到，虽然我有的课成绩不行，但是还有一些比较强的课程，我的国文比较好；数学呢，不全，但是行的地方，也还可以；英文有一些路数，但是也不是高分。可能就是凭着我的国文，的确比较好，就把我录取了。

成美学堂在南京市秦淮区中山南路西边的明瓦廊。明瓦廊这条胡同很长，前边走一段是大香炉，过了大香炉以后一直走是评事街，直通到升州路、三山街。往北面走呢，是建康路。有一条胡同进去，可以到秦淮河、贡院街、夫子庙。成美学堂就在大香炉这条长街里。分明是一条街，可是有三个名字。

这个学校照说资格蛮老，清朝末年由安徽省无为县[②]的周寄高先生创办的。周老先生早年受西学的熏陶。学校创办之初，那是清朝末年，他们家

---

① 成美学堂，南京市第二十四中学前身，1901 年由安徽省无为县周寄高先生创办。
② 无为县，今无为市，安徽省辖县级市，由芜湖市代管。

是有宗教信仰的，可能最初依靠过什么基督教会，叫什么学堂，不是一所学校。后来，他在朋友的支持下，逐渐跟这个教会脱离关系，独立经营成美学堂。陶行知①先生当年还是他的座上客。我上学的时候，周寄高先生已经不在了，校长是周寄高先生的大公子周西屏。他们家兄弟几个，好像叫西屏、北屏、南屏、东屏。但是，具体次序我记不清楚了，反正他有四位公子，还有女儿。

这个学校的旧址，就在南京大香炉那个地方。我后来去南京找过，但没有进去，因为它整个变了。原来是一座老宅子，是一户人家的小花园外面。这个房子一进门，有个门房。进门房不能够直走的，进门后要往左走。然后进一个门，里边这个院子不大，前面是厅堂。这个厅，原来叫礼堂，实际上因为它太小，也做不了礼堂。但是，礼堂里有校训，平常是关着的，有个阁子。我看了那个校训，是《中庸》里说的"诚则明矣，明则诚矣"，校训是"明诚"。

进了那个门以后，就是进了第二道门，北京人叫垂花门②吧，向右手走又有一个门。这个院子有个门进去，实际上是一个小花园。花园进去以后，有个长廊。这个院中间还有一个亭子，不是那种六角亭，它是长方形的，四边都有翘角的。那个亭子的窗户是彩色玻璃的，在这个院子的南边，靠街这边。其实院子这边就靠街了。还有一些太湖石假山。除了这个亭子，西北角有几个房子，这就成了七进房，平常是带人家来休憩的地方。

这个院子，在东南角有一个房子，它与走廊相通，下雨时不会淋湿。校长和教务处在西北角、东北角办公。从这里出去，就到了街上。原来这里是什么房子？我不知道。大概他们把原来的房子拆掉了，盖了一个两层

① 陶行知（1891—1946），安徽省歙县人，近代教育家、思想家，早年毕业于美国哥伦比亚大学，中国人民救国会和中国民主同盟的主要领导人之一。
② 垂花门，中国古代民居建筑院落内部的门，是内宅与外宅的分界线和唯一通道。因其檐柱不落地，垂吊在屋檐下，称为垂柱，其下有垂珠，故称垂花门。

的教学楼。这是一个正规的教学楼，有楼梯，楼板都是水泥的，不是木头的，很亮。从这个楼往前走，从这个花园可以过去，有一个门，这个地方原来是一个别院。他们在别院中间搭了一个棚，等于搭一个天棚，变成这样子，变成一个大礼堂，平常可以作为学生膳食的地方，等于是一个餐厅。这个地方的西边，跟那个门房毗邻着，还有三间房。

在这个礼堂旁边，还有一个小别院。从这个门进去，过了这个厅，再往东走就是教室。教室对面有个平房，再往前就是操场。操场里又盖了一个学生宿舍楼。这个宿舍楼，不像教学楼，是钢筋水泥做的，宿舍楼是砖木结构，当时也是所谓洋式的，二层。我就住在这个宿舍楼里。

2. 英文教师

校长周西屏先生是美国密歇根大学（The University of Michigan）的数学博士，20 世纪 30 年代初获得博士学位，回国了。我猜，他可能比华罗庚[1]他们年代还早一点。当时周西屏先生大概四十出头吧，原来还在金陵大学兼课，后来放弃了，专门当成美学堂校长。他没有结婚，人长得也很体面，戴一副没边的眼镜，很洋式，从来都是西装革履，学校一切事务都由他来操持。他本人还教书。我在成美学堂三个学期（一年半），他教过我英文。周校长教英文时，教材用的是那个 *Tales from Shakespeare*[2]，就是根据莎士比亚戏剧编成的故事。是谁编的呢？ Charles Lamb[3] 和 Mary Lamb。他们是姐弟二人还是兄妹，不清楚。他们对莎士比亚的戏剧进行改编，因为原书是古典语言，很难读懂，他们把它改编成故事。周校长教我们这个。

可能是因为太忙，周校长后来就把这门课交给另外一位先生教，是他

---

① 华罗庚（1910—1985），祖籍江苏丹阳，出生于江苏金坛，数学家，中国科学院院士。
② *Tales from Shakespeare*，中译名为《莎士比亚故事集》。
③ Charles Lamb，中译名查尔斯·兰姆（1775—1834），英国散文家。

的父辈。我现在还记得他的名字，叫周俊卿。周先生一口扬州话，上课时会讲自己的过去。他家原来是盐商出身，很富有，同周西屏校长的父亲是朋友。他家从父辈开始，也重视教育，支持办成美学堂。抗战胜利以后，盐商没落了。这位周俊卿老先生，周校长对他很恭敬，他是上海圣约翰大学[①]毕业的。所以，他教英文呢，要求尽可能选古典名著来读。他是这么一个路子。周校长不是学英文的，他是美国留学生，教高中英语毫无问题。

第三学期，老师又换了。大概周俊卿先生年纪大了，看来校长对他还是很优待的。他说，我同校长家有世交，我还在学校里兼着秘书，学校大概给他一些工资吧。周先生年纪大了，又找了一位老师。这位老师满口美式英语，叫庄耀斗，字济贫。他还有一个公职，好像还是一个"肥缺"，战后不是有个（联合国善后救济总署）资源委员会[②]吗？美国等国捐赠的一些赈灾物资，他就管这些，在那边有个差事，不总在成美学堂。他还在南京钟英中学教书，也是一个私立学校。他在两个学校教英语。

这位庄先生跟周老先生就不一样了。周老先生是长袍大褂，中式着装，讲的完全是古典的东西。这个庄先生来了以后呢，重视对话。他说："你们这样没法到社会上跟人交流，我教你们如何用英语交流。"那时候，南京大街上满是美国兵，有的是英语交流机会。

所以，我们三个学期，换了三个英语老师，三种教学风格。我很想学好英文，对英文我有兴趣，最大的矛盾是什么呢？因为周校长讲的，规规矩矩，讲莎士比亚。周俊卿老先生讲的呢，严格地讲语言分析，语法分析。庄先生更是不一样。所以，在我头脑里，就留着三个人、三个学期，不同

---

① 圣约翰大学（St. John's University），成立于 1879 年，初名圣约翰书院，1905 年升格为大学，教会建立的大学，1952 年院系调整时并入华东师范大学。

② 联合国善后救济总署（United Nations Relief and Rehabilitation Administration，UNRRA），创立于 1943 年，发起人为美国总统罗斯福，成立目的是帮助二战时受害严重且无力复兴的同盟国参战国家。

的英文教学。我喜欢学外文。但是，听说领先，文法落后。我没有从文法学起，直接发音、对话。我到底今后学外文，该怎么办？当时，我就困惑。我知道有纳氏英文文法，但也没有学好。

在成美学堂还发生过一件事，就是我生病的事。我们这个校长，周西屏先生，几乎从上到下的事他都管。南京那个地方是经常下雨的，要穿胶鞋的。那么，我们这个校长呢，下雨天，皮鞋不脱，穿个套鞋。下雨时，胶鞋套在皮鞋外面，这么穿的，经常是风尘仆仆。我听别人说，周校长有时早上跑到晨市，那时又叫鬼市，去买一些学校必需的东西，去采购。因为学校人不多，学生也不多，像我这样子插班进来的，他很快就认识。有一次，我脸上长了一个疮，手抠一抠，就比较严重。他见到了，对我说："你这个地方有疮，你别看它是个小事，这是个危险区。你赶快去看病。"这个提醒，我回来真找医生看了，是淋巴结炎。因为这个区域很危险，属于关节的位置。

3."沈大代数"

我在成美学堂收获最大的是数学。我没有学过三角，是自己补习的。开始学习的是《（汉译）范氏大代数》[①]。人家是高一、高二、高三这么学过来的，我是从半道插上去的，就凭初中代数的一点基础。我们的课本，汉文叫《范氏大代数》，我们用的是英文课本。我因为基础差，怕跟不上，经常熬夜做习题，不懂就问老师，结果就经常失眠。顺便说一句，后来我参加工作以后，晚上要是失眠，我就看这个代数，看这个东西休息。这书是我到北京以后才买的。

教我们数学的老师叫沈廷玉。沈廷玉先生有一点山东腔，外号"大代

[①]《汉译范氏大代数》，英文名 *The Number-System of Algebra*，民国时期通用数学教材，作者为美国人 Henry B. Fine（1858—1928），有多个译本。

数"。他在南京好多学校兼课。他为什么在成美教课呢？他看到胜利以后，国民政府不是回南京了嘛，南京的房子立刻拥挤起来，像这样当教师的哪里租得起房子！成美有房子，所以他就来了。

沈先生和沈师母有一个孩子，成美给他们一间很深的、比较大的房子，是学校最后面一间，后边还有一个披房。沈先生是抗战以后的知识分子形象，穿的是一身破西服，骑个自行车，到处赶场上课。他家窗户是向南的，他就坐在窗户那儿批改学生作业。我们什么时候看见他，他都在那批作业。他讲代数，是用英语讲。如果听不惯，他可以给你解释。后来我才发现，用英语学数学不难，我很快就适应了。但是，我前面课程内容缺。他说："你补，有问题来问我。"我看他忙得厉害，但他批改作业非常勤。我们做作业，必须用英文。我发现做数学作业，用英文实际上也不难。这是成美要求的。周校长也教过数学，但时间很短，他是数学博士。

到了高二，不仅要学《范氏大代数》，还要学解析几何，还说高三要学微积分。学解析几何，我又是半道上来的。沈廷玉先生真有本领，还是英语讲，我也对付下来了，分数高不了。但是，我非常有兴趣。原来我学几何学，我想几何学没什么用处。可是一到学高等代数的时候，开始对有理数、方程式这样的东西感兴趣。它给我的感觉呢，这是一条通向理论的路。所以学解析几何，感觉到什么呢？原来解析几何就是几何学，是训练头脑的，虽然用处不大。要在现实生活中测量一个三角，那不是几何，那时候真够辛苦的。自己还要补三角，还要补前面没学过的东西。到高三再学解析几何，没有学微积分。好像高二的时候，学的是二式（平面）解析几何，高三是学三式（立体）解析几何，就是比这个深一点。我很多东西没有弄懂，到高三的时候我就补上来了。我的数学的确有些进步了。

这个时候，我就知道学解析几何、学数学的真正用处了。我知道抛物线、双曲线、椭圆形，这些公式我都背了。我知道这些东西实际上有应用价值。然后出现了极限的概念。学代数最大的一个进步，就是知道函数概念，方程。我原来数学基础不好，成美学堂让我对数学产生了浓厚的兴趣。

尽管我数学成绩不好，考高分不可能，可是它开启我对数学的兴趣，直到现在我对数学也没有放弃。人家说，你一个搞历史的，为什么对数学这么感兴趣？这个兴趣从哪儿开始？就从成美学堂开始。

4. 国文基础

国文我们今天叫语文，那时不叫语文，叫国文。国文我原来的基础就比较好，上成美学堂的时候怎么进步呢？我在成美之所以能够混下来，我的文科没问题，历史、地理没问题，物理、化学简直就是混，主要就是我的古文好，我写得一手文言文啊！老师看了，这个年龄的孩子，古文能写成这样，是有一点讨人喜欢的。

我就靠国文这门课考上成美学堂。所以，私立学校也有好处，你是偏科的学生，只要你有特长，他们还是录取你了。这个时候，我就是靠国文拿分。我刚进来时，班级里谈不上什么名次，到毕业时候，我是班上总分第三毕业的。这靠什么啊？就是靠国文。

那时候，我已经能写比较漂亮的文言文了。在成美学堂学习国文，好在哪儿呢？让我会读书了，学会思考了。那时都是要背诵课文的。老师教你背，为什么他总是摇头摆尾的？现在看来很可笑。读范仲淹的《岳阳楼记》，你就要成为范仲淹啊！你背的时候，朗诵的声调，你就觉得，你就是范仲淹！这个是能改变人的精神气质的。我在家乡六合时，跟时仰伯先生学习时就是这样。背诵贾谊的《过秦论》，就像贾谊；背庄子的《逍遥游》，就得像庄子，一副逍遥自在的样子。所以，我能考上成美学堂，学校是看我的国文成绩好，古文写得很出彩。但是，我不太会写白话文。应该说，我开始会写白话文，就是在这个地方。因为老师讲，你不能全写文言文。

到南京有个很大的好处，我小时候背《古文观止》，老师都是让我琢磨，一边背，一边琢磨。我不是说过，我读"四书"的时候，读《大学》《中庸》《论语》时，都是朱熹的《四书章句集注》。我读《孟子》时，读的是《苏氏朱批孟子》。老师说，你要背《孟子》。苏氏父子就是背《论语》、背《史记》嘛。背诵也是学作古文的方法。我背《孟子》，就揣摩，这对我有很大帮助。我看书的时候，不仅看到字，不仅懂得文，还要见到人，如见其人。读其书，如见其人。实际上，我是不自觉地开始感觉到，能从古人的话中，领会其思想精神。

在六合时，我买了几本书。到南京以后，南京有一条街，我到夫子庙那边买子书，经史子集，子部类书。夫子庙那边，有很多地摊卖书，书店里头可能你得买正品了。地摊上还有一些旧书，没有正品。还有就是什么呢，我喜欢到鸡鸣寺去，看玄武湖，下来不是就到中央大学[①]了吗？那个地方地摊上卖的书，我感兴趣的书，我都买了。我在成美学堂时，我宿舍里床上放的都是子书。这时候，我系统看不可能，我会看序，先看序。我挑的还是最便宜的本子，反而是比较好的。可惜，这个我从南方到北方弄丢了，因为带不来啊！那么多，从地摊上买的。有两本书很重要。一本是吕思勉[②]的《经子解题》，这本书对我帮助很大。还有一本是《书目答问》[③]。这本书，还有范希曾写的《书目答问补正》，都是在南京买的。吕先生的这个书被我用上了。《书目答问》只是看看，有什么书，什么版本，哪有钱买这些！

我现在回想起来，这个书真读起来，《书目答问》从前只是为了查书，因为那个诸子书，都有什么版本。我还给你（蒋重跃）看过那个《墨子》，

---

① 中央大学，现南京大学、东南大学等校前身，民国时期中国最高学府，始于1902年的三江师范学堂，1928年由江苏大学改称国立中央大学，曾拥有理工医农文法师范7个学院、43个系科、26个研究所。

② 吕思勉（1884—1957），字诚之，江苏常州人，与钱穆、陈垣、陈寅恪并称为"现代中国四大史学家"（严耕望语），代表作品有《中国通史》《先秦史》等。

③《书目答问》，清张之洞著。张之洞（1837—1909），字孝达，号香涛，直隶南皮（河北省南皮县）人，洋务派代表人物之一。任四川学政时，委托缪荃孙为成都尊经书院学生开列阅读书目，遂成此书，初刊于光绪二年（1876）。

吴毓江[①]的《墨子校注》，这个比孙诒让[②]的《墨子间诂》要好。他懂得物理、化学，所以《墨子校注》我就买回来了。别的我从南京到北京，我带不了，《墨子校注》我带来了。

我上高中的时候就对诸子有兴趣。后来有人跟我开玩笑说："刘家和，你就这样读古书！"其实，这个人还是我的一个表兄，他是我一个表姨的儿子。他看我母亲长期让我跟老先生读旧书，就跟我母亲说，当着我的面说："大姨母，您觉得现在让家和这么读古书有用吗？科举考试没有了！"可是，我在六合的时候已经读上瘾了。在六合那个地方，我见不到诸子全书啊！我见过两本书，一本是《春秋三传》，还有一本是《国语》，都是跟人借的。这时到了南京，有旧书铺，又买到了。那时候，旧书摊里书很便宜，不像现在那么贵。

为什么我会这样？我就想，中国人到底是怎么思想的？各家各派到底是怎么样的？光读《论语》《孟子》《大学》《中庸》这些，不能够代表中国全部的思想。我觉得，要了解中国真正的思想，经、史、子、集一样都不能少。特别是经、史、子，它们是分不开的。另外呢，我开始感觉到难。他们说我背古书是为了科举，其实不是。

背古文的结果，就是会作文了。怎样写作文呢？一个问题提出来以后，你首先要考虑，我怎样抓住要点，我怎么个思路，文章如何构思。读古书、背古文，不是和尚念经。像苏东坡的《贾谊论》，苏东坡说，贾谊这样有才华，怎么就不行呢？这个题目，怎么破题？他开头是说贾谊，"非才之难，所以自用者实难。惜呼！贾生。"你看，他一开头，就把这个问题破掉了。不是说才难吗，是不是？邓小平也说，人才难得。可苏东坡就做了一篇反

---

① 吴毓江（1898—1977），号墨生，别号墨村，重庆秀山人，曾任四川大学教授。所著《墨子校注》，保存了许多今天难见或已经失传的墨子各种版本内容。

② 孙诒让（1848—1908），字仲容，别号籀庼，浙江瑞安人，晚清经学大师、教育家，著有《周礼正义》《墨子间诂》等，所著《契文举例》为考释甲骨文开山之作。

面文章，敢跟这个孔子唱对台戏！"非才之难"，才并不难，贾谊就有才。可是"所以自用者实难"，把你的才能施展才难。然后，"惜呼！贾生。"这个贾谊，一肚子的才华，可是不会用。他说，你这样一个年轻人，当时是汉文帝时候，高帝的功臣宿将还在啊，他们哪能看着你这个后生小子，按你讲的那些激进思想去做，对不对？当然不行。你本来应该知道，他们老了，你还很年轻嘛！你等不了，非要这么激进，结果落得年纪轻轻就死了。你看，苏东坡的文章结构，这样思考问题，是不是对我们有很大启发？

我再举个例子。大家都知道欧阳修的《醉翁亭记》，他怎么写的呢？文章的结构，一个接一个，像倒剥皮似的。其实，看透欧阳修的文章，这个文章风格从哪里来？就是模仿《公羊传》啊！你看，"环滁皆山也。其西南诸峰，林壑尤美。"往下，它是一层层往下剥。你看《公羊传》开始，不是有一篇《郑伯克段于鄢》吗？里面这样写："克之者何？杀之也。杀之，则曷谓之克？大郑伯之恶也。"等等。就这样，它是一层层地往下剥。

实际上读古文，背古文，涉及我们思维、考虑问题的一个方法。我什么思路进去，怎样思考问题？像儒家的代表人物，孔子、孟子，还有荀子，他们的文章也是那样。韩非的《五蠹》，当时我还不太看得懂，可是你看，他分析得像刀子似的，淋漓尽致，解决问题。所以学古文，实际上是学能力，学语言的表达能力。

从来背古书，我知道有两种人：一种就是死背书，背了一肚子书，没用；另一种就是背一遍，揣摩一遍，好像是在跟作者对话似的，你在跟作者对话中，你就提高了。实际上，我们跟人家对话，也是提高我们的思维能力。

你看范仲淹的《岳阳楼记》，他怎么写得那么美，而且又把一种崇高的思想写到里面。他得意过，也失意过，他能够知道得意什么样，失意什么样。不管是得意，还是失意，应该怎么样。最后他讲："先天下之忧而忧，后天下之乐而乐"。你再看他的《严先生祠堂记》，就是写光武帝时富春江边的那个隐士严光^①先生。实际上他是让你在遇到问题时，你应当怎么思维。我在六合的时候，读《左传》《东莱博议》，就觉得这些文章写得漂亮，主要不是在辞藻，而是在文章的立意。一个题目出来以后，你的立意如何，你能有一个独特的思路，知道往哪儿走，这样才能把文章写好。

所以，我觉得，我在抗战期间学的，的确是偏科，当时也是不得已。我是偏科的，我不可能全科都学吧！没条件。我也凭着这个拉分，不仅是拉分的问题，实际上还是训练人的思维能力。你不仅文章写得好，对其他各科的理解都有用处。读先秦诸子这样的东西，我就感觉这里有极大的宝库，我是这么来读的。越是读先秦诸子，越是开始感觉到有问题，有各种各样的问题。我们在先秦诸子里，怎么看不到像几何学这样的东西？所以，这样就给我留下问题了。

5. 张宜先生

我到成美学堂上的是高二下学期，第一学期国文老师是一位名叫张宜的老先生，他是一位老举人^②，年事已高，满腹诗书。这人大概同周西屏校长家也有渊源关系，一直支持他，所以请他来教国文。张先生教国文，他重点讲他对文章的体会，不太管学生。但是有一点，凡是用文言文能写好的学生，他很鼓励。所以，我在第一位张先生的时候，我的白话文还不行。

我举一个例子，说明这老先生有多好。柳永有一首词《望海潮》：

东南形胜，三吴都会，钱塘自古繁华。烟柳画桥，风帘翠幕，参

---

① 严光（前39—41），又名遵，字子陵，会稽余姚（今浙江省余姚市）人，与光武帝刘秀同学。刘秀即位后，多次延请，而他隐姓埋名，退居富春山。范仲淹撰《严先生祠堂记》，有"云山苍苍，江水泱泱。先生之风，山高水长"赞语。
② 举人，明清时期乡试录取者为举人，同时取得参加会试资格。

差十万人家。云树绕堤沙，怒涛卷霜雪，天堑无涯。市列珠玑，户盈罗绮，竞豪奢。

重湖叠巘清嘉，有三秋桂子，十里荷花。羌管弄晴，菱歌泛夜，嬉嬉钓叟莲娃。千骑拥高牙，乘醉听箫鼓，吟赏烟霞。异日图将好景，归去凤池夸。

其中有两句："云树绕堤沙，怒涛卷霜雪，天堑无涯。"老先生一边讲，一边闭着眼睛体会。多好啊，多好啊！这样子。他叫你跟着敬。当然，我们也得跟着敬，多好啊！"云树绕堤沙，怒涛卷霜雪，天堑无涯。"他背完了，摇头摆尾，说真好啊！你们体会到没有？有问题没有？有问题快点举手。

我就举手。我说："先生，云树绕堤沙，怒涛卷霜雪，云树怎么解释？""云树"在词里、诗里，见太多了。老先生认为，这就不是个问题。"晚云凝，晚烟横，烟草茫茫云树平。"[1] 随便就能举出很多例子，我也背过不少诗词。我说，"云树"是一个什么境界？老先生可能认为，这个太俗了，你怎么还问这个问题？云和树，我觉得是不是应该做个分析。云和树是并列的，云和树"绕堤沙"，还是"云树绕堤沙，怒涛卷霜雪"？我不知道该不该说，就是很多人读古书，他不做分析。对我来说，看不懂。我说："先生，我这么理解，您看行不行？"他说："你怎么理解？"我说："云树是跟怒涛对着的，云树底下是绕堤沙；怒涛是卷霜雪，这结构是什么？云树绕着堤沙，云树是主语，怒涛也是主语，怒涛卷起霜雪，云树绕着堤沙。因为有一个动词，一个宾语。云树在这地方是不是应该这么解释，云在这里面是形容树的，因为怒是形容涛的。这个地方是不是这么理解比较好？"

我讲这个，是我读古诗词时经常会用的一种方法，有时学点外文可能

---

[1] 语出明代刘基《梅花引》。刘基（1311—1375），字伯温，浙江青田（今浙江文成）人，元末明初军事家、政治家、文学家，明朝开国元勋，洪武三年（1370）封诚意伯，故又称刘诚意。

也有好处。你得把这个句子真正的意思弄清楚，不能含糊。我讲这个，可能出乎老先生的意料之外。可是，老先生真的是不得了，恐怕他比我大四十岁都有。他说："你请坐，刘家和！各位同学，刘家和讲的对，应该这样！"我满脸通红地坐下来，我觉得自己犯了一个错误，我不该这样。可是，我看到读古书，你光在这个意境里能够悟得还是不够的，不做这个分析不行。

我讲这个，说明一个什么问题呢？与我一起在六合念古文的，差不多甚至背得比我更熟的也有，可是我觉得，我背古书受益好像大一点。我刚才举这个例子，做点语法分析，实际上是对于我，对于学外文是有好处的，是不是？我也感到，张老先生那么难，人家老先生一肚子学问，说到哪背到哪，我一个小孩子问一下，他说你请坐，讲这个。我慢点读，不会有人注意到我，我觉得自己太唐突，满脸通红，你在老先生面前逞什么狂？可是，我觉得这个事情的确说明我们读古书，还要有懂得怎么读法的问题。是不是纯粹用中国传统的方法那么去读、去体会，不加以分析，是不是就好？我们读古书，最主要是要懂。不是现在讲外文，要懂得语气嘛，才能找到感觉。中国人就讲语气，可是不分析，这就有问题了。

我从小就有这个习惯。我曾经说过，我背王勃《滕王阁序》时，其中有一句"君子安贫，达人知命"。我曾经这样理解，"达人"呢，《论语》中说："己欲立而立人，己欲达而达人。"[①] 是不是"达人"之后，才能"知命"。后来我看了，觉得不对。这都是读"四六文"读出来的。读这个《幼学》，就是"四六文"。后来我就知道，"君子"是跟"达人"是相对的，"达人"又是跟"君子"相对的；"安贫"是跟"知命"相对的。这是对仗的，就不考虑"达人"是做动词用的，不是君子又安贫、又达人、又知命。不是三件事，是君子安贫，达人知命。这是更早以前。我就会了这些方法。

---

① 语出《论语·雍也》。

6. 张兰邨师

在成美学堂，对我影响比较深的还有高三国文老师张兰邨先生。张先生字香岩，绍兴人，一口绍兴腔。绍兴人说话声音很高昂，很容易发脾气。我第一回见到他，就发生这样的事情。他进入校门以后，看到学生早上吃油条，人已跑出餐厅，在外面吃油条，他就觉得成何体统，发脾气了。我对张先生这样做感到很奇怪。我过去跟他说："先生，是不是应该好好指点一下，年轻人不懂规矩。"我对他的做法还表示异议，他就给我讲了不少道理。

张先生瘦瘦的，长脸，戴副眼镜。可是，他对古书真是太熟悉了、太厉害了！他不像张宜先生，他写一手非常好的古文。他好像是浙江鄞县[①]人，做过王晓籁[②]的秘书。王晓籁原来不是上海商会会长吗？他是王晓籁秘书，不是非常硬的"笔杆子"，是当不了这个角色的。他跟张宜先生不一样。张宜先生是科举出身，熟读"四书"，是非常传统的一个老师。张兰邨先生呢，分析文章，像刀子一样犀利。他讲一篇文章的时候，可惜他口音太重，南京学生不一定全懂，我听方言的能力还行，还能听懂。他最初对我的印象，感觉这个学生很奇怪，还敢给我提意见！到门口，我说应该尊重老师。他就对我说："不好意思，我不应该发火。发火也是失态，是不是？"可是，一到他上课提问，他发现我书读得很好。

还有一件事，他发现我上课没有教科书。其实，我上国文课，教科书是不买的。上中学时，我不买教科书。那时，不是要背课文吗？早上晨读，两人坐在一起。我的同桌读书的时候，我就把手放在桌上，头伏在桌上，别人以为我在打盹呢。我就听邻座同学背，大概背两遍，我差不多就记住

---

① 鄞县，今宁波市鄞州区。

② 王晓籁（1887—1967），浙江嵊县人，1907 年开始商业活动，创办多家企业，历任上海商会理事长、全国商会理事会理事长、全国商会联合会理事长。

了。他再读第三遍、第四遍的时候，我基本就背下来了。然后，我借人家的书看一下。像张宜先生讲柳永的《望海潮》，我也没有书，借人家的书看一下。张兰邨先生看我没书，就说："刘家和，你的书呢？"我说："我没有书。"他说："哪有读书没有书的？"我笑了。我说："先生，您别着急，我借同学的书看。"他说："借同学的书看，行吗？"我说："那您就试吧！"

他又对我试了几次，发现我对书很熟。他就觉得，这个学生有点奇怪。然后他要我们做作文，题目很古怪。可当我的第一篇作文交上去以后，他就批下来了。他字写得很好，他写的这个隶书，《曹全碑》①的书法，很好！他还给我写了一个扇面，可惜我弄丢了。后来，他就比较喜欢我了。从我写第一篇作文开始，当时写文言文，他批了，觉得这个学生挺好，以后就再也不问我书的事情了。他讲的很多话，我都能听进去。这些书对我来说，你讲的东西，要不就是我读过的；人家读过的，我很快记住了。像柳永的词《望海潮》，我读了两遍就能背。所以，我的第一篇作文，他就批了六个字："文字清通可喜"。经过这个事情以后，我就觉得他不讨厌了，印象变了。这"可喜"两字，改善了我们的师生关系。

然后呢，又做过两篇作文。一篇是什么？他说："你自己出个题，这回写白话文好不好？"我觉得，可以。他说："为什么要写白话文？在当今社会，文言文有用，但白话文更有用，不念白话文不行！我也知道，可能你们有些人写白话文有些困难。"于是，他要我们自己出题。那时候，不是快要毕业了吗？我就以"三月江城柳絮飞"②为题，我自己出了个题——《柳絮》。那个柳絮，是人们最困乏的时候，有时候到花园去读书，成美学堂旁边有个花园，我到那个亭子去读书，读着读着，就困了，醒了以后一看，

---

① 《曹全碑》，全称《汉郃阳令曹全碑》，系东汉王敞等人于东汉灵帝中平二年（185）为郃阳令（今陕西合阳）曹全记功颂德而立，书体为隶书，久佚不存。明万历初在郃阳莘里村出土，现存西安碑林博物馆。

② 语出唐代诗人戎昱《征人归乡》诗。

满天飞絮！于是，我就写了一篇《柳絮》。

我怎么写《柳絮》？你看，多么好的风光！这样的风景，我非常欢喜的。我是用白话文写的。我说，柳絮非常得意，想到哪儿就到哪儿。可是，忽然寒潮到来，风雨交加，这个时候柳絮就零落到这儿，零落到那儿。我讲这个，完全是因为柳絮自己没有意识，最美好的时光它就这么过去了。我看到这些，心里所感触的，是那时南京在向上海靠近，纸醉金迷，有的人浑浑噩噩度日。我就说，一个学生，一个年轻人，你自己一定要拿定主意，不要随波逐流。当时学校里有三青团^①，抗战刚胜利，他们搞那个，后来遭到学生反对，就把他们轰出去了。但是，他们还搞地下活动，很奇怪，不在学校里开会、做宣传。所以我感觉，这些人就像柳絮。当然，我也不知道很快会解放。这是我的第一篇白话文。

这篇文章，张先生批了四个字："寄意深远"。意思是，说人要有自己的主见，你不能靠他人图一时的荣华富贵。其实，我这话是有来历的，是出自一个名人的诗："颠狂柳絮随风去，轻薄桃花逐水流。"这两句诗是谁写的？杜工部^②啊！杜甫的《春江》后两句，前面还有两句。杜甫是排遣心中的郁闷，但是内心充满忧愁：

> 肠断春江欲尽头，
> 杖藜徐步立芳洲。
> 颠狂柳絮随风去，
> 轻薄桃花逐水流。

---

① 三青团，系抗日战争时期国民党下属的青年组织，大量吸收公职人员、军警、政工人员入团。三青团的性质和作用，在不同时期有所变化，后逐渐成为反共组织。
② 杜工部，即杜甫（712—770），字子美，自号少陵野老，唐代伟大的现实主义诗人。剑南节度使严武曾上表荐杜甫为检校工部员外郎，故有此称，有《杜工部集》传世。

所以，后来我跟张先生讲，这个题目和意思是抄的。他说："你知道是抄的？"我说："您也看出来了。"他说："这不是杜甫诗吗？"我说："张先生，您是明鉴高悬啊！"我们师生就是这样交流。以后我写作文，文言文和白话文都写。他告诉我："刘家和，你的白话文现在可以了，能通了。"

我知道，当时我对白话文的理解还不够。我对白话文真正比较了解，等到上大学以后。从写文言文到写白话文，有点像小脚放足，有时候一走路，脚就找不着了。这时我写文言文没有问题，白话文只是写得通顺可读。张先生很高兴，还给我写了一个扇面，前面写的是《曹全碑》。他说："我不会画画，临的《曹全碑》。"扇面的背后，他给我写了两首诗。第一首是陈子昂的《登幽州台歌》："前不见古人，后不见来者。念天地之悠悠，独怆然而涕下。"另一首是高蟾①的《上高侍郎》："天上碧桃和露种，日边红杏倚云栽。芙蓉生在秋江上，不向东风怨未开。"

张先生说："刘家和，我给你写的这两首诗，你觉得怎么样？"我回答说："好啊，先生！"我知道他写这两首诗的意思。第一，要有陈子昂的胸襟，"前不见古人，后不见来者"，要有开拓精神；第二，那首"天上碧桃和露种，日边红杏倚云栽。芙蓉生在秋江上，不向东风怨未开。"什么意思？就是不要羡慕荣华富贵。所以，我对他说："谢谢您给我题前人的这两首诗！"他说："我也是看你的作文知道你的，你不是也这样想吗？你不想追逐柳絮，不想追逐荣华富贵，这不是很好吗？"

这个张兰邨先生，最初他可能觉得我有点狂傲。其实，我说，您才有点狂傲呢！这时候，我觉得我也能开始写白话文。张兰邨先生对我来说，很重大的一个启发，而且分析东西像"刀子"一样，这个就是浙江"师爷"的笔啊，要不怎么叫"刀笔"呢！就是很厉害。这个"刀笔"，我不是用坏意，那真厉害！他是近视眼，戴副眼镜。有一回，他也嘲讽自己。他说，

---

① 高蟾，唐代诗人，生卒年不详，渤海（今河北沧州）人。出身寒素，屡试不第，僖宗乾符三年（876）登进士第，官至御史中丞。

我是南蛮鴃舌①之人。他的公子叫张式冯，后来考上了中央大学中文系，以后就不知道了。

7. 成美琐忆

成美学堂实际上还有很多好的老师。像我们的历史老师张效乾，他是浙江大学史地系毕业的，好像是山东人。他的历史课讲得非常从容，相当好！地理老师叫刘宗弼②，跟张效乾先生是同学，都是浙江大学史地系毕业的。浙江大学史地系是很厉害的，他们两人是同学，很友好，当时都没有结婚。他们就住在那个教学楼里，等于是一个教师休息室，晚上他们就住在那个屋子里。后来我听说，新中国成立后张效乾到台湾去了，刘宗弼先生就留下了。刘宗弼先生后来跟周西屏校长的妹妹结婚了。新中国成立后，刘宗弼调到北京，在地图出版社工作，又调到中国科学院（今中国社会科学院）历史研究所，成了历史地图专家。他还来过我家。因为我去美国，他的女儿在夏威夷，我去夏威夷见过他女儿，那时他的女儿和当地留学生还请我去吃饭。我帮刘宗弼先生带过东西，捎给他女儿。这两位史地的先生都是很好的。

成美学堂"洋气"很重，很多课老师都用英语讲，像数学什么。史地不用英文讲。我的理科不好，我不敢讲物理的书、化学的书，像物理教材是《达夫物理学》③。我买了一本英文的，看不懂。我中文还听不懂，英文更不行。化学没学过，《达夫物理学》本来有一些是大学教学内容。所以，成

---

① 南蛮鴃舌，语出《孟子·滕文公上》："南蛮鴃舌之人，非先王之道。"旧时讥笑说难懂的南方方言的人。鴃，伯劳鸟。

② 刘宗弼（1914—？），江苏金坛人，曾任中学地理老师多年，1951年调至南京新华地图社，后转至地图出版社、中国社会科学院历史研究所，任研究员、编审。

③《达夫物理学》，一译《特夫物理学》，编者为美国学者 A. W. Duff，1939年商务印书馆出版，作者为我国物理学家萨本栋。

美学堂是一个"洋气"很重的学校，但是，它没有任何教会意识。

在成美学堂，我解决了一些问题，同时也留下了好多问题。比如说，在成美学堂学英文，三个学期，三个老师，对我有这个问题，诸如此类。数学我原来就有兴趣，在成美学堂，经过"大代数"沈廷玉先生，引起我的兴趣。我又是一个很尴尬。因为后来我要考大学，我怎么考大学？这些都是笑话，可以说很多。

四 江南大学

1. 报考大学

在成美学堂读书时，我还是以学基础知识为主，只是一个中学生，距离学术还很远。在当时，中学毕业生是找不到工作的，有两个选择：一个就是找个职业，能够维持生活；另一个就是向学术道路发展。我不是讲，"年十五而有志于学"吗？"有志于学"，最好的办法就是上大学，将来至少可以当个中学老师。我当时就是始终离不开那几个问题。我是一个偏科生，不是全面发展的。我为什么偏科？不是我自身原因，而是那个时代和环境造成的，当然也有个人的因素。在中学时期，我主要靠文科拿分，把总分提高了。我对古文理解比较好，对其他学科也有兴趣。现在我想考大学，我这样的偏科生，应当报考什么专业呢？

南京有一些著名大学，像中央大学。但是，以我这个分数，我这个学习情况，数学大概还行，三角没学过，物理、化学根本没学过，报考那些学校可能有困难。可能是某些因缘吧，我内在的因是这样一种情况，我得估量一下自己吧。外因呢？这时，我有一个从前与我一起读古文的同学，叫宋厚训。他的哥哥叫厚经，他父亲叫厚信，他父亲去世早。他的外祖父可能是个老举人吧？叫姜崇恩，字北诚，还给我父亲写过对联，有姻亲。

所以他读古书，我俩一起读古书，他比我大四五岁，上了无锡国专①。他每次暑假回来都去我家，跟我讲无锡国专，我们有同学在那里。

当然，对我来说，我要报考无锡国专，第一，考取大概没问题；第二，到底学什么专业？他说："你先到我们这边来看看。"我就去了。那时，我不用去旅馆住，他们宿舍有一个空床，凑巧就可以睡。所以，我就可以跟一些学长交流一下，我也估计一下自己跟人家的水平相比如何。那些同学，有的比我大十来岁，古书也读得多。我到那里，自己衡量一下，好像我读书同他们有些不一样。他们就是读古书，背诵古文什么的，我读古书是要思考的。所以，我觉得与他们有些不一样。他们也带我去拜访一些老先生，当然他们都是满腹诗书。

我在那儿待了几天，就决定报考无锡国专，我估计我在这里能对中国学问有比较好的一个掌握。可是，我心里总有一点感觉，觉得这里就是搞国学，我心里还有另外一个，就是想了解西方文化。我想，如果国学完全好的话，我们怎么会在抗日战争中那么惨？所以，我心里还有一条，这是因为抗日战争的影响，想学点外国的东西，这在无锡国专可能就不行了。所以，这个事情就一直记在我心里。

这时候，机缘来了。一天，我的一个学长，他的名字我现在忘了，好像姓李，他还送过我一幅字。他从外面回来，对我说："告诉你一个消息，现在无锡的荣家②要办一个江南大学。荣家肯出钱，要邀请一些很好的学者过来，还有钱穆③先生。钱先生是无锡人，钱先生已答应去江南大学。你要

---

① 无锡国专，全称无锡国学专修学校，1920 年创建于江苏无锡，20 世纪上半叶培养了众多名家，著名校友有钱基博、钱伟长、周谷城、吕思勉、夏承焘、饶宗颐等。

② 荣氏家族，是江苏无锡以荣毅仁为代表的中国民族资本家族，荣宗敬、荣德生兄弟为荣氏商业家族第一代掌门人。民国时期，荣家先后创办了无锡公益工商中学、上海中国纺织染工程补学校、江南大学、上海中国纺织染专科学校等多所学校。

③ 钱穆（1895—1990），字宾四，晚号素书老人，斋号素书楼，曾任中央研究院院士、故宫博物院特聘研究员。著述颇丰，被学术界誉为"一代宗师"。

不要到那边试试？江南大学就在无锡城里边，也不远，我们这边有好的讲演、有什么事，我们通知你。如果有问题，这边的老教授，你也可以过来请教。"荣家就是荣毅仁的父亲荣德生先生，我觉得很好。但是，这只是听到消息，我也不知道是否属实。后来，果然是真的。

于是，我就报考刚成立的江南大学。有关这个大学现在已经出过不少书，已经宣传过了，特别是荣毅仁先生，解放后做了很多好事，大家都知道。其实这个大学创办的时候，是荣德生先生和他的三儿子荣一心①办的。二儿子叫荣尔仁，荣毅仁先生是家里老四。荣一心先生新中国成立前是在香港的，后来他坐"霸王"（号）飞机回上海，飞机失事，去世了，荣毅仁先生就接管这事。关于江南大学，已经出了好多校友的回忆，各种材料都有，这我就不必说了。

我决定报考江南大学时，无锡国专的老同学劝我报中文系。我想了一下，不是说请钱穆先生去吗？我就报史地系，我选历史。为什么？其实，读历史不仅是读史书，经史子集都得读。经史子集对学历史的人来说都是必要的。我就报考史地系。有人劝我报考中文系，说中文系毕业出来路子宽。你想，哪个中学不需要国文老师？读史地系，史地老师需要几个？我说，我只要把史地系读好，到中学教国文也行。最后，我还是硬着头皮报了史地系。当时，我只知道钱穆先生愿意去。我去报考史地系，与他有一定关系。

考试以后，我就回家乡六合了，就等发榜。过了一些日子，发榜了，我还真考上了。

2. 名师荟萃

1947年7月，我去江南大学报到。那时新校区还在建设，就在太湖旁

---

① 荣一心（1912—1948），荣德生的三儿子，曾任江南大学筹备委员会主任、校政委员会主任，江南大学创办人之一，因飞机失事去世。

的小箕山上，在无锡西郊。那是一个全新的校舍，位于荣巷①。荣巷里面原来有个公益中学，也是荣家办的。公益中学后面，原来还有荣家工厂的厂房，后来又划给公益中学。所以，我到江南大学第一年，是在荣巷，第二年就搬到小箕山上去了。荣巷是在无锡城西面，往梅园②路上走。我们经常晚饭以后出来散步，就到梅园了。梅园再往里走，就到我们的新校舍，最前面就是小箕山。这里风景很好。

从1947年到1949年，我在江南大学读了两年。这是一所新学校，不太知名。可是真奇怪，恐怕对我这一生的影响至关重要，我有太多东西是从这个学校学的，我不能不感谢这个学校和我的老师！

我入学以后，就开始上课了。这两年中间，我修过哪些课？必修课，有中国通史、西洋通史。中国通史是钱穆先生教的。钱先生不是一开始就来的，大概晚到个把月吧，因为他从云南回来，有个过程。开始是王庸③先生讲。王庸先生既是历史地理学家，又是图书馆学家，曾经在北京图书馆（现国家图书馆）、南京图书馆工作过，是一位很好的学者。一个月以后，钱先生来了，由他讲中国通史。

西洋通史，当时不叫世界史，这门课是谢兆熊先生讲。顺便说一句，谢先生的名字叫兆熊，兆就是吉兆，我们中国人有个说法，叫兆熊，就认为是要生男孩，所以还有很多人的名字叫梦熊。谢先生是江西人，中央大学毕业以后，他去英国留学，回来教西洋通史。

---

① 荣巷，位于无锡市滨湖区、梁溪路之南，呈东西走向，民族实业家荣德生先生故居所在地，原国家副主席荣毅仁就出生在这里。
② 梅园，距无锡市中心约5公里，临太湖，北倚龙山，荣宗敬、荣德生兄弟于1912年购地所建，倚山植梅，以梅饰山。
③ 王庸（1900—1956），字以中，江苏无锡人，曾任北京图书馆研究员、江南大学、南京大学教授，著有《中国地理图籍丛考》《中国舆图分类表》等。

中国近代史不是专聘教授，是兼任教授。老师是郭廷以[①]，字量宇。郭先生是近代史专家，尤其是太平天国史专家。他把太平天国史研究到什么程度呢？他写了一本书，叫《太平天国史事日志》，把太平天国每天的事都给整理出来。他是河南人，近视眼，戴副金丝眼镜，西装革履。

这是我的主干课。还有商周史。教商周史的先生叫束世澂[②]，可他在当时用的不是这个名字，是束天命，字世澂。这是孟子说的一句话。孟子不是说："莫之为而为者，天也；莫之至而至者，命也。"[③]束世澂是安徽人，他是中央大学毕业的。可是这位先生还给我们讲甲骨文，还懂中医，在南京家里边行医。他长得瘦瘦的，看起来年纪很大，其实也就五十多岁，可非常风雅。另外一门课秦汉史，也是钱穆先生讲。我在江南大学的历史课程，大概就是这样。

那么，另外还有三门课。大一国文，老师是唐至中先生。唐至中先生是唐君毅先生的妹妹。还有一门英文课。江南大学不是教会学校，可是师资力量比较强，非常重视英文。英文有三科，英文分解成三部分。一部分是课文，教课文的有一个洋人；有一个中国人，叫沈制平。沈制平是无锡辅仁中学的英语教师，西服革履，可是一口无锡话。另外，还有英语语法课，老师是姚志英，他是上海一个著名的中学老师。和他搭档的叫张云谷[④]先生，是上海第一位外语教授，就到江南大学来，当外语系主任。他联系

---

① 郭廷以（1904—1975），字量宇，河南舞阳人，曾任江南大学、清华大学、中央大学教授。1949 年赴台，任台湾大学教授，1959 年起与美国哥伦比亚大学东亚研究所合作，开展口述史工作，病逝于纽约。

② 束世澂（1896—1978），字天民，号秋涛，安徽芜湖人，曾任江南大学、中央大学、华东师范大学教授，著有《中英外交史》《郑和南征记》等。

③ 语出《孟子·万章上》。

④ 张云谷（1905—1987），又名张雅焜，江苏苏州人，美国密歇根大学文学硕士，曾任东吴大学、圣约翰大学、江南大学教授等，1949 年以后历任复旦大学、华东师范大学教授。

了姚志英，他们俩是合作者。姚先生讲语法，用英语讲。第三门是英文作文，老师是沈制平。姚先生这门课每个星期都有；英语作文课，一个星期出一个题目，让你作文，他给评一下。这个作文，给你评分，最好是五分。我没得过好分。我只得过什么，他用英文批的 clear，清楚，通顺，分数不高。

可是，从姚志英先生讲的语法课，我感觉到语法极其强大的功能，我真是拼命地学，因为我觉得语法、词汇真是非常重要。我听过他的课以后，就感觉到好像我弄本英文语法的教科书在手里，自己也能自学了。姚志英先生讲的语法课，对我真的帮助很大，使我下决心，如果想学好另外一种语言，学好语法非常重要。知道外语语法，它的思维方式、语言结构跟我们是不同的。

沈制平先生讲课，他是满口无锡话。我能够听懂无锡话，稍微官话一点的都能懂，有一些话我也未必能听得清楚，还不如他用英语解释一下，我可能还听得清楚。后来我到美国见到一个华人，一位知名学者，许倬云①先生，他是无锡人。许先生告诉我，他的中学英语老师水平那么好，就是沈制平先生。我跟他说，咱们俩同一个英文老师。当时，姚先生、沈先生，也就是讲师或者副教授吧。

姚先生让我对学英文找到了一个办法，这对我以后学外文是第一位的、非常重要的，他是真正的导师。后来，我还在网上查了一下，结果发现北京外国语大学有位姓张的教授，他对语法有兴趣，也与姚先生讲的有关。

这是除了历史主干课以外，中文和外文两样工具。搞文科的话，没有这两样工具，那就不会有什么名堂。

这些课以外，我还选修唐君毅先生的哲学概论。唐先生讲哲学概论，

---

① 许倬云（1930—　），江苏无锡人，毕业于台湾大学历史系，美国匹兹堡大学荣休教授、台湾"中央研究院"院士，著有《中国文化与世界文化》《中国文化的发展过程》等。

讲伦理学（ethnics）。我还选了牟宗三[1]先生讲的逻辑学，当时不叫逻辑学，叫理则学。现在大陆出版牟先生的书，还叫理则学。逻辑，logic，为什么翻译成逻辑呢？logic 这个词，不太好翻，孙中山先生译成"理则学"。"逻辑"是谁翻译的？是章士钊[2]先生译的。结果这两个词，现在通用是音译，叫"逻辑学"。逻辑学到底是什么学问？就像读《金刚经》一样，"般若波罗蜜多"[3]，什么意思？不知道"般若波罗蜜多"，就完了。这是一个宏观的思维，是哲学。

我还选了冯振[4]先生讲的文字学。这对我很有用。我小学的功夫，就是这时打的基础。中国传统学问，你光学语文不行，没有小学功夫，文字、音韵、训诂功夫不行。我过去讲"两把刀"，"两把刀"都从那时开始。什么"刀"呢？逻辑一把刀，很抽象，很概括，应该有这把刀。另外，小学基本功，这是硬功夫，是一把刀，小学实际上跟外语有相通之处。

中国文学史，冯振先生讲过，朱东润[5]先生也讲过。朱东润先生后来在南京师范大学，他是章太炎之后又一位文学大师。章太炎在苏州讲学的时候，那里培养出来不少很渊博的学问家。朱先生还讲《文心雕龙》，我也去

---

[1] 牟宗三（1909—1995），字离中，山东省栖霞县人，现代新儒家重要代表人物之一，曾任华西大学、江南大学、中央大学教授。1949 年赴台，任台湾大学、台湾师范大学教授，著有《心体与性体》《中西哲学之汇通》等。

[2] 章士钊（1881—1973），字行严，湖南省善化县（今长沙市）人，民国时期曾任北洋政府司法总长兼教育总长、南京国民政府参政员，新中国成立后任全国人大常委、全国政协常委、中央文史研究馆馆长。

[3] 般若波罗蜜多（Prajna paramita），梵文音译，"般若"指"智慧"；"波罗"指"彼岸"，"蜜"指"到"，"多"是语尾，译"了"，合起来就是"到彼岸了"，一般简译为"度"。"般若波罗蜜多"又意译为"智度"。

[4] 冯振（1897—1983），字振心，原名冯汝铎，广西北流县人，民国时期曾任无锡国专、江南大学、大夏大学教授等，新中国成立后任广西南宁师范学院、广西师范大学教授。

[5] 朱东润（1896—1988），原名朱世溱，江苏泰兴人，曾任武汉大学、江南大学、复旦大学教授，著有《张居正大传》《中国文学批评史大纲》等。

听。中国文学史我没有学。外国文学史，我自己知道水平太低，也没有学。张云谷先生讲的英语，是英式英语，我也没敢去听。朱东润先生讲文学批评，我去旁听，但是没选。

中文系的老师还有李笠①先生，他讲文学。李先生的女儿跟我们是同学。他很渊博，也研究历史。因为与他女儿是同学，我们常到他家去。李先生是浙江瑞安人，他自学成才，写过一本《史记订补》，后来日本一位学者还引用过他的书。李先生去世以后，他女儿李继芬把父亲书稿进行整理，出版了《广史记订补》。2002年，李继芬夫妇到北京来，他们俩都是我同学，送了我一本书，知道我研究这个。

李先生跟学生聊天时，他会经常训练你的用词能力。有一次，他说陶渊明《祭（程氏）妹文》当中有一句话："黯黯高云，萧萧冬月。白雪掩晨，长风悲节。"我们有三四个同学，就在他家听。有人说白云是清晨的，有人说白云是早晨什么的。我听那个，感觉是什么呢？我说："白云是早晨太阳出来，在晨光的烘托下出来的效果，所以是黯黯高云。"李先生说："你们都不对，刘家和的路子对。"这个地方该是白云出晨，不是形容词，必须要用动词，就是白云烘托出晨光来。陶渊明写《祭妹文》，他妹妹的灵柩刚出来，白云都把太阳掩起来，像掩面而泣似的。所以，他说："刘家和，你的思路是对的，应该用动词，两个名词中间必须有个动词。"像这些，他给我的印象就太深了。以后作诗词，我就知道该怎样。

此外，我还选了六门课。一门是政治学，老师是钱清廉先生。钱先生好像也是中央大学毕业的，留学英国，昆山人。他曾是商务印书馆《大学丛书》审查委员会委员，王云五②先生搞的。钱先生后来又参加了一些政治

---

① 李笠（1894—1962），字雁晴，浙江瑞安人，曾任中央大学、江南大学、复旦大学教授，著有《史记订补》等。

② 王云五（1888—1979），名鸿桢，字日祥，号岫庐，广东中山人，出生于上海，曾任商务印书馆总经理。

活动，在国民党政府当过立法委员，解放以后我就不知道了。他讲政治学，其实就是参考一本书，美国学者迦纳（J. W. Garner）的《政治科学与政府》。这书很便宜，是上海龙门书店出版的英文本。我买过一本旧的，有中译本。钱先生讲政治学，其实就是西方政治制度史。通过这个，我懂得了西方的政治体制，它为什么是这样。总统制、总理制、议会制，等等。像英国的制度不同于法国，法国又不同于美国，为什么？对一个年轻人来讲，读西方历史，这门课是很有用的。

经济学老师是胡立猷[①]先生。胡先生胖胖的，他是美国留学回来的。他讲课有个特点：黑板上写提纲都是英文，讲话基本上是中文，个别的词讲英文。用的课本是什么？马歇尔（Alfred Marshall）[②]的《经济学原理》。这个书在西方好像已经出版几十版了，还在不断增加。这里面是个大杂烩，包括心理学派什么都有。这是我在学马克思主义以前学过的经济学。所以改革开放以后，关于股票、股票跟利息、什么股份公司等，我还能懂一点。我跟胡立猷先生学经济学，使我知道经济是基础，它是怎么运转的，课本上边就这么写着。

现在看起来，我那时真是很疯狂，选修了那么多课。我不求高分，只求六七十分通过。我还选了微积分课，老师是孙湘。她是一位女老师，教科书也是英文的。这让我感到很苦恼，本来我的数学就不太行，可是也得听。我竟然两个学期都及格，第一学期70多分，第二个学期60多分。不过，我听懂了一个道理。为什么？我实际上心里非常喜欢数学，因为条件不行，后来自己还重新学过解析几何和微积分。到了"文革"后期，斗来斗去，我既不是"革命派"，也不是"保皇派"，也没保过谁，等于是"逍

---

① 胡立猷（1895—1977），江苏无锡人，美国密歇根大学经济学硕士，曾任交通大学、江南大学、上海财经学院教授。
② 马歇尔（Alfred Marshall，1842—1924），英国近代经济学家，新古典学派的创始人，剑桥大学教授。

遥派"，没什么事做。于是，我就看这书，自己还复习。如果没学过数学，其实很难理解逻辑。后来我学点数理逻辑，就跟这个有关。

在史地系，我还学了一门地理学概论，老师是王文元先生。王先生是安徽人，是法国巴黎第几大学毕业的一个博士，具体哪所学校我忘了。他是史地系主任，钱穆先生是文学院院长。史地系，必须要学地理学，首先是地理学，其次是制图学，学地理不会制图不行。我选择的这两门课，我知道学地理对数学有利。

我为什么敢这样？是孟子的话给我以启发："博学而详说之，将以反说约也。"[①] 就是"博"与"约"的关系。你就是要先广博，为了将来解决"约"的问题，先把知识面拓宽，再来解决"精"的问题。可是，我心里想，某种程度上说，简直就是一博，一手杂牌，什么都不是，必须有个重点。这时候，我还谈不上什么长板与短板问题，"板"还没有形成，"桶"还没有。我现在学了这么多，重点不知道在哪里。其实，要是别人，不可能这么做。我在江南大学，主要是把视野拓展了，我觉得这对我的一生都很重要。

3. 钱宾四师

在江南大学，我永远不能忘记老师对我的教诲。钱先生讲课，戴一副高度近视眼镜，可是在近视眼镜后边，我看到他的眼睛炯炯有神。他从讲台这边走到讲台那边，一边走一边讲，你听他的课，只要能够入神，就是一种享受。他把历史的过程讲给大家听，听了就忘不了。其实，这个大纲书上基本都有了，他有时候讲点故事。

我听钱先生课，听入神以后，不记笔记。钱先生看到以后，那时候他

---

① 语出《孟子·离娄下》。

是大教授了，不像何兹全先生在北京大学读书的时候，钱先生刚到北京的时候，是小老师、大学生。钱先生教我们的时候，我们等于是钱先生在大陆最后的一批学生了。你敢不记笔记？钱先生就叫他的助教，一位女老师，姓黄，让她来收我的笔记。

我很尴尬，没有笔记。怎么办？我就赶快把《国史大纲》找来抄，加上他课堂上讲的。我就做起来给他。他一看就知道，上面批了："笔记要听我所讲的。"他让黄老师来叫我，说要找我谈话。钱先生说："刘家和，你为什么不记笔记？"我说："钱先生，我在听讲，专心听讲。"他说："你不记笔记，能记得我讲的吗？"我说："您可以考。"因为还没到考试阶段，没准备，是临时的。他就真考，我还真记得。钱先生接着问我："你现在记得，将来还能记得吗？"这下我没话了。我说："我以后记笔记。"

改革开放以后，我曾去台湾，到素书楼①去。钱先生的半身塑像在那里，我作为他的学生，恭恭敬敬地三鞠躬。我每鞠一次，我心里说一句话："钱先生，您讲的话我还记得。"第二次鞠躬时我又说："钱先生，您讲的我还记得。"第三次鞠躬时我还说："钱先生，您讲的我还记得。"这件事，台湾电视台记者还采访过我一次。我把这故事讲给何兹全先生听，他笑得一塌糊涂，记得，真记得！我中国史的大纲能够拉出来，没有钱先生是不可能的。我从钱先生那儿学到，学历史要先掌握大的，知道一个大的纲领。你必须先通，才能做到专。钱先生是一位真正的学者。要想成为真正的学者，还是孟子的话，"由博返约"，必须先博。

钱先生给我的第二个印象，是他对中华文化寄予深情。顾颉刚②先生是他的好朋友，他到北京讲学，是顾颉刚提出来的。他们两位和而不同，他

---

① 素书楼，钱穆先生故居，位于台湾台北市外双溪东吴大学校园西南角。
② 顾颉刚（1893—1980），江苏苏州人，古史辨学派创始人，现代历史地理学和民俗学的开拓者，曾任燕京大学、北京大学教授，中国科学院历史研究所研究员，著有《古史辨》等。

与顾先生不太一样。我非常崇敬顾先生，他很了不起，但是我与他做学问的方法有所不同。钱先生的另外一位学生，也是我的前辈杨向奎[1]先生，在这点上，他既是顾先生的学生，也是钱先生的学生。杨先生跟我讲，他更靠近钱先生。杨先生对我来说是长辈，我们之间做各种交流，我们在这点上差不多。

钱先生研究中国史，讲究考证，但是，我觉得也有疏漏之处，我有时候给钱先生提问题，我就拿《老子》《庄子》问钱先生。钱先生觉得很奇怪，你这个小毛孩，还能问老子、庄子。有一次，他说："我问你一个问题。"我说："你说吧。"不是您，你说吧，问吧。他说："你知道先有老子还是先有庄子？"我不假思索地回答："先有老子，后有庄子。"他说："你怎么知道的？"我说："我是读《老子》知道的。《老子》五千言，没有一处提到庄子啊？庄子呢，《庄子》里边提到老子，有一处。"其实，《庄子》我读得很有限，但是我读过。我说，《庄子》中提老聃[2]，对不对？这差点儿没把钱先生鼻子气歪了。

接着，钱先生问我："你读过我的《先秦诸子系年》没有？"我说："没有。"他说："什么？你连书名都不知道！"我真不知道。他就觉得我又可气，又可笑。他说："你到图书馆借去，看完了再来见我。"我借来一看，哎哟！他那么一个考证方法，而且辩论得那么多！我就觉得，这个问题很复杂。我借来看了以后，就跟钱先生讲了。他说："你有什么收获？"我就跟他讲，研究先秦诸子原来还得考证，还得注意清人啊！他说："你现在才知道这个。我刚开始给你们上课的时候，跟你们讲，要看两本书，一本是梁

---

[1] 杨向奎（1910—2000），字拱辰，河北省丰润县人，曾任山东大学教授、《文史哲》主编，中国社会科学院历史研究所研究员，著有《西汉经学与政治》等。
[2] 老聃，即老子（约前571—前471），李氏，名耳，字聃，春秋时期人，道家学派创始人，有《道德经》传世。

任公^①的《中国近三百年学术史》，一本是我的《(中国)近三百年学术史》。同样的名字，有没有看过？没有看，看去。"我看了梁任公的《中国近三百年学术史》，知道清代学者做的考证，我就知道了。我跟钱先生讲："看了。"他说："你看怎么样？"我说："我要搞考证了。搞先秦，还得搞清代，还得搞清儒。"他说："对了。"

现在我手里还有一本书，我是在南京旧书摊买的，就是吕思勉先生的《经子解题》。我中学时看先秦诸子，大学一二年级也看，不断在看。这两本书就给我一个印象，原来搞先秦诸子，还要搞清代经学，搞中国古代经学，必须有清代学问做基础。这个对我一生影响很大。所以，如果没有钱先生，我就没有通达的想法。我也不知道研究先秦史、中国古代史，这个"根"一定是在先秦，汉代学问不可小看。

顺便说一句，我的前辈赵光贤^②先生，他教中国史，当时我是世界史的讲师还是副教授。赵先生说我太传统，他对我一个批评是："佞郑。"迷信郑玄^③，迷信汉儒！其实这是钱先生告诉我的。钱先生指导我一条路，当然这条路具体怎么走，还得靠自己摸索。

4. 冯振心师

冯振（字振心）先生给我们讲文字学。我原以为他要讲文字学理论，

---

① 梁任公，即梁启超（1873—1929），字卓如，号任公，又号饮冰室主人，广东新会人，中国近代思想家、政治家，作品汇编成《饮冰室合集》。

② 赵光贤（1910—2003），江苏省奉贤县（今上海市奉贤区）人，曾任辅仁大学教授、北京师范大学教授，著有《周代社会辨析》等。

③ 郑玄（127—200），字康成，北海郡高密县（今山东省高密市）人，东汉经学家，汉代经学集大成者。

其实不是，他讲《说文解字》。他先讲许慎[1]的《说文解字序》，然后讲部首，一个个地讲。部首讲完了，就一个字、一个字往下讲，没讲完。但是，通过这个，我就知道清代汉学家的一些东西。所以，正如钱先生讲的，你必须有清代学术作基础，不从小学[2]、文字、音韵、训诂进去，怎么能弄懂清学？那时我有一本《书目答问》，但实际上我没看懂。这与陈垣[3]先生有天壤之别。陈先生是十二三岁就看这书，我那时已经十八九岁了。我当时没感觉到《书目答问》的重要性，觉得吕思勉先生的这本书有用。我不是讲，中学时期有个时仰伯先生，他引起我对词源学的兴趣，对汉字形音义的考证。我从冯先生那里知道，有高邮王氏父子（王念孙、王引之）[4]、段若膺（段玉裁）[5]等。这个对我以后学术研究，这都是配套的。钱先生跟我讲，你要搞清代学术。其实，要搞古代史研究，离不开清学，我对清代学术、小学几乎到着迷的程度。

冯先生是唐文治[6]先生的弟子，遍读群书，不一定只读经，但是基本的东西讲得很好。有一次，他讲音韵。冯先生是广西北流人，他把见（jiàn）读成gàn。下课休息时，我对冯先生说："你把见（jiàn）读成gàn，这不是你的方言吗？"冯先生说："刘家和，你可要记住，"因为那时候学生少，

---

[1] 许慎（约58—约147，一说约30—约121），字叔重，汝南召陵（今河南省漯河市召陵区）人，东汉经学家、文字学家，编撰《说文解字》，被后人尊为"字圣"。

[2] 小学，中国传统语文学，读书必先识字，掌握字形、字音、字义。西汉时称文字学为"小学"，唐宋以后又称"小学"为"字学"，"小学"之名由此而来。

[3] 陈垣（1880—1971），字援庵，广东新会人，曾任国立京师图书馆馆长，北京大学、北平师范大学教授，辅仁大学校长，中国科学院历史研究所第二所所长，著有《元西域人华化考》等。

[4] 王氏父子，王念孙（1744—1832）、王引之（1766—1834），江苏高邮人，是清代乾嘉学派的杰出代表，代表作《广雅疏证》《读书杂志》《经义述闻》《经传释词》，合称"高邮王氏四种"。

[5] 段玉裁（1735—1815），字若膺，号懋堂，江苏金坛人。清代文字学家、经学家，著有《说文解字注》《六书音韵表》《古文尚书撰异》等。

[6] 唐文治（1865—1954），字颖侯，号蔚芝，江苏太仓人，创办无锡国专，并任校长。

所以都叫名字，他说："我说的正是古音。"把我一下子吓出一身冷汗！他说："你要注意，以后知道这方言里头是中古音。"我那时二十岁。从那以后，我走到哪儿都注意听古音。现在我听凤凰卫视讲香港话、广东话，我都会找古音。譬如行为的行，读一个音就行，我问过杨共乐[1]，他告诉我说，他们那边行都读行（háng），行为（hángwéi）。为什么行为会读成行为（hángwéi），行和行（háng）怎么回事？从音韵学就可以找到答案，就会豁然而解。所以有些东西不能解的，经过这个以后，我逐渐就找到了答案。像我们都说香港，可是为什么又叫 Hong Kong 呢？这个东西，其实，看一下《广韵》就能知道个大概了。看到个别例子，深入下去，可以一片一片地懂。

冯先生让我对文字学产生了浓厚的兴趣，不仅使我对清代学问有了更多的了解，而且让我知道学术发展的源流。为什么扬州这个地方语言学、训诂学特别发达，出现了王念孙、王引之父子这样的大学者？扬州等于是从前中国的上海，经济比较繁荣。这地方一方面是盐商，一方面是徽商在这儿活动，五方杂处，各种语言交汇在一起。

我学语言学、小学、文字、音韵、训诂，就是凭兴趣，没有专门研究。王宁[2]教授说："我们搞这东西都是背的，很辛苦。刘老师不同，刘老师是玩的！"她不止一次说我是玩的。我说："王老师，有一个问题，你们背的准确，我玩的时候是有错的。"的确，我错的时候很多，因为我不是专家，我是玩的。可是，我要是错的话，我查查，就准确。听冯先生讲文字学，这对我读古书、做学问帮助很大。像王念孙的《广雅疏证》，王引之的《经义

---

[1] 杨共乐（1962—　），浙江诸暨人，北京师范大学历史学院原院长，教授、博士生导师。

[2] 王宁（1936—　），女，浙江海宁人，北京师范大学文学院教授、博士生导师，汉字与中文信息处理研究所所长。

述闻》，王氏父子对这个精熟到什么程度，还有后来的俞樾[1]。这些东西，对有些人来说是索然无味，可是对我来说却妙趣横生！

纪念陆宗达[2]先生一百岁诞辰，王宁教授邀请我去参加他们的会，她给我请柬，我没有回信，可是到那天我去了。我跟王老师说："王老师，今天你们的开幕式，纪念陆先生一百周年，我作为一个后辈、晚学，我来向陆先生致敬有这个资格。但是，上午的会以后，我下午就不参加了。为什么呢？我不敢混在你们队伍里。"当时我开玩笑，我说："你们哪天要是清理学术队伍，就把我清出去了！"可是她觉得，好像在校内还是可以和我一起谈这些。我当时讲："我是章黄之学[3]的受益者，也是章黄之学的业余爱好者。"这是真的。结果，王宁老师说："你是章黄之学的知音。"

直到现在，谈起小学，谈起音韵、训诂来，碰到哪个字不明白，我都会去查一下。我还注意到，文字、音韵、训诂这些，对我学外文也有很大帮助。把中国的东西学会，再搞外国的，不要以为这是"两张皮"，它的深处是相通的，高处是相通的。冯先生让我对文字学有了更大兴趣，对我以后的学术研究有很大影响。

5. 唐君毅师

在江南大学，唐君毅先生给我们讲哲学概论。我跟唐先生怎么认识的？这里面有个故事。

---

① 俞樾（1821—1907），字荫甫，自号曲园居士，浙江德清人，晚清著名学者、文学家、经学家、书法家，著有《春在堂全书》。
② 陆宗达（1905—1988），字颖民（一作颖明），浙江慈溪人，曾任北京师范大学教授，著有《说文解字通论》等。
③ 章黄之学，章指章太炎（1869—1936），即章炳麟，浙江余杭人，革命家、学者。黄指黄侃（1886—1935），字季刚，湖北蕲春人，曾任北京大学、中央大学教授。二人为师生关系。"章黄之学"的根底是"小学"，核心是研究《说文解字》。

我去报考江南大学时，碰到一位同学，叫李赐，当时他在南京图书馆当职员，挣的钱不多，他也要去报考江南大学。他是四川成都人，认得唐先生。我们俩到江南大学报到以后，把行李卸了，往小箕山走，到梅园，想到鼋头渚①去玩。走到半路，一辆黄包车过来了。李赐一看，车里是唐先生。唐先生认识李赐，他就给人力车夫付了钱，就和我们一起走到小箕山，租了一条船过去，都是唐先生付钱。到了鼋头渚，唐先生请我们吃中饭，要了一条湖鱼。唐先生不知道我吃素。他说："刘家和，你怎么不吃？"我说："唐先生，我吃素。"他说："太遗憾了！"他也没有细问，赶快又点了素菜，让我吃。

这是我第一次遇见唐先生。唐先生那么有名，对学生那么亲。可是，我跟他一起说话的时候，他讲的很多词我根本都没听过，听不懂。我心里害怕，以后怎么跟唐先生学？可是到课堂上，他讲哲学概论，一上来就给你吃个"定心丸"。他说："哲学有用吗？没有用。亚里士多德说，哲学没有用，没有具体的用途。哲学是什么意思？爱智慧，philosophy。学哲学会有很多困难。有人说学哲学就像在黑屋子里捉黑猫似的，你们会困惑的。但是，你们学过以后，对你们思考会有很大改变，甚至人的气质都会改变。"他还说："你们真的想学好哲学，我告诉你们一条规律，你们不要用常识来思考，要用逻辑来思考。"当时我还不知道逻辑是什么意思，但是，这句话对我的震撼极大。

唐先生的哲学概论是怎么讲的？它不是哲学史，它是讲本体论，或者宇宙论、认识论，有唯物论，对唯心论有批判。像康德②哲学，从知识论来讲，有可知论、不可知论，然后，就讲人生哲学，还讲伦理学。这样，我就知道了哲学的大体结构。他讲古希腊哲学时，我开始觉得，这跟几何学

---

① 鼋头渚，横卧无锡太湖西北岸的一个半岛，因巨石突入湖中形状酷似神龟昂首而得名。
② 康德（Immanuel Kant，1724—1804），出生和逝世于德国柯尼斯堡，德国古典哲学创始人，其学说深深影响近代西方哲学，并开启了德国古典哲学和康德主义等诸多流派。

思想都很相近。唐先生讲康德哲学时，我慢慢也能懂得一点是怎样思维的。再说，先验的是什么意思？我也不懂。我到他家去问，后来就懂了，为什么先验（十二）范畴这么重要。讲黑格尔[①]辩证法时，唐先生讲得眉飞色舞。我就是在唐先生的启发下，对黑格尔哲学产生了极其强烈的终生的兴趣。

唐先生对学生极好，这里我讲一个故事。1948年3月15日，学校组织一次学术讲演，唐先生作为教务长，就坐在前面指挥。那时，江南春雨绵绵，所以讲演安排在公益中学简陋的校舍里。这个礼堂前面是主席台，主席台右边有一个门，从这个门出去以后，很快就可以到院子里。我们学生在礼堂一排排坐着。后面还有一个门，可以从那边走。讲着讲着，忽然一片倒塌的声音，就从后边响起来，顿时就乱了。讲台上的先生们，因为离前面的门比较近，当然很快就出去了。他们出去了，可是学生们一下子拥挤起来了。唐先生不走，他穿着大褂在那里指挥，劝同学们要镇定，有秩序地走，他指挥同学们走。我在人流里，走到讲台底下的时候，我看他满头大汗。这时候，倒塌声停止了。后边来了一个工人，过来帮助唐先生。通过这个事情，我就知道唐先生的人格。他的哲学，实际上他是研究西方哲学，可是那时候他做的却是王船山[②]。

从那以后起，我心里想，唐先生对学生真的很好，他的人格和为人值得我们学习。还有唐先生的妹妹唐至中先生，也是一样。他们把学生是当作绝对平等的人。他讲唯心主义的时候，当时还很"新潮"，我们有时候会提一些幼稚的问题，反驳唯心主义。我们经常去唐先生家吃午饭，提问题。他在工作时，你不能问，只有到吃午饭时候，才可以提问。他妹妹也是我

[①] 黑格尔（Friedrich Hegel，1770—1831），德国哲学家，出生于斯图加特，曾任柏林大学（现为柏林洪堡大学）校长，19世纪唯心论哲学的代表人物之一。

[②] 王船山，即王夫之（1619—1692），湖南衡阳人，与顾炎武、黄宗羲并称明清之际三大思想家。青年时期积极参加反清起义，晚年隐居于石船山，著书立传，学者遂称之为船山先生。

们老师，我们去他家吃饭，都给我做两样素菜，家里有保姆做饭。这时候，大家都是平等的。有时你提幼稚的问题，他就笑一笑，绝对尊重你的人格。

我的那位同学李赐，他是九十五岁去世的，去世已经五年了。当时，他因为经济困难，唐先生资助他上学。唐先生的字写得很潦草，很难辨认，我绝对认不得，唐先生只管思考了。李赐在他讲课的时候，就帮他抄稿子。唐先生已经资助他生活费了，请他抄稿子，别人可能以为这是义务的，可是唐先生照样付抄稿费给他。有一次，我和李赐在唐先生家吃饭，我问唐先生，我当时真的比较幼稚，我当着李赐的面说："唐先生，您待李赐不薄，您还给他抄稿费，还说谢谢他，是不是过了？"唐先生说："刘家和，你以为我是资本家，在雇佣李赐吗？他是作为我的学生、朋友帮忙的，我当然要谢他了！"

唐先生的这句话，对我的教育太大了！我这一生，对唐先生的那种临危不惧、视学生的生命重于自己生命，资助了还给报酬、说谢谢这样的为人，永远是值得我学习的。君毅先生在我心里就是道德榜样，到现在不能够变！我这一辈子，我对自己的学生，如果不这样的话，我就对不起我的老师！君毅先生把我带进终身对西方哲学的兴趣、对哲学史的兴趣，因为它是概念，是形而上学的。反过来，以后我看哲学史，研究黑格尔、马克思主义哲学，都与唐先生讲的哲学有关。这是唐先生始料不及的。他不会想到，我会对马克思主义着迷得很！

唐先生是大名鼎鼎的梁漱溟[①]先生的弟子。我记得，有一次，我们在唐先生家吃饭，听到一个故事：梁先生在北京大学讲演，那时听讲演是要买门票的，大概几块大洋。唐先生听了两次以后，就没去。梁先生把唐先生找去，对唐先生说："我的讲演，你怎么不来听了，是不是没钱了？我给你钱，利息外表。为什么？不能破规矩。但是，你没有钱，我作为老师，我可以帮你。"结果，唐先生给梁先生磕了两个头，说："先生，我不是没有

[①] 梁漱溟（1893—1988），蒙古族，原名焕鼎，字寿铭，广西桂林人，生于北京，现代新儒家早期代表人物之一，曾任北京大学教授，著有《人心与人生》《东方学概观》等。

钱，我是不想听了。"唐至中先生把这个故事说出来，她说："哥哥，是不是当时真是这样？"我和李赐听着，在他家吃饭。唐先生直笑，说："是啊！"

我忽然明白，原来真正的老师，应该说像梁先生这样还是学术大家，作为一个老师，你得尊重学生的选择，尊重学生的人格，应该允许人家跟你不同。这不是尊重你们的人权吗，不是尊重你们的人格吗？韩愈的《师说》讲得好极了："生乎吾前，其闻道也固先乎吾，吾从而师之；生乎吾后，其闻道也亦先乎吾，吾从而师之。"师生之间应当互相学习，互相交流。唐先生不仅使我对哲学产生了浓厚的兴趣，还对我今后的人生产生了深远的影响。

6. 牟宗三师

唐君毅先生不是讲，学哲学，不能用常识来思考，要用逻辑来思考。逻辑在哪里？不知道。那么，牟宗三先生就讲逻辑。

牟先生是唐先生的好朋友。刚听牟先生讲课时，也感觉很难懂。他是山东栖霞人，有山东口音，唐先生有四川口音。我都能听懂。牟先生讲逻辑学，他叫理则学，就是根据孙中山翻译的。为什么叫理则学？牟先生说，抽象以外还有现象。我的记性还可以，我记得牟先生讲的东西，居然牟先生的讲义出版以后，还有他的讲义中没有的东西。他说抽象以外还有现象，讲义里没有，可是我亲耳听过，他在别的文章里有。牟先生告诉大家，逻辑笨人学得快，自以为聪明的人学不进去。这也是辩证法。

牟先生讲逻辑学时，当时逻辑学已经修订过，西方逻辑学已经开始传入中国，从数理逻辑[①]讲起，不讲古典逻辑[②]。牟先生说，我讲逻辑，要从

---

① 数理逻辑，又称符号逻辑、理论逻辑，是用数学方法研究逻辑或形式逻辑的学科，属形式逻辑形式上符化、数学化的逻辑。
② 古典逻辑，在西方，指数理逻辑产生以前的形式逻辑，以古希腊亚里士多德为代表。在中国，主要指以《墨经》《荀子·正名》为代表的逻辑思想。

古典逻辑讲起。为什么？数理逻辑对自然科学用处极大，可是对人文科学来说，古典逻辑非常重要。所以，他从逻辑概念讲起，概念要从定义讲起。什么是定义，什么是分类，然后怎么判断概念的类，判断也有各种形式。当然他前面还讲同一律、矛盾律、排中律、充足理由律。这个听起来很抽象，可是我知道学数学的方法，就是不要苟且，每句话都要很好听，头脑中不要想别的，不懂立刻就要问。这样前边听清楚了，后面就跟学数学一样，进行推理，这就是逻辑学。牟先生讲逻辑学，也引起我终身的兴趣。以后我觉得，什么东西如果不能用逻辑来思考，我就感觉不够。我才知道，逻辑对于西方哲学和数学来讲，都是至关重要的。我对逻辑的兴趣也源于对几何学的兴趣。我一下子摸到了逻辑学跟几何学的方法，如果说那是"一把刀"，你要研究小学、经学这些，必须要有小学作基础，要有这把"刀"，真正要能形成思维的习惯，必须有哲学的思考，你必须要有逻辑的能力。

我跟牟先生不像唐先生这么亲。牟先生可能给人感觉不是太随和，我跟钱先生往来很多，相当多了。我去问他问题，他有时候问我，他觉得我这个学生还是不错的。

唐先生和牟先生都是新儒家①，我不是新儒家。他们都很爱中国文化，跟钱先生一样。可是，他们要把儒家现代化，牟先生在方面做了更多努力，唐先生也是，我不是。对于他们的学术观点，我曾表示过一些不同的看法，像对唐先生，我也有不同的见解，但我不能忘记他们对我的教诲。

7. 束世澂师

束世澂先生教商周史。他很博洽，不仅研究甲骨文，还收藏甲骨文。

---

① 新儒家，是指 20 世纪新文化运动以来，在"全盘西化"的思潮冲击下，一批学者坚信以儒家思想为核心的中国传统文化仍有价值，谋求中国文化和社会现代化的一个学术思想流派。

现存甲骨文里头，还有他收藏的。他是安徽芜湖人，南京高等师范学校（南京大学前身）毕业的。南京大学的首任校长是李瑞清[1]。南京大学有一位胡小石[2]先生，他年轻时叫胡光炜，他的父亲叫胡季石。胡小石研究甲骨文，著有《甲骨文例》，就是受李瑞清影响。其实，束先生也受李瑞清影响，研究甲骨文。

束先生讲商周史时，他已经开始研究甲骨文了。他说："甲骨文里面，火、田两个字，就是刀耕火种。"我就问束先生，"田"字是不是还可以作另外一种解释？我就顺着小学的"田"是田猎，是不是把山陵烧了以后围猎。我说："束先生，是不是可以这么解释？如果没有上下文，是不是可以这么解释？"束先生说："是可能的。"我懂什么甲骨文？但是，"田"这个字，火、田是可以这样讲的，这个我知道。而且我能感觉到，束先生真是满肚子学问，他对后辈很谦虚。

我还记得一件事情。束先生讲商周史时，他让我们写篇读书报告，我写了一篇《春秋五霸论》。我为什么写这个？就是我手里有一本书，现在还经常翻出来看，叫《新刊四书五经》，中国书店出版的。其中第三本是《春秋三传》，题宋元人注。这本书我在南京上高中以前，在家乡看到过，大概是民国二十五年（1936）出的，抗战前两年出的。我在南京那会儿就买了一本，《左传》《公羊》《穀梁》都有。所以，我就对它们进行比较。比如像宋襄公[3]，《左传》跟《公羊传》评价是不一样的。这样，我就写了一篇比较文章。束先生看了以后，他有个批语。这篇文章其实我保存了很长时间，

---

① 李瑞清（1867—1920），字仲麟，晚号清道人，江西抚州人，中国近现代教育的重要奠基人和改革者，曾任两江优级师范学堂（南京大学前身）监督（校长）。

② 胡小石（1888—1962），名光炜，字小石，祖籍浙江嘉兴，出生于南京，曾任南京大学教授、文学院院长、图书馆馆长。

③ 宋襄公，子姓，宋氏，名兹甫，春秋时期宋国第二十任国君，约公元前650年至公元前637年在位，"春秋五霸"之一。"春秋五霸"代表性说法有二：一为齐桓公、宋襄公、晋文公、秦穆公、楚庄王；一为齐桓公、晋文公、楚庄王、吴王阖闾和越王勾践。

后来不知道什么时候扔掉了。束先生说："你怎么会写这个？"我说："我就是看这个，《春秋三传》里都有，还有写人的评语。"他说："你这样读《春秋三传》多少年了？"我说："我早有兴趣。"

束先生就给我指导，他说我后面的结论做得很好，能够拿史料的异同来进行比较，加以肯定。同时，他告诉我："春秋五霸有不同的说法，你知道吗？你不是还看过先秦诸子吗？五霸有不同说法，你都给我写出来。"我就感到，光看这些史书还不行，还不够博。真正研究春秋史，不仅是《春秋三传》的问题，《春秋三传》本身里面还有好些问题，特别是它的按语。后来，我就不是到上个世纪末，参加刘乃和先生他们那个历史文献的会议，我写了那篇关于宋元人注《春秋传说汇纂》的文章。那篇文章不长，我对这个书就怀疑，他怎么来的？因为按语口气太大，因为经是可以修改的，错的该删。我想，谁有资格写这个。我觉得，束先生一方面看到我这个还不行，还得扩大视野，要知道诸子里边，也有讲春秋五霸的事。有的五霸是没有秦穆公跟宋襄公的，取而代之的是吴王阖闾、越王勾践，是不是？我从这些，自己感觉到对这本书以后还得下功夫。

可是，我也问了好多老先生，我也问过赵光贤先生，这个《春秋三传》是怎么回事？赵先生讲，把我保留的文章给他看。他说，实际上《钦定春秋传说汇纂》是清朝皇帝官修的，是代表皇帝说话。所以，我说读书，上课做作业，每做一件事，你必须记住，现在也给将来留下问题，不要这个我耗尽了全力，我做了这个问题以后，这问题就到此为止，就封闭了，就没有进展了。

我从束先生那里知道，这个问题还开放着，问题还多了。人要切记，不要以为一己一时之得就满足，永远是天外有天。你做出这点成绩的时候，你就要想到后来，还有不少问题。基本上，我一篇文章出来以后，我很快就知道，我自己反复看，感觉还不满意。这是束世澂先生对我的教导，他既肯定我，也告诉我另外的春秋五霸，宋襄公算什么霸，是不是？你花了那么大功夫研究这个，他也给你肯定，因为你作为大学一二年级学生，你能把《春秋三传》拿来比较，应该肯定。但是，这肯定里面，实际上埋着问题的。

后来，我在北京又见到了束世澂先生和谢兆熊先生。1956 年，我已经在北京师范大学当助教，当时我们在教育部开会，我还见到了束先生和谢先生。我想请他们吃饭，束先生说没有时间，谢兆熊先生来了，我跟我爱人一起请他吃的饭。

另外，1982 年我到上海开会。我还去看望当年江南大学的老师朱东润先生。其实，朱东润先生的课我没有选，都是去旁听的。

8. 唐至中师

我在江南大学的时候，老师们在哲学上、在文学上，特别是在做人方面，对我都有很大的教育，在我的成长过程中有很深远的影响。以前我也跟你们讲起过，但是可能讲细节少些。因为那时候，我可以说是知识饥渴症，而且可以说特别严重，什么都想学。孔子说："志于道，据于德，依于仁，游于艺。"[①] 孟子说："博学而详说之，将以反说约也。"那时候，我还谈不上构建什么知识系统，我先尽可能地开拓视野，怎么样思想能够深度进去。

江南大学的老师中，唐君毅先生和他的妹妹唐至中先生对我的影响至关重要。我跟唐君毅先生学哲学概论，跟唐至中先生学的是大一国文。至中先生在当时，按现在说法，应该是中青年教师。那时候，中文系还有几位老教授在上课，像李笠先生就在上课。可是，像我们非中文系的学生就由中青年教师讲国文。我感觉到很幸运，由唐至中先生教我们国文。

我先是认识唐君毅先生，不是我和李赐同学在路上遇到他，然后一起

---

① 语出《论语·述而》。

去吃饭吗？上课时，我就见到唐至中先生。唐至中先生讲国文，我记得有课本。我根据自己惯例，国文不买课本。

唐至中先生第一篇讲的是《尚书·秦誓》。我就用纸把《尚书·秦誓》抄在里面，就一张纸，放在座椅上。那时的座椅旁边不是有块板吗？我就把纸放在板上面。至中先生后来跟我说："刘家和，你听我第一堂课时，你可傲慢了！你跷着二郎腿，戴着一副眼镜，眼睛似乎看我，其实在看天花板。"我跟至中先生说："我在听。"她说："为什么要听我讲解？其实，《尚书·秦誓》不像西周初期那些诰誓①内容丰富。但是，它也说明一个问题，就像《秦誓》这样，也能够知道反省，有错误能知道反省。能做检讨，这很了不起。"所以，我在抄那篇文章的时候，实际上我心里头真是在听。她讲第一篇，还要我们知道训诂，而且要知道这篇文章跟前面的文章风不太一样。这是《今文尚书》。从听这个课开始，我跟唐至中先生就逐渐熟了，这是她以后才跟我说的。至中先生当时可能觉得，这孩子是不是有点太狂了？

讲完这课以后，做作文，题目是《自述》。《自述》，就是说自己的经历。我就用文言文写，而且选定按《左传》记事的笔法写。文章最后，我讲了一点自己的感想，因为我到了无锡，去看太湖，看到这种壮观的景色，最后，我这样写道："人之杰、地之灵也。吾今既得斯地而处之，不当好自为之耶！"文章是这么结束的。这个文章现在没有了，当时我能背的。至中先生看过以后，我在文章中也讲了，我读过什么书，怎么读。后来唐先生开了一个书单给我。我读了一些，没有全读。

至中先生对我说，第一，她肯定我古文基础相当好，记事语法简洁，能说明史实，要不我怎么那么狂呢？古文基础还是不错。因为当时我读过《左传》《东莱博议》这些，叫我写这个《自述》，我就用《左传》的笔法

---

① 诰誓，古代君王训诫勉励民众的文告。刘勰《文心雕龙·史传》云："唐虞流于典谟，商夏被于诰誓。"后借指《尚书》。

写。这点可能出乎至中先生意料，包括当时书评，书评文章相当好。但是，现在我背不出来了。她找我去谈话。谈话以后，她就跟我讲："我看你好狂，还有点油。"我当时听了，脸就红了。我说："我太不知高低。"以后我听她讲课，我说："先生，我是在听。"她说："你是在听，可是你这个样子，看起来很傲！"这是她给我的第一个教训。

一年中，她讲了好多文章。我记得，对我影响比较大的有五篇。第一篇是《荀子·天论》。在《天论》中，荀子讲："天行有常，不为尧存，不为桀亡。"唐先生讲这个课，一边是讲课文，一边是讲思想。在荀子看来，大自然的运行是有一定规律的，这个规律不会因为尧的圣明或者桀的暴虐而改变。荀子否定天有意志，把自然界的客观规律与人类社会的发展状况区分开来。唐先生给我们讲，荀子是怎么样对待天人关系的。这个对我很受启发。因为中国古代传统的东西都讲天，讲天人关系，西周初期《尚书》中的一些文章都讲天。周公当时是在什么样的情况下说这些话？因为殷人那么迷信宗教，周公不能不神道设教①，不能不讲天。可是周公已经把天命变成人性了。那么，荀子就讲天和人之间的关系，人要效法天，而天是有一定常规的，人要做得好就是效法天，人只要勤快就好，天就不能让你穷。人要是懒，天也不能让你富。人自己要是犯了错误，天也不能原谅你，你再怎么祈求也没有用。人要是真正做得好，你不祭祀，天也不会对你怎么样。

实际上，这篇文章是在讲人怎么样为人处世，人与天地参，人与天、地为三。这不是儒家讲的这个"三才"，《周易·系辞》、"四书"里面也讲，天、地、人"三才"。那么，人要做好自己该做的事。妙诀是什么？人的认识功能，心也是自然的。我感觉到，自然有外在的自然，还有内在的自然。这些东西，我觉得就不是一般地讲古文，能讲到这样的情况，我就知

---

① 神道设教，利用鬼神迷信作为教育手段。《周易·观卦》："观天之神道，而四时不忒，圣人以神道设教，而天下服矣。"

道读文章，不能像从前那样，要体会文章讲的道理，就是古人说的"文以载道"，要了解其中的"道"。到课堂下面，我跟至中先生说："有一个问题，我可不可以请教？"她说："你要想听细说，到我家去，到时候可以跟你细说。你周末到我家去。要是简单地说，也可以。"我当然愿意听她细讲。所以，周末我就跟李赐同学一起去她家。这是我第一次去她家。

至中先生和君毅先生都住在荣家老宅里，第几进我忘了。至中先生住在东间，君毅先生住西间，中间是堂屋。到了以后，我们先到君毅先生那里打个招呼。至中先生说："君毅先生要工作，你们不要去打扰。"于是，我们就到至中先生屋里。我就问至中先生，我说，荀子讲得这么好，讲天人之分，从前都讲天人之际，我就是有句话不太懂，就是"唯圣人不求知天"。她说，你问这话意思，是说荀子是不是重视认识自然？"唯圣人不求知天"，荀子讲纯自然的天，是不是像荀子这样不重视自然，我们就没自然科学。至中先生说，《荀子》里面是不是还讲："大天而思之，孰与物畜而制之？从天而颂之，孰与制天命而用之？"有没有这两句话？"大天而思之，孰与物畜而制之？"你把天看得那么伟大，"孰与物畜而制之"，就是你不如把它当作自然看待，要治它。你不去研究，一天到晚对天歌功颂德，进行祈求，"孰与制天命而用之？"你看，这地方第二个出现"制之"，不是"物畜而制之"，怎么能够"制天命而用之"？我听她把道理讲得这么清楚，简直有一种陶醉的感觉。

我们在他们家吃午饭。君毅先生不是知道我吃素吗？第一次去他就跟家人招呼，给刘家和做个素菜。我每次去，就给我做素菜，再做一个韭菜炒鸡蛋，还有绿豆芽，这叫作"一清二白"。另外，无锡不是有油面筋吗？还炒这个菜。到饭桌上，我们可以自由提问，有时也问君毅先生。

讲完《荀子·天论》以后，她又出作文题。题目是写日记时的卷首语，就是日记本前面的自序。至中先生问，你们写不写日记？她要每个人都写，但是我没写日记的习惯。我原来没写过日记，可是现在老师让我写日记。

为什么要写日记？要每天反省自己。曾子说："吾日三省吾身。"①那么，我就意识到，要写日记。我这个日记不长。我说，现在我要开始反省自己，不要狂妄。当时，我是有点狂妄。所以我说，我要把日记写得真实，反映真实的思想。我一天所做的事，哪些是对的，哪些是不对的，为什么是对的？我要每天检讨自己，这对做人、做学问是很重要的。最后，我还写了铭文体，四字一句，押韵的。

至中先生给我改作文。我在文中说，我要凭自己良心说话，愿意接受批评指正。至中先生给我的评语，我到现在还记得："称心而言，任人批章。"我还记得这些，我后来还把日记带到北京来。我所有的日记都带到北京来，别的东西我没带，一直到"四清"前后我才把它烧掉，我怕这些东西会惹麻烦，其实也没有什么。我写第一篇文章时，写《自述》时很傲慢，到写第二篇文章时就反省了，知道要随时认识自己，反省自己。

然后是讲《庄子》，她讲第一篇《逍遥游》。至中先生讲《荀子》时，实际上是讲"天人关系"，也可以说是"人天关系"。"天人关系"里边，以人为主。我以前讲过张力问题。荀子讲的"天人关系"，实际上也存在张力关系。《逍遥游》开篇讲，"北冥有鱼，其名为鲲。鲲之大，不知其几千里也"，北海有大鱼，不知其几千里，你看多了不起！还有小蚁、麻雀、蜩②与学鸠③，这些很小，这就存在大和小的关系。小自以为很大，其实大小之间关系是相对的，你从什么角度看。庄子在其他地方讲："因其所大而大之，则万物莫不大；因其所小而小之，则万物莫不小。"④你看，大小是相对的，伟大或渺小都是相对的。

《逍遥游》全篇我记不得了，从前能背。其中有这样一段："夫列子御风

---

① 语出《论语·学而》。
② 蜩，蝉也。
③ 学鸠，鸟类，又名斑鸠。
④ 语出《庄子·秋水》。

而行，泠然善也，旬有五日而后反。彼有所待也。彼于致福者，未数数然也。此虽免乎行，犹有所待者也。"你觉得自己能腾云驾雾，其实还是有条件的，你还是有所待的。鲲化为鹏的时候，鲲都要在浩瀚的大海里才能游，在狭小的浅水里它就完了。鹏为什么要能够背负苍天，由北冥到南冥，它能够这样子，底下要有气。说来说去，所有的一切都渺小，都有待。

一次，庄子与惠施①辩论，结果惠施说庄子，你说的话，大而无当。这话有什么用？惠施很能诡辩。他说，我砍了一棵树，叫樗树②，长得那么大，可是能做什么材料？什么用也没有。你说这些大话、废话，有什么用？庄子说，为什么没有用？它不能用作为什么材料，这边没有用，可对我这样无所求的人，我就在树底下乘凉，逍遥自在，这不是很好吗？③所以，有用跟无用是相对的，万物都是相对的。你要想完全无待，很难做到。你只要有欲望，欲望越大，就越有待；你的欲望越小，所待也就越小。这是告诉我们，要做什么样的人，这是人生的境界问题。我在日记中这样写，做人要超脱，不要有太多欲望。

至中先生给我们讲《礼记·乐记》。现在《乐记》在《礼记》里边，以前讲"六经"，《诗》《书》《礼》《乐》《易》《春秋》，有《乐经》，后来失传了。《乐记》我原来没读过，不像《天论》《逍遥游》，至中先生讲以前我都读过。至中先生讲，礼和乐是怎么产生的？《乐记》说："凡音之起，由人心生也。人心之动，物使之然也。感于物而动，故形于声。声相应，故生变；变成方，谓之音；比音而乐之，及干戚羽旄，谓之乐。乐者，音之所由生也；其本在人心之感于物也。"人有感于物而发声，有一定规则。声和音是

①惠施（前390—前317），惠氏，名施，战国中期宋国（今河南商丘）人，名家学派创始人。

②樗树，别名臭椿，落叶乔木。

③《庄子·人间世》原文："患其无用，何不树之于无何有之乡，广莫之野，彷徨乎无为其侧，逍遥乎寝卧其下。不夭斤斧，物无害者，无所可用，安所困苦哉！"

不一样的，动物是有声的，没有规则，而人的音是有一定规则的，声值是可以调节的，有一定规则的叫音。音还不能称为乐，乐是心有所乐，有所感，乐者乐也。你心里有什么感情，你发什么音。然后，她就讲有各种各样的音。至中先生说，有各种各样的感，就有各种各样的音，有"盛世之音"，还有"亡国之音"，等等。从这个乐，既可以看个人，又可以了解社会。乐是人的感情的一个表现。我们现在很多场合，都还习惯有音乐，是不是？乐有高兴的，也有悲伤的。柴可夫斯基①的《悲怆交响曲》，虽然很悲伤，可是真美！你听了以后，你会跟着伤心。所以，乐能够影响国家和社会，影响人们生活，乐是不能少的。

但是，乐有其对立面，它必须生长出它的对立面，必须要有节制。这样就涉及礼的问题。礼是什么？乐不能没有节制；要节制就不能没有礼。"乐者，通伦理者也。是故知声而不知音者，禽兽是也；知音而不知乐者，众庶是也。唯君子为能知乐。"② 所以，有"乱世之音""亡国之音"。《乐记》中还说："治世之音安以乐，其政和；乱世之音怨以怒，其政乖；亡国之音哀以思，其民困。声音之道，与政通矣。"乐必须有礼节制，这样我又懂得一个道理。礼和乐是一对矛盾，礼是用来节制乐的。孔子的弟子有若说："礼之用，和为贵。先王之道，斯为美。小大由之，有所不行。知和而和，不以礼节之，亦不可行也。"③ 礼本来就是为了和谐的，礼的节制不是要把乐给消灭了，而是要变为和谐。"礼之用，和为贵"，那不就是礼乐相参吗？礼乐要相参，要相辅相成。没有礼不行，"不以礼节之，亦不可行也。"我看了这个以后，就说原来儒家的礼乐制度并不是束缚人的，而是要人能够有所节制。后来我再读《荀子》，觉得《荀子》讲的好多东西也是这个道

---

① 柴可夫斯基（Pyotr Ilyich Tchaikovsky，1840—1893），19 世纪伟大的俄罗斯作曲家、音乐教育家。
② 语出《礼记·乐论》。
③ 语出《论语·学而》。

理，两方面看怎么调节。

讲完这篇，至中先生又给我们出一篇作文题，题目是《理智与感情》。她对我说："刘家和，以后你别再用文言文写作了，还是用白话文写。"这样，我就开始用白话文写文章。这时，我忽然联想到孟子讲的"志"与"气"，"浩然之气"。谁都有"气"，匹夫之勇也是"气"。然而，"浩然之气"是什么？首先要有正义，就是"自反而缩"。[①]"自反而不缩，虽褐宽博，吾不惴焉？自反而缩，虽千万人，吾往矣。"怎么才能"自反而缩"？我没有做违背良心的事情，理直气壮，即使是千军万马，像我这样一个"糟老头"，我也不怕。我内心里头，谁也不怕，"虽千万人，吾往矣。"所以，我把这些结合在一起，我讲理智和感情缺一不可。这就是什么呢？感情是乐，理智是礼。我就从《乐记》的思想出发，写了这篇文章。至中先生对我的文章加以肯定。

第五篇我有点记不清楚了。我记得她讲《史记》中的《淮阴侯列传》，就讲韩信。讲这篇文章时，她对韩信的性格进行分析。她认为，韩信的性格有两个方面，具有两重性。我觉得，至中先生对韩信的分析非常到位。

接着，她要求我们写一篇作文，题目是《史记·淮阴侯列传读后》。我还是用白话文写。我对韩信、项羽、刘邦进行比较。韩信胸有大志，可是年轻时无所作为，寄食于漂母[②]。他一个大个子，身上佩把剑，人家看他都无用，不是韩信出人胯下吗？他知道自己跟别人不同，知道自己的价值，不耻小辱。你看他无用，寄食于漂母，他落拓到什么程度！可是，他也不是一说造反，就马上站出来。他到一定时候，他才出来，先到项羽那里，后去投奔刘邦。刘邦最初也没有发现他有什么特殊才能，没有重用，他又想跑。他是怎么到刘邦那儿的？张良发现韩信是人才，推荐给刘邦。可是，刘邦没看出韩信有什么本领，没有重用。所以，他又要跑，不是有个京戏

---

① 语出《孟子·公孙丑上》。
② 漂母，《史记·淮阴侯列传》中一个漂洗丝絮的老妇人。

《萧何月下追韩信》吗？追回来后，萧何对刘邦说，您的部下都是战将，您可以指挥他们打仗，冲锋陷阵。但是，没有韩信这样的将领，您是赢不了天下的，要封他为大将。刘邦答应了，可是又要拿这个架子，让萧何把韩信叫来。后来，他听从了萧何的建议，郑重其事地设坛拜将。当时，刘邦军中的将领听说要拜大将，都以为自己要当元帅。刘邦手下有许多将军，结果一拜将，大家发现是韩信，所有的人都惊呆了。

楚汉相争①时，刘邦跟项羽在黄河边对峙，两军相持不下，在黄河以南这个地方。刘邦拜韩信为大将军，让他率领一支军队过黄河，去河北，实际上也没有给他多少部队。韩信就凭刘邦给他的一部分军队渡过黄河，自己打天下，越打越大，把整个黄河以北都平定了。他从西边打起，一直到东边，到齐国。灭齐以后，韩信就到项羽的背后了。

韩信率部征战的过程中，还发生过一件事。刘邦打了败仗，军队没了，临时跑过黄河，到韩信帐下。这个时候，韩信还在睡大觉，刘邦夺了他一部分军队走，两人还议论了几句。其实，韩信这时应对刘邦有所警惕了。韩信自恃才高。他们两人不是还有一次对话吗？韩信问刘邦，你能带多少兵？刘邦说，我能带十万兵，你能带多少？韩信说，臣多多益善。刘邦说，你多多益善，怎么当了我的部下？韩信说，你是善于将将，我是善于将兵啊！② 其实，韩信是不应该跟刘邦讲这些的。攻下齐的时候，韩信想称齐王，刘邦一肚子不高兴。可当时没办法，就埋下了韩信的杀机。一个重要问题，就是韩信的两重性格。当时蒯彻③劝他，韩信攻下齐以后，他劝韩信

---

① 楚汉相争，又名楚汉战争、楚汉争霸，汉元年（前206—前202）西楚霸王项羽、汉王刘邦两大集团为争夺政权而进行的一场大规模战争，最终以项羽败亡、刘邦建立汉王朝而告终。

② 故事见《史记·淮阴侯列传》。

③ 蒯彻，即蒯通，本名蒯彻，因避汉武帝之讳而改为通，范阳（今河北省定兴县固城镇）人，生卒年不详。曾为韩信谋士，先后献灭齐之策和三分天下之计。韩信死后被刘邦捉拿后释放，后成为相国曹参宾客。

单干，不要再跟刘邦。韩信说，我不能反。像我这样的普通人，谁都没看出来，可是刘邦拜我为大将，所以我不能谋反，"吾岂可以乡利背义乎？"你看，韩信一方面是"豪杰之士"，一方面又是"妇人之仁"。这就是韩信人格的两个方面。

我的文章中，就刘邦、项羽、韩信三人进行比较。我说，一般人是没有人格的两重性的，刘邦哪有这个问题？没有的，他是怎么合适怎么来。项羽逞强恃气，我有力量，我就能够胡来，凶得不得了。项羽有时有"妇人之仁"，鸿门宴①上，对刘邦"妇人之仁"。刘邦是该怎么办就怎么办，他自己没想到，谋臣给他出主意，他都能听。刘邦几乎没有独立的人格，但是有独立的利益，他是利益至上。我写到这里，我就发现，原来政治是需要这样子的，刘邦自己并不是认识得很清楚。至中先生对我这篇作文的评价，我现在记不全了，前面几句还记得："独具只眼，议论纵横，是有见识、有性情者。""有性情者"底下还有一两句话，我忘了。

通过这些，我们师生之间了解就比较深了。在他们家，至中先生讲这些东西给我重要启发，就是认识问题，一定要从分析矛盾开始，看到问题一面的时候，不忘看到问题的另一面，要认识两方面的关系。这对我有很大用处。至中先生还在生活上帮助我们，照例在周末去他们家，一个月至少去两次，多的时候去三四次。我们一般上午十点钟去，在他们家吃中饭，饭后跟着他们出来散步。这时候，我们什么都可以问。

我听君毅先生讲哲学概论，他讲斯宾诺莎②、黑格尔，我这一生对黑格尔的兴趣是君毅先生引起的。君毅先生说，斯宾诺莎讲过一句名言：规定即否定。斯宾诺莎认为，实体是无限的，不能有任何形状的规定，形状只

---

① 鸿门宴，公元前206年，项羽和刘邦在秦朝都城咸阳郊外鸿门举行的一次宴会，项羽企图加害刘邦未成。鸿门，位于今西安市临潼区新丰镇鸿门堡村。

② 斯宾诺莎（Baruch de Spinoza，1632—1677），犹太人，哲学家，出生于荷兰阿姆斯特丹，近代西方哲学的三大理性主义者之一，与笛卡尔和莱布尼茨齐名。

存在于有限的、被规定的个别事物中，规定就是界限，就是对无限的否定。在他看来，作为样式的个别事物是有限的，当人们对一个具体事物做出某种规定、说它是什么时，同时就意味着把它和别的事物区别了开来，否定了它是另外的事物。这个我能懂。为什么能懂？牟宗三先生讲逻辑，他不是开始就讲数理逻辑、符号逻辑，还讲亚里士多德的形式逻辑，从概念说起。亚里士多德说，人是有理性的动物，不是无理性的动物。牟先生讲得对。唐先生对黑格尔非常欣赏。黑格尔说的，有它的不足。黑格尔说，所有的规定都是否定，是对的；反过来说，所有的否定又都是规定。唐先生讲到这儿时，使我感到震惊，因为我刚跟牟先生学了逻辑，讲到定义时，都是属概念加种差，肯定一个和否定一个同时存在。当时听牟先生讲逻辑学，所有的规定都是否定，这个规定即否定，是不是可以成立？在斯宾诺莎看来，规定即否定。规定的部分是确定，是理性的；非理性的动物的一部分，被否定部分是不定的。这种否定之否定的结果，至于这部分、那部分不管。aufheben，可分离动词，既是拿起来，又是放下去。黑格尔在《逻辑学》序言中说，德语有其他语言没有。其实汉语中就有，"置"就是一个。类似的例子多了。"开阡陌"，开辟，开除。规定即否定，否定涵摄规定。不否定，规定是不清楚的。到黑格尔，否定之否定。《精神现象学》开始讲，纯粹的有立刻转化为无。对辩证法，我兴趣大，唐先生的教育作用大。

黑格尔反过来说，那一半也不是不确定，而是确定的。这个如果是红的，它是确定的，红的外面所有的其他颜色，也是可以确定的。黑格尔由于是这样子，像现实即规定，规定即否定，肯定即否定，规定就是否定又否定，这就叫否定之否定，于是乎辩证法就运动起来，就成历史了。这些话未必完全是准确的君毅先生的原话，但是，这样的话，深深地打动我们。

当时，我确实没有完全听懂。唯其没有全懂，所以我就拼命地找黑格尔的书来看。那么，至中先生跟我们讲，也是讲问题的两个方面，既讲肯定，又讲否定。这种思想方法，不仅可以用到学术上，还可以用到实际生活中。我讲过一个例子，这个老师的名字我就不说了。当时，我们讲近代史的一位先生对史料很熟，有些还能背。可是，他讲课效果不好。钱穆先生是院长，一次我跟钱先生讲，这位老师讲课，材料非常丰富，可是我们听得不太明白，感觉比较琐碎零散，好像一肚子学问没讲出来。钱先生说了三个字："是专家，是专家。"钱先生讲的是无锡官话。我当然知道这位老师是专家，钱先生是肯定。可是，钱先生为什么要说这个，我不太明白。

有一天，我们在唐先生家吃饭，大家就说起来，提到钱先生。我就把这事说了。君毅先生听了这话以后，笑了，不说话，他就笑。我一下子就毛了，这有什么不对吗？钱先生说"是专家"，难道上次我听错了吗？我说："你们笑什么？"君毅先生不说，以他的地位和身份，跟钱先生是好朋友，不好直说。至中先生说："刘家和，你还没想明白，是专家，不是什么吗？四川话讲，不是什么吗？"我恍然大悟，原来有学问的人，他说你是什么，是"规定即否定"，否定之否定啊！

至中先生除了给我们讲国文，对我的学习影响很大。她曾经问我："你课下看什么？我推荐你《世说新语》，看朱光潜[1]先生的《给青年的十二封信》。到时我把书给你。"她就把两本书带来。后来我跟至中先生说："朱先生的书我没看懂，我也不太想看。"说明我对美学没兴趣。她说："看来你还没开窍。你看《世说新语》有没有兴趣？"我说："有兴趣。"她说："你不是觉得自己读古书能力还不错吗？你看《世说新语》，有没有发现问题？"我说："的确有这个问题，我发现《世说新语》的语言就不是先秦、两汉文字，很多用的是方言和土语。"她说："你就是要通过方言、土语才能知道，所以要读《世说新语》。不仅要读刘孝标[2]的注，以后还要读课文注释。你不通

---

[1] 朱光潜（1897—1986），字孟实，安徽省安庆市桐城县（今属安徽省铜陵市枞阳县）麒麟镇人，曾任北京大学教授，著有《西方美学史》等。

[2] 刘孝标，即刘峻（463—521），字孝标，平原（今属山东省平原县）人，南朝梁学者兼文学家，以注释刘义庆编撰的《世说新语》而闻名于世。

过语言，是很难通过文字理解别人心情。"像司马迁的《报任安书》、李密[①]的《陈情表》，那些，当然不是很多，有些并没有什么意义，可是为什么那么写？你重新去看当事人心态，你看这个，你要知道一个时代风气，真正的时代变化。《世说新语》带来一种新的风气，不仅是先秦、两汉的文章，你得了解以后时代风气的变化。

至中先生知道我的毛笔字小楷写得还可以。她说："你看过晋人的书帖，王羲之的《十七帖》[②]，都是草书，这些你看过吗？"我说："没有。"她说："这不行。"她说："晋人的书帖，《十七帖》这些，还是应当看一下，看他们为什么这么写。"至中先生是书法家，但是，没有成为大书法家。当时有好多同事向她要墨宝，包括郑学韬（字公略）先生，郑先生也教大一国文。有时郑先生也去她家，还向她要过墨宝，我也请她写过对联。至中先生写的书法是魏晋或晋唐小楷，带有章草味道，写诗也是这个味。我因为做作文都是毛笔写，至中先生说："刘家和，你小字写得还是不错的。"我说："我不行。"她就对我讲，这句话使我终身受到教益，她说："你要起笔到位，行笔到位，转笔到位，住笔到位。"这四个"到位"，我觉得，这不仅是在教我练书法，还是教我如何做学问。

在诗词方面，至中先生对我也很有帮助。我很小的时候，上私塾的时候就读《千家诗》，当时我母亲教我韵，母亲也教我背诗。我记得自己最早写的一首诗，大概是1941年写的，我写了四句话，是因为天气变化："昨夜悬明月，今朝雨濛濛。风云诚不测，使我感无穷。"那时，我跟张艺军老先生学诗，张先生给我改了一下：第二句"今朝雨濛濛"，他说，"濛濛"读音是eng，你最后一个字"穷"呢，读ong，他就把第二句改为"今朝雨意

---

① 李密（224—287），本名李虔，字令伯，犍为武阳（今四川省彭山县）人，西晋初年大臣。晋武帝召为太子洗马，以祖母年老多病、无人供养，呈递《陈情表》而竭力推辞。

②《十七帖》，王羲之草书代表作，因卷首由"十七"二字而得名，原墨迹早佚，现传世的为刻本。

浓"。他还批了几句话，意思是说，那时我们不是在沦陷区吗？"遭时艰难，使少年学子忧思深重，以致早熟如此，悲夫！"就是说，我这诗说的好像是雨，实际上是讲时势，不像一个孩子写的。他觉得不像孩子的口气。时局变化，风雨不测，令人感无穷，这不是一个少年的感觉。

我在南京成美学堂时，班上有一位同学，我们俩是朋友。他叫王永禄，回族人，高鼻子，大眼睛，皮肤很白，很帅气，喜欢诗文，但他自己不写诗。他家住在成美学堂东边街上，就隔四五家，家里开板鸭店。他送了一本《白香词谱》[①]给我。这书是抗战期间在后方印的，纸质比较粗糙。这本书还在。他送我的时候，前面还题了一首词的上半阕，因为我们关系非常好，快要分手了，他是这样写的：

聚散似春潮，
絮舞萍飘。
他时相隔路迢迢。
长恨愁多欢苦少，
珍重今朝。[②]

落款是："王友敬赠"。我拿到这书以后，一看很熟悉。为什么？我小时候练楷书时，有过一本《星录小楷》，又叫《星录书词》。我一边写，一边背词。我没有《白香词谱》以前，就已经能背好多词。自己琢磨，怎么断句，什么意思。然后开始摸索着写点词。

至中先生问我："你为什么会写铭文体，你写过诗没有？"我说："写过一点。"她说："你拿来给我看看。"我写了两首诗给她。第一首是写时局的，

---

① 《白香词谱》，清朝嘉庆年间靖安（江西省靖安县）人舒梦兰编选的从唐朝到清朝词作，所选词多是历代传诵不衰之名作。
② 半阕《浪淘沙》。

当时国民党的腐败黑暗越来越清楚，物价飞涨。于是，我写了这一首：

> 物价如潮涨，
> 官场一塌糊。
> 多行诸不义，
> 指日哀哉呜！

最后一句"哀哉呜"，把"呼"字丢了。为什么可以丢？这是双声叠韵字。这首诗就是讥讽，又带着滑稽。至中先生说，你敢写这样的东西？其实，他们当时对国民党政府也不满，君毅先生对国民党也不满。他还说过一句话，诸葛亮在《出师表》里不是说了吗？"苟全性命于乱世，不求闻达于诸侯。"接着，君毅先生说："现在哪是苟全性命于乱世，现在是苟全性命于狗世。"他说的"狗"，指的是国民党政府。

这里要插一句，后来君毅先生为什么还是离开大陆，他说了，他不是政治上有反感，而是他讲唯心主义，他讲不了唯物主义。他去了香港。君毅先生和钱穆先生已经办了香港书院。至中先生也去了，后来因为要照顾母亲，又回来了。回来以后，她在苏州一个高中当了几年老师，又在一个工商学院当过副教授，后来因为有病就退休了。有很多年我跟她失去了联系，后来听说她跟郑学韬先生结婚了。1982年，我们又相见了，师生虽然没有抱头，但是，都痛哭一场。

至中先生跟我讲，你这个诗，写得有点俏皮，你能写庄重一点的吗？于是，我又写了一首诗，这是在太湖边写的：

> 一抹湖上万顷波，
> 秋风骤起亦如何。
> 天地吴楚云涌浪，
> 时值荆商帛化戈。

涂炭兆民谁顾惜，

离骚三闾 [①] 自悲歌。

左生 [②] 吟史空高越，

安得桃弧 [③] 射恶魔。

就是在太湖边上，天地无穷，云跟水汽相接，浪涌上来。国民党搞内战，涂炭生民，不顾惜人民的生命。所以，诗中感叹："安得桃弧射恶魔。"她说："这首诗写得好，还有没有其他的？"我说："有啊！"她看了我写的一些格律诗。后来，她又说："你写的词有没有？"我说："有。"然后我把写的词给她看。我写的都是当时一些感悟，是在南京时写的。她觉得我的诗词功夫还不够，但是还能符合要求。所以，我一直不能忘了她给我们讲诗词。

9. 难忘母校

刚才讲到，在到江南大学以前，我就写了一些诗词，王永禄同学送过我书，我从小就写这个《星录小楷》。《星录小楷》的作者叫童式规，他是上海嘉定人，民国时期曾在商务印书馆工作。《星录小楷》，又题《星录书词》，书中的词实际上都是从《白香词谱》里挑选出来的，是他认为最美的词。我一边练书法，一边就练断句，断错了再改。那么，我这个同学，他送我的《白香词谱》对我最大的帮助是什么？是因为当时我对词已经有所

---

① 三闾，即屈原（约前340—前278），战国时期楚国人，曾任三闾大夫，著有《离骚》《九歌》。

② 左生，指左思（约250—305），西晋文学家，其《三都赋》写就，一时"洛阳纸贵"，以《咏史诗》闻名。

③ 桃弧，即桃弧棘矢。桃木做的弓，棘枝做的箭，古人认为可辟邪。

了解，但是诗韵跟词韵不一样，词韵要比诗韵宽得多。他送我这本书里面，因为现在还在我手里，有个附录，《晚翠轩词韵》，把好多词韵合在一起。这个词韵，在我手里玩了几十年了。我有这个的话，我可以写一些词。

可是，说起来真是令人伤感！20 世纪 80 年代，一次我去南京出差，特意找到了王永禄同学。好不容易找到他，可是他已经完全不认识我。不管我怎么说，他都想不起来。那一回，我要是把这本书带去给他看，他看到自己写的字也许就能想起来。我心里觉得有点酸楚。他本来很有文人气质，很潇洒，可是为了谋生，他家开一个板鸭店，高中毕业以后，他就当会计，一辈子当会计，把这样的事情都忘了。他写的字很秀气，"聚散似春潮"，"他时相别路迢迢。长恨愁多欢苦少，珍重今朝。"这是《浪淘沙令》的上半阕。我也不知道这是他自己写的，还是抄别人的。如果是他自己写的话，那这个水平也是相当不错啊！可是，他生活在那样的环境下，命运就是这样。

江南大学让我拓展了视野。我学了那么多课程，特别是很幸运地遇到了两位唐先生，君毅先生让我从哲学高度思考问题，牟宗三先生教我们逻辑学。我就知道，要用思想来统率自己的知识，在思想上有一个自觉的提高，用哲学和逻辑来分析问题。以后我再看一些书，读书效率跟以前迥然不同，我的眼界跟以前就不同了。至中先生不让我再写文言文是对的，她让我认识到，光看古书是不够的。

君毅先生让我对黑格尔产生浓厚兴趣，那么，我到哪儿去找黑格尔的书看呢？我听说有一位进步同学，他有一本书，当时不敢公开借，恩格斯的《反杜林论》。我去跟他借，他说这书已经被别人借走了。这可以理解，因为怕有政治问题。我找到一本什么书呢？沈志远[①]翻译的苏联出版的《辩证唯物论和历史唯物论》，这本书我是从一个进步同学那儿借的，书很厚，

[①] 沈志远（1902—1965），原名沈会春，浙江萧山人，于 1925 年加入中国共产党，上海社会科学院经济研究所研究员，著有《新经济学大纲》等。

是上海一家出版社出版的，现在早就过时了。这个书，我记得当时也借来偷偷看。读这本书，对我来说好像不是太困难，而且对我以后学习辩证法、唯物主义，学习马克思主义有一定作用。可是，我感觉这本书还是缺乏哲学思考的一个深度，心里还是想读黑格尔的原著。这书国家图书馆肯定有。

辩证法、唯物主义，还有唯心主义，君毅先生好像多少对马克思主义有点兴趣，因为他讲哲学概论，不是讲哲学史。这样的情况，使我产生一个，不仅对各种知识有兴趣，我会考虑我的思想，要用什么东西来形成一个系统的思考，这个当时还做不到。可是，我觉得在江南大学，我就是知识拓展。像钱先生、束先生讲史学，我的史学反而断了，但我的思想却得到锻炼，可能在思考问题，在理论上就是哲学、逻辑，培养我思考问题的方法。我后来学马克思主义，还有黑格尔，应该说也是一种开拓吧。君毅先生还跟我讲一点中西文化问题，同时我也意识到，就是辩证唯物主义、哲学跟自然科学的关系问题。可是我已经感觉到，像苏联这样的书，有一点充满了新奇，我知道什么，不知道什么，不像君毅先生讲的这样。这是我在江南大学两年里面从君毅先生那里学的哲学，让我掌握了一些哲学的基本方法。那么，我经常讲"两把刀"，做学问的基本方法，一个是哲学，还有逻辑，另外就是小学，就是文字、训诂、音韵这些。这些，大概在江南大学期间，我就形成了这样的意识。

我对江南大学的回忆总体来说是很美好的。2018年，江南大学成立六十周年校庆，他们邀请我过去，我本来是想去的，可是当时北京有一个会，我得服从工作安排，后来没有去成。我跟老校友、经济系的秦寿容联系。他是经济系的，无锡人。无锡这个地方富人多，江南大学的校友有钱人多，家庭条件都很好。当时，我在经济系听过课，可是我的性格和天性，不太愿意从事太实际的东西，像经济这些。我刚才不是讲，当时还写了一首诗："物价如潮涨，官场一塌糊。多行诸不义，指日哀哉鸣。"

秦寿容和马凡陀两人是专门学的马克思主义经济学，是进步的。后来我才知道，他母亲是国民党，是个老地下党员。可是到1957年，他那么好的一个出身，他本人也是 1948 年加入共产党，后来被打成"右派"，以后就劳动改造。改革开放以后，我们又有见面，感情很好。我还给他写过一幅字，当时我用了一句孔子的话、一句老子的话："仁者寿，知常荣。"可是，他写的是那种诗，他又写吴方言诗歌，我走的是另外一条路。当时我写那个东西是有背景的。那次开会我不能去，我就写一首诗给他。我说本来自己是要来参会的，后来因为工作去不了。我就写了一首诗给他，请他转交。诗是这么写的：

> 君居吴下我居京，
> 只隔长车一日程。
> 世事丝游漂不定，
> 人生云散聚难成。
> 回思抗志抒高论，
> 犹记弦歌发吼声。
> 山上清风湖畔月，
> 同窗旧梦故人情。

诗的意思是说，你住在吴下，我住在北京，只相隔一日行程。那时候，没有高铁，要走一天，所以是只相隔一日行程。可是世事变幻。我就把它倒过来，像丝一样漂浮不定。回首往昔抗志抒，指的是当时发表反蒋演说、学生游行这些事情。"犹记弦歌发吼声"，这不是江南大学湖光山色吗？这都是讲当时的学生运动，讲往事。然后，"山上清风湖半月"，因为江南大学底下有山，山上的清风，湖边的月色。"同窗旧梦故人情"，这个诗，最后我又写到同窗之情。这个诗，我专门写了一个条幅，送给江南大学校友会，他们到现在还保存着。这首诗让郑学韬先生看见了，郑先生说，最后两句留给人无限遐想！郑先生是诗人。那时候，他骑着自行车，只要有空，就到太湖边去，寻找写诗灵感。郑先生这话说了以后，我又改了一下，给唐至中先生看了一下。刻意情难洽，无心句自成。情感洽，诗句自然就出来了，诗应该从心里流露出来。

后来，我跟至中先生长期有联系。改革开放以后，江南大学组织校友会，他们首先找到的是郑先生，找到市政协，为什么？至中先生先是跟君毅先生一起到香港，她已经在香港。君毅先生和钱穆先生已经办了香港书院。至中先生又回来，在一个工商学院当副教授，跟老母亲又回来了。回来以后，当时她在苏州一个高中当了几年老师，后来因为有病就退休了。所以，我找不到至中先生。但是，我后来听说，她跟郑先生结婚了。1982年，我们又相见了，师生虽然没有抱头，但是都痛哭了。我给她写了好多信。我所以纪念她，是因为跟她很熟。她很感动。郑先生说，你教的都是好学生。她说，我觉得我教的都是困难户，我要的材料都是你写的。所以至中先生跟君毅先生、郑先生，他们觉得我这个学生不错。

刚才说了，我给校友会写了这首诗以后，秦寿容在大会上就宣读了。我写的那首诗，"君居吴下我居京，只隔长车一日程"。老同学们听了以后，都很感动，都跑到讲台前面去，把这首诗抄下来，大家对母校还是有感情的。可是秦寿容先生，我们每年都有联系的，今年，就是2018年春节，我才知道他去世了。我打电话过去，他的夫人说得一口无锡话，我也没听清楚她说了什么。我过去在江南大学的老同学基本上也都不在了。

五　南京大学

1. 史学名家

我为什么离开江南大学？因为新中国成立以后，江南大学史地系要停办，改成工商管理等专业。我不想去学太实际的事情，搞经济管理，我没兴趣，还是学历史吧。刘启戈后来还写过一封信，因为我还检讨我的"白专道路"思想，他觉得我还可以做点学问。当然了，说我可以做点学问，这也是君毅先生跟至中先生讲的。大概我的老师都觉得，我还可以做点学问。那么，我和几位喜欢文史的同学一起就离开了江南大学。

从江南大学出来，当然最方便的就是去南京。于是，我就报考南京大学历史系，插班，进三年级。我到南大时，跟我同年级的人已经熟悉这个环境了，他们已经读两年了，可我是新来的，对环境不熟悉，人也不熟悉。我就从同学那里了解学校的一些情况。说实话，我在南大时间较短，收获不大。

我到南大时，沈刚伯[①]先生已经去台湾了。缪凤林[②]先生我没见过面，

---

① 沈刚伯（1896—1977），名汝潜，字大烈，曾任中山大学、中央大学教授，1948年赴台湾，任台湾大学教授，台湾"中央研究院"院士。

② 缪凤林（1899—1959），字赞虞，浙江富阳人，曾任中央大学、南京大学教授，著有《中国通史要略》《中国史论丛》等。

好像身体不好，没给我们上过课，也没见过面。当时，韩儒林[1]先生是系主任。我听过韩先生的一门课，他讲中俄关系史。韩先生早年是北京大学哲学系毕业，后来到比利时、法国、德国留学，学的是蒙古史、蒙文的古文字，大家都知道，以后陈得芝[2]先生他们就搞这个，陈先生还比我小一点。当时来讲，中苏关系很重要，所以他讲中俄关系史。

我听韩先生这门课，有一点一头雾水。为什么？因为中俄关系基本上是近代史，或者更早一点，清代与俄罗斯的关系。我缺乏这方面背景知识，我的通史还没学到这一阶段。钱穆先生讲通史，他讲的是古代，讲到宋代，元代都没讲。所以，我没有这个背景知识，干脆听不懂。但是，我从韩先生那里知道一点，却使我永远不忘。韩先生说，你们知道俄罗斯，这个称呼怎么来的？俄罗斯，英文叫 Russia；俄文呢，Россия。为什么叫俄罗斯？他说，我们中国人学俄语，知道俄罗斯这个词是从蒙古人那来的（OROS，斡罗斯，鄂罗斯）。蒙古人发音，前面不重复这些元音，不 O 一下啊，这个 RU（罗）出不来，可见，俄罗斯的 e（俄），本来是人家没有的，是咱们讹给人家的。这个 Россия，是我们中国人给加上去的。我记得最清楚、最生动的就是这点。我觉得，这个话虽然很小，说得像一个笑话似的，其实说明多种语言知识是非常可贵的。要不然，说明不了俄罗斯为什么要加个"俄"呢。俄国人，我们叫人家俄国，日本就不叫俄罗斯，日本就叫ロシア（露西亚），颤音就没有，舌根音就没有，ロシア（露西亚）。这个就没有了。

我讲这个，很多人可能听了觉得好笑。然后，韩先生讲，为什么俄国人管中国叫 Китай（Kitai）。那时候，我还没学俄文。但是，同学们有学

---

[1] 韩儒林（1903—1983），字鸿庵，河南舞阳人，曾任南京大学教授，中国元史研究会第一届会长，著有《穹庐集》《韩儒林文集》等。

[2] 陈得芝（1933—   ），福建霞浦人，南京大学教授，曾任中国元史研究会副会长，著有《蒙元史研究导论》、《元朝史》（合著）等。

俄文的，解放了，有学俄文的。我知道这话从哪来的？俄国人知道中国，是通过契丹人①、蒙古人了解的。蒙古人了解契丹人，其实可能就是汉人，Китай（Kitai），就是从契丹来的。Китай（Kitai），不就是契丹吗？这可能是我当时最大的收获，就是语言学的重要性，多种语言学的综合运用，对我们掌握中外历史、研究历史来讲非常重要。

在南京大学，我还听了贺昌群②先生的课。贺先生的课我选了两门，一门是魏晋南北朝史，一门是史学方法论。魏晋南北朝史，我听了以后，觉得很有意思。贺先生是才子，也是美男子，而且中文、外文都好。他主要研究中西交通史③，还对佛教有研究，主要是对日本佛教很有研究，他翻译过佛教著作，学问很渊博。他的魏晋南北朝史课，很有趣。

有一次，下课以后，我到贺先生家去。贺先生爱作诗词，贺师母也是一位才女，他们都写诗。这在学者中很少有，像清代郝懿行④夫妇，其夫人称他俩是夫妇式诗友。郝懿行是一位经学家、训诂学家，著有《尔雅义疏》。贺先生家这一情况，让大家都很羡慕。

贺先生是四川省马边县人，已经是少数民族地方了，彝族，现在属于乐山市。这个地方出了这么一个人才。我跟贺先生说："我听了您的魏晋南北朝史课。"他说："你听出什么来没有？"一听，就是四川话。我说："我听出来了，是听《世说新语》文。"贺先生听了哈哈大笑，说："你还知道

---

① 契丹人，古代游牧民族，居住在今蒙古国及中国东北地区，916 年，契丹族首领耶律阿保机创建契丹国。947 年，耶律德光改国号为辽，1125 年辽为金所灭，此后契丹逐渐与其他民族融合。

② 贺昌群（1903—1973），四川乐山人，曾任中央大学教授、南京图书馆馆长，后调任中国科学院历史研究所第二所研究员，兼中国科学院图书馆馆长，作品主要收入《贺昌群文集》。

③ 中西交通史，属中外关系史研究领域，主要研究古代中国与欧洲、非洲、阿拉伯及亚洲各国关系史。

④ 郝懿行（1757—1825），字恂九，号兰皋，山东栖霞人，清嘉庆年间进士，官户部主事，经学家、训诂学家。其妻王照圆，字婉佺，山东福山人，博涉群书，能作诗文。

我讲的是《世说新语》文？"我听贺先生讲课，某种程度上说，就是学习与体会魏晋南北朝的时代精神。这门课我只学了一学期，后来不是就休学了嘛！

贺先生还有一门课，就是讲史学方法论。韩儒林先生是进步教授，贺先生也是进步教授，解放以前反国民党的。贺先生以前还在国立北平图书馆（国家图书馆前身）工作过，后来他去上海了，到上海开明书店①工作，解放以后才回南京的。他之前讲过好多东西，现在又学了马克思主义理论。但是，他又讲中国传统史学方法。贺先生讲这门课，他要求我们写一个读书报告。我写了一篇文章，是关于墨子研究的。那时，我住在文昌桥宿舍，就是成贤街，过了马路，进个小胡同，斜插进去。那个地方有很多旧书摊，书很便宜，我拣了一本吴毓江的《墨子校注》。这本书是在孙诒让《墨子间诂》的基础上，又做了点工作。我很有兴趣，就写了这篇东西。大家都觉得墨子是代表劳动人民的，我就提出一个看法，我觉得，墨子讲"兼爱"，提出"视人之国，若视其国；视人之家，若视其家；视人之身，若视其身"②。不是出于"人"字来看的，而是从"天"字方面来看的，又带有宗教情绪。孔子的仁学是什么？是从人出发，不是从天出发。我讲了这个观点。文章交上去以后，好像当时贺先生说，你还有一点自己看法。

蒋孟引③先生讲英国史。解放了，大家都穿长袍，老师们都这样穿，唯独蒋先生是西服革履，拿着个提包，好像是外国 gentleman，很有风度。蒋先生讲英国史，我感觉讲得很清楚。他给我们提供三本参考书：一本是英

---

① 开明书店，20 世纪上半叶在上海开设的一家著名出版机构，于 1926 年成立，创办人为章锡琛。1953 年与青年出版社合并，改组为中国青年出版社。
② 语出《墨子·兼爱》。
③ 蒋孟引（1907—1988），湖南省邵阳市新宁县人，毕业于英国伦敦大学，曾任南京大学教授，所著《英国史丛论》（1964）是中国学者研究英国历史的第一本专集。

国学者屈威廉①写的《英国史》。这个书是英文的，但有钱端升②的中文翻译；一本是格林③的《英国人民简史》，还有一本我记不起来了。我很想看，可是没有那么多时间。

蒋先生是中央大学毕业的。韩先生跟贺先生都不是中央大学毕业的。蒋先生从中央大学毕业以后，到英国留学。他很爱国。他在英国，上的是伦敦大学，要写博士论文。他写的是第二次鸦片战争，英法联军入侵。他在大英博物馆查历史资料，揭露英国侵华的一些借口。博士论文没写完，因为抗战了，他就回来了。他有爱国激情的。

还有一位先生，刘毓璜④先生讲社会发展史。解放以后，不讲社会发展史不行，要讲社会发展规律。我不也看历史唯物论嘛！我对这个课，我也有自己的一点思考。刘先生讲课，不能说生动，但是他在运用思维。明显地，他一边讲课，一边思维，不是社会发展史轻忽地飘过去了，而是尽量提出自己的观点和思考。这也不容易。我就听了一个学期。

2. 拓展视野

我觉得，到南大最大的收获，就是使我对南大的学术氛围以至整个学术界情况有了一个基本了解。

---

① 屈威廉（George Macaulay Trevelyan，1876—1962），英国历史学家，剑桥大学教授，著有《英国史》（History of England）等。

② 钱端升（1900—1990），字寿朋，生于上海，曾任北京大学教授、法学院院长，受命筹建北京政法学院（今中国政法大学），并出任首任院长。

③ 格林（John Richard Green，1837—1883），英国牧师、历史学家，代表作为《英国人民简史》（A Short History of the English People）。

④ 刘毓璜（1909—1993），安徽巢县人，毕业于国立中央大学，曾任南京大学教授，著有《先秦诸子初探》等。

我有一个同班同学，叫刘永岳，他是晚清大臣刘坤一^①的曾孙。这位老兄整天笑嘻嘻的，爱说话。他说，刘坤一是我曾祖父。刘坤一做过两江总督，跟张之洞两人推行新式教学。他知道南大的历史情况，就把一些掌故跟我讲了，这样我才意识到江南大学的局限性。我在江南大学，不知道天外有天。我在离开六合以前，从中学出来时，连钱穆先生都不知道。我到无锡国专以后，才听人说有个钱先生怎么样有学问。江南大学后，我已经学了很多课，拼命地学。可是，我不知道中国史学界到底有多少名家。

到南大以后，视野一下子开阔了，才知道真的太丰富了。刘永岳几乎把南大历史大致情况都跟我讲了。他说："你在这儿有没看到缪凤林先生？缪先生是谁啊？他是柳诒徵^②先生的学生。柳先生是谁啊？这不是1948年当选的中央研究院院士嘛！"这下我才算明白，这都是大史学家啊！当时史学界有这样一个说法："南柳北陈"。南方就是柳诒徵（柳翼谋）先生；北方就是"二陈"，陈垣、陈寅恪先生。这样我才知道，还有陈垣、陈寅恪先生。

那么，南京大学有柳先生。柳先生不得了，这么大学问！柳先生十七岁考中秀才，以后就不参加科举考试了，上了三江师范学堂^③。那不是李瑞清创办的学校吗？李瑞清这人，我在江南大学就知道，他不是给无锡荣家写的字嘛！我还记得。梅园那个楠木厅，就有李瑞清题写的字："诵豳堂"。《诗经》里不是有《豳风》吗？这个在荣家老宅里。后来江南大学老师宿舍跟荣德生先生住一起的，那个大厅堂里也有李瑞清写的字。当时，我就知道李瑞清。

李瑞清是何许人？一到南大，我就清楚了。他是清朝光绪年间进士，

---

① 刘坤一（1830—1902），字岘庄，湖南新宁人，晚清军事家、政治家，湘军宿将。曾任两广总督、两江总督等，创建三江师范学堂。

② 柳诒徵（1880—1956），字翼谋，号劬堂，江苏省镇江人，历史学家、文学家、书法家，曾任中央大学教授、南京图书馆馆长，著有《中国文化史》《国史要义》等。

③ 三江师范学堂，创办于1902年，1906年改名为两江师范学堂（南京大学前身），中国近代最早的师范学校之一。

当过翰林庶吉士，后来外派，做过江苏修补道、江宁提学使。光绪末年，不是要搞新政、搞新式教育吗？清朝政府就派他到南京来，组织筹办新式高等学堂，出任两江师范学堂校长。他是南京大学第一任校长、创办人，当时叫监督。柳先生呢，就是三江师范学堂李瑞清先生的弟子，后来又到江阴缪荃孙①先生那里，到南菁书院②跟缪先生学。

缪荃孙先生也是光绪年间进士。他是江阴人，后来进了四川。那时候，正好张之洞在四川当学政③，他已经中举了，就去帮张之洞，他们一起编纂《书目答问》。有些人说，《书目答问》是他做的。柳先生既是李老先生的学生，又是缪老先生的学生，他还跟着缪先生到日本去考察了几个月。李瑞清学的是日本学制，调查回来以后建立了东南大学，两江师范学堂、三江师范学堂合并，成立了东南大学。李瑞清先生学问非常渊博，经学、小学什么都通。胡小石先生就是李瑞清先生弟子，他还精通书法、绘画，中国传统学问都很精通。

李瑞清后来为什么不当校长了呢？清朝末年，革命军兴，当时在南京的清朝官员都逃生了。他本来是理所当然地可以走的，可是他没走。清政府委托他代理江宁布政使④、学部侍郎，官居二品。这时革命军起来了，他不仅是大学的校长，还是南京的布政使。他就穿着整整齐齐的朝服，把大印放在桌子上，把账户什么都放在桌子上，他就坐着，等人家来杀他。他把东西交了，可没人理他。他也很怪，没人找我，我就走了，他就跑到上海去了，不剪辫子，自称为"清道人"。他是书法家，又叫清道人。后来他在上海，穷得没办法，家里人口多，他就卖字、卖画、卖文章。

---

① 缪荃孙（1844—1919），字筱珊，晚号艺风老人，江苏江阴人，藏书家、著名学者，京师图书馆（今国家图书馆前身）首任馆长，著有《艺风堂文集》等。
② 南菁书院，清代书院，在江苏江阴，光绪八年（1882）由江苏学政黄体芳所建。书院命名出于朱熹"南方之学，得其菁华"语。
③ 学政，全称"提督学政"，俗称"学台"，清代主管地方文化教育行政官员。
④ 布政使，官名，从二品，掌管一省的财政、民政。

柳诒徵先生是东南大学大学问家。东南大学西北角有棵六朝松[①]，从西南角出去是府前街，我经常从那个门进出。那地方有个梅庵，就是纪念李瑞清先生的。所以，南京大学受李瑞清先生的影响，这里涉及南京大学的历史传统。南京大学跟北京大学以及其他北方的大学有什么不同？南京有学衡派[②]，北方有新文化运动。刘永岳同学讲的这些，就让我心里很明白了。

确实，南方与北方学术传统不同。南方有学衡派，都是谁啊？南京吴宓、梅光迪、胡先骕他们。吴宓是美国留学生、"哈佛三杰"之一（还有陈寅恪、汤用彤），他与胡适一起去美国留学的。梅光迪跟胡适认识，成了朋友以后，在美国不断吵架，回来以后继续吵。还有胡先骕，是个生物学家，植物学家。他们创办《学衡》杂志，主张复古，反对新文化运动。南京是这么一个情况。可是，在北京，清华大学国学研究院是谁组织的？还是吴宓！吴宓请的"四位导师"[③]，是他组织起来的。这话怎么说？就是说，南方学术比较保守。像李瑞清，张勋复辟的时候，他老人家又犯了一个错误。他不是辫子没有剪吗？他又投靠张勋，拥护溥仪复辟，人家还赏他一个官衔，这个事不太光彩。

在南京大学，使我对中国历史学界以至整个学术界情况有了一个大致的了解。这是我在江南大学所不知道的。在南京大学，主要是刘永岳同学，由于他特殊的家庭出身，使我知道这些。他家跟陈宝箴的儿子陈三立[④]还有往来，就是陈寅恪先生的父亲。陈家当时也在南京，所以，他知道的东西

---

① 六朝松，位于南京市玄武区东南大学四牌楼校区西北角的一株桧柏，是1500多年前的六朝遗物，相传为梁武帝亲手所栽。

② 学衡派，是以《学衡》杂志为中心在思想文化界形成的一个文学复古、反对新文化运动的流派，代表人物为国立东南大学（现南京大学）的教授梅光迪、吴宓、胡先骕。

③ 四位导师，指梁启超、陈寅恪、王国维、赵元任。

④ 陈三立（1853—1937），字伯严，号散原，江西义宁（今修水）人，诗人，近代同光体诗派重要代表人物；历史学家陈寅恪、画家陈衡恪之父。其父陈宝箴（1831—1900），曾任湖南巡抚，支持戊戌变法。

很多。我从他那儿知道这些东西，这不是非常偶然的机会吗？所以，我作为南京大学的学生来说，这个收获，让我知道整个学术界的基本情况。蒋赞初[1]先生和梁白泉[2]先生都给我讲过，但是都没有他讲得清楚，因为只有他这样的人才能讲得清楚，他这样人的家庭背景。我觉得在南京大学半年，主要是我能够知道中国历史学界北边还有个"二陈"，南面还有个柳先生，他们有什么区别。

3. 因病休学

我在南京大学，后来为什么休学了一段时间？我有一个毛病，就是总失眠，从小睡觉就少。母亲说："没有一个孩子像你这样，不睡觉！"一般小孩子睡觉，昏昏的，睡得很多，我简直不睡觉，闹得人白天晚上没法休息。在南京读中学时，我也失眠。可是，到南京大学以后，失眠更严重了，心里很急躁，晚上总睡不着，直到天快亮时，才稍微睡着一会儿。

我发现一个新情况。新中国成立以后，跟成立前一个不大相同，就是南京大学里面，包括这个校园里边、宿舍里边，文昌桥宿舍，有一条河，有两座小桥，还有垂柳，也挺美的，就是大喇叭闹个不停。白天是唱着什么呢？《咱们工人有力量》《解放区的天是明朗的天》什么，这些革命歌曲。可是每天早上，那个大概是俄语系同学管的，就放一种音乐，我听着觉得很好听，它确实是很温和、很美，使你在睡意中还能睡着，忽然一下子，喇叭声大了，使你起来。声音一大，我就睡不着。后来，我说谁管这事？一打听，是俄语系同学。当时因为解放不久，都跟苏联学习，放的是柴可

---

[1] 蒋赞初（1927—　　），江苏宜兴人，南京大学教授，主要从事考古学与历史研究，著有《南京城的历史变迁》等。

[2] 梁白泉（1928—　　），重庆市合川区人，曾任南京博物院院长、研究员，江苏民俗学会会长等。

夫斯基的《睡美人》。我就跟那位同学说："这是怎么回事？前面是公主睡眠，有好多梦境，声音比较轻。"他说："白马王子来了，公主醒了，所以后面那个声音就大了啊！"我说："你这个白马王子一来，声音这么大，我睡不着啊！"因为总是失眠，我就决定休学。

六 辅仁大学

1. 向往援庵

我休学半年以后，心里想要是回到南京去接着读，如果还是睡眠不足，那怎么办？再说，柳老先生也见不到了，那么，不是还有"北陈"吗？所以，我就决定到北京，报考辅仁大学①。

我为什么报考辅仁大学？因为知道有陈垣先生。当时，我对辅仁情况不太了解，就知道陈垣先生在辅仁，像我考江南大学时就知道钱穆先生一样。我就知道辅仁是一所老学校，挺有名的。其实，往深一点说，我觉得人生开始不可能有一个伟大的目标，然后一步一步地去实现，根本不是这么回事，偶然性很多。我是一个偶然的机会到南京大学，要不然还在江南大学待着，也不会对学术界情况了解得这么清楚，使我的认识提高到一个新的境界。这是我始料未及的。

我来北京时，已经是 1950 年了。到了以后，发现辅仁大学跟南京大学

---

① 辅仁大学，直属罗马教廷教育部的天主教大学，由美国本笃会（Benedictine Order）于 1935 年创办，校址位于北京定阜街，1952 年因院系调整，大部分学科并入北京师范大学。

不同。南京大学规模很大，比北京大学还大，气势很大，国民党时期不是中央大学嘛！到辅仁以后，第一个感觉，这是像个"袖珍大学"。我到辅仁后，就知道陈垣先生是院士。辅仁大学还有位院士，余嘉锡[①]先生。辅仁大学还有一位张星烺[②]先生，他是研究中西交通史的一位前辈。他本来是学化学的，在美国、德国先后留过学，英文、德文、法文都很好。他留学回来，做化学工作不行，因为有肺病，就改学历史。他的父亲是历史地理学家，叫张相文，字蔚西。我到辅仁以后，忽然感觉环境真是变了。

我报考辅仁大学，本来是冲着陈垣先生来的。但是，我入学以后，知道陈老已经不讲课了。为什么不讲课呢？一是因为陈老是校长，行政事务多，那时他要配合中央政府对学校体制进行改革，跟教会做斗争，因为辅仁本来是天主教会办的。还有一个原因，虽然没有明说，我在南京大学没什么感觉，到北京开始感觉到，学生已经对中国传统的东西有所抵制。我讲这话是有根据的，可以拿出文献来证明的。

我到辅仁，还是插班生，还是三年级。我到辅仁前一年，比我高两班的，不就毕业了吗？要一直在这待着的话，我也该毕业了。有位同学也很积极的，他去世了，他曾经选过陈老的课。陈老的孙子陈智超先生整理的这个材料里面，还可以看出来。他学过这个。可是解放以后，有位先生很左，很积极，说陈老这东西是烦琐考证。我一看到这个，我就很尴尬，我听不了陈老的课。陈老的课讲到 1949 年，我 1950 年来的。所以，来了以后，我的一个感觉，就是怎么办？我再想办法打听。

---

① 余嘉锡（1884—1955），字季豫，号狷庵，祖籍湖南常德，出生于河南商丘，曾任辅仁大学教授、文学院院长，中央研究院院士，著有《四库提要辨证》《目录学发微》等。

② 张星烺（1889—1951），字亮尘，江苏省泗阳县人，毕业于美国哈佛大学化学系，曾任辅仁大学、北京师范大学教授，中国地理学会会长，著有《中西交通史料汇编》等。

2. 名师指点

辅仁大学校长是陈垣先生，历史系主任是张星烺先生，这都是名教授。后来张星烺先生身体不好，有高血压，病倒了，才六十出头。现在高血压不是个问题，可以吃药治。那时候，医疗条件不行，高血压不好治，唯一的就是服用利尿药。像那个疑古的钱玄同①先生，就是因为高血压死的，去世时才五十岁吧。张先生不仅有高血压，还有肺病，高血压很严重，他家有高血压遗传，后来就去世了。他的公子张至善②先生跟我很好。

张先生不能当系主任了，谁来继任？柴德赓③先生。柴德赓先生是我在南大时候不知道的。他是浙江诸暨人。柴德赓先生是陈垣先生的高足，他是北师大国文系毕业的。柴先生文章写得漂亮，字也写得很漂亮，古文做得很好。在北师大上学时，陈老在北师大做兼职导师，他做了好多学校兼职导师。他看了柴先生的一篇文章，说是这几个学生的文章都很好，但是以柴生为第一，就把柴先生的文章推荐给师大学报发表。后来，柴先生想到辅仁来工作。陈老说，你现在还不能直接到辅仁大学，你先到辅仁中学教国文，教几年以后你再回到系里。你先教大一国文，然后再教中国通史，严格训练，就是这样培养的。

柴德赓先生讲隋唐史课。我在江南大学听束世澂先生讲商周史，钱穆先生讲秦汉史，魏晋南北朝史是贺昌群先生讲的，现在由柴先生讲隋唐史，

---

① 钱玄同（1887—1939），字德潜，号疑古，浙江吴兴（今浙江湖州）人，新文化运动倡导者，曾任北京大学、北京师范大学教授，钱三强之父。

② 张至善（1926—2007），张星烺之子，曾任北京师范大学教授、无线电电子学系主任、现代化教育技术研究所所长。

③ 柴德赓（1908—1970），字青峰，浙江诸暨人，曾任辅仁大学、北京师范大学历史系教授、系主任，1955年调往江苏师范学院（苏州大学前身之一），著有《史学丛考》等。

正好接上。然后，我又听宋辽金史，是金毓黻①先生讲的。金先生是兼职教授，他是学界前辈，曾经当过中央大学历史系主任。金先生的课本来是教一年，结果他讲了一学期多一点，病倒了。我还到他家看望过他，从此老先生就没有再出来工作，不久就去世了。后来，这门课由漆侠②先生接着讲。

漆侠先生很有才，学问很好，对学生很好。漆先生后来跟我成了好朋友，他比我才大六岁。他在中国科学院近代史研究所工作。每逢周末，我经常到他那里去。在他屋里，他抽烟，我也会抽烟，把屋里弄得乌烟瘴气，我们就上下古今、天南地北地聊天。聊过以后，我再赶末班电车回学校。我们既是师生，也是好朋友。那时他刚到北京，我也刚到。

刘启戈先生讲西欧封建制度史。他的课，我仔细做了笔记。刘先生讲西欧封建制度史，还不是马克思主义的史学方法，讲封建社会土地制度。刘先生讲的是西欧分封制，这个封君、封臣。刘先生还写了一本世界史方面的专著。他是怎么到辅仁来的？是翦伯赞③先生推荐过来的。刘先生原来在上海，他翻译了海斯、穆恩、韦兰合著的《世界通史》④。这本书"文革"中间又重新翻译过，由林耀华先生等重新翻译过，翦伯赞先生写的序。刘启戈先生尤其对世界中世纪史很有研究，所以请刘先生讲这课。刘先生讲

---

① 金毓黻（1887—1962），又名毓绂，号静庵，辽宁辽阳人，曾任东北大学、中央大学、北京大学教授，中国科学院历史研究所第三所研究员，著有《中国史学史》《宋辽金史》等。

② 漆侠（1923—2001），山东省巨野县人，曾任教于辅仁大学、中国科学院近代史研究所，后任河北大学教授、历史研究所所长，兼任中国宋史研究会会长，著有《宋代经济史》等。

③ 翦伯赞（1898—1968），维吾尔族，湖南常德桃源县人，曾任北京大学教授、副校长，著作有《历史哲学教程》《中国史纲》等。

④《世界通史》，由三位美国历史学家所写的世界历史名著，作者海斯（C. J. Hayes）为美国哥伦比亚大学历史学教授，穆恩（P. T. Moon）为哥伦比亚大学国际关系讲座主讲教授，韦兰（J. W. Wayland）为弗吉尼亚州麦迪逊学院历史与社会学教授。

这个世界史，新中国成立前就以为是新的了，可是 1949 年以后，一看就是典型的"西欧中心论"，认为东方殖民地人是"白种人的负担"（Burden of the Whites）。刘先生翻译这本书，还做了很多注。可是，这本书在"文革"中遭到批判，刘先生不幸含冤去世。我曾经借过这本书，我看过，现在还在我们学校的某位先生手里，他说是刘先生送给他的。刘先生家里有很多书，我还记得他家里有《大英百科全书》。刘先生对西方历史了解很多，可他并不是历史学出身。

还有一位陈正飞先生。陈先生是进步教授，他讲恩格斯的《家庭、私有制和国家的起源》。这本书最初是谁翻译的？我记得是一位有名的翻译家，留学苏联的，名字一时想不起来，他是根据俄文翻译的。陈先生是拿英文本看，说里面翻译错了，让我们改错。这课没有怎么听。但是，我也从陈先生那里学到，看经典著作，还是要看原文。这是很有名的一位翻译家，张仲实[①]翻译的。我从陈先生那里，别的没学到，就得到这个。

陆和九[②]先生教金石学。他不叫金石学，叫考古学，实际上是金石学。陆和九先生还是一位书法家，写魏碑。他跟陈老年纪差不多大。他给我们讲课时，自己画图，画一些文物。他给我们发讲义，还让我们写字给他看。陆先生已经老了，戴一个风帽，实际上帽子上全是油。他是蒙古族，他的祖父是陆建瀛，做过江苏巡抚、两江总督，太平天国攻下南京城时被杀的。他在书法上给我指点，我到现在还用着。我到辅仁时，已经解放了，经常搞政治宣传，搞一些话剧，要写这个舞台布景。我还能写点字，要搞展览的话，开头要写的一个序言啊什么，要用毛笔写，用大楷写那个对联，在朱红纸上写。柴先生对我说："刘家和，你字写得好。"当时听了，我说：

---

① 张仲实（1903—1987），原名张安人，笔名任远、实甫，陕西陇县人，曾翻译许多马列著作，且多为精品，得到毛泽东的高度赞扬。
② 陆和九（1883—1958），本名开钧，以字行，别署墨盦，湖北沔阳（今湖北仙桃）人，曾任辅仁大学教授。祖父陆建瀛（1792—1853），清代曾任两江总督。

"我不行。"这当然是客气的。陆和九先生就对我们说："你们想写字吗，想写字吗？"就是老年人经常有的那个样子，"有谁想写的，拿一张来，我给你们看看。"

我们班上有几个想写字的，都写了，我也恭恭敬敬写了一张交上去。陆先生没有批评别人，专门批评了我。他说："刘家和，你的字花拳绣腿，学了几下招式，要重练！"陆先生对我这个评价，我真没有想到。不过，我听了以后，没有反感。我下来去问。我说："陆先生，应当怎么练？"他说："你这个字，写的都是宋人以下的字啊！你晋唐小楷的字都没有。"他说："你真想学吗？"我说："真想学。"他说："你真想学的话，学魏碑啊，隶书啊！接下去，你要这么写。"他教我写魏碑。这个，就凑巧在哪儿？写魏碑的大家，李瑞清啊！我的字后来有些魏碑味道，就是陆先生教的。柴先生是鼓励后学，陆先生是要让后学清醒。所以，我从这个时候开始知道，做学问要从根子做起。你根子不实，就像写字一样，写得再漂亮，也是没有用的。

我在辅仁大学，学的大概主要就是这几门课。四年级上学期，我们就参加土改去了。土改回来，不久就毕业了。本来是要写一篇毕业论文的，后来也没有写。我是1952年毕业的。

2019年，与夫人金德华在北师大北校（原辅仁大学）

3. 柴德赓师

我在辅仁，从柴德赓先生那里受益良多，我对柴先生十分怀念。包括对陈垣先生的了解，主要也是通过柴先生那里学来了。柴先生讲隋唐史，板书非常漂亮。他在黑板上大段大段地抄写，引用《资治通鉴》中的历史资料。我看得如醉如痴，柴先生的板书太漂亮了！听柴先生这课，有一次，他布置作业，《资治通鉴》不是编年体吗？隋文帝的年号不是开皇[①]吗？一共九年。我们有九位同学，柴先生说："你们各分一年，分头写。"

我到辅仁时，考试成绩很好，柴先生发现了我。这个我补充说一下。我记得到辅仁时，考试的题目是什么？第一个，汉宣帝讲："汉家自有制度，本以霸王道杂之，奈何纯任德教，用周政乎？"[②]问题是你对这个话怎么理解，有何评论？就看你懂这个意思没有。第二个题目很绝，问你看过范文澜[③]同志的《中国通史简编》没有。谈谈你的读后感。我就洋洋洒洒地写了一篇，把范老书中的观点讲了，他怎么样批评。可是，我觉得范老可能对中国传统文化有点过于否定了。后来，范老改编的时候，真的把这点改了。柴先生看到我写的这些，可能印象比较深。还考了一个外国史的题目，大概是美国怎么起来，世界怎么发生变化。我就讲美西战争[④]，美国从西班牙手里夺了菲律宾以后呢，发生了什么变化。他们可能觉得我很不错。

所以，柴先生布置作业的时候说："刘家和，你做开皇九年。"怎么做开皇九年？你不仅要看《资治通鉴》，还要对《南史》《北史》《隋书》《陈书》

[①] 开皇（581—600），隋文帝杨坚年号，历时20年。

[②] 语出《汉书·元帝纪》。

[③] 范文澜（1893—1969），字芸台，浙江绍兴人，曾任中国科学院中国近代史研究所所长、中国史学会副会长，主编《中国通史简编》，著有《中国近代史》（上册）等。

[④] 美西战争，1898年美国为了夺取西班牙在美洲和亚洲的殖民地古巴、波多黎各和菲律宾而发动的战争，结果美国获胜，获得关岛和波多黎各，西班牙把菲律宾卖给美国，古巴独立。

这些有一个比较全面的了解。开皇九年（589），隋灭陈，统一中国。柴先生告诉我这个方法，我当时也发现一些问题，具体记不住了，就是要核对史料。

除了听课以外，我还经常跟柴先生聊天。我在辅仁，跟两位先生聊得比较多。一位是漆侠先生，我们亦师亦友，他既是我的老师，也是我朋友；另一位是柴先生。有时我晚上到柴先生家里去，柴先生跟我讲了好多东西，使我受益良多。例如，他讲历史的考证，讲诗文，讲掌故。他讲诗，我也喜欢，因为他讲的我还能懂。2008 年，我们学校纪念柴先生一百岁诞辰，我还写了一首《鹧鸪天》词：

> 忆昔师门问学时，
> 屡闻考史复言诗。
> 闲时漫语连掌故，
> 兴到挥毫走龙蛇。

> 流年改，南北离，
> 侍从朝夕不堪期。
> 高材硕学人难企，
> 每念先生总心仪。

意思是说，想起过去在师门问学的时候，我们经常在一起。1955 年，柴先生调走了，调往江苏师范学院（苏州大学前身）。我送他到车站去。我每次想到柴先生，心里充满敬意，就是"心仪"。我写的是实际情况。

从柴先生那里，我还知道了陈老做学问的一些路径。他告诉我，要读《书目答问》，陈老说的，还要看《四库提要》（《四库全书总目提要》）。你除了看作者的这一本书，还要看写过其他什么书没有，以及整个他的学术环境。这个在《四库提要》中有，《书目答问》里面也有。《书目答问》正文里没有，后面有《姓名略》（《国朝著述诸家姓名略》）。我觉得，这些对我来说都非常重要。

当时，很多东西都是柴先生给我指点的。我再回头一看，《书目答问补正》是谁写的？范希曾[1]写的。范希曾是谁？范希曾是柳诒徵先生的弟子，柳先生又是李瑞清先生的弟子。范希曾是东南大学中文系毕业后，就到柳老先生的国学图书馆[2]工作，写了《书目答问补正》。那时候跟他在一起还有谁？缪凤林。缪先生跟范希曾是同学。

后来，我就说这个事又奇怪了，回过头来一看，我到辅仁以后，反而感觉这地方是柳老先生的学问。在南大我还不知道，到辅仁以后，我看的是柳老先生弟子写的书。我细读了《书目答问》，主要是对提高眼界有好处。我在江南大学时，钱先生教我看梁任公先生的《中国近三百年学术史》，我知道清代的学术概况。那还不行，那是粗线条的，我只知道一些重要书籍而已。我不是讲过，我在南方已经看过吕思勉先生的《经子解题》，这些对我都有用。

可是，读过《书目答问》以后，这个情况就变了。今天我们讲历史学科与其他学科关系，在《书目答问》里看得清清楚楚。史学是什么？史学跟其他学科有什么关系？《书目答问》里，地理类在哪？地理类在历史里面。合理吗？不合理。它告诉你一个关系，史学怎么研究？《书目答问》中讲："由小学入经学者，其经学可信；由经学入史学者，其史学可信；由经学、史学入理学者，其理学可信；以经学、史学兼词章者，其词章有用；以经学、小学兼经济者，其经济成就远大。"这样，我就知道由小学至经学、史学这条路。我以前从钱先生那里，知道清代学术史很重要，搞先秦必须了解清代学术史。

---

[1] 范希曾（1899—1930），字耒研，号隲露，江苏淮阴（今淮安市）清河区人，著有《书目答问补正》。

[2] 国学图书馆，即江苏省立国学图书馆（1927—1937），今南京图书馆前身。

4. 考据初阶

这时，我就开始注意经学。我看的是什么呢？阮元[①]的《经籍籑诂》。过去我听冯振先生讲，知道段玉裁与王念孙他们的学术基本情况。我读了《书目答问》，清代学术大致就清楚了。张之洞的《书目答问》与《四库提要》[②]不同在什么地方？《四库提要》是乾隆五十七年（1792）编的，《书目答问》是光绪元年（1875）开始写的。张之洞于同治十三年（1874）到四川当学政，到光绪元年，学生问他怎么读书。张之洞说，读书不能没有老师。怎么办？我就着手编《书目答问》，告诉他们，老师就在这里面。他开一个作者名单给你。

我知道《经籍籑诂》以后，有什么意义？我看《说文》。《说文》有多少家注呢？光知道段、王是不够的，文字学、音韵学都是这个吗？当时，段玉裁的《说文》，那时候，后面有一个表，当时给《说文》作补充。还有一本重要的经书，就是《尔雅》这个系统，《尔雅》《小尔雅》什么，还有《广雅》等，这些都有过哪些注。我一看《书目答问》，知道《经籍籑诂》。我把《经籍籑诂》拿出来一看，现在我不是说么，蒋祖怡的《故训汇纂》有些步阮元《经籍籑诂》后尘，我就知道文字学、音韵学这个大致的体系了。

《尔雅》跟《说文》最大的不同是什么？《说文》是从字形、字源上讲，"六书"是怎么来的？讲的是象形、指示、形声、会意、转注、假借，这些是怎么来的。《尔雅》不是。《尔雅》从《释诂》开始，《释诂》《释言》《释

---

① 阮元（1764—1849），字伯元，号芸台，晚号怡性老人，江苏仪征人，进士，著名学者，曾任湖广总督、两广总督等，历乾隆、嘉庆、道光三朝，被尊为"三朝阁老、九省疆臣、一代文宗"。

②《四库提要》，全称《四库全书总目提要》，中国古代最大的官修图书目录，由永瑢、纪昀等负责编纂，自乾隆三十八年（1773）开始编修，至乾隆五十四年（1789）定稿。全书共 200 卷，著录图书 3401 种，79309 卷，存目 6793 部，93551 卷。

训》，一共十九个门类。它讲同一个字在不同地域与上下文是不同的意思。康熙的"熙"是什么意思？"熙"至少有两个意思：一是光明，另外一个是兴旺。这个问题就是，《尔雅》这个词在不同的语境里有不同的解释，这样才能用活了。用现在术语讲，那个《说文》，我讲的不一定正确，是语义学①（Semantics）。《尔雅》实际上涉及现在看起来一个新名词，叫语用学②（Pragmatics），它是结合语境（context）来讲的。

我知道这些以后，就想研究经学，这对我今后的学术研究有很大影响，知道目录学非常重要。就是读其书，必知其人；读其书，必知其学术界。陈垣先生是在目录学上下过大功夫的。他从读《书目答问》开始，然后读《四库全书总目提要》。那个文津阁《四库全书》从承德避暑山庄运到京师图书馆以后，他当时在教育部做次长（副部长），兼任京师图书馆馆长，这个都经过他的策划，他见的书就多了。陈老认为，重要的是要知道有哪些书，这些书有什么特点。通过这个，我也知道《经籍籑诂》这书有什么重要价值。

还有一本书，我觉得也有重要参考价值，就是朱彝尊③的《经义考》。朱彝尊是浙江嘉兴人，康熙年间参加过《明史》修撰。他是一位经学家、数学家、文学家，还是第一流的词人，是个天才。《经义考》考证历代经义，是经学目录中集大成之作。柴先生告诉我，陈老总说，这本书应该看。譬如说《易经》，历朝历代都有哪些注？一般的目录学书，《四库提要》也好，《书目答问》也好，都是综合别人的注，自己不再注了。过去书目，一般有两种：一种是"藏书家目录"，一种是"读书家目录"。学习目录学，就

---

① 语义学（Semantics），涉及语言学、逻辑学、计算机科学等多个学科，研究对象为自然语言的意义，包括词、短语（词组）、句子、篇章等不同级别的语言单位。

② 语用学（Pragmatics），语言学、哲学和心理学的一个分支学科，是语言学各分支中一个以语言意义为研究对象的新兴学科领域，是专门研究语言的理解和使用的学问。

③ 朱彝尊（1629—1709），字锡鬯，号竹垞，浙江秀水（今浙江省嘉兴市）人，参加《明史》编纂，清代词人、学者、藏书家，著有《经义考》等。

要了解这个"读书家目录"，就是读其书必知其人，其人其事，了解其学术传承。掌握这些东西，才能说真正掌握了书的内容。《经义考》是什么情况呢？如果原书没有了，只要有留下来的序跋，前人书目中有的东西，他就把它们集中在一起，做辑佚和汇编的工作，这可以让你了解学术源流。

对我来说，读这些书最直接的用处是什么呢？这个对我的用处太大了。不管读中国书、外国书，首先看序。如果序以外还有引论的话，不仅看序，还看引论，然后再看书的内容。可是，中国人就这个办法，过去的传统与现在不一样。太史公司马迁写《史记》时，写到最后才是《太史公自序》，《序》是放在后面的。班固的《汉书》，把这个当下的事也写在后面。以前《序》在后面。他为什么要这么写呢？你看一本书的时候，好比你没有摸清门牌号，你就不知道你要去的地方在哪个胡同、哪条大街。你读这本书，知道有那么些人在你前面曾经看过，要知道这个背景，这样看书才有效率。像朱彝尊的这样，谁做过这个呢？宋代郑樵[①]做过。可是，郑樵没有像朱彝尊这样，把前人的序整理出来。朱彝尊对每一个书目，从作者、书名、卷数、序跋到诸儒论说，都弄了出来，有的地方他还加了按语。有的书没有了，可是序在，他就整理出来。这个非常有用。

我通过读经学，学习目录学，知道从语言学、文字、音韵、训诂入手，知道前人都做过什么研究，了解学术发展源流，知道看书要先看序，这样大大提高了我的阅读能力和效率。

我讲这些，现在大家可能怕做这样的事情，很多人都不爱做，可是"磨刀不误砍柴工"啊！这个看起来是辛苦一点，实际上能提高效率。我觉得，读中文书是如此，读外文书何尝不是如此！做学问没有什么捷径，只有通过目录学这个方法。

---

① 郑樵（1104—1162），字渔仲，兴化军莆田（今福建莆田）人，学者称"夹漈先生"，南宋历史学家、校雠学家，著有《通志》等。

陈垣先生，还有启功先生，他们都讲掌故。我刚到辅仁大学，觉得它像个袖珍大学似的。可是，恰恰是这个学校让我知道了许多原来在南大所不知道的事情。在南大时，说实话，我对柳老先生不是十分了解，包括胡小石先生。胡小石先生也是历史学家，搞古文字、语言文字。他的大名叫胡光炜，后来台湾周法高主编、香港中文大学 1975 年出版的《金文诂林》里面有他好多东西，很不简单！只有在那样的环境下，才能出那样的人。我觉得陈垣先生、柴德赓先生，像我这样子的人，假如我一个人慢慢走到这个史学舞台上来，是因为有他们这样的老师，他们是大气磅礴的人。可是，我没有能够很好地继承他们的学术传统，没有取得那么大的成就。

柴先生写过一篇文章，《鲒埼亭集谢三宾考》。清代学者全祖望[①]的学术都在《鲒埼亭集》里。陈老很注意这个书，处处都是学问，柴先生也得跟着走。柴先生跟陈老走得近，结果这就是我就远了。柴先生写《鲒埼亭集》里《谢三宾考》，实际上是多大的领悟和功夫！全祖望的学术传承从哪儿来？来自黄宗羲[②]和万斯同[③]。黄梨洲写《明儒学案》，《宋元学案》开了个头，没有完成，全谢山就把《宋元学案》完成了，比《明儒学案》做得还好。陈老注意到，要研究历史学，必须重视浙东史学[④]。陈老做的其实就是浙东史学，进行微观研究。还有浙西史学，谁呢？钱大昕[⑤]。这位先生实

---

① 全祖望（1705—1755），字绍衣，号谢山，浙江鄞县（今宁波市鄞州区）人，清代浙东学派重要代表人物，历史学家、文学家，撰有《鲒埼亭集》等。

② 黄宗羲（1610—1695），字太冲，别号梨洲老人，浙江余姚人，学者称"梨洲先生"，明末清初经学家、史学家、思想家，著有《明儒学案》《明夷待访录》等。

③ 万斯同（1638—1702），字季野，号石园，浙江鄞县（今宁波市鄞州区）人，清初史学家，《明史》主要作者之一。

④ 浙东史学，中国古代一个重要的史学学术派别，兴盛于明清时期，因学派学人多出自或活动于今绍兴、宁波地区，学派得此名，代表人物有黄宗羲、万斯同、章学诚、全祖望、邵晋涵等。

⑤ 钱大昕（1728—1804），字晓征，号辛楣，自署竹汀居士，江苏嘉定（今属上海）人，清代史学家、汉学家，著有《十驾斋养心录》等。

在是太渊博了，他不仅研究小学、音韵、文字、训诂、蒙古史，甚至天文、历法、数学都精啊！陈老的学术，既继承全谢山，又继承钱竹汀。全谢山虽然是清朝人，但对南明遗民和反清人士都很有感情。

柴先生写了《谢三宾考》一文。谢三宾是个汉奸，但不是大汉奸，不是个大官，没有多大势力，他不像钱谦益[①]，就是个小人物。他反过清，又投过清，反反复复。柴先生写的实际上是一篇考证文章，可是颇见功底。他写了这篇文章以后，就升教授了，他用的材料太丰富了。不过，这篇文章后来挨过批评。其实，柴先生心里有话说不出来。后来他遇到我这么一个学生，想听他说，就跟我说了。他说完以后，柴师母出来了，就叫停了，怕话说多了，说漏了嘴，再去受批评。

在辅仁大学，我从柴先生那里学到很多东西，又通过他知道陈老的学术方法，使我的眼界扩大了。像陈老、柴先生，还有像南大胡小石先生，他们都非常了不起，大气磅礴。我们年轻人来讲，好比是老虎吃天，没地方下爪。所以说，没有辅仁模式，我不知道学术道路走哪个路、怎么进去。在辅仁这两年，我感觉收获很大。

5. 理论钻研

在辅仁学习时，中国社会包括学术界都经历了一个很大的变化，在学术界掀起了学习马克思主义的一个热潮。我当然也不例外。那时，我一边学习中国传统学术，一边拼命学习马克思主义理论，辩证唯物主义和历史唯物主义。解放前，我就从进步同学那里借来过，读过沈志远翻译的《辩证唯物论和历史唯物论》。这本书很厚，我硬是把它啃下来了，觉得仍不过瘾。我觉得，还是应当看马克思主义经典作家的著作。

[①] 钱谦益（1582—1664），字受之，号牧斋，苏州常熟人，明末东林党领袖之一，官至礼部侍郎。清入关后，一度依附南明弘光政权，后降清，任礼部侍郎。

我在南京大学读书时，不是休学了一段时间吗？那时候还不懂吃安眠药，在家里找中医大夫，给我开药，天天熬中药，吃完睡觉。可是我也没有闲着，我就开始学苏联的《联共（布）党史》①。《联共（布）党史》可以说是苏联百科全书似的，当时是这么提的。我特别注意其中的四章二节，这不是斯大林的著作嘛！可是仍然感觉，我不能学了四章二节就满足。我要对马克思主义有一个全面系统的认识。学习《联共党史》，说实话，我觉得学的体会不大，我的理论还有欠缺，虽说斯大林文笔很好，逻辑性很强。

我学马克思主义理论时，我还一边学逻辑。当年我听牟宗三先生讲理则学时，我就学过逻辑。可是光学这点，以后不复习，早忘了。我就想，学习马克思主义，需要一个逻辑工具。我有一本书，《逻辑基本》②。这个书还在，是美国的一本教科书，殷海光翻译的。殷海光当时叫殷福生，他翻译这本书的时候才十七岁。所以殷海光后来到台湾，很自负的。我把这个书也复习一遍，通过半年休学，当时还看病呢。

我为什么这一时期看这本书，就是为能够学马克思主义打好基础。因为要学黑格尔，学逻辑的话，也是为这个做一个准备。当时，我还读恩格斯的《家庭、私有制和国家的起源》。从辩证法来看，总想再往深里学一学。所以，到陈正飞先生讲这个《家庭、私有制和国家的起源》的时候，是张仲实先生翻译的那个英文本，张先生译的译本比他要糙一点，怎么说呢？我们当时学的时候没有英文译本，后来我读《家庭、私有制和国家的起源》，读的是一个英文本，我自己一字一句去分析，从前我讲过。然后，我再读俄文本，一字一句自己去分析，对着英文，然后读德文本，一字一

---

① 《联共党史》，即《联共（布）党史简明教程》（*Краткий курс истории ВКП(б)*），由联共（布）中央特设委员会编著、经联共（布）中央审定的联共（布）党史正式课本，出版于1938年，此后不断再版，1956年苏共二十大后不再重印。

② 《逻辑基本》（*The Fundamentals of Logic*），作者为美国学者查浦曼（F. Chapman）和罕勒（P. Henle），殷福生译，1937年正中书局出版。殷福生，即殷海光（1919—1969），湖北省黄冈市团风县人，曾任金陵大学、台湾大学教授。

句分析这个英文本。我花了半年时间读这个。

同时，我还学习什么呢？那时，我想给《老子》作注。可是，我就注不下去。我以前讲过，王弼注《老子》时才二十岁，他怎么能做到？那时候，我已二十多了，我怎么就做不到呢！为什么这样？第一个，没法跟王弼的水平比。第二个，当时没有别人做这个（注《老子》），现在已经有很多人做了。所以，我到辅仁以后，一看到讲这个《家庭、私有制和国家的起源》，我没有跟着这位陈先生，我还是看张仲实翻译的这个版本。列宁曾经说：这是一本最值得学的马克思主义经典著作。我也看过恩格斯写的书，马克思的《资本论》什么。

我读了《家庭、私有制和国家的起源》之后，读第一遍。我到辅仁的时候，我真正第一次读是在这个时候。我读《家庭、私有制和国家的起源》，尤其是最后一章"野蛮与文明"，恩格斯自己想清楚了。他说，我写这个书的时候，实际上在某种程度上，实现的是马克思的遗言。我是贯彻马克思《资本论》的基本精神。我在辅仁时候读这个。对陈先生来讲，他对英文可能不太了解，我手里有英文原著，可是看中文本，你还是能看出来的。以后，我自己对着看。为什么我要对着看？除掉因为不理解，还有其他老师，我以后会讲。

那个时候，我觉得什么呢？我一定要借到马克思、恩格斯的原著。《家庭、私有制和国家的起源》，我前面读了。当时，读到第九章的时候，就是马克思整个的历史唯物主义观点，从野蛮到文明，怎么发展过来的。我觉得这个，就比刘毓璜先生讲社会发展史的时候要深得多。所以，在辅仁的时候，我已经看过《联共（布）党史》四章二节，辩证唯物主义，历史唯物主义。我就学《家庭、私有制和国家的起源》。以后，到开始教书的时候，瞿林东先生还讲，一听我讲世界古代史，就讲《家庭、私有制和国家的起源》。我认为，搞中国古代史，你先得从《家庭、私有制和国家的起源》开始。我认为这是真理，到现在我还这么认为，可能有些东西时代过了要考虑，但是，基本上还是真理。

　　然后，我就开始读《共产党宣言》。《共产党宣言》像诗一样美。过去学逻辑，读中国古书，与这个完全不同。你看《共产党宣言》中说："无产者在这个革命中失去的只是锁链"，那个逻辑，怎么推断出来的？马克思、恩格斯写这本书的时候，一个二十八岁，一个三十岁，这么年轻！我觉得读这本书，它能够满足我学习辩证法的一个"瘾"。通过严密的逻辑论证，使到我感觉到资本主义的确是不行的。

　　马克思、恩格斯在《共产党宣言》中讲什么呢？"资产阶级在历史上起过一个非常革命的作用"，这句话使我震动！我感到，马克思、恩格斯是反对资本主义的，可是他们对资产阶级、资本主义的历史作用是那么肯定，对资产阶级在历史上的积极作用是充分肯定的。然后，他们说，资本主义由于怎么样的内部矛盾，资产阶级要发展，它就不能没有剥削对象，得有人给它劳动。这个剥削对象，就是工人，就是无产阶级。你看这个逻辑！资产阶级要发展，就要剥削无产阶级；无产阶级就是它天生的赖以生存的对立面，结果就是它培养了自己的接班人，就成为资产阶级的掘墓人。

　　我读了以后，感到很震撼啊！我才仿佛重新体会到了我听唐君毅先生讲黑格尔辩证法的那种震撼！黑格尔对斯宾诺莎来说是否定之否定，马克思、恩格斯对黑格尔来说又是否定之否定。我读了《共产党宣言》《家庭、私有制和国家的起源》以后，触动很大，这就是历史的必然性。资产阶级不要等别人来打倒它，本来没有人能打倒它，它也是打倒别人起来的，它在历史上起过非常革命的作用，在短期内创造出来的生产力比以前几千年的还要多。可是，马克思、恩格斯看得多清楚啊，资产阶级恰恰培养了自己的掘墓人。你越发展，把这个墓坑刨得越深。多深刻啊！

　　《共产党宣言》最后一句的翻译，我可以讲一下。我从前给中共中央编译局写的信，后来我没有给。最后一句："在这场资产阶级、无产阶级最后的革命中，无产阶级没有任何可以损失的，而赢得的却是一个世界。"原文是这个意思。马克思、恩格斯是为了生动起见，无产阶级在资产革命中没有什么损失的，要受损失的话，除掉无产阶级在这次革命中，除掉手脚上的锁链镣铐以外，没什么能够损失的。可是，现在我们说，无产阶级在这次革命中所丧失的只能是一副锁链，而得到了世界。错了吗？没错，没错。可是，这要从严格的逻辑意义上讲，马克思、恩格斯的论证，就是严格的逻辑的论证，无产阶级为什么在这次革命中没有可以损失的？无产阶级一无所有，它能损失什么啊！所以，这个话要是有意见，要对中共中央编译局提还是可以的。应该是这样，无产阶级在这次革命中没有任何可以损失的（除掉一副锁链），而所赢得的是整个世界。这就是逻辑啊！无产阶级为什么没有损失的？它一无所有，有什么损失的？那么，有损失的话，就损失一副锁链。是不是这样？

我感觉到这些问题，光读《共产党宣言》是不够的。但是，读后使你感觉到精神振奋。我要没有学习这个部分，没有学马克思主义的话，我就会往小学、经学、史学，往那个路上走的，就会萎靡下来了。所以，我对当时否定这些东西（指小学、经学）一些看法，我也能理解。不过，我觉得这样的东西是不能被忘记的，马克思主义不是也在批判传统的中间前进的嘛，你能把它忘掉吗？我就是讲这个人生，我这样一个思想发展历程。我有两种倾向：一种微观，一种宏观；一种是中国传统的，一种是马克思主义理论。但是，我还不知道怎么样把它们连接起来，怎么样具体贯彻，还不知道。到工作以后，就面临怎么贯彻的问题了，也是一个张力，不断地挑战。

七　北京师大

1. 助教初期

1952 年夏天，我大学毕业了。这时，正是国家高等教育体制和教育政策经历一个大的变革时期。[1] 我个人是渺小的，可是通过我个人的经历也可以反映那个时代的社会变革，算是管中窥豹吧。

我毕业于辅仁大学，可是分配工作时，就分配到院系调整后的北京师范大学历史系。辅仁大学和北京师范大学历史系合并了，另外还有来自其他学校的一些老师，包括北京大学和其他学校的老师，他们调整到北师大历史系来。

年轻时的刘家和

这样，新成立的北师大历史系主要由师大、辅仁和其他学校调来的老师组成。院系调整是为了适应新中国教育文化事业大发展的形势进行的。我留

---

[1] 1952 年 6 月至 9 月，我国政府大规模调整全国高等学校院系设置，全国理、工科教授约有四分之三被调离本校，把民国时期效仿英式、美式构建的高校体系改造成效仿苏联式的高校体系，从而奠定了新中国高等教育系统的基本格局。

下来的工作是做什么？很明确，当助教。一个大学生留下来当助教，这是很自然的。

从前，不是每位教授讲课都有助教，因为学生本来就不多，许多教授讲课没有助教，都是自己回答问题。当然，也有特殊情况，像在江南大学，钱穆先生就有助教，平常学生提问题，不问钱先生，去问他的助教。钱先生就让助教来收我的笔记，不是他自己来找我。一般系里的助教是要坐办公室的。系办公室当时不管教务，不管财务，学生的行政工作、教务注册登记工作都是教务处管；交费都是在总务处。系里不管这些，系办公室有一位助教，就是作为系里与教授之间联系人，或者系主任有什么事，让他负责联系。实际上，助教是系主任的助手，他可以在办公室看书。江南大学系主任、系办公室，连个助教都没有。南京大学有一位助教，也是不教课的。

北师大历史系留下我们当助教，不是我一个人，那次留下三个人。其他两位是师大毕业的，我是辅仁毕业的。他们的工作分配，就不是坐办公室了，一位是中国近代史，一位是中国现代史，我是世界史，不同的教学方向。此前一年，辅仁进了一位世界史助教，所以世界史方面辅仁有两位助教，师大还有一位世界史方面助教。这样，现在师大助教队伍就跟从前不一样了，世界史助教有三人。那时候，世界史是一个教研组。那两位助教，一位世界近代史，一位世界现代史，我是世界古代中世纪史。中国史也有三位助教，中国古代史、中国近代史、中国现代史各一名。从这个布局看来，每一位教授都有助教，而这个助教将来就是要接替教授的，要学会这门课，为中国培养新的师资力量。

我做世界中世纪史助教，教授是李飞生先生。李先生是美国留学生，当时五十四岁，比我整整大三十岁，我还不满二十四岁。李先生人很好，处事很和平，对晚辈很好。当时，他在我们系里就是年纪最大的先生啦！

因为其他老先生病了，像王桐龄[1]先生病倒了，以前在系里他是年龄最大的。我给李先生做助教，辅导二年级学生。因为一年级教世界古代史，二年级教世界中世纪史，三年级教世界近代史，四年级教世界现代史，教学计划是这样的。这是照搬苏联的办法，不像从前，通史只教一年，不是这样了。这个课内容比较多。

我承担助教工作以后，感觉压力很大。忽然由学生就变为老师了，觉得肩上担子很重，也很紧张。为什么紧张？我辅导的二年级同学，有一部分是辅仁来的，这都是我的学弟、学妹，因为我四年级是和他们一起进来的。至于师大这部分同学，比我大两岁、三岁到四岁都有，恐怕有七八位。因为过去上师范大学，不仅免费，吃饭都不要钱。但是，有一个条件，就是要上师范大学，必须从中等师范毕业以后，至少要当过三年小学老师，再来考大学。你想，他工作三年以后再来，不就比我大好些了吗？面对这些年龄比我大的学生，我该怎么办？我得给自己定位。我名义上老师，可是还不是真正的老师，我的职务是助教。助教是什么？助教是教授和同学之间联系的纽带。

我就跟着同学们一起听课，并注意收集同学们提出的意见，我能解答的则解答，不能解答的再去问教授。我认识到这点，压力就可以减轻一些。我对每一个同学，都不可以摆出老师的架子。我想到唐君毅先生。唐先生是大教授，可是对待学生那么平等。我一个小小的助教，有什么资格骄傲？所以，我从成为老师的时候起，就以唐先生为榜样，我同大家是平等地讨论问题。我用这种方法跟比我年长一些的同学相处，我们谈得很好。只要我能采取这样的态度，我这个助教就化解了压力，而且跟同学关系处得很好。全班四十多个人，我一个个都记得，到现在大多数人还保持着友谊。

另一方面，我毕竟还有老师的一份职责。我应该怎么办？我想到孔子

---

[1] 王桐龄（1878—1953），号峄山，河北任丘人，毕业于日本东京帝国大学，曾任北京师范大学教授，是我国第一个在国外攻读史学而正式毕业的学人。

的一句话："温故而知新，可以为师矣。"①我就觉得，应该把我过去所学的东西回忆起来。我在江南大学听过谢兆熊先生讲西洋通史，在辅仁大学听过刘启戈先生讲西欧封建制度史，我就复习这些。这还不够，我还要在此基础上前进。怎么前进？我比同学们有一个优势，就是同学们要学多门课，我现在是这门课的助教，我可以把主要精力放在这门课上。

听李先生讲课以前，我先预习，回忆过去学的东西，同时找别的书看。我有一个基本的历史框架，清楚年代、地理状况，所以我听课时，就比同学有优势，就是我事先有预习。所以，我听李先生讲课时，我很快能听出一个大体框架来，同时思考问题。听过以后，我要知道这堂课讲的大纲是什么，里面有什么值得注意的问题。当年钱先生讲课，他的大纲就非常清楚。我就用钱先生的讲课方法，来思考这个大纲，然后看里面有什么问题。我觉得这个方法比较有效。

同时，我还向李先生请教，应该看什么参考书。李先生给我推荐一本英文书，詹姆斯·哈威·鲁滨逊②的《欧洲通史》。这个书出版比较早，初版于1916年。到师大以后，当时我们在资料室办公。资料室里的书，就从学校图书馆把所有关于世界史方面的书都调到这里，我们几个助教在这里看书，很方便，要的书基本上都有。

李先生讲的这本书还有一个中译本，何炳松③先生翻译的，由商务印书馆出版。何先生跟陈寅恪先生同龄，比陈垣先生小十岁，清末民国初年从浙江出去的，他是金华人。何炳松先生的《欧洲中古史》，我一看，这不

---

① 语出《论语·为政》。
② 鲁滨逊（James Harvey Robinson，1863—1936），美国哥伦比亚大学教授，20世纪初美国"新史学派"的奠基人和倡导者。《欧洲通史》（*A General History of Europe*）由鲁滨逊与另一位历史学家伯里斯坦德（James Henry Breasted，1865—1935）合著，后者擅长于古代埃及与西亚史研究。
③ 何炳松（1890—1946），字柏丞，浙江金华人，曾任北京大学教授、国立暨南大学校长等，曾被誉为"中国新史学派的领袖"，著有《新史学》《历史研究法》等。

就是鲁滨逊的《欧洲通史》吗？这是我们中国人写的外国史。实际上，谢兆熊先生讲西洋通史，就是讲欧洲通史。过去中国人研究外国史、世界史，好多就是拿外国人的书作参考，翻译成中文。这是当时世界史研究领域的实际状况。何炳松先生在北大当教授，早期好多北大教授都是他的学生，朱希祖①先生当系主任时请他来的。何先生学贯中西，研究浙东史学，搞中西比较。以何先生这样的情况，搞外国史，也还是拿鲁滨逊的书来讲课，这是当时中国世界史研究的一个实际情况。

那么，鲁滨逊何许人也？读其书，还要知其人。鲁滨逊是做新史学的，他是美国 19 世纪末到 20 世纪初很有盛名的一位历史学家，提倡新史学。这个书也是何先生翻译成中文的。这个书我看了，但是没看到英文的。我一看，这个新史学，梁任公先生也讲新史学，也是从这儿得到启发，总归是一代人。这个新史学，除了史学以外，它还强调社会科学、历史科学，包括人类学、地理学、文献学等多个学科。这是对的。可是，它为什么叫新史学？它是针对兰克②史学说的。德国兰克史学，不是欧洲史学基本上以政治、经济、外交为历史主要内容吗？在南京大学时，我听蒋孟引先生讲英国史，蒋先生用的英国史教材，就是格林（John Richard Green）的《英国人民简史》，就是讲政治、经济、社会等内容，19 世纪史学一定有这些内容。那么，鲁滨逊就把这当作问题提出来，认为历史学应该包括其他学科。可是，我觉得这对中国史学来讲，不是什么新鲜事物。中国《二十四史》都有"志"啊！《史记》有"八书"，《汉书》有"十志"，都是专门史，还有什么《游侠列传》《货殖列传》等，是不是？中国史学不存在这种歧视，

---

① 朱希祖（1879—1944），字逖先，浙江海盐人，毕业于日本早稻田大学，曾任北京大学、清华大学、辅仁大学、中央大学等校教授，著有《南明之国本与政权》等。

② 兰克（Leopold von Ranke，1795—1886），德国历史学家，被称为 19 世纪德国和西方最著名的历史学家，用科学态度和科学方法研究历史的兰克学派创始人，近代客观主义历史学派之父。

这是从中国传统学术上讲。

　　还有这个所谓的新史学，在当时已经不是新史学了。真正的新史学是什么？是马克思主义史学，要学习马克思主义，要学习苏联。所以，我们国家面临的史学发展方向，一个是西方人搞的外国史学研究，解放前叫西洋史；一个是解放后向苏联学习，叫世界史。我们讲的世界史，其实是西洋史，西欧中心论。刘启戈先生翻译的《世界通史》，美国哥伦比亚大学海斯、穆恩、韦兰合著的，那里讲到被殖民国家历史，可是它加了个题目，"白种人的负担"。殖民地人民是他们的负担，不是他们的剥削对象，不是他们的榨取对象，反而成了白人身上的一个包袱。所以，这样的新史学中国人难以接受，完全是一种民族歧视、从殖民地的立场来看，何况这时我们学习苏联，学习马克思主义史学理论。

　　我刚进辅仁大学时，我们学的世界史都是西洋史，欧洲中心论。李先生因为在美国接受教育，所以讲新史学，这个新史学，其实已经是旧的了。意识到这种情况，我作为一个年轻人来说，感到压力很大，要学的东西太多了！我应当怎么办？在这种情况下，我就努力学习。那时，苏联出版了两卷本《马恩文选》①，现在《马克思恩格斯选集》是四卷，从前是两卷，里面包括《共产党宣言》《家庭、私有制和国家的起源》《哥达纲领批判》等，马克思主义基本著作都有。我就努力学习。昨天晚上，我还把《马恩文选》拿出来看了看，后面目录有恩格斯的一些信。你不看这个，怎么能够跟上时代呢？

　　我当助教的第一学期紧张地过去了。可是，这学期快结束时，事情就要来了。当时北师大历史系在和平门外大街男附中第一附小教世界近代史的老先生病了。怎么办？师大跟附中是一体的，不能让师大历史系教授去支援，得让我们助教去支援。我们教研室有三位助教，一位最年长，他说

---

①《马恩文选》，即《马克思恩格斯选集》。

事太多，就不好麻烦了。一位是吴世俄先生，他去教一个班。他是北大毕业的，已经教过多年中学，到辅仁大学当助教来了，比我当助教早一点。他教一个班，然后让我教两个班。我心里想，怎么让我教两个班？吴老师说："家和，教两个班好。你没教过中学，我教过中学。教两个班，你讲第一遍时，其实讲第二班时已经准备好了。讲第二遍还有个好处，可以回忆一下，巩固一下。"我觉得，他讲的很有道理。

于是，我就准备讲世界近代史。这就更可怜了，我就先找几本中文参考书来看。可是，有个难处，因为在中学历史教科书中，基本史实都已有了，你讲什么？要是没有教科书，像李飞生先生讲的，他连史实、基本过程都讲了，比如蛮族[①]入侵等。学生有教科书，基本史实已经有了，你再讲什么？这个真考人。最简单的一个办法，就是加点材料，补充一点材料，讲得生动一点。有意思的是，听我讲课的学生中，有李飞生先生的儿子，他也在班里听我的课。那么，我觉得，我必须对这段历史的理解，要比他们理解得深刻。他们看不到的地方，我要能讲出来。他们看到这一史实，不足以理出一条线索来，我可以理出一条线索来，非常清楚地把它理出来。这还是钱先生的办法。

其实，这个办法重要极了。在叙述事实过程中，实际上是拖泥带水。在学生有教科书的情况下，你讲课的时候可以加点故事，添点楔子[②]，学生爱听。这个办法是简单的，表示你比学生知道得多。但是，你的真本领是什么？你在叙述时，你要拉出一条线来，这个学生一般不易做到。你要能提高他们认识的能力，实际比的是读书能力和理解能力。我要把这个传给学生，同时也能提高自己的阅读能力。我就把钱先生的教学方法学过来，

---

① 蛮族（Barbarian），罗马帝国时期对周边部落和民族的称呼，主要指北方的日耳曼人（包括哥特人、汪达尔人、伦巴德人、撒克逊人、阿拉曼人、法兰克人）、凯尔特人、斯拉夫人和高卢人，东方的波斯人和帕提亚人，东南部的阿拉伯人等。

② 楔子，本是一种简单的机械工具，引申为戏曲、小说的引子。

不断地实践。

这段时间，我坐公交上下班，经常碰到白寿彝①先生。我在车上一般会看一点英文的《共产党宣言》。有时候只有一个座位，我就把座位让给他；有时我们都有座，那时候车上人少。白先生跟我讲："家和，你今后怎样考虑？"他看到我有中国史的底子。我说："白先生，我现在这样的情况，不知道哪天能去做中国史。"他说："不，家和，这样好啊！你教的课越多越好。"我说："白先生，您这不是嘲笑我吗？"他说："我说的是事实。抗日战争期间，我到后方去，我家里人口多，孩子多，还有老人，怎么活？就是兼课，不管什么课，都得去。这样一来，你的知识面就会很宽，不要怕这个。"我说："好吧。"他说："你注意要通，这时候不能专，你要扩大知识面，要通。"

我又想到，江南大学毕业以后，实际上我是在"由博返约"，在博的方面还要扩展。何炳松先生讲鲁滨逊提出的新史学，也强调要学多方面的知识，需要多学科的知识。我正好在江南大学听过很多课，这个符合新史学。史学是一个交叉学科，哪一门学科都得学。所谓新史学，各方面都要懂，要懂经济学、懂社会学，还要懂政治、文化什么。我处在这样的环境下，就努力拓展自己的知识面。

转眼就到了第二学期，我还是一边做助教，一边教中学历史。一开始，还有一个月脱产，不会俄文的老师，要突击学习俄文。就一个月时间，用最简单的方法学习俄文。老师问大家，有没有英文基础？大概大家都有点英文基础。老师说，有英文基础好，能讲外语。

老师先讲俄语语法。讲完语法，就要背单词，就是循环记忆法②，死记

---

① 白寿彝（1909—2000），回族，河南开封人，曾任中央大学、北京师范大学教授，主编《中国通史纲要》《中国通史》等，《光明日报》创办人之一。

② 循环记忆法，这种记忆理论认为，信息输入大脑后，遗忘也就随之开始了。遗忘率随时间的流逝而先快后慢，特别是在刚刚识记的短时间里遗忘最快。根据这一理论，对所学知识应及时复习。

硬背，一天要求背一百个单词，很快就增加到要求背两百个单词，就这么背。我的天哪！要求一个月以后，能查词典读《联共（布）党史》中的辩证唯物主义和历史唯物主义，是第四章第二节。这样，我又面临南京大学时的失眠情况，非常严重，把我给逼的！怎么背呢？有些比我年纪大的先生，他们还是追求进步的先生，也去学俄文了，学得患了高血压。那时候，四五十岁的老师就算老先生了，四十多岁的先生去学，得了高血压，学了半截就下来了，高血压病患了。

这个俄文单词怎么背啊？我们俄文字母还不熟呢，怎么背啊？有一个词 воскресенье，这词怎么背？不好记，于是就说"袜子搁在鞋里"，根据这个读音。（воскресенье）其实是"星期天"。后来，我发现很多人记住了这个（воскресенье），可能忘了是"星期天"。我为了这个，改了个办法，就学词根，专门买了一本俄文词根书。我有一个学生，他夫人是教俄文的，我们商量了一下，一分析，воскресенье，就是什么？就是"起来"（复活）的意思。спаси грешного（这个俄文的意思是"拯救罪人"）就是英文的 Cross，十字架。Cross 不是十字架吗？（俄文的十字架叫 крест，спаси 是"拯救"之意。）十字架，就叫 Crucifixion。那十字架不是星期天吗？那么，这是动名词。

所以，这不是符合语言的规律来学习。这个成果可想而知。后来，我就靠吃安眠药维持睡眠，每天也就能睡两三个小时。我本来英文不行，还要加强英文，这时候又要学俄文，俄文还要复习。李雅书[①]先生也参加学习俄文。李雅书先生在美国学过一点俄文。我那个小本子，她也借去背了。那时候，学习俄文成风了。

第二学期还有一件事情，就是到学期中间，李飞生先生病了。李先生

---

① 李雅书（1921—2007），毕业于燕京大学，后赴美国，获哥伦比亚大学硕士学位，并攻读博士学位，1951年回国，历任辅仁大学、北京师范大学历史讲师、副教授和教授。

的儿子还小，李先生老伴身体也不好，我这个当助教的就得去帮助照料。那时没有出租车，李先生上医院坐三轮车，我骑自行车。我帮助老先生去挂号、取药，跟着把他送回家。老先生给我讲了很多，我非常理解他。他出国时，最初不是学历史的，这时我才知道。好多人出国留学后，原来不是学历史的，像学政治学、社会学这些，回来才从事历史教学研究。而李飞生先生是高手，他出国留学时，坐轮船，遇到精益眼镜公司派出去留学的一位配镜的光学专家，那人对他说："李先生，我就是捕鱼的，fishing。"李先生说："当时凡是能够出国留学，学过一点外文，回来就能教外国史。"哪知道，李先生很好的一个人，就得病了。病了以后，最初还能上课，后来课上不了，就由我这个助教去讲课。

我就代替李先生去讲课。这时候，已经讲到中世纪晚期了，宗教改革[①]李先生已讲完了，轮到我讲德国农民战争[②]。德国农民战争，恩格斯有一本《德国农民战争》。我看经典著作，看得很快。我把《德国农民战争》这书仔细地读了，我记得当时用钢笔在稿纸上记了好多笔记，我还保留了好多年，我就把自己看《德国农民战争》的体会写了出来，我给同学们讲。最后，同学们反映，还可以。因为我看了这个以后，我也知道中世纪向近代过渡时，德国为什么会爆发农民战争。农民战争失败了，恩格斯讲，农民战争失败以后，德国更惨了，分裂了。德国到1871年普法战争[③]以后，普

---

① 宗教改革（Reformation），开始于欧洲16世纪基督教自上而下的宗教改革运动，奠定了新教基础，瓦解了从罗马帝国颁布基督教为国家国教以后由天主教会所主导的政教体系，代表人物包括马丁·路德、约翰·加尔文等。

② 德国农民战争，1524年至1525年爆发于德语南部地区（包括德国南部、奥地利和瑞士）大部分地区的一次大规模农民起义，发表了《十二条款》和《帝国改革纲领》等，起义领袖为托马斯·闵采尔（Thomas Münzer，1489—1525）。

③ 普法战争（Franco-Prussian War），是普鲁士王国为了统一德国，并与法兰西第二帝国争夺欧洲大陆霸权而爆发的战争，战争是由法国发动，最后以普鲁士大获全胜，建立德意志帝国而告终。

鲁士打败法国以后才统一的。我总算把这门课给对付下来了。

我这短短的一年时间，看起来却过得很漫长，它逼着我不断地学习。因为你看到新史学，已经是旧的，要学新的。我的英文还不够，存在两个问题，一个是词汇不够，语法也不精，英文有待提高，而且俄文还要学习。我要面对那么多头绪，最后竟然还要我上课。这是我非常艰难的一年，这一年中间就是让我从助教变成教师，让我上课。可是，到最后出考题的时候，我还是请教了一下老师。我说："李先生，我出的题目，您先过目。"他同意了，我就考了。最后，作文我评了一下，李先生最后定夺。李先生因身体原因，从此就没有再来上课。另外，教师大附中的那位先生后来病好了，可是课我已经讲完了。

2. 世界古史

我在北师大工作第一年，学校是在和平门，第二年就搬到定阜街辅仁大学原址来了，辅仁院就在恭王府 [①] 的前面。这是 1953 年，我的专业也改了，不再是中世纪史了，改为世界古代史，教授是罗志甫 [②] 先生。

罗先生是留学法国的，勤工俭学的留法学生，他在法国待了八年。他在法国中学上了好几年法文课，也不是专门学历史的。他是教授。这时，李雅书先生本来在第一年是给朱庆勇先生一起教世界近代史，现在也把她调到古代史组来了。同时，外边又来了一位新助教，姓吴，叫吴柔曼。这样，世界古代史有一位教授、一位讲师和两位助教。李雅书先生是美国哥伦比亚大学历史学硕士，正在读博士，还没有毕业，新中国成立，她就回

---

① 恭王府，曾为和珅、爱新觉罗·永璘宅邸，1851 年恭亲王奕訢成为宅子主人，恭王府的名称由此得来，位于北京市西城区柳荫街。

② 罗志甫（1898—1988），广东省兴宁县人，就读于北京大学哲学系，后赴法国勤工俭学，回国后任中山大学、厦门大学、北京师范大学等校教授。

国了。她是讲师。姓吴的助教比我年纪大，是一位女同志。这样，我就又搞古代史。我心里想，我刚摸到一点底，第二年就改了。

我在世界古代史组工作了两年，1953年到1955年。这段时间我的工作，第一是辅导；第二是试讲；第三是参加编写讲义。我一搞古代史，我又发现，我们名义上讲是世界古代史，实际上罗先生用的是法国的一本中学教科书。那时我一点法文也不会，只知道这是不是法文。当时有个中文本，叫作《西洋古代史》，编者是曹绍濂[①]，是商务印书馆出的。曹绍濂是留学法国的，专业是政治学。我买了一本，拿回来一看，就是伯里斯坦德（James Henry Breasted）的 *The Ancient Times*[②] 这书，实际上就是编译本。我是在旧书摊买的。所以，我就尽可能找 *The Ancient Times* 原书。曹先生是武汉大学政治系教授，他是业余编的这书。

这时候，学习苏联的要求比第一年又紧了。我得赶快学俄文，突击学习俄文。这两年，我俄文学得有进步，英文有进步。还有一项工作，就是到政教系去教世界通史。这对我也有一定好处，使我对世界古代史、中世纪史，包括在附中教的世界近代史，都有一次复习机会，我能够同时拉出一个线索来。没有通史的线索是不行的。我和另外一位助教吴老师给罗先生当助教。吴老师是来自浙江的中学老师。罗先生很欣赏她，跟我关系也很好。吴老师讲话很生动，到北京来编写教材，后来就调到师大来了。原来世界史是三位助教，她来了，就有四位了。做助教是干什么？还要试讲，由领导安排，一般要讲两次。我记得我试讲的内容，是东方讲一次，希腊讲一次。这两年都是这样，我讲义也这么写。

我曾经写过讲义，这个当然要有教授来改。我发现，教世界古代史比

---

① 曹绍濂（1904—1999），湖南衡阳人，早年赴法国留学，就读于巴黎大学，获博士学位，曾任武汉大学教授。

② *The Ancient Times*，此书副标题为 *A History of the Early World: An Introduction to the Study of Ancient History and the Career of Early Man*。

教近代史、中世纪史有一个很便利的条件，也是我非常愿意的，因为这个就是希腊文化。我对希腊哲学感兴趣，过去学过西方哲学，对哲学有兴趣，我就把先秦诸子与希腊哲学联系起来。我也知道，学习马克思主义理论，先得搞清楚社会经济问题，要知道当今学术主流是什么，主要是政治史。所以，这两年中，我实际上一边做这个，一边就准备好，就准备研究希腊。为什么？希腊不仅是因为其哲学引起我的兴趣，希腊的历史著作也非常丰富啊！我能看到好多原始资料，虽然不是看原文，但是至少可以看英文，我能看到希罗多德①、修昔底德②、色诺芬③他们的书，在通史里面都能看到。

后来，我感到研究希腊，我不能读原文，但是英文我能读。我就慢慢地聚焦到两本书上。第一本是伯里④（John Bagnell Bury）写的《希腊史》。伯里是英国著名历史学家，他不仅研究古代史，还是《剑桥近代史》的主编。他的书我现在家里有。第二本是伯里斯坦德写的 The Ancient Times，作者是美国芝加哥大学的历史学家，是位埃及学专家。埃及史是很重要的。他有一个部头很大的《埃及史》，我来不及看。他还整理出版了一套埃及史料，共有五本，前面四本是翻译成英文的埃及史料，最后一本是索引。我为什么要了解这本书，就是假使搞埃及史，他的书必须要看。

我就读伯里的《希腊史》，我不是在大学时，知道读书首先得读序言吗？我就读伯里的《希腊史》第二版，1935 年出版的。因为第一版时，克

---

① 希罗多德（Herodotus，约前 480 —前 425），古希腊作家、历史学家，他把旅行所见所闻以及波斯帝国历史记录下来，著成《历史》（The Histories）一书，被尊称为西方"历史之父"。

② 修昔底德（Thucydides，约前 460—前 400/396），雅典人，古希腊历史学家、文学家、将军，著有《伯罗奔尼撒战争史》，因提出"使战争不可避免的真正原因是雅典势力的日益增长由此引起斯巴达人的恐惧"而被概括为"修昔底德陷阱"。

③ 色诺芬（Xenophon，约前 440—前 355），雅典人，历史学家，苏格拉底弟子，著有《长征记》《希腊史》等。

④ 伯里（John Bagnell Bury，1861—1927），爱尔兰历史学家，拜占庭文化研究者和文献学家，著有《希腊史》。

里特、迈锡尼文化①还没有发现。接着，我就读伯里斯坦德的 *The Ancient Times*。他在书里有一个详细的参考书，伯里的参考书更详细了，带有考证性的。我知道进一步该看什么，就是乔治·格罗特②（George Grote）的《希腊史》，这书卷帙浩繁，共计十二本。我慢慢地开始意识到，我研究希腊史，想进一步，就要把希腊文化跟中国文化进行比较，先秦诸子与希腊哲学进行比较研究。这个意识我逐渐就形成了。

在这个过程中，我先得研究经济问题，就是社会性质问题。希腊社会性质问题，主要是什么问题？当时争执的一个问题，就是黑劳士制度③。郭沫若先生不是也在研究这样的东西吗？郭沫若先生说，他托过社科院的汪敬虞④先生给他查资料。我心里想，这还要查一查材料，那我也来做这个研究吧。所以，这个题目我已经想好了，也做了一些卡片。我一边要忙于写讲义，一边读伯里、格罗特的《希腊史》，这个材料就足够了。同时，我还看林志纯⑤先生翻译的苏联大学、师范学院教科书，当时还是油印本。林先生翻译了不少，教育部油印发给大家。这已经是第二年（1954）了。

1953 年，罗志甫先生用苏联中学教科书，就是米舒林的《古代世界史》⑥

---

① 克里特文明和迈锡尼文化，指公元前三千年至前二千年分布于爱琴海地区的青铜时代文化。19 世纪七八十年代，德国考古学家谢里曼在《荷马史诗》等传说的启示下，成功地发掘小亚细亚西北部古城特洛伊及南希腊（伯罗奔尼撒半岛）迈锡尼、太林斯等遗迹，使长期湮没的爱琴文化再现于世。

② 乔治·格罗特（George Grote，1794—1871），生于英国肯特郡，历史学家、银行家，著有《希腊史》，曾任伦敦大学副校长。

③ 黑劳士制度（Helotry system），古希腊斯巴达人在对外扩张过程中实行的一种奴役被征服者的制度，大约形成于公元前 8 世纪后期。当时，斯巴达人征服拉科尼亚南部海岸的黑劳士城，使其居民沦为奴隶，这些奴隶就因地名而称黑劳士。

④ 汪敬虞（1917—2012），又名汪馥荪，湖北蕲春人，曾任中国社会科学院研究员。

⑤ 林志纯（1910—2007），福建省福州市人，笔名日知，曾任上海大夏大学（华东师范大学前身）、东北师范大学教授，创建中国世界古代史研究会，我国世界古典文明史研究的开拓者，著有《世界上古史纲》等。

⑥《古代世界史》，苏联科学院历史研究所主编，米舒林（А. В. Мишулин）教授编辑。

教材讲课。开始是用法国的，后来要学苏联，所以用这个。罗先生是进步教授啊，学习马克思主义很努力。罗先生按照米舒林的《古代世界史》来讲，这书是王易今先生翻译的。王先生译的几本书，都是苏联中学教科书。罗先生基本按照这个来讲，这本书很生动，主要是讲希腊、罗马，没有中国，也没有埃及和两河流域。书里希腊神话讲得很丰富。可是这个书，那时我刚学了一点俄文，我看到里面有几个问题。书上说，斯巴达人为什么那么勇敢，战士那么能打仗？因为斯巴达的社会风气，就是母亲送儿子上战场、妻子送丈夫上战场时，把盾牌交到儿子手里时，要说些鼓励的话。翻译成中文是什么呢？"拿住它，或者丢掉它。"这是什么意思？我一看，肯定有错，这样的翻译错误不少。不能说，我把盾牌交给你，你拿住它，或者扔掉它。后来，我看了俄文书以后才知道，这个盾牌英文叫 Shield，俄文里叫 щит，意思是："拿住它，或者你拿它回来，或者你躺在上面。"就是如果你阵亡了，尸体放在盾牌上，被抬回来。我自学俄文，还有一点长进。

经过这两年教学和研究，我就逐渐地把世界古代史的大纲理清楚了，而且知道怎样找原始资料。这靠什么？还是孔子讲的："温故而知新。"我把研究中国史的方法拿过来，怎么找目录？用的是目录学的方法。所以，别人读伯里的《希腊史》，读格罗特的《希腊史》，都是在看史事，我在看史料。而且，我更注重他对历史材料怎么处理、怎么运用。我把研究中国史的方法推进到希腊史研究中。

那时候，我上下班，经常跟白寿彝先生在公交车上碰面。闲谈中，他发现我对古书比较熟悉，可能比外国史还强。白先生非常敏锐，他讲的书我基本都知道。白先生很鼓励年轻人，这点我不能忘记，他让我抽时间写点论文。我因为对清代的经学感兴趣，正在读顾炎武①的《日知录》，我就

---

① 顾炎武（1613—1682），南直隶昆山（今江苏昆山）人，因故居旁有亭林湖，学者尊为亭林先生，明末清初杰出的思想家、经学家，与黄宗羲、王夫之并称"三大儒"，著有《日知录》《天下郡国利病书》等。

考虑写这方面的文章。可是，从哪儿入手呢？当时，社会上正在批判胡适，胡适是从不推崇顾亭林的，他是经验主义，胡适学的是美国杜威①的实用主义哲学，他的这个底蕴，不就是经验主义嘛！于是，我就考虑从这个角度去探讨。

我觉得，顾亭林的经验主义有唯物主义性质，虽然不是历史唯物主义，但是有唯物主义性质，而经验主义、实用主义是唯心主义的。所以，我就讲，顾亭林的经验主义跟胡适所宣扬的实用主义不是一回事，有唯物和唯心之别。这个就是凭我过去学的一点哲学基础，知道经验主义有唯物主义性质，而实用主义是唯心主义的，像英国培根②的经验主义有唯物主义倾向，而贝克莱③是唯心主义。这篇文章讲的核心问题，就是批判胡适的实用主义。但是，你得拿出具体例子，所以我就从《日知录》中寻找相关材料，一条一条地理出来。

我的文章写好以后，我请白先生指正。白先生看了以后，他是好意，觉得年轻人写的文章，可以推荐发表。他跟我讲："家和，你修改一下，我给你推荐到《历史研究》发表。"我当时也想，而且白先生非常郑重其事地，把我的稿子送给侯外庐④先生看。侯先生提了几条意见，我保留了很久，现在连稿子都没有了。侯先生提的意见，就是说这个题目做得是对的，不过有点小题大做。侯先生的意思，可能认为胡适这个错误并不大，可我

---

① 杜威（John Dewey，1859—1952），美国哲学家、教育家、心理学家，实用主义的集大成者，历任密歇根大学、芝加哥大学、哥伦比亚大学教授。

② 培根（Francis Bacon，1561—1626），英国哲学家、散文家，实验科学、近代归纳法创始人，著作有《新工具》等。

③ 贝克莱（George Berkeley，1685—1753），出生于爱尔兰，英国哲学家，近代经验主义重要代表之一，开创了主观唯心主义，著作有《视觉新论》《人类知识原理》等。

④ 侯外庐（1903—1987），山西省平遥县人，曾任北京师范大学、北京大学教授，西北大学校长，中国社会科学院历史研究所所长等，翻译《资本论》，著有《中国思想史纲》等。

写了一万多字的大文章。另外呢，也可能是我理论上还不太成熟。当然，我是刚毕业的大学生，怎么可能成熟呢，而且有些东西可能需要再思考一下。侯先生没看出别的来。可是，没想到，我为这事还挨了批评，人家说你一个搞世界史的，怎么搞起中国史来了？你的专业思想不稳固。我毕业以后，分到世界史教研室工作，不是还到书店买过"四书""五经"嘛。这是1952年，我还没上班呢！我当然知道我要搞世界史，可是因为这个，碰了一鼻子灰。

后来，我就到东北师大学习去了，已经把这个事给忘了。我这篇文章的油印本，原来在白先生那里，可是不知怎么，陈垣老先生看到了。我是1955年到东北的，大概是1956年春天，陈老让刘乃和[①]先生给我写信。信中说，陈校长很夸你，觉得对你不错。这当然是肯定的，可能是我的材料做得还可以吧。但是，《日知录》中有一条"心学"，最后引用的是黄东发[②]的《黄氏日抄》，里面有问题。他是每天读书以后就写一点，最后是"愚按，心不待传也"。我一看，这不是唯心主义，又是什么？心学是讲唯心的，所谓"人心惟危，道心惟微，惟精惟一，允执厥中"[③]。我引用这条材料时，就当作是顾亭林讲的，认为这个"愚按"是顾亭林的，他反对心学。这是文章中最主要的一个证据。陈老说，这条五百二十几个字，还是黄东发的话，"愚按"不是顾炎武的。可是，这个错误不是你的，你是跟着黄汝成[④]的《日知录集释》错误下来的。黄汝成在清道光年间做这个《集释》时，参考过

很多书，是他把"愚按"在这里断了一下，别人就以为这是顾亭林的了。

我看了这封信以后，也没有回信，暑假回来也没有去看陈老。后来，刘乃和先生见到我说："刘家和，你这个人太傲慢了！陈老让我给你写信，你不回信，回来也不去看他。"我说："陈老那么高龄，工作那么忙，我怎么敢随便去找他？"当时，我觉得自己跟陈老学问还差得太远，他又是校长，哪敢轻易去打扰他老人家？其实，这是我的一个重大错误，后来真的有点懊悔。所以，我后来写了一篇文章检讨这个事情。这个事情，今天说起来，我仍感到后悔。他老人家当时那么忙，还抽时间指导像我这样的年轻人，我真是非常感激！直到今天，陈老让刘乃和先生给我写的信，我还保留着。

八 东北师大

1. 长春进修

我搞了两年世界古代史，基本上把这个大的线索摸清楚了，主要环节摸清楚了。我觉得，钱先生传给我这个，这是最根本的。你必须要了解历史的通体，必须心里头对这个有全局的把握，就是心中有数。你不能是"铁路警察"，也不是派出所的"片警"，你要在各个方面有个一般的了解。所以，新史学，鲁滨逊讲的东西，我始终没有完全做到。但是，你看《史记》就是有各方面知识，你哪一点行，哪一点觉得不行，这个我知道了。我不可能各方面都成为专家，不能够成为"铁路警察"，也不能成为派出所的"片警"。但是，要不要专下去？要专下去。这个就是张力。这时，还有一些政治运动。1955年，肃反运动来了。罗志甫先生、刘启戈先生都遭到批判，后来平反了。

这时，苏联专家来了。本来苏联世界古代史方面专家是派到北京师范大学来的，后来去了东北师大。我还跟为苏联专家当翻译的请教过俄文。我也学习苏联教材，林志纯先生到北师大来做讲座，我这才知道林先生。实际上，我心里知道，我要研究黑劳士问题，研究斯巴达。我有一个大体提纲，做了一些卡片，大概有几百张。后来说要在东北师大搞一个研修班，我就通过考试，到东北师大去了。

东北师大世界古代史教师进修班学员与苏联专家格拉德舍夫斯基、林志纯先生合影（后站立者左
11、左9；前排左6：刘家和）

　　这个苏联专家研修班的情况，我在这里说一下。北师大的三位俄文
翻译都到了东北，跟我很熟，三位名字我都还记得，有一位还在世。到东
北以后，主讲是苏联专家。他们来了两位专家，一位是世界古代史专家
阿·尼·格拉德舍夫斯基（А. Н. Гладышевский）先生；还有一位是亚洲史
研究专家，本来也是准备到北京的，叫瓦·巴·柯切托夫（В. П. Кочетов），
他大概是苏联的一位讲师。格拉德舍夫斯基可能是副教授，他是西伯利亚
师范学院（新西伯利亚国立师范大学）的历史系主任。他来中国后，就成
了东北师范大学校长成仿吾①先生顾问，也很忙。他讲课用俄语，可是他先
把讲稿打好了，让三位翻译。还有一位俄语教授张正元先生。我讲东北师
大，不能不讲张正元先生。他高度近视，一辈子教俄文，俄文很好，帮他
们审稿。

_____

① 成仿吾（1897—1984），原名成灏，笔名石厚生，湖南省新化县人，创建文学团体
　 "创造社"，曾任东北师范大学校长兼党委书记，著有《战火中的大学》等。

其实，要说专家，首先是林志纯先生。可是，如果从当时名分上讲，他是苏联专家的辅导教师。实际情况不是这样。因为我们不能够用俄语同苏联专家交流，我试着跟他们谈过，试着用英语交流，可是他跟我说，你如果不会俄语的话，可以用德语，我会德语。这下子把我逼的，我哪会德语啊！所以，我在东北师大下决心，学了德语。林先生很厉害，他解放前就学了俄文和英文，还学过德文。林先生听说不行，翻译的俄文书蛮好的。林先生在外文上应该说是个天才。实际上真正跟学生交流的，能用语言直接交流的是林先生，他对我们学习抓得很紧。

2. 张正元师

到东北师大以后，学什么呢？苏联专家讲的是世界古代史，这是最主要的。他要求我们把这些东西都背下来。第二个，是学俄文。俄文开班前，先进行考试，根据考试成绩分班，分高级班、初级班。因为我学过一点，我分到了高级班，就是加深提高班。俄文老师是张正元先生。张先生讲经典著作，讲一年。实际上，张先生讲的是两个。第一，1955 年，苏联还没有开二十大，所以学习《联共（布）党史》第四章第二节。这个，我学过一点。听张先生讲，那就完全是两回事了。更了不起的是什么呢？张先生讲《共产党宣言》，听他讲了以后，要比你自己看中译本《共产党宣言》透彻得多。他这个文法分析、语法分析、语气分析，那精密度高极了！此前我不是说过，我在读《马恩选集》里有《共产党宣言》嘛！那时候，我就看过一遍英文的。这时候，我就把英文的跟俄文的对着看，我觉得更享受。我觉得，听了张先生讲俄文版《共产党宣言》以后，让我对英文的《共产党宣言》理解更加深了。俄文有个特点是什么呢？因为它的语法关系，英文的语法词序很重要，俄文的语法词序不重要，它因为有格在变。

我举一个典型的例子。苏联专家讲课，讲到马克思引用柯瓦列夫斯基①公社土地占有制的文章，马克思引用柯瓦列夫斯基的观点，就像恩格斯《家庭、私有制和国家的起源》引用摩尔根②《古代社会》一样。那么，专家讲义里面讲是马克思引用柯瓦列夫斯基。可是，我们的翻译怎么翻呢？柯瓦列夫斯基引用马克思。我当时就听出来了，错了，因为我有这个常识。在我们的翻译看来，俄文柯瓦列夫斯基在前面，马克思在后面，中间是引用，按照词序，是柯瓦列夫斯基引用马克思。可是，俄文的格的规定跟动词特点，就是把柯瓦列夫斯基放在前面，被引用的放在前面，马克思放在动词的后面。它出于两个原因，一个就是词序的问题；第二个可能是他们想，难道马克思还能引用别人？当然是别人引用马克思。

当时，学生不止我一个，有好多人也能听懂一点。后来翻译跟我们讲，专家说了，他们说的是对的。我把《共产党宣言》的英文本、德文本跟俄文本对照着读，这些书现在还在，上面我都用不同颜色的笔标注，现在就是纸发黄了，看不清楚了，我都是一字一句对照着读，作语法分析。

我从张正元先生那里学到的，就是不仅要学语言，还要学方法。我才知道一种语言跟另一种语言比较起来学，它有多大的意义。等以后我再学德文、俄文时，我又遇到一位好先生，就是张天麟③先生，以后我会讲到。这两位张先生使我终生难忘。张正元先生高度近视，极其和善。东北很冷，他总穿着一身黑布衣服和裤子，看起来哪像个教授啊！我那时抓紧时间学俄文，比较努力，因为要写论文，可能还要看俄文材料，就基本能看书了。

---

① 柯瓦列夫斯基（Maxim Maximovic Kovalevsky，1851—1916），一译科瓦列夫斯基，犹太人，俄国历史学家、社会学家，政治活动家，与马克思相识，对马克思主义持反对态度，著有《公社土地占有制及其解体的原因、进程和结果》等。
② 摩尔根（Lewis Henry Morgan，1818—1881），美国民族学家、人类学家，所著《易洛魁联盟》是世界上最早的印第安人民族学著作，所著《古代社会》于1877年出版。
③ 张天麟（1907—1984），山东济南市人，1933年至1936年在北京大学哲学系、德语系学习，后去德国留学，回国后任北京大学教育系主任，新中国成立后任北京师范大学教育系教授、图书馆馆长。

英文也有提高，我心里知道，英文还是材料多。

第三门课是政治经济学，也是讲一年。老师是王守海，年纪不大，三十多岁，讲得蛮好，王老师戴一副眼镜。我觉得，他对《资本论》是有体会的，他引导我看《资本论》，我开始读《资本论》。其实，我真正看的是《资本论》第一卷第一篇"商品和货币"。这一部分最难，可是对我来说比较重要。恩格斯不是说，马克思的《资本论》实际上是按照黑格尔的逻辑写的。所以，我看起来并不太困难。我先看《资本论》这一篇，然后看第三卷第二十章、三十六章，第二十章讲土地资本，三十六章讲高利贷。《资本论》我没有全读，就看这些，但是收获很大。

我看《资本论》，就从这时候开始。我有英文版、俄文版。英文版《资本论》是白寿彝先生送我的。我自己买一本俄文的《资本论》。德文版买不起，当时懂点德文，但买不起。

当时还有其他的课，是不是有《联共（布）党史》？我记不清了。可说实话，这些课我大概都比较容易地过去了，这三门课分量重。这两年学习俄文，对我来说非常重要，回来后我基本上就可以看书了。

3. 林志纯师

林志纯先生对我们帮助很大，贡献很大。林先生怎么培养我们？因为这个班同学是从全国各地来的，都是各个高校的中青年教师，年龄大的，比我大十来岁，现在还有一位，今年九十九岁了，就是郑州大学的罗景唐（名邦尧）[1]先生，比他大的还有三位。还有一位教授，我很感恩，涂

---

[1] 2019年春节，我给罗景唐先生打电话拜年，他儿媳告诉说，他前几天、就是正月初二去世了。——刘家和先生注

厚善①先生。他是西南联大毕业的，跟何兆武先生是同班同学，是我大学长，比我大九岁到十岁。他对我帮助极大。林先生组织我们翻译古代史方面俄文材料，四个人一组，像《亚述法典》②《摩奴法典》③《赫梯法典》④等，比较难译。我们翻译以后，互相校对。有一位比较成熟的同学做我们的领导，涂厚善先生，他英文基础很好。

涂先生人极好，他英文很好，会德文，俄文也是高级班的。可是，他没有结婚。解放以前，他曾经考取美国留学生，已经发榜了。发榜很久了，他的同学说："老涂，你怎么没走？"他说："怎么了？"人家说："你考中了，怎么没走啊？"所以，别人就说，涂厚善这个人啊，没有注意发榜，考取了没去。当时，我们知道这事，他也承认这个事实。后来，有一次开会，那时候不是老在一起开会吗？他把他的学生带出去，我也把我的学生带出去。我们在火车上，坐在一起，我就跟涂先生开玩笑。我说："诸位同学，你们知道，涂先生为什么姓涂吗？涂先生本来复姓'糊涂'，为了省字，把糊去掉了。有什么根据啊？涂先生考取了美国留学生资格，竟然忘了看榜，所以没去。"同学们都笑了。涂先生笑了笑，没有说话，表情很黯然。他私下跟我说："家和，你不知道，我是去不了，因为我家里有老父母，我要负担他们的生活。我走了，如何面对老人啊！"他说话时，表情很黯然。我心里

---

① 涂厚善（1919—2007），字瀚池，湖北省武汉市人，毕业于西南联大历史系，曾任华中师范大学教授、中国古代世界史研究会理事、中国南亚学会常务理事，著有《古代印度的文化》等。

② 亚述法典，公元前20世纪中期西亚地区奴隶制国家亚述法典，1903年至1914年由德国考古学家在古亚述城发现。亚述（Assyria）是兴起于美索不达米亚的奴隶制国家，首都为尼尼微（今伊拉克摩苏尔附近）。

③ 摩奴法典，又称《摩奴法论》，古印度国家有关宗教、道德、哲学和法律的汇编之一，是印度古代法和印度法系中最具代表性的一部法典。

④ 赫梯法典，是赫梯历史上重要文献之一，最早编撰时间约公元前1650—前1500年间（赫梯古王国时期）。赫梯帝国（Hittie Empire），小亚细亚地区的奴隶制国家（前17世纪—前8世纪）。

很痛苦，我不该跟涂先生开这玩笑。

俄文教材原来是这样。苏联作为师范学院的教科书是由国家审定的，我们要拿过来用。我听到这个，就觉得有问题。一天晚上，我陪林先生回他家，我走在路上低头问："林老师，您说，专家讲的农村公社，东方农村公社材料在哪儿？"我后来写印度土地制度文章，就与这个问题有关，东方到底有没有农村公社？林先生犹豫了一下说："这个问题，我先不回答你。"林先生知道，那时对苏联专家不能提出怀疑，他不能作为苏联专家的辅导老师发表不同意见。然后，我说："我还能问您一个问题吗？"他说："你问，尽管问，看我能不能回答你。"林先生很直率的。我说："东方专制主义这个提法合适吗？东方就是落后的，这个合适吗？东方是奴隶制不发达，就是东方就永远是早期的，西方一开头就是发达的，这个说得通吗？东方一开始就是专制主义，西方就是从无专制主义。"林先生回答说："我正在学习马克思主义。"他没有否定专家意见，他说，我正在研读马克思主义，你们也要好好学习马克思主义。这基本上是林先生的原话，他不能对学生丧失原则，但是，他也在研究。

这是真的。林先生不久就出版了他根据俄文翻译的马克思《资本主义生产以前各形态》一书。这个简直是"天书"，语法很复杂。马克思的这本书，我没有找到德文本。我回到北京以后，找到德文本，逐字逐句进行分析，德文本和中文本对照着看，我看了一半，就看不下去了。那时候，林先生四十出头，精力旺盛极了。林先生对我说："你要好好学马克思主义原著。"林先生当时不能说苏联专家有什么问题，但是他知道我说的有道理，他还得宣扬苏联的，就跟我说他正在学习马克思主义。

除了组织我们翻译，林先生做的第二件大事，抓论文。开学一个多月，情况才基本弄清楚，林先生就开始调查。因为根据安排，两年以后必须要有毕业论文，要答辩。答辩通过才行。林先生说，你们有什么想法就找他，不能私自去找专家谈。两三天以后，我去找林先生，我说我有题目。林先生说，你有什么题目？我就讲黑劳士问题。林先生刚发表过一篇有关黑劳士的研究文章。林先生一听，我刚发表过文章，你还写论文？可能心里想这个年轻人是不是有点太骄傲，老师刚写过，你还写。他说："你开一个书单过来，你已经读过哪些书？你想读而没有读的又有哪些书？"我说："林先生，我读过的基本上是英文的，俄文的还没读。俄文我现在还在学习。"他说："不要紧，你知道什么说什么。你中文的也要学。"

我就把已经读过的中译本马克思、恩格斯的著作，还有一些英文书籍列了个单子，我就给他送去。林先生看了书单以后说："你有什么问题，有什么设想？你为什么要做这个题目？"我就跟他汇报，我说这个问题，实际上是斯巴达的奴隶制度，跟雅典是不一样的，跟东方、跟中国可不可以进行比较？他说："你先不要做比较，你的条件还不成熟，先把斯巴达的这个制度弄清楚再说。"他让我把书单放他那儿，过两天以后再去。一天晚上，我到他家去。他说："行，我跟专家报告一下，你可以做这个。"他把我的初步方案让翻译帮忙译成俄文，给苏联专家看了。大概过了一个多星期，专家看了，回复说这个问题可以写。

4. 主攻希腊

我到东北才两个月，我的毕业论文题目就定了。我就一边构思，一边看书。我做了不少卡片，把它们进行分类，一个大标题，一张卡片立起来，用一个颜色；一个一个小标题，也都做卡片，一张张立起来。这样，这个卡片盒子里面，有多少材料，有哪些观点，一目了然。还有，这些卡片上面，要标明这个材料是从哪儿来的，是哪个书上的。我另外有一个日记编号，把当时想到的问题、看过的书、有什么感想都记下来。不懂的地方，我就复习。我还注意文章整体结构思考，前人的研究在哪儿。

我记得格罗特的《希腊史》对我起了极大的作用。其实，我就把格罗特十二本《希腊史》的中间第三卷看了，第十一卷看了中间一部分，如此而已。所以，我这个文章一年多就写出来了。我还翻译了好多，普鲁塔克①的《希腊罗马名人传》，我翻译了三篇，完成了几万字，还翻译了一些俄文资料。那时候效率还真高。

我把这篇文章交上去了，他们报告了苏联专家。专家说可以，要答辩。一开始，让翻译把我整篇的论文翻译成俄文，让专家看。先翻译大纲，然后把我的文章全部翻译成俄文，有八万字左右。专家说，这篇文章要答辩。当时，因为班上有好多同学，原来都没有碰到这种问题，哪能一下子就找到问题呢？所以，有一些同学一年过去了，不知道研究什么问题，不知道写什么。我有时候也帮同学出主意。一年过去了，到第二年才决定研究什么，你还能写什么呢？所以，我成了当时班上唯一翻译成俄文并参加答辩的。苏联专家说，刘家和写的这个问题，他已基本解决了这个问题。那时，一屋子的人。

崔连仲②先生翻译了《摩奴法典》提纲给专家看，可是来不及翻译全文。因为他是翻译日文本《摩奴法典》。我怎么知道哪些书，那些书有什么分量？不全是格罗特老师吗？所以，我为什么能够写出这样的文章？林先生不是说，我们中国人研究外国史，不能光学外国教科书路子。我们要在学习马克思主义理论的前提下，写出自己独立的学术论文，要走自己的路。他说这话，也是够大胆的，因为这里边就包括苏联了。林先生这句话，我为什么要说一下？在这点上，我是贯彻林先生的学术思想，不是光靠外国史学著作。我读外国人的书，读格罗特的《希腊史》，这个是必须读的，否则我无法知道希腊史。但是，我不能简单地照搬，有自己的独特思考。所以，我能够写出这样的文章。

---

① 普鲁塔克（Plutarch，约46—119），罗马帝国时期希腊传记作家，著有《希腊罗马名人传》。
② 崔连仲（1925—2020），黑龙江兰西县人，辽宁大学教授，著有《从佛陀到阿育王》等，主编《世界通史·古代卷》等。

我到东北师大这两年，算是毕业了。我毕业之后五年，就完成了一个计划。回来就面临什么呢？我要独立上课。如果我不能够这样子，不能够自己除了看外国教科书，俄文教科书、英美教科书以外，什么都不懂。我还要什么呢？能够自己做研究，知道怎么样研究下去。作为中国人，就自己开始研究吧。

然后这中间，再讲一个事。因为我再做这个事情，我看到格罗特英文书的时候，法文的、德文的书太多了。学习马克思主义，需要读马克思主义著作，看俄文的、看英文的，还看德文的。林先生说，外文还不行，还要学德文。所以我在第二年，我到北京大学外语系德语专业、德语教研室学德文。

《大学德语》教材是学四年，一年一本。德语第一册课本，我在长春就买了，1956年买的。我自学，没人教。我一开始想学希腊语，后来没怎么学，就学德语，大学一年级的德语课本，我基本自学完了。这本书还在家里，我用塑料口袋保存至今，里面都有点烂了。我做了练习，基本都掌握了。所以，我从长春回来时，英文有长进，俄文基本能看书，德文达到大学一年级水平。我是这么回来的。这样，我就稍微有一点底气了，我要感谢林先生。

而且，我做这篇论文的时候，心里是怀着一个比较研究想法，要做希腊跟印度、跟中国的比较研究。因为我心里想，印度有首陀罗①制度，可以做比较研究。这样子，我就回来了，当时没有授予学位这一说。本来是说要给像苏联副博士什么，但是写出论文来，通过答辩的话，按照他们制度的话，应该是副博士学位了，苏联是给授予副博士。你说，我写了七万多字、快八万字的论文，现在要是给个硕士学位，应该还是可以的。

这个时候呢，我就打下了搞外国史研究的基础。我按照搞中国史研究

----

① 首陀罗（sudra），印度种姓制度中地位最低之阶级，系雅利安人所征服之土著。种姓制度将古代印度人分为四等：婆罗门、刹帝利、吠舍和首陀罗。

的方法，是可以推广的。我在学俄文的时候，也跟英文比较，而且我也知道一些中文的音韵学，可能对研究外国史也有好处。我一开始，学会了对应看外国的文法，看外国的词汇，刚才讲那个 воскресенье（星期天），"袜子搁在鞋里"，就是好记。为什么？我开始不知道，回来我就买了一本俄文词根，现在还在。我一个个背，一个个背。所以，我把这个分析出来，воскресенье，crucifix 就是 cross，不是十字架吗？这不是星期天吗？比这个"袜子搁在鞋里"好记。就是慢慢地学俄文，学德文也一样。回来以后，继续学德文。

我再说一句，就是我从东北回来，我是带着问题回来的。什么问题呢？我到了东北，学习苏联的时候，我发现苏联又有问题，不敢说。林先生和我共同意识到这点。所以，以后撰写《世界上古史纲》，都因为这一点引起的。

九　重回北京

1. 困难时期

我们在东北师大学习期间，快要结束时，反右运动开始了，"大鸣大放"，号召大家畅所欲言。我们到东北师大是去进修的，我们哪里知道东北师大是什么情况？而且那个时候，要写论文，事情很多，时间紧得不得了。学校找我们去开会，我们也提不出什么意见，就坐在那里陪着，知道有这个形势。可是北师大的情况，在他们偶尔给我们寄来的报纸上能看到，说实话，我们也没有多少工夫看。

这时，我还有一个具体的任务需要完成，领导让我到东北师大去进修，干什么呢？就是回来以后，我能够把世界古代史课程顶起来，这是具体任务，用英语说，就是 task。可是，在东北师大学了两年，我就感觉到，去以前我已经工作三年，就已经感觉到，我们中国还没有真正的世界史，而且中国是受歧视的。到东北师大学习，结果发现苏联教科书也有这个问题。我以前说过，我刚刚感觉是新的，它已经变成旧的了。在东北师大时，有些问题我还私下里问过林先生。林先生说，我正在学习马克思主义。林先生这话说的是非常重要，他提醒我要学习马克思主义。

我本来就打算学习马克思主义理论。那么，这时我就把学习马克思主义经典著作跟学外文结合起来。我读《共产党宣言》，看英文的，对照俄文

175

看。在东北师大时候，张正元先生、林先生都给我不少帮助和启发。我回来以后，又学了德文。我还有一个具体的任务要去完成的。我觉得，我应该开始一个新的阶段，这是我的终生事业，是领导交给我的，也是我自己乐意做的，就是研究世界古代史。我觉得，中国人应该有自己的世界古代史，应该在世界古代史中体现中国，这才是一个合理的知识结构。你说人家"西方中心论"①，人家没有写你，这个责任具体应该由谁来承担呢？中国人自己不做，难道让别人来帮你代做吗？所以，我就感觉到，我们应该自己做，这是我们自己的任务。我就觉得，这是我长期的或者是我毕生的努力方向，就是要写出中国人自己的世界古代史。

我说的世界古代史，不仅是希腊，其实希腊我研究得也很有限。可是，我觉得要真正研究希腊史、世界古代史，还需要有理论修养，有思维能力，有世界眼光，有比较的眼光。我为什么选择斯巴达？因为研究雅典的东西已经很多了。我研究斯巴达，可以跟雅典结合起来。希腊有不同类型。我还写过一本关于斯巴达的书，是一部小丛书里面的，那不能算专著，是个通俗读物。这本书写得不成功，有点不像通俗读物，可能材料有点繁琐。

我一边听从组织安排，白天参加运动，晚上回去考虑上课的问题。那个时候，我还不能完全离开苏联那个框框，没有这个能力，但是我在一些具体问题上有自己的想法，我就做些调整。我觉得，苏联的教材主要有两个问题，一个是中国，一个是印度，内容都比较薄弱。我就意识到要加强这方面内容。当时，我还不知道雅斯贝尔斯说的"轴心时期"理论，中国、印度和西方文明。那么，开学以后，李雅书先生和我负责讲世界古代史课。

这时候，不是也要进行学术批判吗？我从来在运动中不做揭发的事，但是也参加了批判。当时，领导号召要写批判文章，具体来说就是组织批

---

① 西方中心论，一种从西方的角度来看整个世界的一种信念，认为西方文化优于、高于非西方文化；或者认为人类的历史围绕西方文化展开；或者认为西方文化特征、价值或理想带有某种普遍性，主要出现于 20 世纪以后的非殖民化时期。

判雷海宗^①先生。我们学校让刘启戈教授写文章，他是研究世界史的教授，有义务写文章。我不是教授，还是小讲师，我也写了一篇，批判雷先生。我那篇文章内容虽然是学术性的，可是事后我反省，我放到了一个政治批判运动里面，有点把两个东西混淆了。但是，朋友们都原谅我，就是响应号召写的。我觉得，这个就是学术归学术。你要在平常的时候，我发表这个意见的话，那是正常的。事后我自己想的时候，觉得我还有一点年轻人的意气。我当时那篇文章谈的内容，很多是学术性问题，甚至可以说基本全是学术的。现在是 21 世纪了，还有学者在继续讨论雷海宗先生历史研究的学术观点，很多人谈的问题跟我的文章内容差不多。我感谢朋友们的理解。我作为一个历史学者，我觉得应该是很坦率的，我写那篇文章，当时并没有意识到，我是从学术角度进行探讨，这是我的观点，我的研究。在这一点上，我的任务跟我长期的志愿，或者我的 task，或者 vocation，在这点上结合起来。可是，我觉得，现在看起来至少是不完美的，学术跟政治还是别混在一起。这个事以后，我注意到了，再也没有这样的情况了。

1958 年是"大跃进"，接着就是"三反运动"。"三反"是什么？反浪费，反保守，反官僚主义。反浪费，就是人才没有教育好，浪费了。因为知识分子没有什么物质的东西可以浪费，经过我们手的，就是怎样培养人才。我记得，我的老朋友王世强先生当时也是走"白专道路"的。为什么呢？他的学生里培养出个"右派"。可是，王先生哪懂得政治？他完全是做学术研究，结果成了个"大右派"，说这就是浪费。

反保守，就是什么呢？不能在"小轿子里面走路"，要能放开手做。这时候就是"拔白旗"。我记得，当时还组织我们去北京大学，要去拔邓广铭^②教授的"白旗"。他不是讲，搞历史研究需要"四把钥匙"吗？就是年代、地

---

① 雷海宗（1902—1962），河北省永清县人，曾任中央大学、武汉大学、西南联大、南开大学教授，著有《中国通史》《西洋通史》等。

② 邓广铭（1907—1998），字恭三，山东德州人，曾任北京大学教授、中国宋史研究会会长，著有《稼轩词编年笺注》《宋史职官志考正》等。

理、职官和目录。当时我没说话，可是心里想，邓先生说的跟陈垣先生讲的不是一样的吗？我心里就开始有点失落，我那时候还不够资格"拔"，可是心里已经感觉到，我以后会不会成为这样？我感到，我要做真正的世界史，这要有一些基本功。这个基本功到底还要不要？

这一时期，我整天忙于讲课。讲课也不容易呀，弄得不好，学生也要批判你。所以，一些敏感的课老师都不愿意讲。比如我们讲世界中世纪史，有些就不能讲了，文艺复兴就不能讲了，学生要批判。怎么办？当时我是教研室副主任，我说："我去讲吧。"还有人道主义问题，什么是人道主义？这个是一定要讲到的。本来文艺复兴马克思、恩格斯是有肯定的，经典著作都在，从反封建的角度讲，它是有积极意义的。可是，最根本的问题是，文艺复兴本质上是资产阶级的。其实，那时候真正的资产阶级还没有出现呢！但是，你得这么讲，否则就要挨批判了。还有讲东方史，讲亚非拉史，世界古代史里面过去都没讲。没人讲，怎么办？只好我去讲。我就从各种外国史著作中找，英文的、俄文的、德文的，找一些材料讲。我主要根据苏联教材来讲。那时候，苏联赫鲁晓夫当权，还没挨批判。

这时候还有件事，以前都是先生教学生，学生不能教先生，当然也不用写讲义。现在是群众运动，发动学生写讲义。大概除了星期天可以休息，有时候还得通宵写，就不回家了，就一起写讲义。结果出现什么情况？以前同学们写的稿子，平常老师可以改，现在要是改了，可能就出问题了，当然可以商量。所以，写的是一抽屉一抽屉的稿子，写了很多讲义。

再说这个"反保守"。这时已经就开始要提反修正主义了，批判尚钺[①]。尚钺先生是中国人民大学教授，是个老革命，1927年加入中国共产党，做过地下党员，1945年重新入党，最后还是承认他是1927年入党。可是，当时他被认为是修正主义分子，要批判。其中，第一条是什么？尚钺主张魏晋封

[①] 尚钺（1902—1982），原名宗武，字健庵，河南省罗山县人，1927年加入中国共产党，曾任山东大学、中国人民大学教授，著有《中国历史纲要》《中国通史讲义》等。

建说。这个事对我也有所触动。当时，我们系里何兹全先生也是主张"魏晋封建说"。学术界的一般观点，也是被官方认可的是"春秋战国封建说"，这是郭沫若提出来的。还有一个是"西周封建说"，因为毛主席在《中国革命与中国共产党》一文中说："这个封建制度，自周秦以来一直延续了三千年左右。"所以这两种说法是"百家争鸣"问题，"魏晋封建说"就是修正主义了。

后来，又要还批判以陶希圣①为代表的"食货派"，这是 20 世纪 30 年代就提出来的。在这些批判过程中，也涉及一些理论问题。于是提出历史与理论的关系问题。有人主要讲史实，只有史实，没有理论。后来就有人提出，要以论代史，要以理论代替历史。当时写的讲义，很多都是这样的情况，没有具体的史实，就对你批判。比如讲文艺复兴，就批判，可是文艺复兴本身反而没怎么讲。这就是以论代史。后来有人提出，这不行，要以论带史。其实，这个问题应该是清楚的，应以马克思主义理论为指导，研究具体历史。可是，当时就讨论这个问题。

除了这个，当时还批判"厚古薄今"，主张"厚今薄古，古为今用"②。古是需要为今用的，古要是不能为今用，古怎么能够存在？但是，古为今用有没有一个条件限制，当时就讨论，主要是批评什么呢？像邓广铭先生提出的"四把钥匙"。说这些都是繁琐考证，不能古为今用。这里面存在一种隐忧，就是学术的基本功底问题被忽略了。做得不好，古为今用就变成"影射史学"了。这个问题实际上就潜在里面了。

这几年中，政治运动接二连三，还有什么"大炼钢铁""三面红旗"，这些运动我都参加了。同学们一起写教材，我虽然没有参加，但是，我也参加了讨论。我总得尽可能帮助同学们，给他们解答问题。到 1959 年，我办公桌抽屉里面全是稿子，三个抽屉，还有柜子，都塞得满满的稿纸，这

---

① 陶希圣（1899—1988），名汇曾，字希圣，湖北黄冈人，曾主办《食货》杂志。
② 语出吴晗《灯下集·厚今薄古和古为今用》："厚今薄古和古为今用是一句话、一件事情的两面。"

些东西怎么办？以后教材用什么？当时就感到有点困惑。

从 1959 年到 1961 年，就是三年困难时期。1959 年开始，就逐渐困难起来了。当时，我们到河北徐水县去参加人民公社活动。听当地老人们说，人民公社好；还有一句，就是认为人民群众运动可以创造一切，亩产可以达到多少公斤，猪可以养成大象似的。我们到徐水县，看到公社、各个村子，所有墙壁上都是诗和画，都是歌颂人民公社的。他们还说，庄稼要想丰收，白天有日光，晚上开电灯照。我心里想，这个成本怎么办？当时，系里还有一些任务，就留下李雅书先生和我，李雅书先生很有才的，他们可能觉得我会做几句诗吧。可是，我们两人到最后没有完成任务，游行我也没有去，参观我也没有去。

1958 年开始，先是让大家放开肚皮吃饭，家里都不开伙，到公社吃饭。实际上很多庄稼都没有丰收，这样 1959 年就经济困难，到 1960 年、1961 年，情况更严重了，就开始定量供应了。这个时候，就是三年困难时期。

2. 转研印度

在政治运动频繁密集时，我白天是要参加运动的，到了中午或者晚上还有一点时间，我觉得，我还是要去完成领导交给我的任务，要搞好世界史，写出中国自己的世界史。我就开始要准备研究印度，收集有关印度的历史资料。我觉得，不搞印度，不搞中国，就是西方中心论。我就开始研究印度目录。我还懂得一点中国传统目录学，佛经目录学做得很好。那么，我就开始看《出三藏记集》①《综理众经目录》②这些。这些书还是可以看的，

①《出三藏记集》，中国现存最早的佛教文献目录，作者僧祐，故又称为《僧祐录》。僧祐（445—518），俗姓俞，建康（今江苏南京）人，南朝齐梁时代高僧，编有《三藏记》《弘明集》等。
②《综理众经目录》，佛经目录，东晋释道安撰，原书已佚，《出三藏记集》第二部分收录其全部内容。道安（312—385），西晋时佛教学者。

年轻时的刘家和、金德华夫妇

我在晚上到家看。我还看《剑桥古代史》，就是第一版，了解西方人的研究成果，然后看印度独立以后印度学者写的一些历史著作。

到了星期天，那时我家里还有老人，老岳母帮我们做家务，我和老伴（那时候也不是老伴，还年轻），我们把孩子交给老人，就到北京图书馆（现国家图书馆）去查资料，就集中做这些。我要摸一下《大藏经》①，因为看了佛经目录，我知道《大藏经》像海似的，要是没有目录学，根本无法下手。我知道佛经的大致分类。我想到陈老讲过的竭泽而渔问题。但是，我首先要知道，我要去竭的泽是什么情况。佛经最抽象、最思辨的部分是《般若部》，可是，我要研究的是印度种姓制度。为什么我要研究这个问题？其实，这个问题是跟斯巴达黑劳士制度联系在一起。黑劳士是一个阶级，也是一个等级，与此相应，印度种姓制度中有个首陀罗问题。另一方面，研究斯巴达黑劳士制度，一定要讲到斯巴达的土地制度。所以，我同时研究印度土地制度。我知道，印度有法经、法论，法经很少。《摩奴法典》应该讲是法论，也可以叫法典。

---

① 《大藏经》，佛教经典总集，有多个版本，比如乾隆藏、嘉兴藏等。现存《大藏经》，按文字不同，可分为汉文、藏文、巴利语三大体系。

我摸清了《大藏经》的基本情况，重点查找印度种姓制度材料。佛经当中最抽象、最思辨的是《般若部》，那么，研究种姓制度需要搞清的其实是《阿含部》。于是乎，竭泽而渔，如果把所有佛经当成一个"大泽"，那么我现在要看的就是"小泽"《阿含部》。《阿含部》又分为四阿含，就是《长阿含经》《中阿含经》《杂阿含经》《增一阿含经》。这是北传佛教①的。四阿含在中文里面有全译，还有很多删节本。此外，还有南传佛教②的《阿含经》，有五部《阿含》，就是《长部经典》《中部经典》《相应部经典》《增支部经典》《小部经典》，内容与北传四《阿含》基本相当。我就对着目录看，我发现中文的翻译《阿含经》里面还有一些是西方没有的。我就是在这样的情况下开始研究印度。

1959年下半年，那时候已经吃不饱肚子。金老师③在中学教书，早上就走，晚上才回来。我在家工作，抱着孩子写文章。有一次找英文参考书，抱在怀里的刘逖伸着小手就把书撕了一页。多亏了有老人帮着，不然，根本照顾不过来。姥姥做饭，各人有自己定量，每天吃晚饭，她就按每个人的定量做饭，大人、小孩各人吃自己定量。吃晚饭时，一碗饭，我先吃一半。晚上全家都睡了，我就在小桌子上工作，到晚上十一点以后再把另一半饭吃掉。吃完以后，半夜两点睡觉，还是饿肚子。

我讲的这个问题，当时看佛经，找有关印度种姓制度材料，就是你还得从基本功做起。我觉得，如果方法要是对头，不适用的，我可以找中英文。我可以做到，群众运动找不到那些材料。我当时心里是这么想的，我

---

① 北传佛教，指自北印度经中亚细亚传入中国、朝鲜、日本、越南的佛教，及由尼泊尔、中国西藏传入蒙古一带的佛教之总称。
② 南传佛教，又称上座部佛教，指现在盛行于东南亚的斯里兰卡、越南、泰国、缅甸、老挝、柬埔寨及我国云南省傣族地区等的佛教派别。
③ 刘先生的夫人金德华老师也是辅仁大学历史系的学生，比刘先生低三个年级，毕业时辅仁大学已经并入北京师范大学。毕业后一直在北京市第四十四中学担任历史教师，后来又担任副校长多年。下文中的"刘逖"是刘先生的大公子。

说我自己做就是了，我觉得还可以有点效果。

3. 张天麟师

这一时期，我又抽时间学德文。其实，时间总是可以挤出一点的，时间不是没有。在这种情况下，我不是在东北师大自学过德文吗？我自学了北大德语专业大学一年级课本，都学完了。回来以后，就遇到张天麟先生。张先生当时被划成右派，他是从德国留学回来的，在那里待了十年。他是北师大教育系教授，学校图书馆馆长。大概他右派的情况不太严重，就是不能教书了，图书馆馆长不能做了。当时，学校让他教德文，开德文班。我就去报名参加了。张先生说："我已经教了一段时间了。"我说："我学过一点。"张先生说："那我给你一段东西，你先看一看，你看哪一篇行，你读一读。"我就读了。他说："你的读音完全不行。"当然了，我基本上是自学的。他说："那你来班上学。"

那个班上有许多同学，现在还有好几位教授，像顾明远①和夫人（他夫人是周建人女儿）、孙儒泳②，顾明远是资深教授，孙儒泳是院士，还有包桂潘③先生等跟这个班学。这个班上，我学得很快，我逐渐感觉吃不饱。张先生就说，要不然，就搬过来听。潘国琪④的岳母，就是原来北师大二附中朱雪立老师的母亲张宗纯，图书馆的老先生，也在这个班上。所以，我跟他的母亲还有这个同学关系，后来在图书馆里找目录这样的东西，也很容易满足。后来，我就到他家去请教。只要运动不是最紧张，我差不多

---

① 顾明远（1929—　　），江苏江阴人，北京师范大学教授、博士生导师，教育部社会科学委员会副主任。

② 孙儒泳（1927—2020），浙江宁波人，曾任北京师范大学教授、博士生导师，中国科学院院士。

③ 包桂潘（1909—1982），曾任北京师范大学教授、中国科学院院士。

④ 潘国琪（1937—　　），《北京师范大学学报（社会科学版）》编辑部原主任。

每星期都要去一次，跟他读《共产党宣言》《家庭、私有制和国家的起源》等书。

张天麟先生的教学方法我终生难忘。他从来不叫我名字，叫我刘先生。他有时用德文说："Herr，Liu！"就是刘先生，用英文讲是"Mr. Liu"，甚至比这更庄重一点。他说，你先做准备，我们再来谈。我第一次准备了过去，张先生就开始问。他一问，我溃不成军。他说："你的问题问完了没有？"我说："问完了。"张先生就说："那我问你一个问题。"我先问他，他回答完问题，就反问我。他这一反问，我溃不成军，想都没想过。可见这个学习，有的错误是自己不知道的。这是让我震惊的。我的错误在于我的无知，在于我对自己无知的无知。

在张先生的辅导下，我逐渐提高，我基本上能把问题都能问到位了。《共产党宣言》《家庭、私有制和国家的起源》我没有读完，我可以自己以后再读，但是，我比较能抓住要领了。我读到《家庭、私有制和国家的起源》第九章，"野蛮时代和文明时代"，这是全书的总结，最重要的。然后，我再额外自学。北京大学外语系德语专业二年级教材，我也读了，但是没有读完。这样，我就有了初步的阅读德文能力。张先生以后对我的评语是："刘先生，你有德国人的那个 gründlich，就是彻底性。这是恩格斯讲的，德国人的彻底性。"

其实，我这个彻底性还是从他那儿学来的。我以后给学生讲课，讲经典著作选读，同时又是专业外语，我只能讲专业英语，就是用张先生的方法讲，你们先准备，准备好了，有问题问我。我回答了以后，然后反问你们。当我向同学们提问的时候，他们都想不到。我觉得这样的方法非常好。

我前面说过，在这个政治运动中，我已经开始感觉到，当初要"拔白旗"的时候，我隐约感觉像我这样的已经开始有些问题了，学生可能会批评的。我在一次课堂上讲，我说苏联专家上课的时候给我们讲过一个故事：

1812年，拿破仑率领法国军队打俄罗斯的时候，苏沃洛夫[①]元帅是率领俄军打败拿破仑的一个元帅，苏联人对他很尊敬。苏沃洛夫元帅说，一个士兵如果没有想当元帅的理想和志愿，就不是一个好士兵。苏联专家对我们讲这一课，实际上寄予我们希望，就是要有理想。这是苏联专家格拉德舍夫斯基讲的。这句话对我们班都有震动，我也接受了。所以，我觉得领导给我的任务，我现要做的事情，是国家和人民要我们做的事儿。中国人需要有自己的世界古代史。可是，当我给同学们讲这个的时候，后来就有人批判我了，认为我是走"白专道路"。其实，我就是阅读马克思主义经典著作和学习外语。

因为在这些运动中间，我也陆续积累了一些资料，到1962年，我就发表了一篇《印度早期佛教的种姓制度观》，1963年写了《古代印度的土地关系》。从我留校任教以来，其实我一边教课，一边思考。我在研究印度种姓制度时，连林先生都不知道。文章发表后，林先生都觉得意外。我事先没跟林先生说，因为我没做出成绩来，我怎么能说呢？

可是，1963年春天，情况又发生变化，研究印度的文章我并没有写完，原来计划写三篇，种姓制度一篇，土地制度一篇，再写一篇印度社会性质[②]。最后一篇"文革"以后才写出来，其实是那时候准备的，那是季羡林[③]先生让我写的，他在北京大学南亚研究所。这篇文章来不及写，因为把我调到教育部去了，参加中学教材编写，关于社会发展史部分。

参加这个教材编写的，主要是政教系的老师，搞哲学、政治经济学的。为什么找我去？因为毕竟社会发展史，需要史料。他们找我去，实际上是

[①] 苏沃洛夫（Алекса́ндр Васи́льевич Суво́ров，1730—1800），俄罗斯帝国大元帅，军事家、军事理论家，俄罗斯军事学术的奠基人之一，著有军事学名著《制胜的科学》。

[②] 即后来发表的《公元前六至四世纪北印度社会性质和发展趋向蠡测》，见《南亚研究》1983年第1期。

[③] 季羡林（1911—2009），山东省临清市人，曾任北京大学教授、副校长、中国社会科学院南亚研究所所长，著有《中印文化关系史论集》《佛教与中印文化交流》等。

当资料员。因为知道我会中文，也会外文，要查各种资料。主编是姚森（经济学）教授，他去世十几年了。现在这个组还有人在，贺允清（政教系）、彭万春（哲学系）、朱元珍（经济系）、赵树林（人民出版社）和我。那时候，我们白天在教育部招待所上班，看稿子。查书的事由我做，我也参加讨论，参加初稿编写，最后主编来定。

4. 意料之外

1960年，中宣部、教育部组织编写教材，我就开始参加周一良[①]、吴于廑[②]先生主编的《世界通史》编写。那时候，不仅北师大学生写讲义，北大学生写讲义，群众写的稿子很多。那么，以后到底用什么教材呢？苏联教材是不能用了，怎么办？于是，教育部出面主持，周一良、吴于廑二位先生当主编，也让我去参加会议。这个会上，总的精神我也知道。最初是在民族饭店开会，那时候已经很困难了，到民族饭店能够吃得好一点，能买点花生米吃，都觉得很不错。同时，也在教育部招待所开会。

后来，就决定《世界通史》分为四册。古代史是齐思和[③]先生主编，我在古代史这一册。当时，我们一直在教育部招待所开会。齐先生主持会，可是吴先生都到，周先生还有别的事没来。于是就决定分工，原始社会、古代东方、希腊罗马，就开始分组。根据我在东北师大写的论文，把我分在希腊罗马组。我一直在希腊罗马组参加大纲讨论。当时编写这个教材时，

---

① 周一良（1913—2001），安徽建德（今东至）人，出生于青岛，曾任北京大学教授，著有《亚洲各国古代史》《中日文化关系史论集》等。

② 吴于廑（1913—1993），安徽休宁人，出生于江苏宝应，曾任武汉大学教授、副校长，兼任中国世界中世纪史研究会第一届理事长，中国世界上古史研究会第一、二届理事长。

③ 齐思和（1907—1980），字致中，山东宁津人，曾任北平师范大学、燕京大学、北京大学教授，著有《中国史探研》《匈奴西迁及其在欧洲的活动》等。

说是在群众编写的教材基础上整理，不能打击群众积极性。可到真正开始写的时候，已经是主编负责制了，总得有一个人负责嘛！说实话，学生编的那些教材，也没法用啊！

我分在希腊罗马组，决定分工写初稿时，我提出来，我想写印度。齐先生听了，还愣了一下。吴先生听了，也愣了一下，然后说："家和同志愿意，就让他写吧！"他们不知道，其实我已经在研究印度史了。不过希腊罗马组的会，我还是参加讨论的。这是在 1960 年。

1962 年，我关于印度种姓制度的文章就出来了。那么，我们这本书就起了一个作用，这本书没有推翻苏联教材的框架结构，还没有这个能力。当时，大家都知道，周先生、吴先生都知道，因为它毕竟基本上还是马克思主义的，还是五种生产方式这样写的，基本结构是一样的，不过我们这本书就加强了印度部分，但是没有中国，因为另外专门有中国史，我们不写。我为什么提出要写印度，就是想加强这一部分。但是，允许我写的字数不能太多，要与希腊罗马史有一个适当比例。

当时，中宣部、教育部实际上要编两套书，一套就是这个教材，一套是参考资料，翻译外文资料，由林志纯先生任主编。林先生负责的翻译世界古代史部分参考资料，我也参加了。

5. 走向何方

我们知道，白寿彝先生研究中国史学史。白先生是很有雄心的，也是有理想、高瞻远瞩的一位学者。当时，白先生找我，说："家和，你帮我了解一下中西交通史材料，我们现在做这个课题，怎么样？"我觉得，白先生对我这是一个信任。

于是，我就找了两本书看，都是中文的。一本是张星烺先生的《中西交通史料汇编》，张先生是这方面专家，他是张相文先生的儿子。他用的是西方学者研究资料，张先生把中文的材料给我看了，是辅仁大学出版的，系里都有。我还用铅笔在上头批了字，这书现在还有。我看的另一本书，就是美国人麦高文①著、章巽先生翻译的《中亚古国史》。章先生早年考上之江大学，在中央大学毕业，很有天赋，后来到美国做记者，还做过《大公报》记者。他到美国留学三年，得了硕士学位回来，研究历史地理。他对这本书进行翻译、注释。这本书我曾经仔细看过，我用毛笔小字批注在上面。他把中国文献给核对了，实际上都对上了。

我就看了这两本书以后，就跟白先生说："白先生，可能有困难。"他说："你什么困难？"我说："语言的困难。冯承钧②先生他们已经做了很多工作，西域、南海考证这些，他们已经做了很多工作。"白先生说："那你就再看一下史学史方面资料。"因为白先生抗战期间曾经在云南讲过这个。他的意思，让我看一下史学史方面资料，跟他一起做。他说："你把所有的史学史资料，中文的都要看。要是有可能，你把刘知幾③的《史通》、章学诚④的《文史通义》都拿出来看。"

说实话，我年轻时候学得有点快，白天还干别的，业余时间就看这方面资料。当时，我把这些书基本都看完了，李玄伯（李宗侗）的那个，魏应麒⑤、黎东方⑥都有史学史著作什么，都仔细看了。还有金毓黻先生的《中

---

① 麦高文（William Montgomery McGovern，1897—1964），探险家、人类学家，出生于美国纽约，英国牛津大学博士，1922年经英属印度政府批准进入西藏，著有《中亚古国史》（*The Early Empires of Central Asia*）。

② 冯承钧（1887—1946），字子衡，湖北夏口（今汉口）人，早年留学比利时、法国，曾任北京大学、北京师范大学教授，著有《中国南洋交通史》等。

③ 刘知幾（661—721），字子玄，徐州彭城（今江苏省徐州市）人，唐朝大臣、史学家，著有《史通》。

④ 章学诚（1738—1801），原名文镳，字实斋，号少岩，会稽（今浙江绍兴）人，清代史学家、思想家，方志学奠基人，著有《文史通义》等。

⑤ 魏应麒（1902—1978），字瑞甫，福建福州人，曾在中山大学、厦门大学、福建师范学院执教，主要从事福建地方文化与中国史学史研究，著有《中国史学史》等。

⑥ 黎东方（1907—1998），原名智廉，河南省正阳县人，早年留学法国，曾在北京大学、清华大学执教，后定居美国，著有《中国史之研究》等。

国史学史》，他也是我的老师，他的书我也看了。这个期间，我还是第一次读《史通》，几乎每篇都看，看浦起龙①的注，我也挺有兴趣。然后看了章学诚的《文史通义》，没有全看，前面那些东西我基本都看了。这个书现在还在书架上，脆得已经不能翻了。

所以，我在参加编写《世界古代史》同时，还有一个任务，就是帮白先生编写《中国史学史》。《中国史学史》分两部分，古代部分由白先生自己承担下来，近代以下由上海华东师大吴泽先生承担。白先生原来的意思，是让我跟他研究中国史学史。这是 1966 年的事。白先生当时还跟系领导去谈过这事，系里考虑到世界古代史至少得有两位老师，就是李雅书先生和我，没有同意。改革开放以后，白先生把我从历史系调到了史学所。

6. "三余" 为学

我在这里顺便说一下，平常人们都说很忙，没有时间。我觉得，实际上人是有时间的。因为你不管怎么忙，总能找到各种各样的空闲时间，有大空，有小空，看你怎么做。

《三国志·魏书·王朗传附王肃传》中讲了一个故事。《王肃传》里有一个人叫董遇，其实《三国志》本身讲得很少，可是，大家知道《三国志》有一个裴松之②注，却很详细。《三国志注》引鱼豢③《魏略》，说东汉末年董遇逃出去以后，他跟哥哥都靠劳动为生，打柴，捡拾稻子卖钱维持生活，只要有空他就看书，后来成为学者。别人向他求教，他不轻易回答，让人

---

① 浦起龙（1679—1762），字二田，江苏无锡人，雍正八年（1730）进士，曾任昆明五华书院山长、苏州紫阳书院教授，撰有《读杜心解》等。
② 裴松之（372—451），字世期，山西闻喜人，后移居江南，南朝宋史学家，为陈寿《三国志》作注。
③ 鱼豢，生卒年不详，三国时魏国郎中，史学家。

家自己学，对人家说："必当先学百遍。"人家说："苦渴无日。"就是没有时间。他说，怎么没有时间？有"三余"。第一，"夜为昼之余"，晚上干不了活，种田干行，但读书可以；第二，"冬为夏之余"，夏天农忙，不能看书，冬天农闲可以看；第三，"雨为晴之余"，下雨天不能干活，可以看书。

1962 年，因为林志纯先生要我翻译资料，就是翻译印度史的一部分。我当时根据一个俄文本翻译的。林先生说，这个俄文本不好，让我根据英文本去翻译。书准备出版时，他要署我的名字。我说，这个不行。我就跟商务印书馆编辑说，这个必须改成林先生的名字。林先生跟我还争执半天，到最后商务印书馆还是听我的，因为是林先生负责翻译的。所以，我有所感悟，给林先生写了两首诗，有一首忘了，还记得一首：

> 始基平白常无路，
> 发奋披荆自有心。
> 别署日知深意在，
> 三余为学忆斯箴。

林先生别名不是日知吗？林先生看了，非常高兴，就给收起来了。林先生在这方面是我老师，太能抓时间了。

我也感觉，古人讲"三余"是有道理的。一天当中，别人午休的时候，那时候我年轻，我不午休，我可以背外文词典，多背词典，多记新的例句。吃过晚饭，一般都会休息一下，一天劳累下来，或者晚饭前休息，都有时间的。这个时间，我就利用起来，我看什么呢？因为我家靠近西单商场，我就到西单商场，去逛旧书店。原来有一个英文书店，叫大众书店，格罗特的《希腊史》我就是在那儿买的，包括伯里的《希腊史》，我也是在那儿买的，我在书上都记了年月日。什么 The Ancient Times，我也是在那儿买的，淘了好多书。还有一些西方原著，包括柏拉图的《共和国》，就是《理想国》，都是在那儿买的，买了好多，那时书便宜。这个书店因为都卖旧书，我那时候身上经常是带五毛钱，先转转。刚去时，满眼都是生的，可是我每天去，就熟悉了，知道什么时候再来一摞新书，我马上就可以看到，扎眼得很。

然后，我还到中文书店。中文书店也是这样，我首先看中文古籍，看清人的经学、小学著作。我先看，贵的买不起，版本好的买不起，一般的就买。另外，我看清人年谱。先看年谱，根据什么买？我看的书，不知道是什么，回来查《书目答问》，查《四库提要》。我经常是一本书看了多少遍以后，决定买不买。读书是有方法的，先看目录，读序和跋，看这书讲什么内容。我结合朱彝尊《经义考》的方法看书，专看序和跋，先了解书的内容，知道这书的整体情况。然后根据自己所掌握的知识，拿你自己的尺子量一量，这书在哪些地方有什么特点。所以，我觉得买书，应该先知道书的内容。现在买书是什么？我有的是经费。我一本书买回来，我是财产权，所有权上是你的，那些书是你的。可是，这书它在，不是你的。我说，把这个书看完，就像现在挑女婿一样，左挑右挑。挑的时候，这书没有买回来以前，我知道有它的特点，这个书在哪个地方用，它是合适的；哪个地方用，它就不合适。这样子，我把书买回来，发票一般都贴在后边，记上年月日。大多数书都是这样。

我买的书中，有一本段玉裁编的《戴东原集》，书后边有一个年谱。我在那里看了很多遍以后，我才买回来。这里边的内容我清清楚楚。我通过它，也了解读其书必知其人，读其书必知其纲，读其书必知其特点。在哪个地方用这书的长处，在哪些地方用它就不行。《资治通鉴》，如果用它来研究隋唐五代史，这当然是权威著作；如果用来研究秦汉史，《资治通鉴》有什么价值？还有"三通"①"九通"②这些书，都有什么特点？如果你没有

---

① "三通"，指唐杜佑的《通典》、南宋郑樵的《通志》和元初马端临的《文献通考》。
② "九通"，指《通典》《通志》《文献通考》《续通典》《清通典》《续通志》《清通志》
　　《续文献通考》《清文献通考》。

能力都买下来，这些书的特点你头脑里要有。我觉得，买书实际上是提高人的眼界，提高人对书的运用能力。你要用一本书，不知道它行吗？就像战场上一个元帅似的，你不知道手下的将领，谁擅长干什么，行吗？项羽手下有很多将领，各人的特点他都知道，他知道哪种情况应该派谁去，所以他常能打胜仗。其实，读书也一样。

所以，对书可以没有所有权，我没有，可以到图书馆去借，书是可以分享的。我没有所有权，但是，我能用它，就同自己的一样。柳诒徵先生和他的弟子范希曾，他们都做这样一个工作。所以，我那时吃过晚饭，逛书店看书，其实做了很多工作。要是没有那段时光，在书店大量看书，我从世界史转到中国史研究是不可能的。这部分时间是挤出来的。

还有什么时间可用？中午的时间，零碎的时间，我通常是查字典。开会休息时，别人抽烟去了，聊会天，有的下棋，有的打乒乓球去。我呢，凡是认不得的字，或者不清楚意思的字，我都记下来，要不会忘掉，回来查字典。中文就查《辞源》①什么。外文呢，我也注意这个问题，把外文认不得的词，我就查这个词简单的意思，别的不管。最初，我是把这个外文的义项，第一项、第二项、第三项，我做一个分析。后来进一步，因为我搞中文知道，查《辞源》，要搞 etymology。我一看，这并不难。我买了一本《牛津简明词典》，这也是在旧书店淘的。有机会的话，再去看《韦氏大词典》②，它这里边，告诉你这个字是怎么来的。这样，你认识字的时候，就是大大提高了效率。就不是说，我认不得这个字，我在里边拣一个，正好

---

① 《辞源》，一部语文性辞典，收录内容一般止于 1840 年以前的古代汉语、一般词语、常用词语、成语、典故等，兼收各种术语、人名、地名、书名、文物、典章制度，1915 年由商务印书馆出版，此后多次修订重版。

② 《韦氏大词典》(*Merriam-Webster Collegiate Dictionary*)，1828 年美国词典编纂家 N. 韦伯斯特自行出版《美国英语词典》二册，该书成为继英国约翰逊《英语词典》之后的经典辞书。1848 年韦伯斯特逝世以后，韦氏词典版权为梅利安公司所得。多次修订再版，在英语世界里获得了无可替代的权威地位。

合这个意思，其他的不管。所以，我记外文单词，不是把它当作一个葡萄籽，而是一个葡萄串似的，这么一个办法，这个词，名词怎么用，动词怎么用，形容词、副词怎么用。作为大类，它有哪些短语，里边怎么用。还有介词、冠词怎么用。

顺便插一句，张小兰同学的毕业论文，是关于 *The Good War* 那本书的研究论文，她把书名翻译成《好战争》。其实，这个 *The Good War*，是有个定冠词的，就是从偷袭珍珠港到扔原子弹，这是个定冠词。这个 *The Good War*，The 是要翻出来的，对不对？应该翻译成《一场好战争！》。它有这么一个意思。我在旧书店，还去买中文书。我有很多中文讲语法的书，讲语义的外文书。我站在那个西单旧书店里边，看到有本大的语法书，Yesperson，是用英语写的，是荷兰版。我记得有六册，周流溪[①]先生说有七册，我没看完。但是，我每次去，都会看一看。

我就尽量把这些零碎的时间凑起来，都用起来。早上起来，用早餐时，总要吃个馒头吧，喝杯牛奶，我就一边吃，一边看书，一般是读马克思主义经典著作。上班路上，我坐在公共汽车上也可以读。白先生看到我在读书，他就跟我一起读。他看到我总在看外文书。

还有，每天总会有上厕所的时候。我在厕所里也放了一本书，就是《说文解字》，中华书局出版的陈昌治[②]刻的大徐本（徐铉[③]本通称大徐本，徐锴本通称小徐本），现在中华书局还在印。我知道，光看这个书不够，但是作为复习是可以的。我每天上厕所时看，读到哪一页做一个书签，夹在那里，日积月累。不过，现在《说文》里头，我还有不少字认不得，不认

[①] 周流溪（1946—　　），广东广州人，北京师范大学教授、博士生导师，香港大学名誉教授，著有《世界语语法的基本问题》等。

[②] 陈昌治，生卒年不详，广东人，同治十二年（1873）在番禺刻印《说文解字》。

[③] 徐铉（916—991），字鼎臣，五代至北宋初年诗人，原籍会稽（今浙江绍兴），生于广陵（今江苏扬州）。工于书，与弟徐锴皆有文名，并精小学，世称"江东二徐"。太宗雍熙（984—987）年间，受诏校订《说文解字》，后通行于世。

得的多。所以，张天麟先生不仅教了我外文，还告诉我什么呢？最可怕的无知是对自己无知的无知。我在这里看到这字，怎么解？然后再看段注，总会发现一些问题。

还有一个时间可以利用，就是跟研究无关的教学实践，可以思考问题。总的问题是，整个世界古代史的结构问题和教学具体问题。这些问题，都是世界史教学里边提出来的问题，我想到就赶快记下来，以后可以写文章。

1962年底还是1963年初，当时我们学校里边的副教务长，叫方什么，我名字一下子忘了。她好像是胡乔木的弟妹，是方铭吗？她就说，要召开一次中青年教师座谈会，介绍学习外文和写论文的经验，要我去准备，要我去讲。原来也想请郭预衡①先生，后来郭先生去不了，结果就变成我一人讲。大家提问题，说上课忙，没有时间学外文，好不容易假期里学习外文和写论文，可是还没有做多少，就又开学了，到了开学，就都忘了。我就讲怎样把学习外文和撰写论文与上课结合起来，参考书中有外文，备课讲课的同时就在学习外文了；写论文也与上课结合起来，题目和观点很多是从上课中来的，写作和修改也得益于讲课教学中的体会，两者是互相促进的。否则，就会抓了这个丢那个，抓了那个丢这个，变成恶性循环。学外文不能求快，一定要精，不怕慢，就怕站，不怕站，就怕放。这是学术运筹问题。我假期学的外文，一上课也丢了。怎么办？我想，学外文首先要突破这个情况，上课你能够用得上，用的中间还能提高。如果你上课的时候学一个丢一个，那就没办法前进，永远是在这里循环。我觉得，关键就是怎么利用时间，时间都是相对的。

还有一个最大的时间可以利用，是什么？我们都说没有时间，时间对每个人来说都一样，一年三百六十五天，每天二十四个小时，每小时六十分钟，每分钟都是六十秒。公平极了！可是，最节省时间的方法是什么？

① 郭预衡（1920—2010），河北玉田人，毕业于辅仁大学国文系，曾任北京师范大学教授，著有《中国散文史》等。

提高效率。有一个公式，工作总量等于时间乘以你的单位时间所做的工作或完成的任务，就是效率。工作总量同时间的关系是成正比的，时间越长，效率就越低。假如你的效率是每小时做五个，你做三小时，总共完成十五个；我每小时做一个，五小时完成五个，是不是？工作总量与时间成正比，效率和时间成反比。工作总量是效率乘时间，是不是？效率越高，时间就越少，成反比。所以，提高了效率，就是节省时间。

我知道这个道理。为什么我读外文、读中文，要搞这个音韵、训诂？因为这是最节省时间的办法。你要把外文单词的词源结构弄清楚以后，记忆的效率不就高得多？如果你查一次，这个字在这儿，怎么用，不看别的，下次又认不得了。弄了半天，最后你还是不清楚，不如一次给它吃透了，永远享受，而且能够联想。所以，文字、音韵之学，中文、外文都是一样的。所以，我在利用时间的问题上，就是那么用都不够，实际上我就是要最大限度地提高效率，因为我懂得一点目录学的规则和方法。

我去摸《大藏经》时，最初看到《大藏经》，傻了，不知道怎么办。我就是用目录学的方法，你要研究什么问题，佛经大概分多少部，你要找的资料可能在哪里。佛经最抽象、最复杂的是般若部，我要找的东西在阿含部，早期佛教的东西。然后，我再搞清楚，现在中译本有哪些，哪些是真的，哪些是有疑问的。这样，我就大大节省了时间。如果要把《大藏经》都翻一遍，可能吗？我根本不可能做。我把印度的法经、法典搞出来，一网打尽，比较起来效率就高。要是死用功，啃这个《摩奴法典》，哪有什么效率？我觉得，重要的是要讲究效率。效率不能靠偷巧来。效率是每个人根据自己的特点，量体裁衣。

最重要的是，要调整自己的知识结构。不调整知识结构，你哪一门不到，哪一门就死。这个问题，使得我心里非常苦恼。所以，邓广铭先生讲的"四把钥匙"，钥匙岂止是四把？当时批"四把钥匙"，"四把钥匙"本来是工具，干吗还要批它？这是工具理性。读《资治通鉴》，有人一会儿就看完一卷，有人磨磨蹭蹭，看了半天还不知所云，抄一两张卡片，也不得要领，这书不白看了？效率与知识结构有关。要自觉调整知识结构，要知道哪些地方是短板，就去攻哪些地方。

这是我在"四清"①以前总结的一点读书经验，时间是靠挤的。不是说光在量上挤，还要提高效率，某种程度上也是一种相对论的理解吧。我们每个人绝对的时间都是固定的，可相对时间却大不相同。可能有十来年时间，我就经常逛书店，到书店读书、买书，这样日积月累。我这么一个知识分子，书库也不能随便进，没有这个条件。我到书店里边看书，虽然不系统、不完备，但是，北京书店书很多，我每天去，可以扩大眼界，我也能够从书里边看到前人做到什么程度，我不用再做了。

有一天，我在书店看《戴东原集》，这本书现在我家里有，在书架上。我看到戴震说的一句话，意思是说，我年纪大了，其实戴震去世时才五十四岁，他说《十三经》的经和注都能背，疏记不得了。我当时看了，就傻了。白先生也在，他说："家和，你在这儿干吗？"白先生经常来书店，所以我们常在书店会面。他说："你怎么拿着书站在这儿？"我说："白先生，我不行。你看，我刚才看这个。"白先生说："别傻了。你的时代跟他不同了。你学的，他都学到没有？你要想学那样做，你做不到。"白先生这句话说得好："你要在现在可能的条件下做到最好。"我觉得，这个话讲得非常对。我就接受白先生的意见。如果讲时间如何利用的话，就是见缝插针。

现在有这么一个问题，就是人们经常是凭自己的兴趣读书，碰到困难就躲了，读书就变成重复自己已经知道的东西。可是，读书实际上是什么？读书是人对话啊！他讲的东西，你不懂的，就没法对话。如果我们不懂，对人家的东西进行引用，就很容易断章取义，曲解人家的东西。所以，我去年年底还写了一篇文章，《治史要读其书且知其人》，后来发表在《人民

---

① 四清运动，1963 年至 1966 年上半年中共中央在全国城乡开展的社会主义教育运动。运动的内容，前期在农村是"清工分、清账目、清仓库和清财物"，后期在城乡中表现为"清思想、清政治、清组织和清经济"。

日报》^①上。孟子讲的这话^②，是有很深的道理的。

所以，我们读书实际上是跟自己面对这位学者，就是我跟他对话，你的知识结构是什么，你与他越接近，你跟他的对话就越深入。清代学者钱大昕的东西，他的知识那么庞大，看不懂啊！钱大昕懂天文、历法、数学，我们一般研究史学的话，我们行吗？我们读《史记》,《史记》真正的思想背景是什么？董仲舒^③的经学、公羊学^④背景。我们把《太史公自序》琢磨透了，再来研究《史记》，可能就不一样了。《史记》中说："究天人之际，通古今之变，成一家之言。"到底怎么讲，我们不懂，没法展开。班固的《汉书》是断代史，可是断代史中间是通史精神。《艺文志》,不是专门史吗？《历律志》,你不懂天文、历法，读不懂。它怎么来的？要看刘歆^⑤的东西啊！刘歆精通天文、历法，还编制过《三统历》。所以，要真正弄懂这些，还得了解当时的历史语境。

我们真正要搞中国史学理论，这个是要研究的。其实，这也是一个课题。因为现在还面临另一个大的现实问题，就是很多读书人现在书都不读了。读的话，都是读自己懂的东西，按照自己感兴趣的东西去选。遇到自己不懂的、不感兴趣的就绕着走了。这样的话，时间长了，就等于不断地在复制自我，其实没有增加多少新知识，知识结构没有进步。这是一个大

---

① 本文发表于《人民日报》2018 年 8 月 26 日。

②《孟子·万章下》："颂其诗，读其书，不知其人，可乎？"

③ 董仲舒（前 179—前 104），广川（今河北省景县）人，西汉时期思想家、教育家、政治家。汉景帝时任博士，讲授《公羊春秋》；向汉武帝提出"罢黜百家，独尊儒术"主张，著有《春秋繁露》，提出"天人感应""大一统"学说。

④ 公羊学派，儒家经学中专门研究和传承《春秋公羊传》的一个学派，属于今文经学内部最重要的分支学派。始自战国时齐人公羊高，汉代公羊学代表人物有胡毋生、董仲舒、何休等。

⑤ 刘歆（公元前 50—公元 23），字子骏，长安（今西安）人，汉宗室楚王刘交后裔，刘向之子。他不仅精于儒学，在校勘学、天文历法等方面都堪称大家，所编《三统历谱》被认为是世界上最早的天文年历雏形。

问题。《大学》说："苟日新，日日新，又日新。"要知道自己知识结构有短板，"日新其德"。《老子》说："知人者智，自知者明。"《易经·谦卦》说："谦谦君子，卑以自牧也。"所以人必须谦虚，谦虚不是做个形式，而是要发自内心，随时能看到自己所不懂的东西。

其实，我属于一个很小的学者，各方面毫无能力的人，什么世事也不太过问。但是，我觉得文科跟理科是一个道理。我们不走这个艰苦的道路，就不会出最尖端、最核心的成果，很难有自己突出的成绩。我们在芯片上的问题、在发动机方面的问题，实际上我们没有在最艰苦、最核心的地方下功夫，恐怕我们原创性不够。现在不是提倡原创性吗？没有原创性是要摔跤的。所以，我在一次会上讲，我说中国的数学家不是哲学家，中国哲学家不是数学家。这在中国看来毫不奇怪，哲学、社会科学是在一起的，社会科学干脆就变成哲学的一部分，哲学就同数学分开了。我很担心这样的情况。实际上我们真正的学术要成长，我们要有多方面的、多学科的知识相互贯通。

我们为什么读《反杜林论》？你不学一点数学的话，起码《反杜林论》也没法读啊！所以我觉得，真正的原创性，需要具备多方面的知识。这个问题就是，古是需要为今用的。真正在理论的最深处，是需要忘掉一切的深入钻研，而且中间可能出现各种各样的错误。还是那句话，我们对自己无知的地方，我们不能有一种想法，靠某种方法，尤其这样的领域，不是说人多势众就可以做出来的，碰见无知就躲了，对自己的无知就躲开了，而不去探索它。我觉得，真正的原创性，需要有多方面的知识积累。真正在理论的最深处是需要忘掉一切的学科界限，深入钻研，而且中间可能还会出现各种各样的错误。我们不能碰见无知就躲了，对自己的无知躲开了，不去探索。我说的读书方法，就是要知道自己无知在什么地方，然后向它进军，尽可能地变为有知。有知之后，接着又会发现无知，不断地探索前进。现在我还处于这种情况。我能够到现在基本上头脑还没有完全糊涂，就是因为我知道自己无知。

前些年，我与廖学盛①先生主编的《世界古代文明史研究导论》中，提到从中国传统史学和西方史学里边，从有知向未知发展和进步的一点思考。在我看来，我们不能希望自己从无知一下子变为有知。实际上，每一个新的知识都是从无知到似知非知，然后再到有知。不懂有两种。一种就是我根本不懂，茫然无知。这是不行的，一定得下苦功。董遇讲，"三余"为学。你必须下苦功。孔子讲："不愤不启，不悱不发。"②你必须向无知提问题。你要跟老师说，这个我不懂，你给我讲，自己不用功，这是没用的。

"文革"时期，我翻译外文资料，我遇到一位老师。他说："过去有人问我问题，拿到这儿来说，我不懂。刘家和，你问的问题不同。你提问，这句话是该这样讲还是该那样讲？我不懂。"所以，提问题有两种问法：一种是简单地说我不懂；一种是看不懂，我试着提出问题来，到底是这个还是那个？就要从不懂到开始知道能够有疑问，可能这个疑问都不对，可能疑问的正确答案就在这里边。这时候，老师就告诉你，在什么样情况下是对的，什么样情况下是不对的。这样的例子太多了。

小时候，我读王勃《滕王阁序》，里边讲："君子安贫，达人知命。"我因为读《论语》，知道孔子讲："己欲达而达人，己欲立而立人。"所以，我把"达人"按那个路子来解释，"君子"是"安贫"的，而"达人"要"知命"。读着读着，我感觉不对，它是对仗的，"君子"一定是对"达人"，"安贫"对"知命"，就变成"君子"是"安贫"的，"达人"是"知命"的，就不是"达人"只是一个，"己欲达而达人"。这就是我提问题，然后思考原因。

人的能力是一点一点地培养起来的。假如我直接问老师，老师说，这个是不成立的。所以，我们读古书，千万别光看今人的翻译；看外文书，

①廖学盛（1936—　），湖北省成宁县人，中国社会科学院世界历史研究所研究员、原所长，学部委员，著有《廖学盛文集》，主编有《早期奴隶制社会比较研究》等。
②语出《论语·述而》。

最好也不要先看翻译。我们看中文书也好，看外文书也好，一定要注意能提出疑问。看外文书还有一个问题，你看了中译本以后，真到要用的时候，一定要看外文原著。整个学习，要知道疑问，疑问可以发现原来的知识是错误的，知识的过程是不断否定自己的过程，知识应该是对无知的否定，中间过渡环节就是疑问。最初是无知，你不可能一下子忽然有知，中间能够疑问，然后达到有知，这是一个否定之否定的过程。

我发现，现在越来越面临一个新问题，学术研究中经常出现一个问题，就是功利主义倾向。这篇文章对我有利，我就这么解释，拿过来就用，以自己的喜好和现有的水平为限度，再搭建一个"精神产品"，这样不断复制，永远也不能进步。这就好像我们的一些产品，量上是在不断上升，可是质量上不去。这种情况可以理解，但是，我们不能满足。我不敢说别的，我觉得，我们真正要建立中国自己的世界史学科，还有艰苦的工作要做，还需要不断努力。不仅要学习各种外文，更重要的是建立一个合理的知识结构体系，而且还要处理好一个思想观念问题。

十 动荡年代

1. 一次考验

1964 年 10 月，我不是被调去参加《社会发展史》的编写工作嘛，主要是帮助做资料工作，这个时候回来了，已经开始要搞"四清运动"了。不久，我就跟着学校里的老师和同学一起到陕西省汉中地区西乡县，去参加"四清运动"。我很多年没有到农村了，所以到农村，能了解到农村的现实情况，这对我来讲也是有意义的。

实际上，当时社会的复杂性、农村情况的复杂性，我能感觉到一点。我们先到了汉中。没有下去以前，我们有个集训，工作队要集训。集训包括两个部分：我们是学习，教师、学生是学习。还有另外一部分，参加集训的都是什么人呢？就是干部。那个时候，干部是两类：一类是从陕西省、也就是汉中地区西乡县①以外来的地方干部；一类就是我们北京去的人。我们下去工作时，有两个当地干部，就是西乡县的干部，把其他县的干部召集到这里。我们在汉中学习时，他们就说，阶级斗争十分严重，要提高阶级警惕性。

---

① 西乡县，隶属于汉中市，位于陕西省南部，东邻石泉、汉阴，西与城固、南郑接壤，境内李家村遗址距今七千多年，是新石器时代早期文化代表。

这时，中国第一颗原子弹爆炸了。我记得是 1964 年 10 月 16 日，我们在汉中参加"四清运动"，听到原子弹爆炸这个消息，我们都感到极其兴奋，极其振奋！因为如果我们没有这样的东西，在当时国际环境下，实际上是很危险的。那时候，我们还在汉中集训，我是那天晚上在幼儿园听到这个消息的，感到特别兴奋，甚至连小孩子都很兴奋，都知道中国有原子弹了。我觉得，我们中国知识分子总体来讲是非常爱国的。

我这次下乡，是到一个生产大队。我们一个工作组组长是南郑县委的组织部长。这位同志很好，他叫苟文国。他就分配我做那个材料整理工作。每天调查上来的材料，都要上报。所以，老让我跟着他跑。他满脸的大胡子，看起来很凶，实际上人非常好，而且还比较能掌握政策。因为各种材料，各个大队，实际上等于是一个乡似的，反正是好几个村的材料汇报上来，就由我来整理，做成一个表，每天晚上都是这样。我经常跟他在一起。

那时候，我们都到农村去吃饭。去农村吃饭，是要饭票的，都有标准，具体我记不清了。反正对我们来说，好像都没有问题。因为到农村了，大家准备吃点东西。那个地方原来是个缺碘地区，陕南地区很多人尤其牙齿不好，还有大脖子病①，还有些天生的智障，他们叫"瓜子"（瓜娃子），实际上是智障，就是缺碘。

我看到一些材料，觉得情况比较复杂，告状情况很多。我们下去吃饭的时候，也可以看出来，有的老老实实的农民也会受到牵连。我记得有一次，我跟工作组长在一起，到农民家里吃饭。他们说："不能说呀，不能说呀！"我们就问："为什么不能说啊？"他们回答说："打击报复啊！"我就插了一句，我说："怎么打击报复法？"你知道他们跟我说什么？"拿扁担打击报复！"听了这话，我觉得真叫人吃惊！当然还有各种情况。那时候，干部已经是很复杂了，有很多人告状，告现任干部的，都是下台干部。这个问

---

① 大脖子病，即甲状腺肿。

题就复杂了，已经有两三茬下台干部了。

　　这个情况，我真的感到茫然。我就是老老实实地跟他做这个，把各个村的材料拿出来，整理一下，按照规矩做成表，他们上报。有点空闲时，我还学一点技术。有时候，我们住的大队部里边，有个木匠师傅，他干活的时候，我有空就帮他拉锯，给他做助手，学木匠活。我还学着给农民理发，给农民看病。那个地方叫乔家店，原来有一个药铺，后来因为是地主家开的，早就关了。但是，还有好多中药，还有一些中医书籍。我感觉，农村缺医少药，我也读一点中医书。他们不是有中医书吗？我就看一点，我想这个，我能够做点有利于农民的事。

　　我们是 10 月下去的。那时候，运动一般都是在农闲时候搞，农忙时就要下地干活了。学校让我们下去，是让我们参加一个学期，第二年春天我们就回来了，春夏之交就回来了。我们先是到了西安，后来还到山西昔阳①参观，然后回到北京。

　　回到北京以后，北京的"四清运动"也是如火如荼，学校也在搞"四清"。学校这个"四清"，要清除的问题是什么呢？实际就把那个前几年反右倾时的那些问题再不断清理。当然，也有一些不守法的，不守规矩的。不久，这个"四清运动"就变成了一个社会主义教育运动②，接受社会主义教育，要我们从农村回来的人做总结。社会主义教育，那么思想改造，应该改造什么？我是从农村回来的，我也写了一个很诚恳的总结汇报。我说，我发现现在的阶级斗争中，我学的知识越专门，越没用。我作的那个思想汇报，结果大家认为还算有点认识。

---

① 昔阳县，地处山西省晋中市东部、太行山西麓。20 世纪 60 年代，以陈永贵、郭凤莲等为代表的大寨人，自力更生、艰苦奋斗，改变了落后面貌，得到了毛主席与中央领导的肯定和表彰，成为先进典型。

② 社会主义教育运动，1963 年至 1966 年在中国农村和少数城市基层开展的社会主义教育运动，又称城乡社教运动。到 1965 年 12 月，全国有三分之一左右的县和社进行了社教运动，运动一直延续到"文化大革命"开始为止。

2. 坚持学习

这个时候，又出现"清官"问题，就是批判吴晗的《海瑞罢官》。我对这个问题没有研究，我也没有写什么文章。当时，史学界还有什么"五朵金花"，研究中国古代史分期问题、汉民族形成问题、农民战争、封建土地所有制形式问题、中国资本主义萌芽问题，我是研究世界古代史的，我没有参加讨论，因为不是我的研究范围。可是，这个《海瑞罢官》，搞着搞着，大家就知道了，实际上越来越清楚，批《海瑞罢官》，不是一个简单的学术问题。

很快，"文化大革命"开始了，上面派工作组到我们学校里来。"五一六通知"以后，1966 年 6 月 1 日，聂元梓在北大第一张大字报出来后，北师大谭厚兰第二天大字报就出来了。在这样的情况下，我就开始反省，我不知道自己该怎么做，觉得眼前出现的事情，我不知道，我不能知道，我也不可能知道。今天打倒这个，明天打倒那个。而且系里头一个领导就成"走资派"了，完全出乎我的想象。那么，我对自己不知道的事，怎么办？我不能不知而做。我只能做我所知道的事，我良心所能允许我做的事。我可以总结一句话，"文革"中间我没有揭发过任何一个人、任何一条材料。

这里面还有一件事。1966 年冬天，大概是 11 月，造反派要到山东去"倒孔"去，准备去砸孔府文物。后来，不知道是谁说的，多少年以前的碑文不能砸。那么，要派能看懂的人去，他们找人。他们找杨钊先生和我。为什么不找更老的先生？更老的先生能看懂，但当时都在牛棚里。当时，我从三年困难时期开始，一直就哮喘。我每天晚上只要一过十点，准发气喘病，这个气喘病很厉害。谭厚兰派人来，找我谈话。我说："对不起，我有病。我有过敏性气喘，不知道是什么过敏，气喘以后要急救的；要不急救，人会死的。我去不了。"他不满意，但是，他也知道，我有这个病不是一年两年了。所以，他也没什么说的。

杨钊先生跟我商量说："家和，这个怎么办？"我就告诉他："我有病，不能去。"杨先生又没有病，还是个党员。杨先生是个老实人，他又跟我讲："你看看，是不是真的不能去？"我说："不能去。他们做的事，他们是革命小将，闯什么祸，咱们管不了。可真有事的话，我们要承担责任的，我们是老师啊！"所以，杨先生说："我也不去了。"没有理由。结果，他被臭骂一通。最后，我们两人都没去。后来，别人开玩笑说："杨钊、刘家和，你们两人算是幸免于难了。"要不然的话，我们就是千古罪人了。

"文革"期间，我的工作主要是干什么呢？就是写大字，我的毛笔字写得还可以，让我抄毛主席语录，因为到处要张贴毛主席语录，这在当时是非常重要的事情。现在，胡云复①是书法家了，当时他和我一起写字的。李雅书先生跟我两人合作。李先生心灵手巧，她数了毛主席语录多少字，先打好格子，拿铅笔写一遍，然后她读，由我来写。写过以后，还要从句子到标点一一校对，不能有错，否则就是一个大罪。

一天，有人来跟我说："刘家和，你要揭发批判白寿彝。要知道，党的政策很清楚。按照政策，你还是人民内部的，可是你已经在'封资修'的路上走得很远了，不是'小草'了。你要革命，要批判白寿彝，要揭发白寿彝。"我说："好，等我看了白寿彝的书和文章再说。"那时候都不叫白先生，叫白寿彝。他说："不是让你批判白寿彝的学术问题，要揭发白寿彝的政治问题。"我说："我不知道白寿彝有什么政治问题。"他说："白寿彝跟你很密切，他也很欣赏你，所以你来揭发。"我说："我跟白先生从来不谈政治上的事啊！"他说："你回去好好学习毛主席著作，擦亮眼睛，就知道他跟你说什么。"可是，我怎么揭发？我不能编造吧！

我还遇到一件事情。我们系里的一位老师，他被关起来审查，被逼无奈，承认自己说过反对周总理的话。那么，需要证人。他说，好像刘家

---

① 胡云复（1942—　　），湖南醴陵人，北京师范大学教授，著有《胡云复书法作品集》。

和听到了。于是就有人跑来调查，让我揭发。我说："我不知道啊！"我的确不知道。来调查的人说："你再回忆一下。"结果回去一问，这位老师说："刘家和是在旁边，但他没说话。"所以，我就没有责任。这位老师说，他的话是在资料室讲的，刘家和当时的确是在资料室，他在那儿看报，但没有说话。我在那儿看报，没有注意他说什么，我的确没有听到，怎么揭发？我不能说假话。

除了这些，当时还组织学习马列主义，学习《毛主席语录》。要求我们学六本书，马克思、恩格斯、列宁的六本书。哪六本？《共产党宣言》《反杜林论》《法兰西内战》《哥达纲领批判》《国家与革命》《唯物主义和经验批判主义》。我当时跟张天麟先生学德文，学这六本书的时候，凡是有德文的，我尽量读德文本，跟中文本对着看。你不对中文看，别人不知道你在干什么。看列宁的著作，我看俄文本，对照中文本看。我觉得我做的一些事是在学习，我对得起良心。我学的是经典著作，不是偷懒。因为这样，我学外文在"文革"中间就坚持下来了。要不然，一丢十年，外语也就全完了。所以，德文、俄文我还基本上能够维持住。

3. 派往故宫

1971 年，还是在林彪事件发生以前，听说是要接待外宾，就派我和同事方攸翰去故宫。最初去的时候，我听他们讲，造反派也要把故宫彻底改造，成为革命博物馆，要把太和殿，那不有一个宝座嘛，掘地三尺，把这个宝座倒吊起来，打算在大殿里塑一座李自成像，横枪立马站着，都有这些方案。那时故宫有一位老干部叫王冶秋[①]。这位老革命可是很好的人，他一再跟我们说，他跟周总理是有联系的，故宫要整理，要开放。当时，好

[①] 王冶秋（1909—1987），安徽霍邱人，曾任国家文物局副局长、局长。

像是伊朗公主还是哪国贵宾要来，具体我忘了，准备接待。就开始要做两件事：一个是故宫里面有很多对联、匾额还有屏风上写的字，需要解释。讲解员要能懂，然后才能够给外宾解释。要不给外宾解释，他们都不知道是什么意思。这可不是一件容易的事啊！不知道他们怎么发现我在这方面比较懂，就把这事交给我了。

于是，我发现好像知识又有点用了。我认为，这是很好的学习机会。我开始看故宫历史，上图书馆查，清朝宫史我都看。我到故宫图书馆，他们让我看有关图书。这就是靠我典故的能力和读古书的能力。我用《艺文类聚》《初学记》《骈字类编》《佩文韵府》这些，查典故，我给它弄熟了。这样，我就把这些韵文、工具书复习了一遍。还有一些问题不能解决。当时我也很伤心，尤其像那个过去西太后住的一个地方，她过生日的时候，像《万寿无疆赋》，有好多篇，墙上镶的木板，文臣献的赋，有好多我没有见过的典故，有些领悟，还是不知道。我心里想，怎么办？后来，我忽然想通了。跟着皇帝、跟着慈禧太后的，为他们服务的那些旧文人，人家一辈子专门吃这个饭的，我不是。以后我看到一些典故，我就注意留心，但是比他们差得很远的。现在故宫里对联、匾额什么，我不能够解决的不多。

在故宫，我还做了一件事。那时为了彰显"文革"成就，就把各地方考古发掘材料都拿到故宫展览。我因为在故宫，有这个方便，故宫里面几乎所有的宫殿，一般人去不了的地方，像养心殿后面，我都去过。当时去的话，都封着的，贴有封条。每次去，必须至少有两个人，要登记。利用这个方便，我看了很多材料，各地送来的考古发掘材料，我们也去看了。我和另外一位老师一起去的，他是北大的。发现考古文物上有文字的，我们俩人合起来猜，有的我们猜对了，大概能懂百分之七八十吧。这时候，我感觉，我可以学古文字的，因为我有《说文解字》的基础。

所以，我开始学古文字。我学金文，就看容庚①先生的《金文编》。这个书的前身，就是清朝吴大澂②的《说文古籀补》。吴大澂是苏州人，曾经与吉林将军铭安③在吉林建立边防部队，处理边防事务，他打仗是不行的。但是，他是一位学者，他编了《说文古籀补》。我以前就知道这书。我不去学甲骨文，学金文，我知道自己的限度，因为我已经四十多岁了。我就根据《说文解字》，与金文来对读。这个我是有经验的，跟学外文一样，我用这个零碎时间学习金文，大概一直学到 80 年代初，学了十多年。但是，我只能说是知道一些常识，不可能成为专家的。

4. 参加翻译

从故宫回来不久，林彪事件发生了，我们当时感到很震惊。那时，周总理主持外事工作，提出要组织翻译各国历史，我也参加了。我翻译的第一本书是《混乱时期的伊拉克》④，主要是我和郑儒箴教授翻译的，我们两人负责审校，当时书上不署名。接着，我又翻译一本俄文书。前面一本是英文。

参加翻译英文的成员有哪些呢？外语系有郑儒箴先生。郑先生的父亲是一位爱国进步教授，是留学生，在北大当教授，后来当了香港中国银行行长。新中国成立后参加革命，好像还是全国人大常委。郑先生的舅舅是

---

① 容庚（1894—1983），字希白，号颂斋，广东东莞人，曾任岭南大学、中山大学教授，著有《金文编》《商周彝器通考》等。
② 吴大澂（1835—1902），字止敬，号恒轩，江苏吴县（今江苏苏州）人，清代官员、学者、金石学家、书画家，著有《说文古籀补》等。
③ 叶赫那拉·铭安（1828—1911），字鼎臣，内务府满洲镶黄旗人，清朝将领。
④《混乱时期的伊拉克》，副标题为"1930—1941 年"，苏联学者格·米尔斯基著，北京师范大学伊拉克史翻译小组，人民出版社 1972 年版。

章汉夫①，新中国成立初期当过外交部副部长。郑先生在香港上的中学、美国上的大学、英国读的研究生，会英、法、德、俄、希腊、拉丁文等多种外文。我们这个翻译组中，他的水平最高，其他成员有李雅书先生、张文纯先生、杨育才先生，还有我。

我不能忘记李雅书先生对我的帮助，但是，我更不能忘记郑儒箴先生。我学外文的三位导师，俄文张正元先生，德文张天麟先生，英文最后给我加一把火的就是郑儒箴先生。郑先生每天上班，总抱着三本词典。我向他请教问题，他没有一次不是摊开词典跟我说话。他手底下抱着三本词典，第一本是《综合英汉辞典》，不知道现在书店里还有没有这本书，第二本是《牛津简明词典》，第三本好像是《牛津英汉双解词典》。我每次问他，他必须把这词典打开，再跟我讲。其实，他不需要，他都认得。我去问他问题，郑先生都要问，你为什么不懂？我会告诉郑先生，说英文这一段，我觉得有可能是这样理解，有可能是那样理解。尤其是经常出现的，就是一个介词宾语或者叫前置词宾语，或者这个不是宾语，短语 phrase，从哪里开始，到哪里结束？他说："刘家和，你这样问得对！好多人提问，就说我不懂，你告诉我是什么。你是有问题，或真正有问题，是这样还是那样。我还很少碰到这样问问题的。"我也跟郑先生说："您知道我为什么这样提问吗？我得感谢张天麟先生。"郑先生笑了，张先生跟他也认识。他说："你从张先生那里学得还真不错。你必须要看到有几种解释可能，你不懂在哪儿。"

还有一点他对我帮助挺大。我们稿子翻译以后，都要经过他看的，当然最后大家还会讨论一下，那时候讲民主的。郑先生很有意思，他翻译稿子，以他的水平完全可以直接翻译，可是他用铅笔写，学生用的带橡皮的铅笔，削得很尖，不对的地方，拿橡皮擦，再改。他在我的稿子底下画了一些虚点。我问郑先生："这是什么意思？"他说："刘家和，你一定要好好

---

① 章汉夫（1905—1972），原名谢启泰，江苏省武进县人，曾任外交部副部长。其父谢仁冰，为著名爱国人士。

看。要你说翻译错了，那就冤枉你了；说你翻对了，意思是对的，问题在哪儿，味道不够。"这个就厉害了！这不是语法问题，是修辞问题了。他说："你再看一遍。你跟我读一遍原文。"我就跟他读一遍。他说："你有感觉没有？你再看看你的翻译，这个 where other，为什么是这么翻，不是那样翻？"我太感谢郑先生了，我感觉，翻译真不是那么简单的事，水太深了！

我知道，郑先生给我讲这个，以我当时的水平，我能翻，但是不能完全吃透这个东西。即使现在，恐怕我能吃透的东西还是有限的，特别是一些文学作品。他讲的一些文学作品，后来他给学生讲，我去听过。郑先生在课堂上讲英国文学史，闭上眼睛背，背完了再讲，就是这样的人。他走在路上都背。我听他背过《滕王阁序》，中文、外文都背。有时候，他背希腊文、拉丁文的语法变化表。他是大资本家的儿子，可穿得极为朴素，从不向家里要钱。郑先生还跟我说："刘家和，以后我教你希腊文、拉丁文。"那时候搞运动，没时间，他要搞翻译。

郑先生告诉我，怎么查词典。有一天，郑先生，还有李雅书先生跟我在一起。李先生插一句话，就是说，家和对词典单词的意思，他会从头到尾都说出来。这是在夸奖我。郑先生说："你看这个词典，为什么这么排，你想过吗？"我说："我没有想过。"他说："你回去看《牛津简明词典》，底下是不是有一个 etymology，一个词根。那么，词根的原义是什么，是从哪些文来的？这是第一层意思。第二层意思都是本义，第三层是引申义，到最后是通假义。"郑先生这一讲，我心里明白了。我学中国古文字的时候，不是也有这个问题吗？所以他一点，就把我点通了。

我参加翻译的另一本书是俄文本《中国近代史》，作者是苏联学者齐赫文斯基[①]。他的中文名字叫齐赫文，把"斯基"去掉了，是一位很著名的汉

---

① 齐赫文斯基（Тихвинский, СергейЛеонидович, 1918—2018），历史学家、汉学家，曾担任苏联科学院中国学研究所所长，苏联（俄罗斯）科学院院士，2013 年被授予"世界中国学贡献奖"。

学家。他写的《中国近代史》，实际上是清史，他们把清代看作近代了。这不是没有一点道理。这是龚书铎[①]先生从外面弄来的一本书，说有人找他翻译，他不会俄文。龚先生组织人翻译。我还在北京市组织的一个中学教材编写组里面，那是 1974 年还是 1975 年，我都记不清了。我在展览馆路对面的，那边有一个叫什么街道，那时候是教师进修学院。他就找到我，最后一个附录，讲清代文化的，引用中国文献太多，别人看不懂。因为我对清代学术还有一定了解，他也知道，他说你来翻这个。

我就翻译这本书。我就打算晚上回家翻，白天找点资料。白天不是还有工作嘛，抽空查出处，结果翻着翻着，觉得不行。一个晚上翻译出来的东西，一天绝对查不完，怎么办？我就改了，白天有空翻译一点，晚上找资料。最后，我发现齐赫文斯基这本书中有各种各样的错误。他引用一首绝句，四句，他引用的不是前两句，也不是后两句。我发现，他引用的是第一句和第三句，这在中国人看来是很奇怪的，为什么不引用二、四句呢？可能他没看懂，我感到非常奇怪。

因为翻译的时间短，没有多少时间翻译。可是，你得把中文查出来。这个功夫就大了。他引用黄遵宪[②]的一首诗，刚才讲了，《罢美国留学生感赋》。我在俄文里看到的是什么呢？美国留学生暴动、骚动，讲到这个。那么，我在黄遵宪诗集里找，怎么也找不到。我就找美国留学生有关资料，只有一个。那时候我儿子刘迺在家，我就在他的房间里翻。我说："太奇怪了，怎么没有这个呢？只有一篇，就是《罢美国留学生感赋》。"结果我儿子在旁边答应一声，他说："就是这个。"我说："你怎么知道？"他说："罢工、罢课、罢市，不是骚动嘛！"结果我一查诗的内容，还真的是。所以，

---

① 龚书铎（1929—2011），福建泉州人，曾任北京师范大学教授、历史系主任、史学所所长，中国史学会副会长，北京市历史学会会长，著有《中国近代文化探索》等。

② 黄遵宪（1848—1905），字公度，别署人境庐主人，广东嘉应州（今梅州）人，诗人、外交家，作品有《人境庐诗草》等。

我就把这个"洋大人"（齐赫文斯基）的错误给整理出来，哪一点错了，我都记下来了。

还有一个地方，是翻译梁任公的，具体题目我忘了，年头多了，好像是那个"告教育界"，他控告教育界。我查了《饮冰室全集》，没有找到，后来查出来，那个等于是"警告教育界"。他怎么能够告教育界？后来我就想，好像对西方人来说，对俄语也是这样，对英语也是这样。你要警告教育界的话，那你要告诉教育界什么事呢？中国人不一样，内容就在底下，你就得看一个间接宾语，直接宾语是看不出来的。可在俄语、英语里面，要告的话，你要告诉什么事，那么一定要有直接宾语和间接宾语，第三格、第四格在俄语里这样讲。这个在英语、俄语里，基本上是第三格、第四格。可是在俄语里头，如果是告，没有直接宾语，就是控告，所以他翻译成控告了。

我看了以后，我忽然感觉，这个观念就彻底变了。我说，不懂母语的人，要翻译外文有多难啊！他这个错误不是大意犯的，是通过他的理性思考犯的。这是他按照本国语言的思维方式来理解，结果犯了这样的错误。我就反省自己，我要是看到古典一些的俄文，那错误不是比他还要多吗？我就反省，刘家和，你要心里清楚，你的外文十分可怜，十分有限，随时可能出错！我每天都查中外文资料，看各种例句。我从美国带回来一本《牛津英语大词典》，大概有八九册吧，现在看不了，字太小了，那时需要查的地方，我都会把所有的例句充分地看了。我通过这个事，我知道我的外文很有限，一定要清醒。

5. 整理《史通》

"文革"期间还有一件事，就是参加刘知幾《史通》的译注工作。林彪事件发生以后，先是"批林整风"，后来就是"批林批孔"了。不久，就搞"评法批儒"①，批判儒家，要评法家。那么，哪些是法家呢？韩非，早就弄完了。于是有人说，刘知幾也是法家，也不知道是谁说的，所以要整理《史通》。这个任务，就摊到北师大历史系来了。那时，学校工宣队、军宣队还在。军宣队一位同志做组长，教师这边由赵光贤②先生做组长。两个组长，工宣队、军宣队是正组长，赵先生是副组长。当时，让两位老先生参加，一位是白先生，一位是赵先生。他们当时都是从"牛棚"里解放出来的。我呢，既然是领导让做，让我参加这个事，那就做吧。

刘知幾的《史通》是一个什么特征？文章是"四六体"，骈体文。刘知幾夸自己文章写得好，可是他用四六体写，不符合历史书写传统。我也觉得他的文章并不好。他的典故很多，搞得人晕头转向，浦起龙的注、黄叔琳③的注基本都解决了。最后通稿基本上是我做的，为什么呢？因为两位老先生有点不愿意做这个事，工宣队就让我来做。我就做注释。这里边有两个事。第一个，刘知幾所涉及范围，是史学史、史学思想，对我是一次非常重要的复习和整理机会。经过 1958 年、1959 年的一次学习，白先生不是让我摸一下史学史吗？这次我认真地读了《史通》，结合历史读的。应该说，训诂知识、小学知识确实有点难度，我在这里磨练了一次。这是第一点。我搞了半天小学，从小喜欢这个，我在这里得到运用，还管用。就像搞翻译一样，对我是一次磨练，让我重新把这个东西用起来。因为这个我可以公开地做，合法地做。

第二点我要谈的，就是这里引用《左传》中天文学方面的一些问题。

---

① 评法批儒，指 1974 年开展的"批林批孔"运动。
② 赵光贤（1910—2003），江苏省奉贤县（今上海市奉贤区）人，曾任辅仁大学、北京师范大学教授，中国先秦史研究会副理事长等职，著有《周代社会辨析》等。
③ 黄叔琳（1672—1756），字昆圃，号金墩，顺天大兴（今北京市大兴区）人，历经康熙、雍正、乾隆三朝，官至内阁学士、吏部侍郎，著有《史通训故补》等。

具体说来，就是盈缩①这一概念。这个概念怎么解释？我不理解。后来，我就到北京天文馆去找陈晓中②先生，向他请教，那时候称陈晓中同志。他和我同年，是广东人，先是在中山大学天文系，高校调整后，到南京大学天文系学习。他学习很优秀，分配到北京天文馆，是一位很好的学者，字也写得非常规矩，人非常好。他指导我看天文学。关于盈缩问题，他还讲程序，很会教学。他先让我看比较容易懂的教材，还有一本参考书。我看了以后，做了笔记，我画了各种星图，月亮、太阳跟地球关系等等。我画了各种图，把历史上天象的十二次等，这些我都做了。这是我学天文学的开始。我知道了盈缩，画了一个图，可惜现在这个笔记本找不到了。

除了陈晓中先生，以后还我交了好几位天文学界的朋友，他们都很好，像张培瑜③先生，还有薄树人④先生，可惜薄先生不久就去世了。后来，我参加编写《中华大典》，我还见过席泽宗⑤先生，他比我年龄大。还有一位很出色的天文学家陈美东⑥先生，是中科院北京天文台的。陈美东先生跟席泽宗先生是同年、都是 2008 年 12 月去世的。我们本校有一位天文学家，杜生云先生，我都拜他们为师。

张培瑜先生对我尤其好，我跟他有过长谈。张先生真是无私的。他到北师大来讲课，不要钱。别人送他上火车，把钱塞给他，他发现了，拿出来，还给人家。他是山东人，现在身体不好。他到我们这里讲学，绝对不

---

① 盈缩，亦作"赢缩"，天文学名词，指日、月、五星运行的不均匀现象，趋前为盈，退后为缩。

② 陈晓中（1928—　），广东省澄海县人，毕业于南京大学天文系，曾任北京天文馆馆长。

③ 张培瑜（1935—　），山东烟台人，中国科学院紫金山天文台研究员。

④ 薄树人（1934—1997），祖籍江苏苏州，出生于上海，曾任中国科学院自然科学史研究所研究员。

⑤ 席泽宗（1927—2008），山西省垣曲县人，曾任中国科学院自然科学史研究所研究员、所长，中国科学院院士。

⑥ 陈美东（1942—2008），福建省连江县人，曾任中国科学院自然科学史研究所研究员、所长。

要报酬。他问我：“刘先生，你有没有学过天文学？你如果有时间，我们在一起两个星期，你就可以了。”可是，他哪有两个星期时间，我哪有两个星期时间啊！后来，他的书稿没有出版以前，他把打印稿寄了一份给我。书出版以后，他又送了我一本。我看他的书，就对中国古代历法、天文学有所了解了。这是我搞《史通》一个最大的收获。以后我再看史书、历书时，像《汉书·律历志》，一般人看不懂，我能看，知道它的问题是什么。应该说，这主要是拜张培瑜先生所赐。

所以，我做《史通》校注时，我是练了一次小学、训诂能力，还学习了天文、历法。直到现在，这对于我研究历史来说，还是很重要的。

还有一件事，当时我们学校的军宣队是属于北京警卫四师的。他们师部把杨钊先生、李慎兆先生、梁义群先生和我请到警卫四师去，把我们当作客人。在学校时，军宣队在系里有个营教导员，平时把我们训来训去的，说我是一个废物，为什么？那时不是抓“五一六”分子吗？王教导员说：“刘家和，我教你抓‘五一六’，你会吗？”我只好老实说：“我不会。”他说：“我就知道你是个废物，没用的，报废了。”可是，妙就妙在过去说我是什么废物，现在把我弄到他们那儿去了。我感到有点奇怪，部队的师长、师政委叫我们老师，还请客，把我们四个人拉去吃饭。那位教导员回部队，一看是我，这个臭知识分子，怎么到这儿来了？跟在学校不一样了。可是，听说这位教导员老的时候，曾经让人扶着到学校向人道歉，没找到我。这个人很朴实，但是文化水平低一点。

我们在部队干什么呢？那时，不是要整理法家材料吗？有人提出来，兵家里头有法家。于是，我又看了一些兵书，大概有几个月时间。《孙子兵法》，我以前没认真看，这个时候比较仔细地看了，甚至于看到北宋的《武经总要》①，

---

①《武经总要》，中国第一部由官方主持编修的兵书。宋仁宗为防止武备松懈，令天章阁待制曾公亮、工部侍郎参知政事丁度等负责编纂，包括军事理论与军事技术两大部分，具有较高的学术价值。其后又将《孙子兵法》等七部兵书汇编为《武经七书》。

主编是曾公亮吧。

顺便说一下，在"文革"中间，我发现要我做的事、我能做的事，基本上都是技术性的、知识性的。我做的东西，都上不了纲、上不了线。在部队的时候，我收集材料。我们四个人看材料，让部队里的人抄。跟我们合作的是一个副团长、一个团副政委。我不是搞中国古书，就是搞外文翻译，主要是这两件事。这个是我能做的。《史通》这个书，1975年完成，1976年交给北京出版社了。可是，不久唐山大地震，书稿找不到了。所以，这个书就没有出版。没有出版也好，可能里面一些观点有问题。

6."重返故园"

"文革"后期，准备要招工农兵学员①了，大概是1973年前后吧。所以，林志纯先生到北京来，我记得军宣队②还在，军宣队是以后才走的。林先生说，我们合作编一个教材，就是《世界上古史纲》。

这个工作跟前面工作都不太一样。前面的工作都是领导叫我做什么，我就做什么。这个是跟林先生一起做的。实际上，我在东北师大进修时，林先生就感觉苏联教科书有问题，我也感觉有问题。林先生说，他要学习马克思主义。他学了，他要改变苏联教科书的这个做法。林先生说，过去苏联教科书里说，中国是东方不发达的奴隶社会，西方是发达的奴隶社会，希腊、罗马是发达的奴隶社会。那么，东方为什么不发达？因为有两个类型，两个类型怎么又说是一致的？那么，这个问题到底该怎么办？

林先生说，有另外一种办法，就是世界古代史实际上分为两个阶段，

---

① 工农兵学员，"文革"后期，根据中央指示，一些高校开始招收有实践经验的工人、农民和解放军学员入学。从1970年到1976年，共计6届，学员94.5万人。
② 军宣队，"解放军毛泽东思想宣传队"简称。"文化大革命"中，中国人民解放军派驻地方各院校和工矿企业单位与工宣队一起领导运动的组织。

亚细亚生产方式^①是原始社会。他下来跟我说，他看过什么材料，可以证明的。这篇文章在"文革"后期发表了，《历史研究》杂志复刊以后发表了。他说，希腊、罗马跟中国都经过一个共同阶段，早期都是城邦，后来是罗马帝国；两河流域早期也是城邦，后来发展为帝国；埃及也是，印度也是，中国也是。这样，他就在世界史中找到了一个统一的分期方法，都是由城邦发展到帝国。《世界上古史纲》就是这么做的。

我在林先生主编的《世界上古史纲》里承担希腊部分。林先生有个初步的大纲，我给他扩充、撰写。我为了将林先生这个想法在写作中体现出来，我自己也做了一点工作，就是中国是不是城邦？我做了两件事。一个是很小的考证性的文章，我没用考字，就是《三朝制^②新探》。我试图从中国礼制来讲，不是有外朝，有内朝，有治朝嘛？外朝是朝国人，相当于西方公民大会，但是很少；内朝是贵族和元老院，就是君主制。我就是从经学角度来讲，做了这篇文章。具体来讲，就是楚邦的发生和发展。

我拿楚国作例子。我说，楚国这么一个诸侯，是怎么样发展，然后怎么到郡县的？可是，郡县制^③就在楚邦发生和发展。我本来是参加林先生这本书的写作，写这本书的时候，我是按照林先生的观点来写。因为注意到这个问题，后来我自己写了《世界上古史》。我觉得，林先生的最大的贡献是从中国跟西方不同东西看出同样的东西，由城邦到帝国，实际上还是有

---

① 亚细亚生产方式，由马克思于 1859 年在《政治经济学批判》序言中提出，是历史中一个特殊的生产方式，是原始社会的最后阶段，具体表现为国家以农村公社为基本社会组织，土地公有，不允许自由转让，较典型国家有印度、西周前中国等。

② 三朝制，周代宫室布局之制。根据《周礼》规定，在王城宫中设置三朝：外朝、治朝、燕朝（内朝）。封建社会后期，与三朝相对应的建筑是奉天殿（太和殿）、华盖殿（中和殿）、谨身殿（保和殿）。

③ 郡县制，中国古代继宗法血缘分封制度之后出现的以郡统县的地方管理行政制度，起源于春秋战国时期，经过秦始皇改革，正式成为秦汉以后中国地方政治体制，是中央集权制在地方政权中的制度体现。

意义的。楚邦的发生和发展过程是早期的，可是在楚国境内，城邦就发展成为郡县了。秦汉帝国就是建立在郡县制基础上面，西方没有出现这样的东西，这些东西差别最大。

顺便说一下我已故的老朋友梁作榦先生，他写过一本书，叫《罗马帝国与汉晋帝国衰亡史》。我们是 70 年代末 80 年代初认识的，他在 80 年代就去世了。他留下遗作，他的学生找我写序。我说，一般情况下，我们先看到的都是不同的，每个国家都是不同的。然后，进一步经过抽象，我们就认识到是全同的。如果再进一步看，全同的里边还有不同。我说，梁先生这个书，由第一步做到第二步，这已经是很大的贡献了。第三步，就是某些地方，这不是我自己创造，其实是从黑格尔那儿抄来的，由具体到抽象，黑格尔说，抽象是灰色的，抽象要回到具体。这个工作很艰巨，到现在我们还没有能真正完成。我觉得这个工作假如要做，这个地方是可以继续探讨的。可是，有些事情想要解决，不是一代人能解决的，一代人能在某一点上有所突破就不错了。对我来说，问题都是敞开的。

我跟林先生编写《世界上古史纲》时，做了一个具体考证，写这篇《三朝制新探》的时候，基本就说明那个。当我研究楚邦的发生和发展过程时，我发现，希腊和罗马都没有出现郡县制的可能。《世界上古史纲》第一本是 1979 年由人民出版社出版的，第二本是 1981 年出版的。这主要是"文革"中间打下的底子，林先生到北京来，找我们几个老学生一起写的。

"文革"后期，林志纯先生要编《世界上古史纲》，带着我们几个。我是林先生团队里的，又回来了，研究希腊史。林先生这个书，他用"城邦说"打破中西这个区别，打破亚细亚生产方式的特殊性，就是打破东方专制主义这套东西，批判魏特夫（Karl August Wittfogel）[①]。那时候，我也跟林

---

① 魏特夫（Karl August Wittfogel，1896—1988），原籍德国，后加入美国国籍。曾任美国太平洋国际学会和社会问题研究所中国史教授及所长、华盛顿州立大学教授，著有《中国社会新解：中国社会经济结构调查》《东方专制主义：极权的比较研究》等。

先生搞这个，同时，林先生不说，他也是根据国别史安排。你看，我搞的是希腊，为什么我搞希腊？印度是崔连仲先生的。那么，我就帮林先生做点希腊部分。那么，在这样情况下，为什么我自己还想编一个教材？因为我参加编写林先生的书时，是按照林先生的"城邦说"来写的，世界古代史都是从城邦开始，发展到帝国阶段。但是，我心里已经开始有一个想法，从城邦到大的帝国，是不是都这样，中国的城邦跟西方的城邦是不是还有差异？这是我在思考的。

林先生作为一个老辈学者，做事雷厉风行。有一年，为讨论这事，他大年三十晚上给我打电话，叫我过去。于是我去买票，初一白天的车票没有，初一晚上坐夜车去。我坐在火车上，没有人，好像这个火车是我专车似的。我当时坐在软卧车厢里，可是出来都有点害怕，就是没有人啊！到了长春，我们就谈这个问题，我把我的想法跟林先生谈了。然后回来的车就挤得不得了，连找座位都困难。

我接受林先生这个说法，但是，我觉得可能要考虑到中国的特点。我为什么在林先生这个书以外，我几乎同时写一本书，我做了一个解释。这书后来是在吉林人民出版社出版的。林先生主编的《世界上古史纲》是中国学者第一部世界上古史的学术专著，这个林先生自己也知道，大家都知道，只是拿来当教材不太合适。那么，还是要编个教材。我编这个教材，有什么考虑呢？还是按照地区划分来写，这个没有打破。后来吴于廑先生主编《世界通史》的时候打破了这个体例。

我这个书是怎么设计的？第一，我写的是教材，但是我尽可能地使用原始资料，对于一些比较新的学术成果，我都进行了介绍。作为一本教材，可以引导学生逐渐接触原始资料，走向文献，走向学术讨论这个境界。第二，总体来说，我还是按照林先生提出的城邦说，我写了一个《余论》。我在这个书里，能够安排的凡是涉及中国的地方，我都把相关的中国历史资料结合起来。

《余论》有两部分。第一部分，我拉了一个大的框架，就讲这个世界历史是什么阶段，中国大概是什么情况，就是在《世界上古史》里面，让学生能看到中国在世界上古史的地位。第二部分，就是通过比较，讨论中国古代文明的特点和意义。这是一般世界古代史书没有的。我还编制了一系列表。我这个表不是仅有西方的，而是西方有什么，中国同时有什么。那么，看这个表，就不会是"两张皮"了。你就可以从这个表里看出来，中国与西方历史发展的大致情况。这里面也有一个问题，就是东方的这个古代史，最初的年代都不清楚，到以后才逐渐把年代搞清楚的。

这里插一句，后来李学勤[1]先生他们搞这个"夏商周断代工程"[2]，李先生也请我去。我说，我就不参加了。我就说明一点，我说西方那个年表，因为埃及也好，西亚其他地方也好，他们已经有很多年表在。西方的历史有点像风筝似的，这个风筝线假如断了，把这个线连上，它就是一串串的，风筝与风筝之间有这个关系问题，它的年代是这样确定下来的。中国的问题是什么呢？就是共和行政[3]以前没有找到这个风筝，前面那个风筝找不到。现在要靠什么呢？靠干支纪年，干支纪日，一直往上推。中国这个就困难多了。我在这个书中把这个年表做出来了，这些年代是相对的。中国的历史有些只能推测，当然，它本身有个年代。我把这个表做了，就是让学生能够知道东西方历史发展的大致情况，有一个比较。

我在书中还做了一个度量衡表。度量衡这些东西，都是工具性的，社会生活中必需的，缺一不可的。所以，我觉得学生拿到这本书的时候，既可以看到外国的，因为正文还是外国史，还可以看到中国的。我的表可以

---

[1] 李学勤（1933—2019），北京人，曾任中国社会科学院历史研究所所长，清华大学出土文献研究与保护中心主任、教授。

[2] 夏商周断代工程，是一个以自然科学与人文社会科学相结合的方法来研究中国历史上夏、商、周三个历史时期的年代学的科学研究项目，1996年启动，2000年结题。

[3] 共和行政，又称周召共和，周厉王在位期间，民不聊生，国人暴动，攻入王宫，厉王逃跑，政权由大臣周定公和召穆公共同执掌，称为"共和"。共和元年、即前841年是我国历史有确切纪年的开始。

引导学生的学习能力，可以作为一个工具。所以在教育部开评审会的时候，上海师大郭圣铭[①]先生说："这个书，看起来你是用我们中国人的方法来写这个世界史教材的。"我不敢说书质量如何，但是，的确是经过一个时期试用的。

这本书可惜没有精校，校对错误较多。当时，这个书正要校的时候，白先生要编写《史学概论》。白先生这本《史学概论》，找了十来个人写，最后统稿时，前一半是我统稿，后一半是瞿林东教授统稿。白先生书里写着："刘家和、瞿林东同志做了大量工作。"我这本《世界上古史》可惜没有精校，这是最大的遗憾，我应该向当时用过这本教材的人道歉，现在不少人都已经是大教授了，我得向他们致歉！

从"四清运动"开始，到陕西农村，我逐渐觉得我学的知识没有用，真没有用。回来以后，我就感觉，学的东西忽然又变成有用了。"文革"当中不是有个张铁生吗？"读书无用论"。系里杨钊先生讲课时，引用了一下《左传》和《国语》，很快学生大字报就贴出来了，说是资产阶级知识分子用这些东西来吓唬无产阶级子弟！我当时看了以后，不敢说一句话。我心里想，无产阶级如果看到一条《左传》，看到一条《国语》，或者看到一条《史记》材料就被吓到了，无产阶级的神经是不是也太脆弱了？

所以，我一直在想，知识有用还是无用？我要我的知识用在我能看到的地方。我还要不要学？如果说，我还能够把我的知识，有能够贡献一份力量的地方，我就去做。但是，我的力量有限，超出这个范围，我做不了。所以那个军宣队指导员说我没有用，不能抓"五一六"分子，这是事实，我怎么能抓"五一六"呢？我抓不了，我不会造反，我造谁的反，谁该反？我觉得，我学的知识只能是另外一个用途，做一点自己能做的事情。

关于知识有没有用的问题，还有一个无用之用、大用的问题，其实是

---

① 郭圣铭（1915—2006），原名郭节述，江苏镇江人，曾任华东师范大学教授，著有《世界古代史简编》《世界中世纪史讲稿》等。

可以作为学术问题来思考的。也可以说，这是来自现实生活的一个问题，受现实生活的影响。如果用数学公式来考量，这个知识，有这个绝对值啊！它的绝对值不是零。你要是正确用它的话，它是正能量；你要是滥用它，就是负能量，是不是？后来，我在一个会上也讲过这个事，我早就认识到这一点。所以，我就想求证，就是从这个时候开始，实际上是有现实生活依据的。

"文革"中间搞什么"影射史学"，一塌糊涂。到处批《海瑞罢官》，这不就是"影射史学"吗？"批林批孔"，不是"影射史学"吗？"评法批儒"，不是"影射史学"吗？后来说刘知幾是法家，武则天是法家，吕后是法家，这不是"影射史学"吗？还说江青是法家，女法家，更可笑的。"四人帮"一倒，工宣队①最初没有撤，是过段时间以后撤的，于是乎又说江青是野心家、阴谋家。用什么来证明？说吕后是野心家、阴谋家，武则天也是，反过来变成批判。我感觉，他们用的是同一根棍子，不过是谁拿着棍子打谁的问题。我就想，如果知识要是有用的话，千万不要被这个现实完全利用。

知识要是无用，那也不行。知识是要求真的，可是，求真的那边是什么？是致用。不能致用的真，有什么用啊？没有这个需要，历史就不可能存在。可真到用，也要根据实际情况。比如说周公，《尚书·无逸》是周公训导成王的。殷代周，曾经实行过很多的镇压和限制。文丁杀季历②，文王囚于羑里③，是不是有这件事？可是周公胜利以后不记旧怨，《无逸》里面都讲殷先哲王。把殷先哲王都肯定了，更不用说是商汤了。所以，他要从历史真里头求到善。

---

① 工宣队，"文革"期间工人毛泽东思想宣传队的简称，与执行相同任务的由中国人民解放军干部、战士组成的军宣队一起，曾被派往各地领导工作。1977 年 11 月开始撤离。

② 文丁（？—前 1102），商王武乙之子，商朝第二十八任君主。武乙时，西方的周部落逐渐强大。文丁在位期间，周侯季历伐戎有功，文丁忌惮，先嘉其功而后杀之。

③ 羑里，又称羑都，位于今河南省汤阴县北羑里城遗址，为商纣囚禁周文王之地。

《无逸》是周公对周人说的文告，《多士》是对殷遗民说的。周公对他们说，你们祖先曾经有德啊！夏禹开始时有德，到桀时无德；你们祖先有德，就"殷革夏命"，"惟尔知，惟殷先人，有册有典，殷革夏命。"我们革你们殷人的命，是继承你们的祖先。它"致用"了。可是，它在求真里致用，是不是这样？他把这个夏、商骂得一塌糊涂，因为有典故嘛。这里面，实际上是一种历史的肯定和历史的否定。所以求真和致用，要致用，一定不能歪曲真实。

当时不是批判孔子"克己复礼为仁"①吗？批"克己复礼"，说实话，当时不能说，是不是？后来，我写了关于"克己复礼"的文章，就讲这个事。我从那个时候开始，就思考真和善的关系问题，我开始发现这里有问题。在当时情况下，我只能做客观条件允许我做的事，良心允许我做的事。你叫我做什么，你明确地要求，大伙说什么，我就说什么，那责任不在我，我没跑，我也没有必要。我不知道的，我就说不知道，我总不能胡乱编造吧。这也是"文革"中间我的基本态度。

"文革"中间我就开始思考真和善的关系问题。改革开放以后，有一次我受邀参加一个青年史学家论坛，我第一次在会上提出这个问题，当时李文海②教授、金冲及③教授都坐在第一排。我看到，我讲的时候他们都在记，可能他们也意识到这个问题的重要性。我们作为史学工作者，抛开善，求绝对的真，没有的。这是史学的一个特点。史学什么时候都有这个真与善的关系问题。尤其是近代以来，史学如果完全离开政治，完全讲帝王将相是不对的，可是你想要完全讲真实，也不可能，历史可以不断重写。

---

① 语出《论语·颜渊》。
② 李文海（1932—2013），江苏无锡人，曾任中国人民大学教授、校长，中国史学会会长，国务院学位委员会历史学科评议组组长等，著有《世纪之交的晚清社会》等。
③ 金冲及（1930—　），上海人，曾任中央文献研究室副主任、中国史学会会长，著有《辛亥革命史稿》《毛泽东传》《周恩来传》等。

顺便说一句，"文革"后期，我还做了一个事，就不是结合工作了，我就开始偷偷自学梵文，就是根据一本俄文教科书学，在外文书店买的。那时，苏联出版的书很便宜。我买了一本初等的梵文教科书，学了一年半。那个天城体字母[①]，我整整学了半年，学的成果是半本笔记。这个笔记本丢了二十一年，又找到了。这说明什么？我一生中，想学希腊文失败，想学拉丁文失败，最后想学梵文也失败。我是学希腊文失败以后，又学德文。学过这个以后，我又试了一次，听广播学法文，学的初级班到中级班。那时，我开始能看点书，现在也都忘了。所以，这个时候我觉得我的外文不可能有再多的发展了。

---

① 天城体（devanāgarī），出现于 13 世纪初，是众多婆罗米系列字母中流传最为广泛最为强势的字母，用来拼写印地语、梵语、尼泊尔语等。

十一　岗位转移

1. 调史学所

这个时候面临一个情况，我在系里担任世界古代中世纪教研室主任，这是我平生最大的官职，我感到太累了，我没有能力做任何人事方面的工作。我对人都挺好，凡是人与人之间的矛盾，我都没有参与过，因为我没法化解任何矛盾。我能够做的，就是如果你们几位有争议，这课不好教，那我来教得了，其他的我做不了。所以，"文革"刚结束，白先生就跟我说："家和，到这边来得了。"原来不让我去的理由是世界古代史由李雅书先生和我两人教，不能只有一个人。这时候，虽说主要还是我们两人，但是，周启迪①老师他们慢慢可以独立承担教学任务了，郭小凌②老师也来了，当然他稍微晚一点。于是，我就调到史学所来了，这是在 1980 年。

---

① 周启迪（1938—　），四川梁平人，北京师范大学教授，著有《古代埃及史》、主编《世界上古史》等。
② 郭小凌（1950—　），辽宁沈阳人，北京师范大学教授、博士生导师，首都博物馆原馆长，著有《西方史学史》等。

1982 年，参加世界古代史学术讨论会（前排左 3：刘家和）

调到史学所以后，我的任务基本上没有变化。林先生知道后，他跟我开玩笑说："家和，你又逃跑了，不搞西方了。"我跟林先生说了一句笑话，我说："林先生，我不是失败逃跑了，我是在转进啊！""转进"这个词，可能有的人不知道。那时，国民党打败仗，他不叫退，他叫转进，为自己的失败掩饰。我就开玩笑说："我是转进。"可是我这一转，就转到中国史来了。这样，我在工作岗位和专业方向上好像有了一个大的变动。外人不了解情况，可能感到很突然，这是为什么，有什么内在的联系吗？

这里面好像有一个悖论。就是看起来我研究外国史时，可以说是我最用心投入、最集中精力的时候，我研究印度史，要跟希腊、中国进行比较研究。其实，我研究印度，很大程度上是靠国学的底子。我看这个《大藏经》，像大海似的，怎么下手？要看别的书，专门看《大藏经》行吗？这个是陈垣先生讲的，要竭泽而渔。所以，就显得目录学非常重要。佛经传到中国，就开始有目录学。我就从佛经目录学，像《出三藏记集》，我就知道

上篇　往事回忆

了佛经大致情况，然后我去挑最好的。日本那个《大正藏》^①修得比较全，我就结合这个目录来看。我知道一个，这里面千门万户，我只能摸一个大概的。我开始读《大藏经》，当时还写了一首诗：

> 望洋向若似河伯，
> 发奋忘忧慕仲尼。
> 精卫衔之能不悔，
> 愚公掘土复奚疑。

通过看佛经目录，我知道佛经的整体情况，我从小乘^②阿含部看起。佛经最抽象的哲学是在般若部，我集中精力攻的不是整个《大藏经》，这个根本攻不了，我攻读的是阿含部，四个《阿含经》。我知道目录学很重要，效率就提高了。所以，实际上我在研究印度的时候，已经把中国的东西运用过去了。

还有一个原因，我怎么从研究世界史转到中国史上面来？这是因为，我心里本来想研究中国史。我有多少年，下午到旧书店去，都是看中国的东西。我在家里看目录学书，到书店看中国古书。我对清人的年谱、清代学术一直有兴趣。我看清代的学术史，清人研究经学、小学的东西，有这么一个过程。所以"四人帮"一倒，那时候我不是还在学梵文吗？因为我知道学这个东西，一定会有用的，我感觉到，我要继续做学术研究。

于是，我不仅在北京图书馆办了借书证，还在首都图书馆办了借书证。

---

①《大正藏》，全称《大正新修大藏经》，日本大正十三年（1924）由高楠顺次郎和渡边海旭发起编纂，1934 年印行。全藏分正藏、续藏、别卷三部分，共 100 册，收入佛教典籍共 3493 部、13520 卷。

② 小乘（Hinayana），佛教宗派之一，与大乘（Mahayana）相对，以自我完善与解脱为宗旨，其最高果位为阿罗汉果及辟支佛果；大乘佛教以成为菩萨为最高境界，不仅自度，还能将无量众生度到彼岸。

那时候，我知道假如要研究先秦史，必须要研究经学。我知道《皇清经解》^①这部书很重要。那时候，家里没有，现在我家里有，我带了整本的稿纸和我老伴两人一起到北京图书馆去。《皇清经解》的目录和子目，我一条一条地抄。我知道，要研究经学，如果不知道清儒的研究情况，那是不行的。这是我看《书目答问》的一个收获。

《书目答问》我早年就看过。我记得柴德赓先生曾为中华书局重印此书时写过一个序，其中提到这是治学的一条道路，这也是陈垣先生的治学道路。所以，我把《皇清经解》《皇清经解续编》^②都看了，知道清代有哪些学者、在哪些方面有贡献。我自己做了一个目录，我需要研究什么？我一看，就知道清代经学在张之洞的《书目答问》中没有收进去。英国人理雅各^③翻译"四书""五经"时，他看到了《皇清经解》，没看到《皇清经解续编》。《皇清经解续编》是王先谦编的，这个时候清朝已经快完了。我知道《皇清经解》把所有书都选录了一部分，《日知录》是两卷。所以，我研究《左传》的时候，对于清代学者的研究状况，门路熟得很，不就靠这个吗？

1978年12月，党的十一届三中全会召开，我心里就有一种感觉，其实我是一个对政治不敏感的人，但是我也感觉到，我做学术研究的一个大好时机可能就来了。1978年除夕，戊午年，我心中满怀喜悦和期待，即兴写了一首诗：

---

①《皇清经解》，即《清经解》，又名《学海堂经解》，是清代阮元编辑的经学丛书，共收73家，183种著作，凡1400卷。此书集儒家经学经解之大成，是对清代乾嘉学术的一次全面总结。

②《皇清经解续编》，又名《南菁书院经解》或《续清经解》，经学丛书，收录清代学者训释儒家经典著作111家，209种，计1430卷。编纂者王先谦（1842—1917），字益吾，号葵园，湖南长沙人，进士，曾任国子监祭酒、江苏学政。

③理雅各（James Legge，1815—1897），苏格兰人，英国汉学家，曾任香港英华书院校长，伦敦布道会传教士，是第一个系统研究、翻译中国古代经典的人。

> 把酒迎新岁，
>
> 春来意若何。
>
> 神州生气满，
>
> 人境壮猷多。
>
> 川逝宁须叹，
>
> 天行恰应歌。
>
> 乘时宜努力，
>
> 莫遣日蹉跎。

书生气又来了，我就表达了这样一种心情。我是一个书生，虽说没有什么大的本事，可是总想学有所用，回馈社会，应该说是我对改革开放充满期待，感觉我可以有所作为了。

2. 比较滥觞

这时候，我就下什么功夫呢？我知道这一学术路子以后，我就注意要研究经学。这个时候，我已经感觉到，要把研究中国经学、古代史与世界史进行比较。当时，我还写了一首诗《将从事中国古史比较研究有感》：

> 晨昏讽诵忆儿时，
>
> 不绝多年宛若丝。
>
> 近老幡然循故径，
>
> 焉从旧学绎新知。

就是准备把从前的东西捡起来，研究中国传统学术。这是我当时的心情。

我就下决心开始读经。实际上，我要研究的不是"十三经"[①]，我只研究《尚书》《诗经》《左传》《公羊传》，还有"三礼"[②]。我怎么研究？主要是看经文和传注，疏略看，来不及了。因为疏大不了是孔颖达[③]、贾公彦[④]他们，唐宋人做的，所以我就反过来，研究清人的东西。

其实，只要你下决心做的话，《尚书》不过二十八篇嘛？的确难，但是，你一篇一篇地研读，认真地研读各家传注，总有弄懂的时候。《诗经》不过三百零五篇，对不对？《春秋左传》虽说篇幅大一点，也就那些，你要下决心看，还是看得过来的，不是说都把握，门径就熟了。《公羊传》也是如此。我在阅读这些时，也写了几首诗。这是我读《诗经》时写的《读诗传有感》：

> 西京诗学鲁韩齐，
> 断简残编且待稽。
> 毛郑规模诚足仰，
> 段王功力令人迷。

这是我读《诗经》的感受。我读《尚书》，《尚书》不是汉代孔安国[⑤]作《古文尚书》，过去讲"伪孔传"吗？我写了一首诗《读书传有感》，把"伪孔

---

① 十三经，南宋时期形成的十三部儒家经典，分别是《诗经》《尚书》《周礼》《仪礼》《礼记》《易经》《左传》《公羊传》《穀梁传》《论语》《尔雅》《孝经》《孟子》。
② 三礼，指《周礼》《仪礼》《礼记》这三部儒家经典。古人认为《周礼》《仪礼》为周公所作，《礼记》则由汉代戴德（大戴）、戴圣（小戴）叔侄所删记。
③ 孔颖达（574—648），字冲远，冀州衡水（今属河北）人，经学家，孔子第三十一世孙，唐初任国子监祭酒，奉唐太宗命编纂《五经正义》。
④ 贾公彦，生卒年不详，唐州永年（今河北省邯郸市永年区）人，唐代经学家，官至太常博士，精于"三礼"，撰有《周礼义疏》《仪礼义疏》等。
⑤ 孔安国（前156—前74），字子国，鲁国人，孔子第十世孙，经学家，武帝时官至谏议大夫，著有《古文尚书》《论语训解》等。

传"也端上来了：

> 恪遵梅传固堪讥，
>
> 择善而从未可非。
>
> 岂应拘泥马郑说，
>
> 述闻细玩见精微。

这里可能需要稍作解释。孔子修订《尚书》时，原有一百二十余篇。汉文帝时，秦朝博士伏生凭借记忆，背诵二十八篇。后来，孔安国献出古文《尚书》，比伏生的《尚书》要多出十六篇。可是，孔安国所献古文《尚书》后来又失传了。东晋时期，豫章内史梅赜又献出古文《尚书》，声称是孔安国留下来的，前面还有孔安国的序言。此后，梅传古文《尚书》在隋唐时期成为正统，宋代起有许多学者质疑其系伪书。元明以后，此说成为定论。《春秋左传》是历来学者都十分重视的一部史书，也是研究历史的必读书。我在读《左传》时，也写了一首诗：

> 贾服^①传经注已残，
>
> 清儒辑佚时堪观。
>
> 无如解左须鸿博，
>
> 元凯精思岂一端。

我在其中讲，就是清儒研究《左传》有贡献，但是，魏晋时期的杜注

---

① 贾服，东汉学者贾逵和服虔之并称。贾逵（30—101），字景伯，扶风郡平陵县（今陕西咸阳市）人，经学家，著有《春秋左氏传解诂》等。服虔，字子慎，河南荥阳人，东汉中平年间（184—189）曾任九江太守，著有《春秋左氏解谊》等。

还是了不得。杜预①不仅写了《春秋左氏经传集解》，还写了《春秋释例》。杜预不仅懂天文、历法，还懂地理，他是《左传》癖。清儒只是在一些细微地方超过他，总体上来讲，很难超过他。

我还读《公羊传》，也写了一首诗：

> 异义非常可怪文，
> 与殊名实益丝棼②。
> 其中不乏精深义，
> 家法循由庶解纷。

我觉得，读这些经书，你要顺着它这个路子去解析，去理解。那么，我研究这些东西的时候，凭什么呢？就是小学。小学当中，要特别注意《说文解字》和《尔雅》。

现在讲小学、讲文字的人，有的竟然说《尔雅》不重要。其实，《尔雅》和《说文》同样重要，某种程度上甚至比《说文》还重要。为什么？《尔雅》是了解中国古代文化很重要的工具书。我在读《书目答问》时，就知道这个。《经籍籑诂》一般人都拿它当词典查，可是，如果把《经籍籑诂》当词典查，就是把它浪费了。《经籍籑诂》这样的事好多人都想做，戴震想做，朱彝尊想做，段玉裁等想做，但是都没有做成，结果阮元到浙江

---

① 杜预（222—285），字元凯，京兆郡杜陵县（今陕西西安）人，魏晋时期政治家、军事家和学者，著有《春秋左氏经传集解》及《春秋释例》等。

② "与殊名实"，指《公羊传》的"实与文不与"。"与"意即表扬、肯定。所谓"实与文不与"，就是事实上肯定，而按礼法（文、名）则不予肯定。例如，僖公元年，齐桓公率诸侯之师救援邢国（邢被狄所灭），《公羊传》认为，齐桓公的行为是保卫华夏诸侯，事实上应予表扬（"实与"）；但是，按周礼规定，建立诸侯本是周天子的责任，齐桓公做了，属于僭越，所以在礼法上要给予批评（"文不与"）。这就是《公羊传》被认为多有"非常异义可怪之论"的一例。

做学政时，他组织弟子把它做成了，阮元立下《范例》。不过，有一个不方便的地方，就是它采用《佩文韵府》①，现在人不习惯，当时大家都很熟悉。

我要再次强调，读书必须先读序。《经籍籑诂》有两篇序，一篇是钱大昕写的，钱大昕比阮元大二十来岁，是前辈，阮元请他作序。他写的序不长，但是他讲从前这个事怎么做，他讲了很多。钱大昕是搞音韵的，他讲这个词，有本义，有引申义，根据什么确定是本义，什么是引申义。《说文解字》是这个字拿出来，告诉你是什么意思。在《尔雅》里面，同一个意思不同的词，或者一个字在不同地方是不同意思，哪个是本义，哪个是引申义，所以钱大昕这个序是高水平的。

另一篇序是王引之写的。王引之当时是大官。阮元也是大官，阮元的官职比王引之可能还要高一点，都差不多。王引之称阮元为先生，是因为考试的关系。其实，阮元比王引之才大两岁，而且阮元年轻时，是问学于王引之的父亲王念孙的。这是在《经传释词》②序里说的。王引之这个序，强调音训的重要性。我把他们写的序原文都复印了，点了半截，后面不点了。为什么不点了？因为他讲的都是音训，看那个《经义述闻》③就知道了。那时，阮元要到广州去赴任两广总督，他是在赣江船上写的序。王引之还讲，阮元要给他的《经传释词》写序，讲到他们之间的关系。那么，看这个序，你就知道这些。

我忽然想起来，1961 年，那时候还是困难时期，当时政策可能想让老教授们放松一点，但是，我觉得当时的政策还是让他们要积极发挥作用，因为前面批他们批得狠，说你们都说一下，你们都有什么宝？你看师大校

---

①《佩文韵府》，清朝康熙年间张廷玉、陈廷敬编纂的一部类书，共 444 卷，以元阴时夫《韵府群玉》和明凌稚隆《五车玉韵瑞》为基础，再汇抄类书中有关材料增补而成，按平水韵分平、上、去、入四声，每一声按韵目依次排列。
②《经传释词》，解释经传古籍中虚词的专著，王引之撰，完成于嘉庆二十四年（1819）。
③《经义述闻》，一部从经学、小学和校勘学角度研究《周易》《尚书》《诗经》等经典的著作，王引之撰，因其中约一半是记述其父王念孙关于经义的论说，故名。

训里面有，每个人都要讲，我手里哪几本书是"宝"。中文系萧璋 [1] 先生是搞训诂的，他研究高邮王氏。他说的"宝"是什么呢？就是《经籍纂诂》。当时，我不够资格，我还是小青年。白先生参加了这个会，他回来跟我讲："家和，萧先生说《经义述闻》，这本书怎么样？"因为我知道，我就再翻开看看，我觉得这东西可以做。所以，我知道音训的重要是从这里来的。

我小时候喜欢读《楚辞》，《楚辞》是不押韵的。比如《离骚》开头：

> 帝高阳之苗裔兮，朕皇考曰伯庸。
>
> 摄提贞于孟陬兮，惟庚寅吾以降。
>
> 皇览揆余初度兮，肇锡余以嘉名。
>
> 名余曰正则兮，字余曰灵均。

"惟庚寅吾以降"，不押韵，这一类东西很多。又如"帝子降兮北渚，目渺渺兮愁予。袅袅兮秋风，洞庭波兮木叶下。"不押韵了。我心里一直想着这事。1961 年，我那本书上面写着，当年 6 月在天津买的，陈第 [2] 的《屈宋古音义》。我一看就知道了，"摄提贞于孟陬兮，惟庚寅吾以降"，实际上这个"降"，不读"降"，这里读 hōng。然后，"帝子降兮北渚，目渺渺兮愁予。袅袅兮秋风，洞庭波兮木叶下（hǔ）。"你说这个，它是有韵的，对不对？所以，我写了这首诗：

> 早年酷爱诵灵均，
>
> 每恨传神韵不匀。

---

[1] 萧璋（1909—2001），字仲珪，祖籍四川省三台县，生于山东济南，曾任北京师范大学教授，著有《文字训诂论集》等。其父萧龙友，一代名医。

[2] 陈第（1541—1617），字季立，号一斋，晚号温麻山农，别署五岳游人，福建连江人，明代音韵学家、藏书家，著有《毛诗古音考》等。

季立陈君《音义》卓，

令人快读意舒声。

那年夏天我看到这个，冬天听萧璋先生讲这个音训，我知道，要搞经学，还得从音韵、训诂、小学入手。

3. 经史兼治

我写的第一篇中国史研究论文是什么呢？《书·梓材人历、人宥试释》，是研究《尚书》的。这篇文章为什么这样写，其精义何在？其实，我前面讲了，我不仅读"十三经"中的经文和传注，读《皇清经解》《皇清经解续编》，还看吴大澂的《说文古籀补》、孙诒让的《契文举例》，以及容庚先生的书，我不是从 1971 年就开始学金文嘛！那时，就学金文和《说文》，一边搞音韵，一边搞金文。还有吴闿生[①]先生，也是研究金文的。吴闿生是吴汝纶的儿子，在清代做过大官，北洋政府时期当过教育部次长。吴闿生的《吉金文录》，对我有帮助。我没有做过他学生，也不够资格。还有于省吾先生、闻一多先生，他们研究古文字的东西，我都看过。所以，我这篇文章看起来好像下了些功夫，我是 1980 年到史学所的，1981 年发表了这篇文章。实际这个问题，如果说从我学金文开始算起，到这时已有十年了，如果从"四人帮"倒台算起，也有五年了。

我为什么忽然从研究希腊到研究印度，再从印度到研究中国，看起来好像没有联系，其实里面有极大的关系。当时，我是在学习马克思主义，也在研究古代社会结构问题，斯巴达的黑劳士制度是这个问题，印度种姓制度、土地制度也是这个问题。我写《尚书》这篇文章，就是讲社会结构

---

① 吴闿生（1877—1950），号北江，吴汝纶之子，安徽枞阳人。吴汝纶（1840—1903），曾任京师大学堂（北京大学前身）总教习，桐城后期代表作家之一。

问题，包括后来研究《诗经》中国人、野人①的问题，《左传》的那篇《芳掩庀赋》。所以，表面上是不同的问题，可是深层的问题是一个，是紧密相关的，不是断裂的。

这篇文章写了以后，我去参加在天津召开的亚细亚生产方式问题讨论会。他们希望我跟林先生一起谈谈亚细亚生产方式的理论问题。可是，我送了这篇文章。好多人感到奇怪，就问："刘家和，你怎么拿这东西来搞亚细亚生产方式问题？"我现在得感谢我的一位朋友，他已故世了，就是林甘泉②先生。林先生看完我的文章以后，专门跑来找我，就说："老刘，你不是搞外国史的吗？你不是苏联留学的？"我说："不是，我只是在中国（东北师大）跟苏联专家进修而已。"他说："你怎么写这样的文章？"我笑着说："我是中国人啊！"他说："你这个文章给我好不好？《中国史研究》，我要拿去发表。"我说："你干吗要发这个？"他说："你这篇文章，还是值得去讲，是与亚细亚生产方式有关系。"所以，林先生很不一般，他说你给我们《中国史研究》，他当时是历史研究所的负责人。他去找了一个姓高的副主任，名字我想不起来了，就把我的文章要过去了。那么，林先生跟我就成为朋友了。

这篇文章，当时看到的人比较多，有点影响吧，可能港台地区一些学者、国外的一些汉学家都借鉴了。我这篇文章讨论什么问题呢？周公封康叔③到殷商故地，不是在卫吗？有个《康诰》。《康诰》后面，另外一篇是《梓材》。《康诰》开头有一段话，这段话前人一直没有解释好。这段话是这么说的：

---

① 国人、野人，西周时期，把居住在都城之内的平民叫作国人，而居住在郊外的被统治者叫野人。
② 林甘泉（1931—2017），福建省石狮市人，曾任中国社会科学院历史研究所所长、学部委员，著有《中国古代政治文化论稿》等。
③ 康叔，周文王姬昌第九子，周武王姬发同母弟，初封于康地（今河南禹州），建立康国。后助周公平定"三监之乱"，改封卫国，建都于商故都朝歌（今河南淇县）。

　　汝若恒越曰：我有师师、司徒、司马、司空、尹、旅。曰：予罔厉杀人。亦厥君先敬劳，肆徂厥敬劳。肆往，奸宄，杀人，历人，宥；肆亦见厥君事、戕败人，宥。王启监，厥乱为民。

　　这段文字中，就是"人历""人宥"，从来有两种解释。一种呢，就说周公的话要对谁都一概宽宥。你看《康诰》，看《酒诰》，都这样，这是不对的。另一个是相反，是从严，也不对。周公讲的是什么呢？就是该从严的从严，该从宽的从宽。这地方，其实《尚书》内部就可以证明。所以，就是两个前人截然相反的解释，我进行重新解释。

　　为什么我说于省吾①先生首先看到这一点？于先生的书我是必看的，就是他的《双剑誃诗经新证》，或者叫《泽螺居诗经新证》，还有他的《尚书新证》《诗经新证》《朱子新证》，我都看过。于先生讲，"人历"，就是历人。这个"历"，就是"人历"。可是，"人宥"于先生没解释，当原"宥"的"宥"来解释。其实，我这篇文章是在于先生的基础上走了一小步，他老人家做的"人历"这个事，是很难得的。

　　原"宥"的"宥"，这在音韵上，通训为朋友的友，这太容易了。这个例子多了。那么，我一时找不到证据。实际例证往哪儿找？能够让你能找到惊人数量材料的是《经籍籑诂》，里面有许多先秦的东西。这样，我就把"人历"解释成为"野人"，"人宥"呢，就是"人有"。"宥"这个字，本义是什么，怎么演绎的？我就把"宥"的不同层次、"历"的不同层次做个分析。这样做是解经证史，靠的就是小学。这时，我也感觉到一种喜悦。我差不多花了五年时间才写出这篇文章。

　　我读外国书的时候，看这些大家的作品，都是从这个文字、训诂入手。

---

① 于省吾（1896—1984），字思泊，号双剑誃主人、泽螺居士，辽宁省海城县人，曾任吉林大学教授，著有《甲骨文字释林》等。

你看海德格尔①的《形而上学导论》，不是从字源学讲起吗？维柯②的《新科学》也是这样。还有德国的尼布尔③，西方近代罗马史奠基人，他们就是这么做的。我作为一个东方学者、中国学者，我研究世界史那么多年，现在回到中国学术传统，其实西方学者的治学方法与中国学术传统有共通之处，中国历史悠久，西方反而短暂。所以，我觉得依照中国历史，在这样情况下，我终于能够做到这样，也是一种自我安慰。

那么，我研究《诗经》的文章，研究《左传》的《芳掩庀赋》问题，还是这个路子。这条路，就是实践张之洞所说"由小学而经学，由经学而史学"。其中目录学起了极为重要的作用。

这篇文章写好以后，我就把文章寄给林志纯先生。林先生一看，感觉很惊讶，他说："怎么，刘家和，你也搞这个？"林先生同于省吾先生关系很好，于先生比林先生大十多岁。于先生也不冬烘④，愿意听林先生讲西方的故事，他作为参考。林先生把我的文章给于先生看，于先生夸我说："用功甚勤。"虽然只有四个字，可是我知道其中的分量！要是该做的不做，不能叫"用功甚勤"。于先生的这封信我应该还在。当时于先生已经年迈了，他是口授，教他的助手林沄教授代写的。顺便说一下，于先生的女婿吴振武是吉林大学的，后来他把《于省吾教授百年诞辰纪念文集》给我寄来。他还告诉我，于先生不说这个问题我解决了，说"被艺术了"（可备一说）。我觉得已经是最高的评价了。我是在继续于先生所做的事。

---

① 海德格尔（Martin Heidegger，1889—1976），德国哲学家，存在主义哲学的创始人和主要代表之一，曾任德国弗莱堡大学（Albert-Ludwigs-Universität Freiburg）教授、校长。

② 维柯（Giovanni Battista Vico，1668—1744），意大利哲学家、语言学家、美学家和法学家，所著《新科学》的出版，标志着历史哲学的诞生。

③ 尼布尔（Barthold Georg Niebuhr，1776—1831），出生于丹麦哥本哈根一个德意志学者家庭，历史学家，曾任柏林大学教授，兼任普鲁士王家史官，著有《罗马史》，近代西方批判史学的奠基者。

④ 冬烘，迂腐浅陋。唐武宗时郑薰主持考试，误以为颜标是鲁公（颜真卿）的后代，把他取为状元，有人作诗嘲笑说："主司头脑太冬烘，错认颜标作鲁公。"

在读书思考（案头放着于省吾撰《甲骨文字释林》）

　　在研究《诗经》时，我也跟于先生有不同看法。这是可以的。所以，因为这篇文章跟《诗经》的文章结合，我等于是研究中国史。那时刚从长沙开会回来，1983 年世界上古史学会在河南开封开会，会议开六天，林先生、毛昭晰和我开了三天，就到郑州开第六届学科规划会。当时，我还在世界史组。到"七五"规划的时候，就因为我写了这样的文章，以后就不让我在世界史组了，让我在中国古代史这个评审组里，待了 17 年。所以，有人问我说，刘家和，你搞中国史了？你怎么不写什么分期问题，不写这些大问题，你写这个考证问题？我说，大问题我拿不下来呀！其实，我做的是。有的人说笑，好心人跟我说，我朋友跟我说，你这样子写文章，包括你搞印度的文章，没有受众啊，影响不大啊！是不是这样子？这要看哪种影响。

　　应该说，这个时候我并没有放弃理论探索。1981 年，我与政教系贺允清先生合作发表了《如何认识原始社会的公有制》一文。这是根据马克思主义理论，探讨原始公社结构问题。

　　中国历史上原始社会公有制这个说法，其主要依据就是《礼记·礼运》

中的一句话:"大道之行也,天下为公。"范文澜先生把这一社会说成是原始社会公有制。我感觉这个说法,搞古史研究,关键的问题在哪儿呢?因为原始社会已经是岿然大公,整个世界是大公的,怎么后来变成一个奴隶社会了?你说没有奴隶社会,实际上是假的。其实,原始社会公有制是在很小的范围里有公有制,而且在很小范围内所有制程度还是不一样的,土地是公有的,个人衣物等日常生活用品还是自己的,属于个人的。

我认为,原始社会公有制,它是很狭小的,在公社以内它是公有的,公有以外有界限,内有结构层次,不是绝对的。要不公有制怎么能够无中生有,突然生出私有制来呢?所以,我解释的一个问题就是,原始社会公有制对外有界限,超出这个界限就是私有的。恩格斯说过一句名言:"部落以外的,就是法律以外的。"我们翻译成中文的时候,现在还没改,就是在《家庭、私有制和国家的起源》中说的,"部落以外的,就是不受法律保护的。"其实,翻译的不如他原话说得好。部落的公有制,只是在部落内部,这个公有制不能跟其他部落分享。所以,部落跟部落兼并后,不平等就出来了。

有人说,随着生产的发展,这个产生的剩余就是私有制,那以后剩余越来越多,永远是私有制吗?不是。生产有剩余,这是一种可能,只是一个必要条件,不是充分条件。充分的条件,就要加上这个,必须是超出氏族部落以外就不存在公有制,而且不存在人与人之间平等。所以其他部落的人就不是人,就是掳掠来当奴隶的,是这样过渡的。

这篇文章与写《尚书》的文章,看起来风格截然不同,一篇是微观的,讲国人、野人,一篇是宏观的,讲原始社会公有制。这两篇文章都是1981年发表的。那时候,我读马克思主义经典著作,一边学习,一边思考,一边做微观研究,一边做宏观的。我在做微观研究时,白先生提醒我说:"家和,你以后可别陷入考证里边去了。"感谢白先生关怀,我现在可以告慰白先生,我还没有陷进去。其实,我一直是在宏观与微观之间思索,做微观研究时,心里不能没有宏观。要不然,假设做成一个烦琐的考证,还有什么意义呢？必须要有宏观的思考，如果没有真正具体的研究对象，又可能变成教条主义的一个说教。

4.必要张力

我在思考这些问题时，发现这里面还有一个问题，就是基本理论与学术方法之间的关系问题。我们讲宏观和微观也好，讲求真和致用也好，讲考据和理论也好，都存在这个问题，就是一个张力问题。有位美国学者，叫托马斯·库恩[①]，他在讲范式问题时，就提到必要的张力。他说，一种旧的范式怎么能够过渡到新的范式呢？什么样的人能够从旧的理论突破、不断创新呢？这个人很有意思。他说，只有非常深于传统，又能像毁坏神像运动那样子，那么勇气，凡是创新的人都是最能够推陈出新的，从旧范式转向新范式。

我曾经几次去美国，可是都没有见到他。第二次去美国，他已经去世了。他比我大十来岁。他的《必要的张力》一书，我这有这书的英文本，也有中译本，他讲这个"必要的张力"，The Essential Tension。我们做学问，要像《中庸》讲的："致广大而尽精微，极高明而道中庸。"什么意思？库恩说得好，必要的张力。然而，我觉得，中国人早就意识到这一点。孟子说："博学而详说之，将以反说约也。"博学，就是广博地学习，广泛地学习，而且详细地讨论，"将以反说约也"。这也是康德所说的悖论[②]。所以，真想作为一个专门问题做下去，就得做到广博，否则搞微观的问题就考证下去，

---

① 托马斯·库恩（Thomas Samuel Kuhn，1922—1996），美国科学史家、科学哲学家，曾任美国科学史学会主席、美国科学院院士，著有《科学革命的结构》《必要的张力——科学的传统和变革论文集》等。
② 悖论（paradox），表面上同一命题或推理中隐含着两个对立的结论，而这两个结论都可能自圆其说。

或者一个冷门问题考证下去了，人也跟着掉到陷阱里了，进入 trap。

有时候，我们看到这样的情况，有的人写一篇博士论文以后，永远在这个博士论文里头，再也跳不出来了。我曾开玩笑说，这是"中等收入陷阱"吗？就是这个 trap。白先生当时怕我掉下去，也是因为如此。白先生说的不是没有道理的。所以，就要像孟子讲的，先要博学，做到广博。为什么？为了将来能够专门，在专门问题上能够精。精是在一个专门问题上，能把这个问题方方面面都把它展开。

我举自己的一个例子来说。我觉得你（蒋重跃）讲张力的问题很重要。我写的《论断代史〈汉书〉中的通史精神》，你是责任编辑，但是为什么提这个问题？好像过去讲《汉书》的人还没有谈过，是不是？为什么没有人谈过？刘知几认为，《汉书》断代为史，是一个断代史。但是，《汉书》有《古今人表》，体例不纯，是从一个角度批评。郑樵是《通志》，本来要通史，说《汉书》怎么成断代史？所以，同样是班固的《汉书》，从两方面看，它两个东西都是有问题的。你看我提问题的角度，这也是一个逻辑性啊！你怎么提问题，必须从前人的问题里看问题。

我附带说一个小问题，我写的《说〈诗·大雅·公刘〉及其反映的史事》，为什么写这个？我写这个，主要是把《毛传》[1]跟《郑笺》对照起来看，文章也是这么写的。《诗经》三百零五篇，我不能说都掌握了，但是我就有个大概啊！《毛传》基本上跟《尔雅》是相通的，《毛诗诂训传》跟《尔雅》大体是相通的，《尔雅》也不是词典。《尔雅》是可以当书读的，我是把《尔雅》当书读的。王念孙的《广雅疏证》，我没来得及读，不过郝懿行的《尔雅义疏》我都看了。

黑格尔在《逻辑学》一书中说，我们德国人天生就有辩证法，所以需

---

[1]《毛传》，即《毛诗故训传》，西汉初年毛亨、毛苌所传，现存最早的完整的《诗经》注本。东汉末年，郑玄为之作《笺》，唐代孔颖达又进一步疏解《毛传》《郑笺》而作《毛诗正义》，遂使《毛传》在经学研究领域地位不断提高。

要广阔的眼界。为什么？他说，德文有些词，就有正反两方面意思。具体说来，像扬弃，aufheben，这是动词，名词是 Aufhebung。这就是什么？是拿起来，又丢下。黑格尔不讲简单的否定，而是讲扬弃。这是黑格尔《逻辑学》序里面讲的。有人说，中国人缺乏这种东西。我一看，胡说！《尔雅》里很多字都有正反两义，就是黑格尔讲的 aufheben。比如说"设置"的"置"，"置"有正面的意思，就是置立；也有反面的意思，就是放弃，置之不理，是不是？我就举了好多例子，可惜我这笔记本丢了。

我从《毛传》《郑笺》里看到一些问题，看了孔颖达的书。孔颖达的书，有些地方可以深入下去，有些地方就不能，的确来不及。我是这么一个想法，库恩讲的必要张力，《中庸》里有，《孟子》里也有。《中庸》讲了三句话，其中最后一句是"致广大而尽精微，极高明而道中庸"，都是张力。孟子说："博学而详说之，将以反说约也。"你只有在博学的情况下，才能发现问题，才能专。"博"这个字，实际上有两解的，《荀子》是有解释的。我曾经讲过，"博，大通也"。博，要大而通。你再看这个《修身》："少而理曰治，多而乱曰眊。"这里就有张力。

我为什么写《汉书》这篇文章？读《汉书》，如果不能懂点天文和历法，是看不懂的。我这篇文章问题从哪儿来的？问题是从刘知幾、郑樵提出来的。现在回答这个问题，就是博与精的关系。我那点天文学、历法知识，只是常识而已，我是不能推步（盈缩）的，没有这个能力。但是，我能看懂汉代历法，它们的优点和缺点，我也能看出来一点。谁帮助我？光看颜师古①的《汉书注》是不行的。我看王先谦的《汉书补注》。王先谦把钱大昕的注（《汉书考异》）收进去了。我们现在不看钱大昕的，这个能看懂吗？所以，钱大昕是个了不起的大人物。

再回到前面说的，如何提出问题？因为从这儿开始，扩展开去，现在

---

① 颜师古（581—645），名籀，字师古，雍州万年（今陕西西安）人，隋唐时期经学家、训诂学家、历史学家，名儒颜之推之孙，著有《汉书注》等。

又收回来，我这个心还没有乱，还能
够收回来。如果这条路走不通的话，
就死在里面了。我不说《汉书·律历
志》，它的历法有问题，中国历法有
很多问题，但是它的通史精神就在这
部分，这是最主要的。要不看这个，
怎么能够知道？我们搞史学的人，以
为不需要懂这个，那就看不出这个问
题来了。因为刘歆的经学都是讲这样
的东西，他是一家之说。

在阅读资料

司马迁写《史记》时，其实就
面临这条路。当时流行"五德终始
说"①，董仲舒的"三统说"②影响也很
大，这是两种说法啊！司马迁《史记》中讲商朝"色上白"，应该是金德；
秦是水德，"色上黑"，这显然是"五德终始说"，而且是"五行相胜说"，
对不对？董仲舒的"三统说"在《史记》中也有影响，《高祖本纪赞》就说
夏、商、周是忠、敬、文啊，这不是"三统说"的影响吗？董仲舒已经有
了"五行相生说"，但还没有运用到帝王更替的排序上。到了《汉书·律
历志》以后，用刘歆的说法，是"五行相生说"，不是"五行相胜说"。他
既接受了五行终始，又接受"三统"的相生。所以说，"五行相生说"，刘

---

① 五德终始说，战国时期阴阳家邹衍的历史观。五德是指土、木、金、火、水，它们从
   始到终、终而复始地循环运动，邹衍以此作为历史变迁、王朝更替的根据。
② 三统说，西汉时期董仲舒提出的黑、白、赤"三统"循环的神秘主义历史观。董仲舒
   认为，每个相继的朝代都要改正朔，易服色，自成一统，以应天命。一年十二个月
   中，有三个月可以作为岁首（正月），即子月（农历十一月）、丑月（农历十二月）、
   寅月（农历正月）。一个朝代以某月为岁首（正朔），就要确定相应的朝服、车马仪仗
   等颜色。

歆搞这个东西，也许我联想太多了，他是为王莽篡汉作准备的。汉火德以后是土，火能生土嘛！所以，我马上通了。这些东西，我们读历史的人不太注意，读《汉书》时候不太注意，所以你缺这么一小块，你就不能够读下去。

所以，"博"是大通也。通就是什么？你到哪儿去，路上都不能被挡，在路口堵死了。小学不通的话，就堵死了；天文、历法要不通的话，就堵死了；音韵不通，就堵死了。所以，"博"，大通也。"精"呢？"精"就是在一个点上，能够各个方面都展开。举个例子，我看书试图这么努力，可是做不到，火候不到。我觉得像陈垣先生的《元西域人华化考》①，这个书真的很伟大。伟大在什么地方？中国周边少数民族进入中原以后，华化的程度或者汉化的程度都相当深啊！不然，怎么汉族能有这么多人口呢？哪有十四亿人口的国家，汉族就约占十三亿呢？汉化最少是元代吧？大家都知道，它总共只有九十年。可陈垣先生《华化考》文中讲，那是你们认为，这是华化的。我告诉你们，西域人华化到什么程度，怎么才能证明，需要凭借文集、诗集、笔记，正史甚至画谱等来证明。所以，陈老的"精"是建立在"博"的基础上的。

可是，选题重要不重要呢？你没有"博"，怎么知道提出这个问题？刚才讲的博是知识层面的"博"，"博"实际还有另外一层意思，就是没有广阔的眼界，怎么提问题啊？从前我讲过效率问题。只有在广阔中，在"博"的过程中，你才能把问题提出来。我第一次提出问题，不是黑劳士问题吗？一半是我提的，一半是当时的学术讨论。我一边做助教，一边参加学术讨论，探讨社会经济结构问题。我把当时学习的东西作为一个底子，我知道哪些书必须看，再提出问题来。我到东北师大去，我是带着问题去的，所以我两年时间，写了七万多字的文章，而且其他课学业还很重。我当助教

---

① 《元西域人华化考》，陈垣先生前期的代表性著作，该书从文学、儒学、佛老、美术、礼俗等各个方面考察了元代进入中原的西域人（色目人）逐渐认同中原文化的情况。

时，教世界古代史，还到初中教过世界近代史。我一边学习、教学，一边思考，我的思路不至于到哪儿就死了，问题要在这中间提出来。

说句题外话，现在有的博士生，他的问题不是自己提的，大多数问题是老师提的，实际上不是问题，而是提了个范围。你真正提问题，就是要发现这里面有矛盾，需要去解决，这叫问题。如果是我给你一个题目，你去找材料，然后再写，实际上不是问题。我给你设定一个框框，你在这个框框里面找材料，拼材料，这也是一个张力。不破这个张力，就"精"不起来，就很难真正做到"由博返约"。结果往往是文章写出来以后，就可能掉进陷阱了。

5. 对外交流

1986 年，我应邀赴美国做高级访问学者，这是美中学会的一个交流，为期两个多月。我出去以前，我想首先心里要明确，你出去是干什么的？是去交流的。你拿什么跟人交流？我心里想，如果我跟人家交流外国史，那我只能听人家的。所以，我准备什么呢？我觉得应该拿中国史跟人家交流。你跟人家交流时，必须跟人家站在一个平等的位置上，不能我站在地板上，而人家站在桌子上，这样跟人家没法平等对话，所以要跟人家取得一个平等的位置。不是说我在外国史、希腊史、罗马史上就不能跟人家交流，因为我没法跟人家比，不会希腊文、拉丁文。我看现在西方人研究希腊罗马史，跟研究中国小学似的。所以，首先要有跟人家平等的交流资格，虽然我们研究的对象不一样，但基本是处于同一水平的。

我的外语不行，听力不好，因为多少年没出去，不听外文，不说外文。但是，我在外文的语法、词源，etymology，我做了很多工作。对于一些专有名词、专业术语，以及语法上，我不会比他们差。这样，你就有一个平等的资格与人交流。假设你对本国东西一无所知，你出去就只能当学生。出国以前，我为什么这么大胆？我弄了个录音机，听录音，背了几十篇短文。我为什么敢说外语？上小学时学英语，不怕说，说错了不要紧。这是一个，要敢说。第二个是什么？要能说，要有可说的。你要是说人家擅长的东西行吗？你说中文都不行。我到那里去，我是作为中国学者来跟你们交流的，那边接待我们的人都是汉学家。我也会见到一些搞外国史的，那就是一般礼节性的交流，他们也不谈中国。

我到美国的第一站是到加州大学伯克利（Berkeley）分校，接待我的人是吉德炜（David N. Keightley）①。他自己开车到机场接我，我们一路聊得很好。他是研究甲骨文的，我不研究甲骨。他有四个博士生，其中有三个人来，他让自己的学生来跟我谈。其中，有一个研究《楚辞》的学生来找我，我还记得他的名字，其他两位名字记不得了。吉德炜80年代到中国参加过《楚辞》研讨会。后来，我问他：“你那个学生研究什么的？”吉德炜说：“他是研究《黄帝内经》的。我让他来找你，是不是会给你找麻烦？你不研究《黄帝内经》。”我对小学很感兴趣，我就跟他们交流，包括《楚辞》。我能跟他们在学术方法上交流比较多。

我到那儿主要干什么呢？主要是到图书馆看书。我到伯克利大学，把相关的书都看完了。我原来研究希腊史，研究印度史，在国内想看的书没有，那儿都有。我就赶快抄，那时候就是抄。

有一个德国人，叫瓦格纳（Rudolf G. Wagner），他是研究《老子》的，研究王弼②注，著有《王弼〈老子注〉研究》，也是吉德炜学生，他要到斯坦福大学去讲演。吉德炜就问我：“你愿意一同去吗？”我说：“行啊！”他说：“让他带你去。”他路上开车跟我说：“我讲英文讲得快，你能听懂吗？”我说：“试试吧。”他不是讲《老子》的王弼注吗？他有个稿子，我就一边听

---

① 吉德炜（David N. Keightley，1932—　　），出生于英国伦敦，后移居美国，汉学家、甲骨文研究专家，加州大学伯克利分校教授，专著有《商代史料》等。

② 王弼（226—249），字辅嗣，山阳高平（今山东省微山县）人，经学家、哲学家，魏晋玄学的代表人物之一，著有《老子指略》《周易略例》《道德经注》等。

他讲，一边看稿子。我不先发言。人家发言以后，我一看，就给他提出问题。《老子》的王弼注，我还有点知道。所以，一定要在自己能够说话的地方说话。他是讲《老子》王弼注。老子是崇尚"无"的，我就讲，老子讲"无"的时候，明明讲的"有无相生"，为什么这么说？我就这样跟人交流，这样的英文我还是会说的。我的听力很有限，超出我的专业，很快就完了。

刚到美国时，我什么都不会，连点什么菜都不会。吉德炜还很热衷于研究中国天文学，他懂这些，给我算，我到现在还留着。还有一张他手工画的图，我也留着，但是没有进行太多的交流。

我到美国的第二站是华盛顿，这是统一安排的，组织我们参观。在华盛顿没有参加学术会议，主要是看这个城市。他们有人带着我们看。

接着就到匹兹堡，是许倬云教授请我去的。许倬云教授现在还在工作。我听说许先生当时公开批判台湾的历史课，把中国史课开了。他说，应该"鸣鼓而攻之"①，这是别人告诉我的。许先生怎么知道我？就是通过《尚书·梓材》那篇文章。我在伯克利大学待了二十来天，在匹兹堡待了将近一个月。

许先生很有意思，我去了以后，他非常谦虚，说有几个问题要请教。他第一次见到我，很友好。他给我写信，都称我为先生。见了面，他说："哎唷！我还以为你是老先生呢？我不能称你为前辈，我应该称家和兄。"我说："对，咱们是同辈人。"因为我就比他大两岁。

他怎么会听说我呢？他是听别人说的，另外他也看了我的文章，以为我是老先生。他说请教一些问题，一问，觉得我有点底子吧，我们就谈得很深。我们谈到中国问题，谈到佛学问题。他知道我研究印度，一看我关于印度研究的文章，中国和印度还可以作比较研究。就在一个月的交流过程中，他就做出一个决定。他说："家和兄，我想办法申请一个基金，请你

---

① 语出《论语·先进》。

到我们这里来，我们俩共同研究，你给我的博士生开一门课，行不行？”这样，我就决定第二年去匹兹堡，后来一去，待了一年。从他那儿出来以后，我就到了哈佛大学，到了波士顿。

我跟许先生是在芝加哥开会时认识的。我们参加一个亚洲学会，我坐着在听人家讲演，背后一个人拍拍我的肩膀说：“刘先生，我是许倬云。下一站你就到我这儿，我接待你。”可是，许先生腿不好。他说：“我不能开车，我一个朋友开车，他会去接你。我腿不好。”许先生这个人聪明极了。他腿不好，是天生的。他父母都是无锡人，后来到了台湾，再从台湾去美国读书。在美国读书期间，美国人给他做的手术，现在能夹着拐杖走路。他虽然是美国公民，可是说起来，应该是故国情深吧，他一直关心中国文化。

我是从芝加哥去匹兹堡，住在希尔顿酒店。这中间还有好多笑话，我把随身带的包弄丢了，钱都在里面。我去以前，还有点冒险，只带了九美元就去美国。到了以后，本来他们安排人来接我。可是，一旦联系不上，就麻烦了。九美元，我就只能推个行李车，打个公用电话。当时还不知道怎么拨，我在美国不会拨电话。一个美国人很热心，他就问我：“你要打给谁？”然后，他给我拨通了。这样算是接上头了，吉德炜在街上等我。

然后，我就从芝加哥到了匹兹堡。在匹兹堡，我跟许先生谈了以后，跟他说好，第二天有人来接我。当时，他还说，这事成不成，还不知道。第二天，真的来接我了。

然后，我去哈佛燕京学社访问。去哈佛前，许先生给我写一个条子，是写给张光直[①]先生的。他在信中说：光直兄，我介绍北京师范大学刘家和先生到您那儿交流，刘先生是跟咱们一样的，意思是说，我们是差不多

---

① 张光直（1931—2001），原籍台湾，出生于北京，曾任美国耶鲁大学、哈佛大学教授、台湾“中央研究院”副院长、院士，美国科学院院士，美国文理科学院院士，著有《古代中国的考古》等。

类型的学者，你可以和他细谈。就这么几句话。我就拿着许先生写的条子，到了哈佛，见到张光直先生。张先生很热情，很谦逊。他跟我谈了一些问题，他发现我对中国古典文化、古籍比较熟悉。他讲到武王伐纣问题，讲到历法问题，还有什么岁星在对面。他看过这个。张先生是台湾"中央研究院"院士，他要送我一本书，就是《中国青铜时代》。我说："这书我已经有了。"他说："我再送你一本。"我说："为什么？"他说："你看一看，有没有区别？"我说："我看不出区别。"张先生已经去世了，我很怀念他。我见过他两次，这是第一次见面。后来，我看他送我的书就在"前言"上与我以前看到的不同，台湾版写的是"自1949年以来"，大陆版是"新中国成立以来"。我发现，张先生在政治上是不排斥大陆的，挺友善的。

张光直先生又把我引荐给杨联陞[1]先生。杨先生是哈佛燕京学社[2]讲座教授，是美国著名汉学家，余英时[3]教授的博士生导师。我跟杨先生见了两次面。第一次见面时，他平时是从家里带饭到办公室吃，他夫人做的饭，这是美国人的习惯。我中午到他那里，他一边吃饭，一边跟我聊天，他还做了点心。

杨先生为什么在美国汉学界很有名呢？杨先生非常好，非常谦虚，非常诚恳，对后学他也很谦虚。他不仅英文好，法文好，还在法国伯希和[4]主

---

[1] 杨联陞（1914—1990），原名莲生，原籍浙江绍兴，生于河北保定，毕业于清华大学，后赴美就读于哈佛大学，获得博士学位，哈佛大学教授，著有《中国制度史研究》《汉学散策》等。

[2] 哈佛燕京学社（Harvard-Yenching Institute），由哈佛大学和燕京大学合作成立，目的是为研究中美双方互派学者，由美国铝业公司创办人霍尔（Charles Martin Hall）的遗产捐赠于1928年建成。

[3] 余英时（1930—　），原籍安徽潜山，生于天津，历任哈佛大学、耶鲁大学、普林斯顿大学教授，台湾"中央研究院"院士，著有《士与中国文化》等。

[4] 伯希和（Paul Pelliot，1878—1945），汉学家、敦煌学家、语言学家，1908年率领探险队到达敦煌，从敦煌莫高窟劫走六千余种文书。曾任法兰西文学院院士、法国亚细亚学会主席，著有《摩尼教流行中国考》等。

编的《通报》上发表了好多文章，批评西方学者的错误。所以，西方人研究汉学，像伯希和他们这样一流的学者也都有问题。

这里面有些就带有故事性。他有一个考证文集，他说等文集出来以后，他要送给朋友，文集还没出来，在大陆还没出来，他就定下来，要送给谁，而且拟了名单，告诉他儿子。结果，他去世以后，他儿子把文集给我了，寄给我一份，给周一良先生一份。杨联陞先生写过一篇文章《"龙宿郊民"解》，是为了解释相传南唐画家董源①的山水画标题的。这幅画，据说是"描绘了居住于江边山麓民众庆贺节日的情景"。但是，"龙宿郊民"怎么解释？杨先生把他的文章送给我。他引用大量文献，证明"龙宿郊民"应为"笼袖骄民"，认为不能把这幅画理解为京城天子脚下的居民，应该是"都人娇惰的闲逸情况"。他很得意，但对"笼袖骄民"是怎样讹转成"龙宿郊民"，却一直想从音转上作出解释。我听了以后说："杨先生，您真是不凡！"他问："怎么了？"我说："您这个，完全符合双声叠韵。"他说："你怎么知道是叠韵的？"我说："笼与龙同在东部，双声叠韵，绝对没错！"杨先生开始有兴趣了。我说，"宿"在觉部，而读为 xiù，则转为幽部，幽部和觉部为阴入对转，变成"袖"的读法，二十八宿中的"宿"本就读 xiù 嘛！"郊""骄"二字，音义也可以通假。所以，"笼袖骄民"音转而为"龙宿郊民"，这在音韵学上是完全有根据的。杨老先生听了以后，极其兴奋！

我跟杨先生谈起我写的关于《尚书》《诗经》的文章。虽然他没有看过，他一听我讲这个，就说："你是怎么研究这个的？"他还把我讲的记在他的笔记本上。他的笔记本是活页的，哪个星期、哪天都很清楚。他说："你怎么对这些东西这么熟悉？"我说："我对清人研究比较注意，音韵和训诂，看《尔雅》《广韵》。我很得益于《经籍籑诂》。"杨先生就问我："你是什么时候看的《经籍籑诂》？"那时，我就觉得自己已经不年轻了，我说

---

① 董源（934—约962），又名董元，字叔达，江西钟陵（今进贤县）人，史称"董北苑"，五代时南唐绘画大师，南派山水画开山鼻祖。

二十七岁了。杨先生很谦逊地说："我看《经籍纂诂》时，已经四十岁左右了。"我们就谈得很投入。

我跟杨先生交谈的时候，老先生夫人做的饭菜，我们两个坐在办公室，一边吃一边聊。聊着聊着，我看到办公室有他自己写的一个条幅，是一首诗，四句话，前面三句我忘了，最后一句我记住了："狗头要砸烂"。这不是"文革"中间的话吗？砸烂狗头，"文革"语言啊！杨先生就笑，带有点那个调笑，说你还能"龙宿郊民"那样，你给我结尾。他说，这个"狗头要砸烂"，你懂不懂？我不懂。我说，没办法了，束手无策。他说，你还懂什么，那你还懂诗吗？我说，其他三句我了解，但是这句不了解。我说，您也没在中国，也没什么，怎么知道"狗头要砸烂"这事儿？我这么问，外行。他说，我跟你讲，狗在英文里是什么呢？Dog。头呢，就是中文 doctor。狗头，doctor 的头，就是 doctor 这种制度。"狗头要砸烂"，就是剥削制度要砸烂。

我当时说什么？我说，我以为你这是回文诗。他说，你会写回文诗吗？我说，略微会一点儿。他说，你能够给我说两首吗？当时，我就给杨先生背了我写的一首回文诗。杨先生说，你怎么会弄这样的东西？我说，我是玩的。我的一个老师对我说过，老先生说，你要能够把这个格律搞成回文，你的格律大概就够了。杨先生听了，感到非常惊讶！所以，杨先生对我的几句好评价就是这么来的。后来，周一良先生去美国，他本来也托我给杨先生带书的，他回来跟我说，杨先生对你很推崇。我说，怎么能够这么说，老一辈怎么对小辈说很推崇？还有通过别人带的话，都说杨先生对我评价很高。

杨先生请我吃饭以后，隔了一天，哈佛燕京图书馆的吴文津[①]先生请杨

---

① 吴文津（1922—2020），四川成都人，毕业于中央大学，后赴美留学，华盛顿大学硕士、斯坦福大学博士，曾任哈佛燕京图书馆馆长，著有《美国东亚图书馆发展史及其他》等。

先生和我吃饭，我们又在一起聊天。本来张光直先生那天要请我吃饭，我就叫他一起来，他非常准时。张先生又请我吃饭，来时带了一个稿子，是美国出版的一个中国学刊物。他说："刘先生，你帮我看一下子。"因为稿子是英文，我跟他说："张先生，实在对不起，我可能没时间看。"他说："为什么？"我回答说："我后天就要离开美国了。一天时间，我来不及看。"

　　我觉得，中国学者走出国门与海外学者进行交流，还是有必要的，可以开拓视野，了解很多重要的学术信息。例如我与许倬云先生，后来他与我在信中交流，我在信中讲到历史规律问题，他说他也在思考这个问题。我从他那时知道了一个波普尔①，还有曼德尔鲍姆②的《历史知识问题》和雅斯贝尔斯③的《论历史的起源与目标》。这两本书都非常重要。某种程度上说，可能我们派人出去交流，还是要选派一些学有所长的人，因为他们可能更能发现问题。像梁任公在《欧游心影录》④里面对于现代性的认识，他通过张君劢⑤翻译，他自己好像不懂外语，居然能够发现这样一个比较前沿性的学术问题。这可能也是值得我们借鉴和思考的。

---

① 波普尔（Karl Popper，1902—1994），犹太人，哲学家，出生于奥地利维也纳，1928年获维也纳大学哲学博士学位，后移民至新西兰，1946年迁居英国，任伦敦经济学院教授，1976年当选皇家科学院院士。

② 曼德尔鲍姆（Maurice H. Mandelbaum，1908—1987），哲学家，曾任约翰·霍普金斯大学教授，美国哲学学会主席、美国艺术与科学学院院士，著有《历史知识问题》等。

③ 雅斯贝尔斯（Karl Theodor Jaspers，1883—1969），德国哲学家，存在主义代表人物之一，在1949年出版的《论历史的起源与目标》中提出"轴心时代"的命题。

④《欧游心影录》，第一次世界大战结束后梁启超与丁文江、张君劢等七人前往欧洲考察的观感，最初发表于1920年3月上海《时事新报》。

⑤ 张君劢（1887—1969），字士林，江苏宝山（今上海市宝山区）人，早期当代新儒家代表人物之一。1949年移居澳门，1952年赴美，著有《中西印哲学文集》等。

十二　教学科研

1. 中国通史

1980 年我去美国访学，回来以后，郭小凌老师对我有一个访谈，后来在《史学史研究》上发表了一篇文章，题目是《对历史的敬意——刘家和先生访谈录》。当时，白先生要找我谈，郭小凌和吴怀祺[①]来访的，是郭小凌整理出来的。这次去美国访学对我感触颇深，特别是看到雅斯贝尔斯的《论历史的起源与目标》一书，他讲这个"轴心文明"问题。他说的三个"轴心文明"，是指中国、印度、西方。西方是大西方，又分成两个，东边是以色列，西边是希腊和罗马，是二元的。

这个对我来说，好像是做解答，起一个里应外合的作用，我没有想到，我当时正想对三者进行比较研究。所以，我回来写了一篇文章，《论古代人类精神的觉醒》，发表在《北京师范大学学报》[②]上。同时，我开始意识到学习马克思主义，还要注意马克思主义后来的发展情况，这对我以后思想开拓很有帮助，要把视野展开，要看它以后的发展。要不然，跟不上时代。

---

① 吴怀祺（1938—2020），安徽省庐江县人，出生于贵阳市，曾任北京师范大学教授、博士生导师，著有《宋代史学思想史》《中国史学思想史》等。
② 文章发表于《北京师范大学学报》1989 年第 5 期。

所以，从那以后，我从新康德主义①、新黑格尔主义②一直到后现代主义③，这些东西我都看。这个可以说是从国外带回来的一个问题，如果没有这个刺激，没有这个挑战，可能我的眼界还封闭在原来状态。

回来以后，我的工作就调到白先生主持的史学所来了。我的工作，一个是教学，一个是科研。就科研来说，实际上也有两个方面，其中一个，就是参加白先生主编的《中国通史》，主要是《导论卷》。《导论卷》主要是白先生自己写，我写了其中的第九章，就是"中国在世界的地位"，中西比较的视角，在世界历史的背景下看中国，以及中国在世界历史中的作用及特点。文章不算太长，通过这个比较，我开始接近了，开始注意经学跟史学的关系了。

我研究的不是中国、印度、西方三个"轴心文明"吗？为什么三个"轴心文明"不同，印度比较少一点，印度文明各方面都很发达，唯独史学是个弱点。希腊有发达的史学，有发达的哲学；印度有超级发达的哲学跟宗教，以及文学、语言学，各种科学都很发达，唯独就没有这个历史意识，印度有经学，没史学；而中国恰恰是什么呢？中国没有西方那样的哲学，纯粹形而上学，哲学是跟经学和史学在一起的。我认识到这些以后，在比较史学研究时，就重在中西了，因为印度史学没法比较。

西方有这么一个问题，西方史学和哲学是什么关系？亚里士多德这些

---

① 新康德主义（Neo-Kantianism），是一场针对在古典唯心主义浪潮消退后科学领域泛滥的唯物主义思潮的反对运动，发源地为德国，是多个不同学术中心流的总称。其共同之处是企图通过复活和解释康德的有关理论来建立自己的理论体系。
② 新黑格尔主义（Neo-Hegelianism），是19世纪末至20世纪上半叶在欧洲和美国流行的以新黑格尔主义为哲学基础，以继承和发展黑格尔哲学、法学思想为基本特征的法学派别。
③ 后现代主义（Postmodernism），起源于20世纪60年代的一个哲学流派，是对现代化过程中出现的剥夺人的主体性和感觉丰富性、整体性、中心性、同一性等思维方式的批判与解构，代表人物主要有美国的理查德·罗蒂、法国的雅克·德里达和让·弗朗索瓦·利奥塔等。

大哲学家，他们怎么看待史学？以后我讲历史理性的时候还会再说。亚里士多德这样说，哲学是第一等学问；第二等学问是诗学，诗学讲的不是具体写诗，讲的是一般有什么因，它就会有什么果；可唯独历史，只能是一次性的，所以是第三等学问。那么，中国的史学跟经学几乎是相表里的。我就注意到这个，的确有不同特点。

白先生主编的《中国通史》，我参加过两卷，《先秦卷》和《秦汉卷》，还有大纲讨论。白先生原来想，让我写《中国通史》所有关于中外比较内容，这个工作量太大，做不到。我参加了先秦史组讨论，主编是徐喜辰[①]先生和斯维至[②]先生，他们两位是执行主编，还有杨钊先生和我。后来我就没有直接参加写作了，因为没有时间写。不过，白先生主编的《中国通史》几乎所有问题，各种各样问题，我都是参加讨论的。我在白先生书里做的主要工作，就是写了《导论卷》第九章。

白先生主编的《中国通史》规模宏大，工作量太大，上起远古时代，下迄中华人民共和国成立，总共有十二卷，二十二册。白先生有自己的一种学术创新，在通史体例上的有所创新。他把历代"正史"，就是纪传体史书中的本纪部分，他叫综述，然后把"正史"中的各志变成分论，然后再讲传记。白先生有一个总体看法，然后分卷执行。我参加了《先秦卷》《秦汉卷》讨论，没有讨论完，因为我要出国，没有再参加。

2. 世界古史

这时候我做的第二个项目，就是参加吴于廑先生和齐世荣先生任总主

---

① 徐喜辰（1921— ），辽宁金县人，毕业于日本广岛高等师范学校，曾任东北师范大学教授、中国先秦史学会副会长，著有《先秦史》等。
② 斯维至（1916—2015），浙江诸暨人，曾任陕西师范大学教授、中国先秦史学会副会长，著有《西周史》等。

编的《世界史》编写工作。这部《世界史》，分为世界古代史、世界近代史、世界现代史三部分。古代史实际上是古代史和中世纪史，上卷是《世界古代史》，下卷是《世界中世纪史》。其中，上卷这个分册主编，就是我和王敦书①先生。吴先生和齐先生是总主编，大概主要思想是吴先生的，两位主编大体有个分工，吴先生主要负责书的内容安排，齐先生有很强的组织能力。

我参加主编上卷《世界古代史》，这是 1986 年。这年秋天，参加《世界近代史》编纂会，因为刘祚昌②先生在山东师大，会议就在山东师大开。可是，开会地点是在济南舜耕山庄。不是"舜耕历山，渔雷泽③"吗？所以，那个地方叫历山④，宾馆叫舜耕山庄。这个宾馆当时远离市区，环境很优雅。

当时开会讨论。吴先生一个总的思想，是要体现世界史由分散到统一的过程。这是大家都知道的。那么，怎么由分散到统一？是文化交往的结果，经济交往、文化交往的一个结果。这也是马克思、恩格斯在《德意志意识形态》书里都讲过的。所以，吴先生说，这部《世界史》要跟过去编的《世界史》不一样，《世界史》要成为名副其实的世界史。吴先生的思想是明确的，世界史是一个级别，世界史跟中国史不是对立的。我们国内一般不是分中国史、世界史么，吴先生不是，世界史就是世界史，中国史和其他国家的历史，都是国别史。尽管中国史、我们本国的历史特别重要，但是，它在逻辑层次上属于国别史。这点吴先生没有说出来，但是非常清楚。他主编的《世界史》的基本要求，就是要能够体现中国的地位和作用。

---

① 王敦书（1934—　　），福建省福州市人，南开大学历史系教授、博士生导师，著有《贻书堂史集》等。

② 刘祚昌（1921—2006），辽宁省辽阳市人，曾任山东师范大学、南开大学教授，著有《美国内战史》《杰斐逊传》等。

③ 语出《史记·五帝本纪》。

④ 历山，今名千佛山，位于山东省济南市历下区，因为古史称舜在历山耕田缘故，又曾名舜山和舜耕山，隋开皇年间因佛教盛行，随山势雕刻了数千佛像，故称千佛山。

开会讨论提纲的时候，上册另一位主编王敦书先生当时在国外，我自己参加了。吴先生说，刘家和同志，你把这个提纲给我。我就递过去了。我拟的这个提纲，我在东北出版的那个《世界上古史》还是按照地区分的，还是古代东方、希腊罗马，按这个思路来写的，这次就打破了。我是按照历史发展阶段，分为早期古代文明，就是埃及、西亚、印度河流域文明，这么来写。这些都是考古挖掘出来的，比如爱琴文明，都是根据考古挖掘资料，跟中国夏商是第一个阶段。然后进入到古典文明阶段。古典文明的发生、发展这么一个阶段，"轴心文明"的思想对我的影响就在这里体现出来了。

我设计的是每一段里面都有中国历史，主要是因为有专门的中国史，详细的还是不说，但是我会在每一个阶段后面，写同时期中国大概的历史事件，就不要让它形成"两张皮"。同时，这时候中国在世界史上起了什么地位和作用。如果从现在考古发掘成果看，我们是晚于埃及、两河流域的，差得很远，甚至晚于印度河流域，但是，中国有个特点，就是当它进步的时候，到轴心文明时期，中国文明进步较快。比如说，讲到公元前 8 到前 6 世纪西方古典文明时，就同春秋战国进行比较。我几乎每一个阶段都有一个比较，所有的比较章节都是我自己来写。我自己写的主要是印度。因为我是主编，别人不写的我来写，边角地方我来写。但是，必须哪一个阶段以后，都有比较，使得中国史跟世界史比较形成一个整体。可是吴先生的这书，由于体例的关系，没有再把我过去所做的列表这些放进去，也没有引用原文。这是因为全书体例要求一致。

通过讨论，这些东西基本上都定了，第二年就确定找人了。第二年是在吉林延吉开会。那次，吴于廑先生夫妇和林志纯先生夫妇到北京来，在我们家里吃晚饭。可是，我说："吴先生，我不能够再去参加这次会议了，我要在国外待一年。"所以，第二次会议我后来没有参加，但是书的总体格局已经定了。回来时，他们就把人都找到了。

这个书写得差不多时，还没有完全成稿，1993 年秋天，在武汉大学给吴先生庆祝八十大寿。祝寿会结束以后，就开主编会。吴先生作为总主编，要听汇报。我记得，当时在武汉大学新楼里边，那个一层历史系的会议室里。吴先生坐在中间的一条长沙发上，我坐在吴先生右手边的另一个沙发靠近吴先生的位置，我的右手边是古代和中世纪分册的其他主编，对面的沙发上坐的应该是近代现代分册的主编。吴先生说："那就开始吧，我们就一个个谈吧。"就是让大家汇报。因为我是《世界古代史》，所以是第一个讲。我在汇报时，吴先生还一边提问题，我在低头记。可是不久，我听到这么一声，他不说话了。我抬头一看，吴先生忽然地一下子倒在那儿。那时，他头脑还清楚，他立刻两个手扶在沙发上，然后两脚这么伸一下，往后一靠。吴先生可能觉得这个姿势坐得会更安全，当时可能有点晕，天旋地转。就这样，以后就再没救醒。

所以，这给我一个深刻的印象，就是像吴先生这样的老前辈，他是为学术贡献了他毕生精力，使我永远感念、怀念！他是在同我对话过程中去世的，这事我多少年没法忘却。这书最后终于完成了，算是能够告慰吴先生的在天之灵了。这是我当时做的一个很重要的事情。

3. 带研究生

我招研究生比较晚。关于研究生招生工作，我得说一下背景。改革开放以后，国家恢复研究生教育，要实行学位制，硕士学位、博士学位，大概最早是七八届吧。1978年开始招研究生，那么，到1981年就是要授予学位了，国务院成立学科评议组。学科评议组成立时，都是经过学科评议组讨论，允许你招收硕士生，有硕士学位授予权，你有这个点，有导师，才能够招生。第一批是1978年就已经在招，现在有人叫"黄埔一期"，陈祖武 [1] 先生就是这一届的，白寿彝先生带的吴怀祺先生也是这一届。

---

[1] 陈祖武（1943—　），湖南茶陵人，出生于贵阳市，曾任中国社会科学院历史研究所所长，现为中国社会科学院学部委员，教授、博士生导师，著有《清初学术思辨录》等。

1981 年，正好他们要新增硕士学位授予点。那时候，白先生说，最初好像是李雅书先生来找我，说我们教研室就一个名额。白先生说，你先要到我这里来，帮我带研究生，你先别招。所以，杨钊先生和我招得比较晚。我是 1983 年才开始招收硕士生，李雅书先生和我，还有我们世界古代史教研室的几位老师一起申请硕士生培养点，就批下来了。我调到史学所来以后，杨钊先生跟我同在中国通史研究室。杨先生招的是先秦史方向。那么，我怎么办？我得跟杨先生有个区别，于是，我就招中西比较研究，有这么一个特点，跟杨钊先生有一个区别。

我们教课有个分工。杨先生给学生讲焦循①的《孟子正义》。我讲的是这两门课。第一门课，就是马克思主义经典著作选读兼专业外语，就是读恩格斯的《家庭、私有制和国家的起源》，主要是最后一章，也是最经典的，就是"野蛮时代和文明时代"。因为同学们的情况，只能读英文，我就拿英文教，以俄文本作参考，以德文本作根据。

这门课我是怎么教的？我不能忘记我的德文老师张天麟先生，我是按照老师指导的路子来做的。我跟张先生学德文时，他总是说："刘先生，你先准备，发现有什么问题记下来，我们再讨论。"我就尽可能地把我看到的问题都提出来。他回过来说："你问完了，那我就问你了。"张先生提出问题来，我一脸茫然，非常惭愧。后来，我发现，张先生这么教我，对我非常有帮助。他改作业也非常认真，有些课文他是要求我背给他听的。他不仅要求你会背，还要你真正体会文章的意思。他不仅讲语法，实际上连修辞都讲了，像上次我讲的，郑儒箴先生看我的译稿，说你的翻译没有错，但是没到位，就是你的修辞没到位。翻译实际上是要讲修辞的，怎么样能够达到人家的这个境界。

所以，我在教学生这门课的时候，完全是按照张先生的方法教。我说：

---

① 焦循（1763—1820），字理堂，一字里堂，江苏扬州人，清代哲学家、数学家，于经史、历算、声韵、训诂均有研究，著有《里堂学算记》《易章句》《孟子正义》等。

1999 年，与学生们在一起（左起：蒋重跃、郑殿华、于殿利、刘家和、王大庆、刘林海、胡玉娟、韩益民）

"各位同学，你们准备，先看英文原著，你们给我分析，你们把这个词汇都给我弄清楚了，为什么有哪些用法？那个语法，为什么是这样？你们先去准备，分析一下。下次你们先问我，回头我再问你们。"我就完全按张先生这个路子去做。在这个过程中，我发现同学们跟我当时情况是一样的。他们把所有问题问我完了，我再问他们，这个问题还有好多。他们也跟我一样，进步很快。

我就意识到，你怎么样平等地对待学生，学生就把你当作一个平等的讨论对象。不是我给你讲这样的东西，在你完全处于一种陌生的状态中，我要你有准备，让你精神上已经提高到一个有准备状态，你已经在思考，动头脑了。首先要你自己头脑动起来，不是让你处于一种完全被动状态，一种观望状态。先是我尊重你，但你要发挥自己的能力，我让你发挥。孔子说："不愤不启，不悱不发。"让他处于"悱愤"的状态。他问我，我来回答，回头我再问他。在交流的过程中，大家能够得到一致看法，这不是我一个人搞出来的，而是我们在讨论的过程中共同得到的。我觉得，韩愈的

《师说》写得非常好，老师不是处处都比同学高明的，有时候同学会有很好的意见。

我这个课，是跟杨钊先生讲焦循的《孟子正义》相匹配的。杨先生另外给研究生讲先秦史，我就跟他们讲中西古代比较。我要他们看的书是法国史学家古朗日（Numa Denis Fustel de Coulanges）[①]的《希腊罗马古代社会研究》，现在的翻译本是吴晓群[②]译的（书名改译为《古代城市》），过去是李玄伯[③]先生翻译的。我有一个英文本，复印的，让他们看。这个中文译本，其实他是用半文言文译的，因为李先生是根据法文翻译的，跟英文翻译的根本不同，搞英文的人可能根本不懂，比如说 gens，他翻成"演司"，怎么能懂？他所有的名字都是这么译的。他是根据法文翻译的，是留法学生。

这门课，我有一个总的讲稿。曾经有人跟我说："这个讲稿可以出版吗？"我说："这个根本不能出，太粗糙。"讲这门课有个好处，让我把中外世界史做了一次总体思考。第二年，我发现这个效果不是很好，这门课就不讲了，改成讲目录学了，先秦史的。这是根据什么？我是跟陈垣先生学的。因为目录学是同学们必须要有的基本功，要看哪些目录学的书，同时通过目录学书来找自己要看的书。这是带硕士生情况，两个班，两年。

1981 年开始招收博士研究生，开始评博士点。评博士点，首先要有一个博士导师，博士导师底下还要有个队伍，这样才能评出一个博士点。教育部批准的第一批博士点，北师大历史系有两个博士点，两位博士生导师，就是白寿彝先生，中国史学史专业。白先生是导师，底下有个队伍，这些人不是博士生导师，是博士点导师，可以在博士点教课。另一位是何兹全

[①] 古朗日（Numa Denis Fustel de Coulanges，1830—1889），法国历史学家，早年就学于巴黎高等师范学院，长期担任斯特拉斯堡大学教授，著有《希腊罗马古代社会研究》（ *La cité antique étude sur le culte, le droit, les institutions de la Grèce et de Rome* ）等。

[②] 吴晓群（1966—　），复旦大学历史系教授、博士生导师。

[③] 李玄伯（1895—1974），名李宗侗，河北省高阳县人，生于北京，毕业于法国巴黎大学，曾任北京大学、台湾大学教授。其祖父李鸿藻，晚清名臣。

先生，中国古代史专业，他是博士生导师，底下有个队伍。这样，我们就有了两个学科。1983年，第二批评博士点，我们没有评上，但是我们争取到一位博士生导师，赵光贤先生，就列到中国古代史博士点。这样，中国古代史博士点就有两位导师了。

1986年，开始评第三批评博士点，其实这一年我的第一届硕士生刚毕业，就是我们也是一个团队吧，有李雅书先生，有孔祥民①先生和我，还有周启迪先生，我们四个人报的，我们是一个团队。申报的导师有两位，李雅书和我。结果博士点评下来，导师就评了我，专业是世界古代中世纪史。第三批里面，我们还有一个中国近代史博士点，博士生导师是龚书铎先生，他底下也有一个团队。这样，北师大历史系就只缺一个世界近现代史了，基本上都全了。现在北师大历史学院走廊里边还挂着白先生、何先生、龚先生和我四个人的像，四个博士点是这么建立起来的。

北师大历史系知名教授合影（左起：白寿彝、赵光贤、何兹全、刘家和、龚书铎）

---

① 孔祥民（1933—2011），河南省西华县人，毕业于北京师范大学历史系，后留校任教，教授，著有《德国宗教改革与农民战争》等。

　　我们这个博士点刚成立时，有四个专业方向：一个是古代印度史，我做过一点事；一个是古代罗马史，是李雅书先生的；一个世界中世纪史，就是孔祥民先生；还有一个是古代埃及史，是周启迪先生。后来，在中西古史比较研究方向里面印度史没有招，为什么没有招？第一个原因，是我的主观原因，我没有学梵文。我在 1962 年、1963 年写有关印度研究文章时，应该说还有一些特点，当时来说可能基本上是前沿了，其中包括英国人写的印度史权威著作，我都看了。印度独立以后，印度本国学者写的东西我基本上都看了，包括当时一些进步的靠近马克思主义学者的著作，像高善必①这样的著作也看了，所以基本上能够达到前沿，而且还有中国佛经材料。可是，经过"文革"以后，我已从前沿下来了。我学梵文的可能性已经没有了，因为人已到这个年龄，自学失败了。

　　另外，这时候回想起来，我那时写有关印度的文章，季羡林先生看过我的两篇文章。第一篇是古代印度种姓制度，季先生给予很高的评价。第二篇讲印度土地关系，这篇文章也是在《北京师范大学学报》上发表的。其实，这篇在资料上下的功夫很大，我把印度几乎所有的法典，包括《佛本生经》②这些都弄出来了。我见到季先生的时候，那时已经改革开放了。白先生本来说送我到季先生那儿去学梵文，很快运动来了，他老人家也进"牛棚"了，我怎么找季先生？等"文革"以后季先生出来了，他想起我来，他找我。

　　那时，季先生说要成立南亚学会，指名刘家和要当常务理事。那个会我去参加了。季先生告诉我，他对我的第二篇文章有个评价。他说的这句

---

① 高善必（Damodar Dharmanand Kosambi，1907—1966），印度历史学家、数学家，精通英语、法语、希腊语、拉丁语、梵语、巴利语和阿拉伯语，著有《印度史研究导论》《古代印度文化与文明史纲》等。

②《佛本生经》（jātaka）有广义和狭义。广义是指佛经中的一个部类，包括所有讲述释迦牟尼前生事迹的作品；狭义指南传巴利文佛典小部中的一部佛经。

话我也不能忘，他说："从你下的功夫来说，应该说没什么可挑剔的。我只是想提醒你一点，你根据的都是梵语文献。"不是梵语文献，他们叫法经、法论，他说："那些实际上都是宗教文献，他们观念上的东西。你写的这些东西，法律上规定的东西，是不是历史上就是如此？这个你不知道。"季先生很风趣，他说："你不知道，难道我就知道吗？我也不知道。"他跟我说的这个，把我说愣了。季先生不知道，因为根本就看不到，你看不到真正的历史。这句话，可以说把我讲明白了。

其实，正是季先生这句话，使得我感觉到印度史研究，要想再在古代史研究方面有发展是有困难的。他的意思告诉你，你已经尽了极大努力，你能做到的已经做了，你所差的就是梵文、巴利文① 问题。可是这个问题，你写那个，找不到历史根据，你不知道真正历史的具体情况。佛本生故事，也不能算真正的历史事实，某年某月某日在某地发生什么，就是没有。他说你讲的这个问题，你不知道，我也不知道。这个我是听愣了，太玄了！因为根本就没有东西让你知道。我听明白了，所以后来我就放弃了印度史方向，就不再是中印西比较，而是搞中西比较。

这时候就存在一个可能，我当然了解一些外国历史，也可以说从外国角度来试着研究和了解中国。这是很重要的。你看我写的有关中国古代史文章，包括研究《尚书》《诗经》这些文章，如《公刘》都会讲到一些。我进行古史比较研究，外国的东西我都会点出来。更重要的是，通过中国这样一个情况，我们也能认识到中国人所做的事情，中国在世界史上所发挥的作用和地位。

---

① 巴利语（pàli-bhàsà），古代印度一种语言，是佛陀时代摩揭陀国一带的大众语，属印欧语系，据说佛就是用这种语言说法。巴利语与梵语（saṃskṛtā vāk）虽属同一语系，两者语汇许多相同，然巴利语流行于斯里兰卡、缅甸、泰国、柬埔寨，主要是信奉上座部佛教社群；梵语则流行于印度、巴基斯坦和尼泊尔大众部佛教社群。

4. 开《史记》课

这时候，我开始指导博士研究生。博士生总共是学三年。我们的制度其实是有困难的，要根据他们读硕士时情况来考虑博士论文选题，它有这么一个问题，所以选题很困难。作为一个导师，你最根本的任务是什么？我觉得在这时候要帮助同学能够独立研究。这个太重要了。如果说，我在教硕士生时讲马克思主义经典著作选读，这是跟张天麟先生学的，教他们读《家庭、私有制和国家的起源》，这时候我就想到另外一位老师，就是陈垣先生，他指导学生阅读古代经典和考证方法，就是精读一本书。那么，我就想，选什么书呢？我不是选《尚书》《诗经》或者《左传》，我选的是《史记》。

《史记》篇幅较大，不可能都讲。那么，我选《史记》的哪个部分？我选择先秦史部分，就是太史公不是亲眼所见，而是通过查找历史资料，或者他亲自去各地访问所得材料。他一定是根据过去文献来写的《五帝本纪》《夏本纪》《殷本纪》《周本纪》。这都是先秦文献，我就教这个。太史公到底引用了什么材料？我们今天能看到什么？我要讲这个。另外，我们当时情况跟陈老指导学生时不一样，因为学生功课多了，有外文，还有政治课，还有很多事。第一年我就讲《史记》。因为博士生第二年、第三年，要写论文、答辩，很快要找工作了。

我首先要说明一点，可能研究历史的人都觉得难读的书，就是《诗经》和《尚书》，能懂百分之三四十就已经了不起了。很多人认为《史记》没问题，容易懂。我的看法是，我是先让各位知道，《史记》其实并不好懂。《史记》当中，我们不懂的地方还有很多，我们平时都把不好懂的东西当作懂了，就这么忽悠过去了。怎么知道自己实际不懂？你认真读过吗？你只要把《史记》三家注[①]对着读一读就知道了。凡是三家注都不能同意的地

---

① 《史记》三家注，即南朝宋裴骃《史记集解》、唐司马贞《史记索隐》、唐张守节《史记正义》的合称。原各单行，将其合为一编，始于北宋。

1998年，参加博士生答辩会

方，你这问题就解决了吗？这是我读古书注意的一个问题。

　　读《诗经》，我是这么将《毛传》跟《郑笺》对着读。他们是《毛传》在先，《毛传》读了以后，《郑笺》再给你发展。我是跟着都读，《毛传》到什么阶段，《郑笺》就到什么阶段。《毛传》怎么说，《郑笺》变了，不同意，为什么？这问题就出来了。所以，看到这个《毛传》的话，实际上你看到什么呢，那么《史记》的注就更多了。你从这里边就看到，一并读书的话，就不是死读书。你读《诗》读《书》的时候，就知道这个问题解释中间的复杂与困难。我们就不会感觉到，好像《史记》没问题。

　　《史记》大家都读过。大一有历史文选课，会点古文，就都能看《史记》。所以，给博士生讲《史记》，他们不是一般读者，有一定的历史文献功底，我应该采取什么方法呢？我的方法，还是张天麟先生教我德文时的教学方法，诸位先问我，我再问你们，然后咱们再讨论。我觉得这样做，就是把《史记》当作中国史学经典来读，我们还有那么多问题没有解决，我们对《史记》真正精彩的地方还不知道。我们读《史记》时，要知道太史公是怎么样写《史记》的。我们读《太史公自序》，就知道太史公怎么样为了这份事业贡献了毕生的精力，他是怎么敬业的。我们能不能把太史公的敬业精神拿到我们自己身上来？在这样情况下，就是说我们有了敬业精神以后，就不会再大而化之了。

《史记》我们一般读下来都能懂，可以用材料，没问题。同学们有不懂的地方，我帮他们解释。我觉得，应该让同学们虚心下来认真读。同时，我自己也得调整。作为老师，你是真虚心还是假虚心？你做老师的，你要真虚心，同学们自然也会虚心。你老是自以为了不起，像什么都能的，同学们就会受你的影响。你能够虚心听同学们的意见，他们当然也能虚心听你的意见。所以我感觉教书，一边是教学生怎么读书，要能够把《史记》里边真正难懂的东西都弄清楚，这里面包括文字、音韵、训诂，各种各样的知识，你都会。要不然，《史记》你还是看不懂。

中国史书有自己的特点，不像西方，最初的历史就是政治、军事、外交的历史，到兰克（Leopold von Ranke）时候基本上还是这种情况，以后才属于人民史。《史记》里面虽然讲的是国家大事，然后还包括各种各样知识。我们不知道的东西太多了。我让同学能够把心扉敞开，虚心学习，这样才能够把古书真正读好。我觉得老师讲课的过程，带学生上课的过程，同时也是我们怎么样做人、做学问的过程。你老是摆出教师爷架子，我不太赞成。唐君毅先生教我们的时候，也不是这样子的。

现在一些老师，有些是比较固执己见的。我们不要因为中国传统文化中有什么师道尊严，就不能接受学生不同意见。有些老师有这样的情况，这恐怕不是什么优点吧？有的甚至动辄训斥学生。我基本能做到学生急，我不急，咱们有问题说清楚。有些学生很拧，你也知道，那么咱们坐下来讲道理。前几年系（历史学院）里要我写副对联，那时候，我的字写得还可以，不过已经不是最好了，让我写一副对联，我写的上联是"每念教人宜敬业"，下联是"敢忘为学要虚心"。这副对联还在。这副对联是我一首诗的最后两句。诗是这样写的：

在口述现场朗读自己的诗作

穷年兀兀费沉吟，

继晷焚膏究古今。

功力日投终觉浅，

诗书时读渐知新。

人生有限分阴贵，

学海无涯万象森。

每念教人宜敬业，

敢忘为学要虚心。

你不下功夫，就不知道自己浅。你每天下功夫，总会感觉自己浅。人要是不用功，马上就浮，就不知深浅了。所以，"诗书时读渐知新"。"终觉浅"，不是白读，有点进步。"人生有限分阴贵"，即使很短的时间，都是非常宝贵的。"学海无涯万象森"。相对来讲，我们永远处于无知的状态，"吾生也有涯，而知也无涯"①，这是庄子讲的。

我觉得，你天天用功，感觉到自己是浅的。我现在还能用功，我还知道自己浅。你每天如果真下功夫，总知道自己不够。我要是一旦失去这个，我就老化了。我讲这个，不是说人不老，我人已经很衰老了，已经是近乎老朽了，就靠这一点，虽然老朽了，还没完全昏庸。这句我是有点体会的。不用功的人立刻就飘起来，就不觉得自己浅。真正的谦逊是不容易的，真正谦逊的人是敢于坦白地说出自己的缺点和不足的。这是真谦逊，我都敞开，我不想把我的缺点收藏在里边。有的人口头上说点客气话，那没用的。我们认不得的字太多了，中文、外文那么多，读白字的时候有的是，你一读就知道。

《史记》我读到现在，还有《诗经》里有些字，我还是记不住。我不是说过，《诗经》我还会背吗？所以，我觉得如果能够一边给同学讲这些知识，一边能够让同学进入这种精神境界，是不是还是有必要的？毕竟你讲这课，你能讲多少？援庵先生（陈垣）讲课，他讲的内容也是很有限的。你把这种精神传给后代，这很重要。当然，你讲的可能要有些方法。所以，我讲《史记》，就是要他们能够从书里读出来，太史公是怎么对待他的事业的。你看《太史公自序》，你要知道他处于一个什么时代、什么情况下，他为什么发愤著书，他的使命是什么。我觉得，这样才能让学生真正领会书中的精神实质。

我举个例子。可能大家都知道，楚汉相争，刘邦胜利了，项羽失败了，这是大的历史进程。进一步说，有几个决定性的战役，战略部署是怎么回事？刘邦和项羽在黄河以南对峙，项羽在东边，刘邦在西边。刘邦以关中、巴蜀为后盾，萧何在负责这个。实际上，项羽的后方在江淮一带，这一带

---

① 语出《庄子·养生主》。

不太牢固，英布①、彭越②在这个地方，还有山东。所以，项羽看似很强，后方不太稳定。双方相持不下。那么，刘邦就派韩信，韩信是个大将，有军事才干，他单独带了一支兵到黄河以北，很快就把黄河以北的地方给征服了。然后就到山东，过了黄河，又把齐灭了。项羽的后方忽然出现一支军队，这就形成了夹击之势。这时候，刘邦又把英布、彭越收服了，就对项羽形成合围之势。

我们假使这样讲，这个历史大势也算讲明白了。但是，这样子讲单薄。项羽不是等闲之辈，项羽还是个人杰啊！当时几乎没有一个人能够敢跟项羽下面对抗。所以，太史公写到这里，这时候起关键作用的人物就是韩信。项羽多次在刘邦阵前挑战，说现在天下闹得战乱不断，这么多年辛苦，就是因为他跟刘邦两个。他跟刘邦说，你出来，咱们俩单挑决斗！可是，刘邦是什么人？宁斗智，不斗力。斗力，他哪是项羽对手，是不是？

这时候，关键在于韩信，举足轻重。韩信拿下齐以后，就派人来说，这个地方不太平，动乱多，是不是让我做假齐王？假齐王，就是代理齐王。我在齐地，相当于你的后方，能够安定。刘邦当时就火了，你拿下齐，不是为了我们汉，原来你要当齐王！他破口大骂。这时，张良就过来，踩刘邦的脚。因为这个时候韩信派来的使者在跟前，刘邦就继续骂："你这种人，根本不是什么大丈夫！你立的功，创的业，要当王，就当真王，当什么假王？"韩信使者竟然没听出来，本来是骂他，现在你想当王，原来你来想跟我讲条件！刘邦转得那么快，张良一踩他脚，他继续骂，可骂的是你没出息，你干这么大事业，你要当就当真王，当什么假王！天衣无缝。司马迁

---

① 英布（？—前196），九江郡六县（今安徽省六安市）人，辅佐刘邦打败项羽，建立汉朝，封为淮南王，与韩信、彭越并称汉初三大名将。
② 彭越（？—前196），字仲，砀郡昌邑（今山东省菏泽市巨野县）人，辅佐刘邦打败项羽，建立汉朝，封为梁王，定都于定陶（今菏泽市定陶区），与韩信、英布并称汉初三大名将。

描写这个细节，说明刘邦的胜利不是偶然。他写这些事情，把这个历史的层次从那最深的地方到最细微之处都惟妙惟肖地刻画出来了。你说张良跟刘邦之间的那个默契，他们君臣之间默契到什么程度？所以，我们看《史记》，人物很丰富，层次分明，入木三分，就好像看一幅画一样！本来是一个平面，没有透视的，他就给你一个景深，一个又一个的层次。

司马迁是怎么写信陵君①的？你看《信陵君列传》就知道。《史记》中写战国"四公子"，孟尝君、春申君、平原君、信陵君。齐国的孟尝君是不错的，他养的士中间最出色的是冯谖。可是，他在财力上有困难时，他让冯谖去收债，结果冯谖把这个债券给烧了。孟尝君心里虽然不高兴，可是人家有涵养，没怎么样。后来，当他在齐王面前不得意时，他回到自己的封地薛②，当地人都出来欢迎，非常拥护他，这时候他才知道冯谖做得正确，是不是？你再看，他到秦国去，被秦国扣留了，过函谷关③，救他的不是"鸡鸣狗盗之徒"吗？秦国兵在后面追，不许他出关，结果他的门客中有人能学鸡叫，学鸡一叫，所有的鸡都叫了，函谷关开了，他就出去了。这是孟尝君，不知道他手下有这么一些人才。这当然不得了。

"四公子"当中，春申君黄歇，根本看不出他有任何贤人。平原君养士很多，他们并没有真正实力，没有像冯谖这样的人。典型的就是毛遂，毛遂是自荐的。平原君遇到困难的事情，怎么办？毛遂说，我去。平原君养了好多人，他觉得有用，可是没有人出来答应。平原君对毛遂说："先生，我怎么不知道你呢？打一个比喻，把一个锥子放在布袋里头，这个锋一定会马上露出来。我怎么没有看到你呢？"毛遂回答得很干脆："您根本没有

---

① 信陵君（？—前243），名无忌，魏国公子，战国时期魏国军事家、政治家，魏昭王少子、魏安釐王异母弟。公元前276年，被封于信陵（今河南省商丘市宁陵县），故后世称其为信陵君。
② 薛，周初分封的诸侯国之一，后为孟尝君封地，今山东省滕州市官桥镇和张汪镇。
③ 函谷关，秦关隘名称，因其地处"两京古道"，紧靠黄河岸边，关在谷中，深险如函，故称函谷关，位于河南省三门峡市灵宝市函谷关镇王垛村。

把我放在口袋里，我怎么能够脱颖而出呢！"平原君派他过去，毛遂真把问题解决了。这就是平原君，他的士能力不行。

你再读《信陵君列传》，一比较就清楚了。信陵君是什么样的情况呢？魏公子无忌，他养士，他看清的人，都是他认识的。在别人看不到的人才地方，他能看出大英雄来。他看中的一个门监者侯生，看城门的。看城门的人，在古代是刑徒以后，走路不方便，看门的人是受过刑的。侯生是在夷门[①]看城门的，地位很低。信陵君养了好多客人，很礼贤下士。一天，信陵君要请客，主要贵宾是谁呢？空着位置。信陵君亲自驾着车去迎客，就把侯生迎来，坐在车上。信陵君给他驾车，侯生坐在车上，大模大样，一路招摇过市。公子无忌驾车，侯生当然知道这个人气度不凡。到了以后，所有人都惊讶了，请侯生坐上座，侯生也没有什么辞让。

那时候，秦国围赵，赵国危急，平原君请求救援。魏王害怕秦国威力，不敢出兵。信陵君没有办法，说带着自己的家臣跟平原君一起去拼死抵抗！信陵君带着自己手下路过夷门，见到侯生。侯生跟信陵君说什么呢？他说："哎！臣老了，不能够陪您去了，您多自珍重吧！"信陵君走了。回头一想，不对！我对侯生那么厚，他哪能这么对我？他肯定有话跟我讲。于是，他回来问侯生。侯生说："我知道你会回来，我才那么做的。"侯生就告诉他，你要怎么样。原来魏王有个妾，叫如姬，怎么样让她窃得虎符[②]。窃得虎符以后，你就准备好一个大力士，让朱亥跟着你。魏将晋鄙假如听话，那就好办；他如有怀疑，就让朱亥拿大锤把他打死。侯生给他安排的时候，计划周密到极点，后来到底还是成功了。

这个事情，在太史公笔下写得如此生动具体，你从中能够了解信陵君

① 夷门，战国魏都城东门，故址在今河南开封城内东北隅，因在夷山上，故名。

② 虎符，古代皇帝调兵遣将用的兵符，用青铜或者黄金做成伏虎形状的令牌，劈为两半，一半交给将帅，另一半由皇帝保存。只有两个虎符合并使用，才能获得调兵遣将权。

这个人，他对社会各种情况了解得很，非常有才能！人家身上潜在的才能，别人看不见，他看到了。信陵君按照侯生设计的这个剧本去表演，结果就胜利了。等信陵君带着虎符出去以后，侯生自杀了，以生命相报。这些地方，我想说的就是信陵君的不同凡响，他与其他三位公子不同。

太史公的笔下，他写出了一个什么问题呢？他是通过比较。他写的是一个故事，这个故事说明什么？他通过战国"四公子"的具体人物故事描写，说明到战国时代贵族们都是什么状况。你看《左传》的时候，一个个英雄人物、贤者，博雅之士，都是贵族，像子产①、叔向②这些人。战国时期，所有的贵族都腐朽了，没有用。哪些人可靠呢，为什么要养士？"四公子"都发现这点，但是他们认识的程度不同。你看信陵君，他已经真正认识到要从社会底层去发现人才。所以，通过这些具体情节，太史公就能写出历史大势来。

在《廿二史劄记》里，赵翼③写了一条："汉初布衣将相之局"。赵翼看出这个问题来了，不过是事后诸葛亮。太史公在写信陵君时，把问题点出来了。那时候，贵族的力量已经是"无可奈何花落去"，下层平民的力量就起来了，已是"似曾相识燕归来"④了。这一段最后，太史公有一个评论：有人说，如果信陵君还活着的话，秦国就统一不了。信陵君一死，没过几年，秦就统一中国了。太史公在《信陵君列传》中写得有声有色，你看这

---

① 子产（？—前522），姬姓，公孙氏，名侨，字子产，春秋时期著名政治家、思想家。
② 叔向，即羊舌肸，生卒年不详，姬姓，羊舌氏，名肸，字叔向，春秋时期晋国大夫、政治家，与郑国子产、齐国晏婴齐名。
③ 赵翼（1727—1814），字云崧，号瓯北，常州府阳湖县（今江苏武进）人，历史学家、文学家，所著《廿二史劄记》与王鸣盛《十七史商榷》、钱大昕《二十二史考异》合称"清代三大史学名著"。
④ "无可奈何花落去，似曾相识燕归来"，语出宋代晏殊《浣溪沙·一曲新词酒一杯》词。

个层次铺垫得多丰厚，简直像个电影！现在我们用影像要做到这样一个层次，做到那么深厚的层次给铺垫出来，也不容易，何况人家是一笔一笔写啊！最后点一下，信陵君很了不起，为什么他一死，魏国灭亡，秦国统一中国，毕竟那个时代过去了。

后来刘知幾还批评司马迁。司马迁在《魏世家·赞》中说："天方令秦平海内，其业未成，魏虽得阿衡之佐，曷益乎？"就是说，即使让信陵君这样的人出来，也不能改变大的历史趋势。信陵君是阻挡、放慢了秦统一的步伐，等信陵君一死，没过几年，秦就统一了。为什么？刘知幾应当没有意识到历史发展大势。所以，我认为刘知幾是伟大的历史学家，可这地方不如司马迁，司马迁看到整个的历史趋势。信陵君如果说是看到要靠下层的话，为什么不像秦国的法家，法家改革经历了那么多代！秦国早就不依赖贵族力量了。白起①、王翦②这些，都是平民出身。所以，司马迁说："天方令秦平海内"。司马迁已经看出这么一个历史发展趋势。信陵君作为个人是很杰出，但是，他还是公子，而秦国则把整个贵族根本就打垮了。

刘知幾说，这个事情要讲人事，不能讲天，听起来是有道理的。可是，他没有深层地分析。太史公说，这个天，就讲信陵君做的跟秦国做的实际是同一个趋势，贵族不能用了，可是秦国比信陵君做得彻底，信陵君看重的还是个人，赵王、魏王不行，你自己也是公子。这个事情以后，他就住在赵国，他回不了魏国。信陵君是怎么死的？他很不得意，后来就糟蹋自己身体，喝酒啊什么。他死后没几年，秦统一六国。

所以，我觉得司马迁的《史记》，在他的笔下体现了一个真正历史学家

---

① 白起（？—前257），郿邑（今陕西眉县）人，战国时期秦国名将，杰出的军事家、兵家代表人物。在长平之战（前262—前260）中率秦军重创赵国主力，为秦国统一六国作出巨大的贡献，受封为武安君。

② 王翦（？—前208），字维张，频阳东乡（今陕西省富平县）人，战国时期秦国名将、杰出的军事家，为秦始皇统一六国、开疆拓土建立殊勋，拜太师，封武成侯。

的风范，把历史写成这样层次丰富、生动鲜活。你看霸王别姬，重要不重要？他把整个层次都生动地描写出来，通过虞姬，把人物都写出来。这个真，是能够把历史的不同层次，给它有机地构成一个整体。那不是文学作品吗？所以，鲁迅说《史记》是"史家之绝唱，无韵之《离骚》"。的确是当之无愧。我觉得，同学们读《史记》，就是要能够把基本功练好，真正能够"读其书知其人"。太史公为什么能这样？《太史公自序》中写得清清楚楚，他的使命感非常强。

这些地方也是告诉我们，文字、音韵、训诂、目录学这些东西，这都是一些最基本的东西。可是我觉得我讲的没有援庵先生讲得好，可能是因为：第一，我没有援庵先生那个学问；第二，条件也不同，援庵先生讲课时，那当然这课是重要的，别的课也都一样。我开这课的时候，这个课很多，其他课很多，而且不少同学也缺乏这个基础。当然，你自己不能说，我这个是成功的。但是，我都努力地按照老师的方法，张天麟先生教我读经典著作的时候做的，援庵先生告诉我的那个学习方法，不是他老人家直接告诉我的，是我从别人那里知道这个。我没有听过援庵先生讲课，我到辅仁时，他已经不讲课了。我觉得我这样子讲，我的教学也尽到我的心了，但是我教的效果如何，我自己实在不敢说。

我在二十年内大概教了十届。就先秦史部分，大概讲了有十次以上。本来我想这课程继续教下去，我教以后，别人接着教。后面越教越少，为什么呢？这里面，真教的话是有困难的，比如音韵、文字、小学，有的同学不知道。去年我们开会还讲，要继承援庵先生的学术传统，根柢之学，但是做起来有一定困难。

5. 教学相长

我觉得，作为一个学者，就需要能够学习，善于学习。我们学习都有一个条件，都是在既有的基础上学习，不是从零开始。我们从一个孩子开始，咿呀学语，然后一点点学。开始时都是亲人教，在我们力所能及的地方逐步提高，不断提高。学习一定有不同阶段，每个阶段大概只能学习什么东西，超过这个阶段就无法接受了。就好像我们的耳朵听声波似的，只能在一个可听的频率里面听，超过这个，就听不见了，再低也听不见。眼睛的视力也是，我们能看到的光谱是有限的。如果我们到外国，实际上能够学习的跟自己所带的问题和学习经历中所遭遇的困境有关。可以想象，如果中文书都读不好，我们能读好外文书吗？如果我们从中文书都读不出味儿来，我们从外文书能读出味儿来吗？所以，作为一个学者出国访问，首先要善问。我们越深入思考，就发现问题越多，心里一定要有问题。我去美国，知道雅斯贝尔斯讲的"轴心文明"，我正好要对中国、印度、希腊进行比较研究，就里应外合了，是不是？

关于历史的真实性问题，中国不是也有这个传统吗？崔杼弑其君^①是真，可是赵盾弑其君^②，我们想过没有，这两个真是同一个真吗？这些东西都属于历史知识问题。想过这些问题以后，那就又是一个境界了。所以，我们的头脑本来没有活跃起来，你到外国学什么呀？你到外国，首先是两眼一抹黑啊！你看到人家讲的真理问题，这个真是在不同程度上的。崔杼弑其君是崔杼自己动手，赵盾弑其君不是他自己动手，这是不同意义上的真。这就让我认识到相对主义的问题。你本来就开始有这个问题，才能够让自己真正地学习。实际上，你头脑里必须先有个潜在的问题，通过学习，就把问题激活，把它 activate。学习的过程要变成一个激活的过程。到国外学习，就是把自己潜在的问题带到一个新的环境里，在新的背景下把它激

① 崔杼弑其君，出自《左传·襄公二十五年》。崔杼（？—前546），春秋时期齐国大夫，后为齐国执政。公元前548年，因齐庄公与其妻私通，杀庄公，立庄公弟（齐景公）为君，自己为右相。

② 赵盾弑其君，《左传·宣公二年》记载，晋灵公无道，作为正卿的执政大臣赵盾苦谏，灵公非但不改，反而派人加害，赵盾被逼无奈，只好出逃。至晋国边境，灵公已被其族弟赵穿杀死，于是返回，继续执政。后来，董狐记晋灵公为赵盾所杀。

2019 年，在讲课

活一下。这个效果是最好的。

还有一种情况，你原来没有这个问题，但是到新环境下，你碰到了，这也很重要，它会使你感到震惊、好奇、惊艳。希腊人说，知识、哲学来源于好奇心，curiosity。其实，还有一个来源，就是 surprise，惊讶。好奇心会使人感觉到震惊。我们在国外，很多人还有过这样的情况。可是，如果你自己的知识和思考没有达到一定程度，即使你看到了，可能该惊讶的地方也不惊讶。

咱们都是一辈子搞教学的人。其实，教与学是一个东西，教学相长。韩愈的《师说》写得真好，我们作为老师，一定要善于从教学过程发现问题。我当助教时，给中学生讲课。有时候，同学们提的一些问题可能比较幼稚，因为我们觉得自己很熟练了，这个地方可能就糊弄一下过去了。看起来同学们提的问题有些幼稚，但是，有可能确确实实潜藏着什么问题。有些同学提的问题好像不是很准，可是有些地方还是重要的，比如问些虚词。我们讲训诂的时候，往往忽略了虚词，虚词还是非常重要的。

最近，我还把那个《尚书·梓材》那篇文章、那段文字还修改了一下，就是最后"王启监，厥乱为民"吗？"启"字写的，我当时说，这个字可能是"肇"。可是你看看，这过多少年以后，反复地考虑这个字，我觉得我于心不安。我现在感到，就是启啊，汉代的经学家的书，这个启是读开的。为什么读开呢？汉景帝刘启①，要避汉景帝讳，"启"读"开"。我再一查经文，可能就是启，启就是拉锁，开窗户去，开始这个意思。开窗户，就是启，有各种各样的开。它这边是一个手，那边有个户，是不是？开底下加个口的话，叫口来启，及口来启。它原来就说，开头经文，这个启本身就有这个意思。启的意思，就是明也。明媚的明，明也。那就是什么呢？这个字实际上还是一个助动词。那么，这个启，就是明，明就是你要很勤勉，要注意你的政治性，从哪儿看？从老百姓来看。所以，这一个过程中，你把一个东西教学多少遍以后，才能真正发现问题，解决问题。经常我们教学多少遍以后，就变成那个留声机，把唱片放上去，是不是？

前些天，咱们两人（与蒋重跃）聊天时，你说你在讲《大学》英译本，你讲到一个我没有想到的问题，我就跟你学习了。你说《大学》有两派，一个是程朱派②，一个是陆王派③。你就看出新的问题来，"修齐""治平"④，两派是一样的，可是"正心""诚意""致知""格物"却不一样。怎么"正心"，怎么"诚意"，怎么"致知"，怎么"格物"，这个分歧就很严重。你

---

① 汉景帝刘启（前188—前141），汉文帝刘恒嫡长子，西汉第六位皇帝，在位期间推行"削藩策"，削诸侯封地，平定"七国之乱"。

② 程朱理学，宋明理学的主要派别之一，也是理学各派中对后世影响最大的学派之一，承接子思、孟子一派的心性儒学，代表人物为北宋二程（程颢、程颐），南宋朱熹集大成。

③ 陆王心学，宋明理学的主要派别之一，以南宋陆九渊和明代王守仁为代表，强调"宇宙便是吾心，吾心便是真理"，认为天地万物都在心中。所以他的学说被称为"心学"。

④ 修齐治平，语出《礼记·大学》："古之欲明明德于天下者，先治其国；欲治其国者，先齐其家；欲齐其家者，先修其身。"

看，你教着教着，你就看出新问题来了，这不是教学的结果吗？如果你不是为了教这个英文，新的问题怎么出来？如果你不是发现这样东西，我虽然年纪比你大三十岁，我也没有认识到，不是你在教我吗？

我附带说一点。当我讲学术要有定力的时候，我说"三昧"是什么？你马上告诉我，sānmèi（samadhi）。我吓一跳。所以，从来教学就是相长，这不是假的。我的一个老学生陈宁跟我对话，他每周上午来，前几天回美国了，每次交流，都不是在相长吗？所以，我们教学的过程，看来像是反复的，实际上反复中间再推敲，在这个过程中都在提高。我们不能够想象，我们当面的像放留声机唱片，给学生一遍一遍地讲。有没有这样的教师？有的。一本讲义，过去这个毛笔写的讲义，都发黄了，还讲这个。所以，各种情况都有。

可是，有的先生越讲越来劲。钱穆先生讲中国通史，讲着讲着，讲出一本《国史大纲》来。《国史大纲》出版以后，他不是还讲吗？我听他讲课，我不是讲过，我不记笔记，我就看他的《国史大纲》，补做课堂笔记。

在谈笑中

他告诉我，做得还可以，然后说："你要听我所讲的。"因为他做过新的研究。这样的老师值得学习。《国史大纲》是 1942 年还是 1941 年出版的，这是他在后方写的。我跟他学习时，书出版没几年，可是他就讲新的。所以，教学有日新之道，《系辞》中说："日新之谓盛德，生生之谓易。"《大学》中也说："苟日新，日日新，又日新。"

教学的过程，就是日益开拓我们的视野，子夏说："日知其所亡（无），月无忘其所能。"[①]这还是从量上面看。真正的看，我们还要能够看出别人没看出的层面。这一点可能更为重要。关键在哪儿？正如钱学森讲的，我们头脑中永远要有个问号。我们一旦稍微放松一点，这个问号就没了。对话有什么好处？对话就是这样，你讲这个《大学》，两派不一样。你这话传到我心里，忽然使得我心里产生好奇，使我感到震惊，surprise！是这么一个关系。我曾经没有震惊、惊讶，你一讲，激发了我。

实际上，希腊人光讲好奇是不够的，还要有震惊，这样就可以继续探讨下去了。我希望我们能够把这好奇跟震惊保持下去。有一次，王宁教授看到我写的世界中世纪史文章，她跟我说，她看到我的一些文章，也感到很吃惊，就是关于训诂的内容。你给我讲这个，就是你的好奇引起了我的震惊。假使失去好奇，就是希腊人讲的，就没兴趣了，就越学越平淡了，像留声机似的老在那儿转。你要是能保持这个好奇，就会螺旋上升，好奇是问题的开始，而震惊则是突破，是 break through，石破天惊，是不是？你从《论语》里可以看出来，孔子很多地方都受学生启发。从来教学是交流，教学也是对话。

白寿彝先生曾说，一般讲先秦诸子，主要是讲两个方面：一个就用唯物主义方法，就是它代表什么阶级立场；第二个，不仅有这个，还有其本身的学术传统，就是学术传统不同。可是，白先生又讲到一条，当时杨钊

---

① 语出《论语·子张》。

先生讲课，他讲《庄子》，我有兴趣参加这个教学评议会。我听白先生在会上讲，他是中国史教研室主任，他说还有一条要注意，就是诸子之间互相影响。这话大概过去六十多年了，可我还记得，因为当时我感到震惊。有一次，我跟白先生聊天，我说起这事，白先生反问："这是我说的？"他不信。我说："是您说的。"他老人家忘了，可是他的话，对我却是震惊了一辈子。你不看诸子之间互相影响，你怎么解释韩非跟老子的关系[①]，对不对？

还有第三条，我觉得可能更为深刻。第三条是什么？就是白先生当时可能缺乏有人跟他这么对话，非常可惜！所以，白先生说："唉呀，可惜我当时没有记下！"我说："是这样，很可惜，你得有对话，这样才能进行深入探讨，不致遗忘，要不然这东西就逐渐淡忘了，有一些好奇以后就麻木了。"我觉得，实际上很多思想都是在这个对话中间产生的。你看过去哲学家、思想家的对话，你仔细去看，就会发现好多问题怎么出来的？只有互相交流，才有火花，产生好奇，感到震惊。教学也是一样，教学相长。

---

① 韩非跟老子的关系，司马迁认为法家由道家派生出来，故将老子与韩非列在一起，作《韩非老子列传》。

下篇
丽泽卮言

十三 关于历史的客观性

1. 历史真相

从今天开始，恐怕要进入咱们两人（与蒋重跃）真正学术对话的过程了。我们要谈的这些问题，都是学术界讨论已久、现在依然众说纷纭的学术问题。我在这里只谈一些我个人的想法和思考。

首先，历史这个定义是什么？我们不讲自然问题，中国史是怎么来的，西方历史又是怎么来的，我们不说这些问题。一般认为，"历史"在德文里面至少有两个词，一个就是 Geschichte，这个通常可以作为历史，也可以作为历史著作来讲。一般来说，表示这个词的一个词根是什么？我在一篇文章里讲过，这是黑格尔讲的，他是在《世界史哲学》[①]里讲的，Geschichte，就是"出现"。它之所以讲"出现"，指这个事出现过。第二个是英文，所有欧洲文字都差不多，history，historia，都来自于希腊文，希罗多德的 historia。这个"历史"是什么意思？就是探究，inquiry。所以，希罗多德说的"探究"，就是历史。

---

①《世界史哲学》，即《世界史哲学讲演录（1822—1823）》，是德国古典哲学家黑格尔的一本富于思辨逻辑的世界史哲学讲演录，是他在柏林大学第一次讲授世界史哲学的六个学生课堂笔记按编年史原则整理出来的。

那么，这个也可以看出来，历史里面，从德文里可以看出来，一个就是客观的过去，形成的过去；一个呢，是作为对过去的研究，或研究中的过去。有些学者愿意把这个说成历史一、历史二，这都无所谓。历史实际上是有两个过程。这两个过程是什么关系呢？专业历史学家一般认为，没有历史一，就没有历史二。这个如何来证明？当下就可以证明。今天，全根先请我来谈，现在可以说人证、物证俱在，影像资料俱在。如果上法庭，也得说它是真的。是不是事情过去以后，就不存在了呢？这个问题，就是过去的事是不是真的，是不是真实存在的？应该说有。最好的证明，就是当下。咱们今天在座有五位，这五个人是真的还是假的，是客观存在的，还是我们想象中存在的？我们今天在这里做的事，是不是客观存在的？所以，历史的真实只有由现在的真实来表述，来证明。

可是，历史的存在有一个特点，是存在着的存在和已经消失的存在。刚才你（蒋重跃）给我提到的这些问题是现实问题，是现在存在的。我正在回答你的问题，跟你一起讨论这个问题，这不也是存在吗？都是客观的。那么，以前呢？它也是存在的，录下音来了，录下像来了，甚至我们俩人讲话时的姿势、感情什么，都听见了，看见了。所以，现在国家图书馆中国记忆项目中心是要证明历史是存在的。但是，这个存在能够把这个存在的必然都说清楚吗？比如说，今天我们来以前，每一位都吃过早点了。我们早上吃什么？我想每一位都记得，在场的五个人都吃了早点。这是我们存在的必然。我们今天讲，一定要有准备，你没有吃早点，没有精力，没有休息，就没有准备。每个人都有所准备，是不是？这是存在的。

所以历史的存在，它是单个的，还有它的必然性。今天我们能够这样，一定要有条件。我想每一位今天吃的早点是什么，大家都能说出来。可是我敢保证一点，前面十一次，诸位吃的早点，都吃过了，这个事实是存在的，但是我们已经不知道了，没有记录下来。所以历史是存在的，客观来讲是存在的。我们从专业的历史角度来讲，它就是存在的。今天我们为什么能够坐在这儿？那么，还有其他条件。比如根先，你是学历史出身，如果你没有学历史出身，你怎么会做这个？你的存在是客观的。重跃，你也是学历史出身的，我也是学历史出身的。由于这样一些因素，而且都学历史，我们已经对史学有了一定的训练，或者一定的修养以后，我们才能谈成这样。所以，要讲今天这个事实，单个的事实，核心的事实，没问题。至于它是什么因缘，怎么产生的？肯定是有原因的。你要说明这个原因，如果你要追究整个原因，我们三位，加上另外两位技术专家，这个过程中每人都有自己的原因。所以，如果真正要把所有结构都搞清楚，这是不可能的。

赤壁之战①是不是客观存在的？其主要人物曹操、孙权、刘备、诸葛亮、鲁肃、周瑜，人所皆知，这些人物都是存在的。曹操之所以成为曹操，曹操率大军四处征战，这个历史事实，肯定有这个过程，可是过程的细节以及对它的解释，现在都没有详细记载。没有记载，不等于没有事实，只是我们现在不知道这个事实。现在看陈寿的《三国志》，《三国演义》是罗贯中写的，它基本上不违背历史事实，什么借东风这些是没有的，这个是虚构的。我们知道这个就够了。我们对于赤壁之战，能了解到这样的情况基本上就够了。尤其看到裴松之所作的《三国志注》引用了那么些材料以后，基本上是够了。

历史还有个特点，就是有这样一个问题，有没有事实？我不是一个专门的史学理论家，今天我送一本小书给全先生②，序上写得清清楚楚，我不是专门谈理论问题。我是作为一个专业的历史工作者，我在谈论问题的过程中，发现有什么理论问题。

历史还有一个问题，就是事实。它不仅在同一个空间、一个阶段里，

①赤壁之战，指东汉末年孙权、刘备联军于建安十三年（208）在长江赤壁（今湖北省赤壁市西北）一带大破曹操大军的战役。孙刘联军以火攻大破曹军，曹操北回，孙、刘各自夺去荆州的一部分，奠定了三国鼎立的基础。
②《史苑学步——史学与理论探研》，刘家和著，北京大学出版社，2019年1月出版。

它对周边很多事情，与今天大大小小有关的事情，比如说今天早上吃早点没有，这涉及到咱们体力支持，对不对？这是次要的。那么，我们现在讲的，我们前面谈什么，现在我们该谈什么，你要把现在的事实同以往的事实挂起钩来。今天的事实已发生，是蒋重跃教授对这个问题的看法，你作为一个历史学家，是你在头脑里思考的结果，是不是？你考虑的这个结果，你是个人的、主观的，但是你讲的，我们大家都能接受。你讲的是主观的，可是符合客观情况。但是，你讲的是不是就完备了？没有，你才讲到今天，还没说明天和后天。所以，历史还有什么特点？它是每一分钟、每一秒钟，每一个时间极限使它接近于零，它都具有两面性。

比如说，历史就是现在形成的，就是当下形成的。可是，当我们说"现"的时候，"在"还在未来；当我们说"在"的时候，"现"已经过去了。所以真正的现在，如果借用空间的几何学来讲，这是两条线相交的一个点，它是不占位置的，零，接近于零，而且是在移动着的。所以整个讲的过程，我们今天讲的，刚才你讲的这些话，到现在已经过去了。可是，问题没有完，现在还想再问。我不知道，我讲这个到底有"在"还是没有"在"这个事实。所以历史的存在只有用现实来证明，它是存在的。现实的存在是什么？现在刚刚过去。你还没有说出来以前，我还没有说出来以前，这是我们思想的存在。你说出来以后，我说出来以后，就变成一个事实的存在。在我们思想准备的时候，是存在的准备阶段；当我们说出来以后，事实已经是存在的了，但是没有结束。

历史是存在的。那么，过去的事和我们今天有没有关系？今天早上，我们一起来到这个地方，这些地方我们都很清楚，是有联系的。更早呢？当然，我们三个人在一起，可以说三个学历史的，这还可以谈。更早呢？说到历史学本身呢，往前推呢？这种东西就越来越模糊，记忆的东西越来越少。那么，对过去我们怎么能够知道？过去也是存在的，have been being。我想用荀子的话来说："类不悖，虽久同理。"① 我们因此也可以推，历史是讲过去的事，我们可以往下推，历史是存在的，只要不是疯子。如果今天有疯人要发动核大战，现在人类已经有这个能力，人类消灭了，人类历史就终结了。要不然，过去的历史还是存在的。

过去历史存在，它真正的意义在于什么？为什么荀子讲"古今一度也。类不悖，虽久同理"？就是刚才说的这个。其实他谈到这个问题，已经在用逻辑思考，证明是。所以，历史的理性也离不开逻辑的理性。打个比方，重跃，你在国外留过学，英文也很好，可是你的思想不是英国人的，也不是苏格兰人的，你的思想还是中国人的，你作为一个中国人还是这样。为什么？是历史的存在经过一代代传下来在我们身上的体现。以前有人讲"全盘西化"②，不说别的，至少可以说，他们可能是太天真了！你抛弃自己的传统，想直接融入西方传统，你就要把自己血管里所有的血液抽出来换成西方人的血液，可你的心脏还不是人家的心脏，你说怎么办？你是东方人的心脏，是不是？所以，这几乎是不可能的。

最近我看《参考消息》，有些俄国学者说，俄国以后要更注意自己的特点，俄国从彼得大帝③开始学习西方，想西化，应该说还有伟大的成就，可是西化改变不了俄国的本质。日本明治维新④，也是西化，"脱亚入欧"。脱

---

① 语出《荀子·非相》。

② 全盘西化，中国近代的一种思潮，1929 年胡适在《中国今日的文化冲突》一文中正式提出"全盘西化"一词，主张学习西方思想行为方式，将中国的传统文化全盘抛弃，主要代表人物为胡适、陈序经等。

③ 彼得一世，阿列克谢耶维奇（Пётр I Алексеевич，1672—1725），俄罗斯罗曼诺夫王朝第四位沙皇、俄罗斯帝国首位皇帝，俄罗斯历史上仅有的两位"大帝"之一（另一位为叶卡捷琳娜二世）。他统治时期在政治、经济、军事和科技等领域进行西化改革，使俄罗斯成为欧洲大国之一。

④ 明治维新，日本近代由上而下、具有资本主义性质的改革运动，始于 1868 年。明治天皇（めいじてんのう）建立新政府，进行近代化政治改革，建立君主立宪政体，学习欧美技术，掀起工业化浪潮，使日本成为亚洲第一个走上工业化道路的国家，是日本近代历史的重要转折点。

亚的结果，还是亚洲国家，不是欧洲国家。苏联解体的时候，俄国想欧洲化，彻底放弃俄国传统，以为欧洲会张开双臂接纳俄罗斯，结果人家给它设计了一个"休克疗法"①，把苏联那么一个庞大的经济体弄成这样。所以，他们痛定思痛，历史传统不能不考虑。一个社会是如此，一个国家是如此，个人也是如此。举个例子，我发现许多中国基督教徒跟西方基督教徒还是有差别的，佛教到中国以后就更不用说了。这是文化使然。交流是有益的，但是，交流以后不等于"一"，只能是多元，和而不同。

历史是存在的，就存在于现实之中。我们不能说，我们跟历史没有任何关系。每个人身上都有历史传统积淀在里面，尤其是知识分子。像胡适之、陈序经②，他们主张"全盘西化"了吗？没有，也做不到。胡适从美国回来以后，整理国故，陈序经也没有能够西化。所以，文化交流是好的，而且绝对是有必要的；不进行交流，一个文化就会老化。可是交流的结果，就是历史作为一种基因仍然是存在的。

2. 历史科学

你（蒋重跃）刚才说，有没有不带民族色彩的纯粹的学术研究，我们在进行国际学术交流时，有没有中国学术还是外国学术（的区别），这涉及历史传统与当代学术之间的关系问题，我觉得，应该作具体分析。总的来讲，是在一个大屋顶底下，是同，是"一"；然而，单纯的"一"都是由

---

① 休克疗法，20 世纪 80 年代美国经济学家杰弗里·萨克斯（Jeffrey Sachs）根据玻利维亚经济危机问题提出的一整套经济纲领和经济政策。由于这套经济纲领和政策的实施具有较强的冲击力，在短期内可能使社会的经济生活产生巨大的震荡，甚至导致出现"休克"状态，因此人们将萨克斯提出的这套稳定经济、治理通货膨胀的经济纲领和政策称为"休克疗法"。1991 年苏联解体以后被引入俄罗斯，改革失败。

② 陈序经（1903—1967），字怀民，广东文昌县（现属海南省）人，曾任岭南大学校长、中山大学副校长、暨南大学校长、南开大学副校长，著有《中国文化史略》等。

不同的"多"构成的。人类命运共同体是"一"，能够组成共同体，因为是"多"。中美之间贸易关系是合则两利，为什么？因为有互补。正因为有互补，所以"一"里面有"多"。严格来讲，学术情况稍微不同，就是文科与理科不一样，这个恐怕还是要说清楚的。数学的"一"就是"一"，数学的"一"怎么能发展呢？因为数学"一"里面也有不同部分，数学"一"的那一部分下面还可以分。举个例子，我有几位数学家朋友，他们都是数学家，可是研究领域不同，互相都不太知道。

几何学从古希腊开始，西方曾经领先了数百年、上千年。几何学的发现给西方人带来了逻辑，带来了自然科学，他们的特点别人没有，中国没有。中国没有几何学，不等于中国落后。中国人的计算方法，更接近的就是代数学。可是当笛卡尔①把几何学跟数学、代数学结合起来，创立了解析几何，于是乎立刻发生质变。从前几何学到公元三四世纪没有什么用处，只能训练头脑，像逻辑一样，没有具体用处。这下就厉害了，它能把抛物线用公式表达出来，能计算抛物线的运动轨迹，能够用公式计算出来。这样一来，数学就成为一门实用的科学。

譬如炮弹，我们中国讲神箭手，都讲练得怎么样，就个人功夫，神箭手是有的。可是他一死，这个技术就没了。其实练打枪，实际上是要掌握抛物线这个原理的。就是定标尺的时候，如打一百米目标，标尺三，打下沿，即瞄准靶子的下沿。什么意思呢？就是抛物线。子弹出去是这么一个过程，不是直接对准的，这个准星和标尺要重新定，步枪的射程一般是三百米左右，打到一百米时，子弹正处在抛物线的弧顶，比枪口要稍高一点。所以瞄准的时候，要瞄准下面，子弹打出去之后是这样的，这样才能打到对方。要是没有笛卡尔的这么一个创造，现在一切火箭、导弹，都谈不上。这也告诉我们，中国文化是有些弊端的。中国文化讲"经世致用"，

---

① 笛卡尔（Rene Descartes，1596—1650），法国哲学家、数学家、物理学家，因将几何坐标体系公式化而被认为是解析几何之父，代表作有《沉思录》等。

最高原则，"无用之用"。所以，当英国炮舰都打进来了，还说是"奇技淫巧"。数学这东西，它就是没有直接用途的。可是它发展过来时，它领先于用途。天文学是靠数学来支撑的。近代天文学、中国古代天文学，那个数学很简单，我都会。加减乘除这些东西，那还不会？像数学这样一些东西，就是看似没有用，实际是有用的。

学术到底有没有中外区别？到自然科学上，应该说有个统一标准，有区别。但是，这个是谁优先谁落后的问题。我们讲数学史，全是西方数学，无可奈何，都是阿基米德的、欧几里得①的。物理学也是如此。希望中国人能提出自己的东西，做出新的贡献。我觉得，自然科学跟社会科学、历史学不同，因为学科研究的对象不同。历史和传统不管对哪个学科都有影响，但是，影响方式是不一样的。从中国的数学本身发展不出解析几何来，中国人发展不出微积分来，这是历史决定的。我们只能承认一个是多，我们不能说我们跟人家是并立的。在早期，中国人曾经在计算上也不差，但是，在抽象思维、推理上我们不如人家。我是一个学文科的人，可是我为什么曾经对西方数学和逻辑那么感兴趣？我发现，这是中国人的一个短板。可惜，我也不能学自然科学去，因为没有那个条件。我觉得，这是中西文化的一个根本区别所在。各自有形成的历史原因，都离不开历史影响，由此也可以证明历史的客观性。

自然科学和人文社会科学都一样，只不过是方式不同。有一句名言，大家都知道，就是英国伯里（John Bagnell Bury）说的："历史是科学，不多也不少。"（History is science, no more and no less.）这句话有大问题。你别看这样一个大历史学家，也算是一个思想家，可是这句话有问题。第一，历史是科学，这个命题本身不明确。如果按照逻辑来说，可以说，就是亚里士多德讲的四个 A 命题的话，A 命题就是全称肯定命题，所有的历史都

---

① 欧几里得（Euclid，约前 330—前 275），古希腊数学家，被称为"几何之父"，著有《几何原本》。

是科学。遇到这样的情况，历史是科学，这个从来没有假。但是，他却说，所有的历史是科学，就是所有 S 命题，S 命题的第一到符号逻辑、数理逻辑的时候，所以亚里士多德讲的那个呢，SAP，就是所有的 S 等于 P。那么，表示成公式的话，一个就是 S 等于 P，一个是 S 包含在 P 里，这两种情况。一个，就是既是 S 又是 P，所有的 S 都是 P。上面这个符号是什么呢？是这个，S 不过是 P 的一部分。这是符号逻辑，优于亚里士多德形式逻辑。

那么，所有的历史都是科学，要看你重视哪一种。历史是科学的一种，还是就等于科学？这个情况就是，既然历史是科学，设想它是什么呢？历史是科学的一部分。但是，它的语意不明确，让人觉得历史就是科学。为什么？因为底下有一句话，证明了它不是 S 是 P 的一部分，因为不多也不少。既然不多也不少，no more and no less，那就是我讲的那种情况，S 等于 P，对不对？符合吗？符合，你试试。从逻辑上讲，那就要除掉数学、物理、天文，都排除掉了。上面那个符号，就等于它没有表现出来，没有别的科学的余地了，历史已经把科学都霸占了，把别的都吞了。这是不符合事实也不合逻辑的，对不对？

那么，还有这两种可能。我过去回答郭小凌教授访谈时，我没有把这个图画出来，今天我再深入一步，说得更清楚一点。它不多也不少，那肯定就是 S 等于 P，这样完全相等。这个就不符合全称肯定判断了。第一，我从逻辑上分析，它是错误的，这是不可能的。第二，我从经验层面来说明，这就要事实来说明，历史是科学，不多也不少。历史如果是一种科学，确确实实是在变的，就是不断地在增加，不断地在减少，不断地产生，又不断地消亡。所以，从经验层面来讲，他违背了作为一个历史学家的基本常识。可是，他不会这么简单的，他也是很伟大的历史学家，伯里不简单！

（蒋重跃：我插一句，您是说，经验意义上历史的变化未必就是合乎逻辑的吗？就是跟逻辑不一样吗，不是同一的吗？我的意思是这样的，就从经验意义上来看，历史本身就是发展的、变化的，发展变化里头，那就是不断地增加或者减少，它是不确定的，怎么可以是不多也不少呢？所以，您这个表述本身，倒是非常合乎逻辑的。）

我不敢说历史和逻辑之间有某种关系。我再举个例子。孔子说："殷因于夏礼，所损益，可知也；周因于殷礼，所损益，可知也。其或继周者，虽百世可知也。"[1] 这是子张[2] 问的。那么，历史本身就是"损益"的科学，是不是？所以，"历史是科学，不多也不少"，伯里的这个提法是有问题的。当然过去有人批判过，像柯林伍德（Robin George Collingwood）[3]，都有过批判。可是，他们没有像我这样批判，至少我没有见过。前面一个是从他论断的形式上看，我是从逻辑上讲的，是不联系具体事实的，是纯抽象的。

所有的 S 都是 P，你换了两种可能。因为根据符号逻辑、数理逻辑，你就知道，S 可以是 P 的一部分，也可以说 S 就是 P 的整体，是不是？符号逻辑证明亚里士多德这个 A 命题表述是不含糊的，现在说清楚，说成那样。可是，伯里讲的"no more and no less"，这下坐实了，S 就是 P。如果说历史是科学，这个本身还没有大的问题，因为历史是科学里面的一种，你可以这样理解。但是，no more and no less，就坏了，一下子就全部占满了，别的科学没地方了，是不是？这也不真实了，违背逻辑，也违背事实，也违背历史。他特别违背的是什么？历史科学。

我刚才讲的不是历史科学偶尔出现的基本属性，不是讲历史就是现在的延续吗，是不是？我们讲"在"的时候，"现"已经消失了，"在"就又

---

① 语出《论语·为政》。

② 子张，即颛孙师（前504—?），复姓颛孙，名师，字子张，春秋战国时期陈国人，孔子弟子，孔门"十二哲"之一。

③ 柯林伍德（Robin George Collingwood，1889—1943），英国哲学家、历史学家、考古学家，剑桥大学、牛津大学教授，著有《艺术哲学》《形而上学论》《历史的观念》等。

在接受采访

出来了。其实，我们讲现在，就是计算机二进位制^①这种情况。孔子讲的这个"损益"，就是揭示了历史发展中基本的样式和精神，他在乎这个。这个正是黑格尔讲的整个历史在否定过程中不断增加，是不是？黑格尔的否定之否定。他的这个否定，aufheben，就是"扬弃"，既保留，又否定。所以，历史发展是不断地在一个链条里前进，它成为历史。伯里生在黑格尔之后，看来是没有懂得黑格尔这个道理，所以他讲"历史是科学，不多也不少"。

我觉得，历史为什么是科学？这个问题提出来，它的意义在什么地方？今天你（蒋重跃）提的这个问题，价值在哪里？你讲的这个问题，我要通过回顾学术史来回答。伯里讲"历史是科学，不多也不少"，这个思想是怎么来的？伯里之前，法国有一位大名鼎鼎的人物孔德（Isidore Marie Auguste

---

① 二进位制（binary system），在数学和数字电路中指以 2 为基数的记数系统，通常用两个不同的符号 0（代表零）和 1（代表一）来表示。

François Xavier Comte）①，实证主义的代表人物。实证主义，现在又称实证哲学，有点像清代考据学。实证主义包括两个部分：第一部分跟清代考据学类似，就是把证据收齐、整理好，这是一致的；第二部分是清代没有的，就是什么呢？它把全部材料整理以后，总结出规律来。这样，历史学就跟自然科学一样，把材料归纳起来，整理出来，所以历史真正成为科学。这个说法值得我们思考，我们将历史材料收集起来，加以归纳，就总结出规律。

孔德被认为是近代社会学的始祖。他的大弟子、法国的涂尔干（Émile Durkheim）②的社会学就是从他那里来的。在他看来，历史学与自然科学没有区别。这个说法有道理吗？我觉得，今天我们再讨论这个，还是有些道理，但是全部有道理肯定不可能。所以他留下的问题就是，他走到极端了，他把历史科学全变成一个自然科学了，变成自然科学的一个方法论。19世纪就出现了德国兰克（Leopold von Ranke）学派。兰克学派③是什么呢？历史不是研究什么规律的，历史重视的不是一般，重视的是个体，要研究一个个活生生的人。照他们这样，历史就没有规律，只有事实，都成了一个孤立的人了。这种东西还会重演的。以后法国年鉴学派④，第一代、第二代

---

① 孔德（Isidore Marie Auguste François Xavier Comte，1798—1857），法国哲学家、社会学家，开创了社会学这一学科，被尊称为"社会学之父"。他创立的实证主义学说是西方哲学由近代转入现代的重要标志之一。
② 涂尔干（Émile Durkheim，1858—1917），法国犹太裔社会学家、人类学家，法国首位社会学教授，《社会学年鉴》创刊人。
③ 兰克学派，指以德国历史学家兰克为代表的史学派别，又称历史研究的科学学派，认为史学家的任务是据事直书，如实客观，必须首先对史料进行批判检验，去伪存真，由此重现历史，亦由此历史学可以被抬入科学之列。
④ 年鉴学派（Annales School），20世纪30年代开始萌芽、40年代中期开始形成的一个法国史学流派，60年代时开始有世界性影响，创始人为吕西安·费弗尔（Lucien Febvre）和马克·布洛赫（Marc Bloch），以《经济社会史年鉴》为主要阵地，故得名。

就是重复孔德的。

有很多学术教训。我们研究历史的人，不能不知道世界史、哲学史、思想史。兰克讲的历史，就是特殊的、个人的，要有人，要有事，这才是活生生的历史。你把历史讲成了几条筋，这还叫历史？而且，历史也不是有规律的，过去怎么样，现在怎么样。他就是讲一个客观的过程。所以，兰克才讲历史是如实直书，还是有一句话，叫 Wie es eigentlich gewesen（仅仅如实地说明历史而已）。按照兰克的说法，历史讲述个体的事实，不讲规律。他只讲特殊，不讲一般。

"历史主义"[①]一词就是从兰克来的。历史主义这个词，现在中国好多学者也在讲，实际上是没有分的。你要细查《大百科全书》《哲学辞典》，历史主义的第一个意思是从兰克来的，与科学主义[②]是相对的。历史主义有没有后继者？它的后继者，就是新康德主义。所以历史很丰富，很有意思。我们现在讲孔德跟兰克的时候，这已经到 19 世纪了。伯里是受兰克影响的，他讲的是什么？历史是科学，不多也不少。就是从这个意思上来讲，只要你把事实说出来，就可以了。所以，我讲清楚一点，伯里不是根据实证主义，跟孔德不是一回事。他说，只要是事实符合，就是这个历史。他是兰克的一个继续，他不是孔德的继续。

（蒋重跃：前面咱们谈的那些问题，应该是本体论意义上的。那么，下面就很自然地延展到怎么样来认识历史的真相问题。这是认识论

---

① 历史主义，20 世纪 50 年代末产生的一种科学哲学思潮，60 年代后逐渐开始流行。历史主义以描述科学实际如何、科学家如何作为目的，结果使得其科学哲学失去规范意义。代表人物有图尔明（Stephen E. Toulmin）、库恩（Thomas Sammual Kuhn）、费耶阿本德（Paul Feyerabend）等。

② 科学主义（Scientism），或作唯科学主义，是一种把自然科学技术作为整个哲学基础，并相信它能解决一切问题的哲学观点，它把自然科学当作哲学的标准。出现于 19 世纪 70 年代，发起人为德国哲学家狄尔泰（Wilhelm Dilthey）。

蒋重跃在采访中

领域的问题，就是怎么样理解历史学的客观性，或者简单地说就是历史的客观性问题。刚才我问的这个问题，跟这个也有关系，比如说有没有这个中国学术，或者有没有中国的历史学？您刚才讲到，一个人会有一个人的看法。比如说世界史，不同地区的人会有不同的理解。总的来说，就是怎么样理解历史的客观性？）

关于这个问题，其实刚才我们已经涉及到。当我们说"现在"的时候，其实"现在"已不存在了，它已经是历史了。可是，它完全不存在吗？存在，存在于我们的认识中，我们的记忆中。如果不能存在于我们的记忆中，那么，我们搞这个"中国记忆"就没有价值。所以，对历史过程进行记录，其意义就存于这个历史中，就存在于我们保留的历史回忆中。这是一个认识论的问题。所谓认识论的问题，实际上就是人对主体、对客观的认识过程。人类是怎么认识的？这里面，应该说可以分为两个问题：一个是科学方法问题，不同学科的科学方法问题；第二个，不同学者由于不同的个人经历、个人所属的社会集团，或者阶级，或者国家，会有一些特殊的东西，从而影响人们的认识。

首先，认识论要讨论人的主观认识与客观对象之间的关系问题，就是人怎么样认识客观对象？在这个问题上，有两种不同认识态度，一个是理性主义的，一个是经验主义的。从理性主义来看，就是要思考历史是怎么构成的，它的理论线索是什么。这是一个学术问题，一个哲学问题。从史学角度看，主要是史学史上的一个问题。其实，史学史跟史学理论就是这种情况，这两个东西实际上不可分的。那么，现在要讨论，有没有可能认识？这里有一个可知论和不可知论的问题。

其实，应该讲，理性主义的认识，经验主义的认识，还有一个可知论和不可知论。不可知论，就是根本没法认识，前三种属于批判主义。康德可以说是主张不可知论，因为认为物质是不可知的。你可能把康德归为跟休谟（David Hume）[①]一样的不可知论者。其实，康德一生最大的努力，是想把理性的方法跟感性的方法结合起来。记得有一次，我参加一个国际会议，我曾经有一个发言，就讲这个问题。理论的问题是分析判断，感性问题是综合判断。分析判断是演绎的，它不需要经过事实，像逻辑那样供你确定，以后它是要推导规则的，它永远是正确的。这就是历史要证明什么，要不要逻辑方法，不合逻辑行不行？

经验的方法是什么呢？就是这个东西，你讲究事实，是不是符合客观事实？就是我们证明一个历史是客观事实，一定要做到一个问题，这就属于认识论上的一个问题。这有两种看法，有两种理论。从亚里士多德时候起，恐怕都逐渐清楚。到柯林伍德的《历史的观念》也都提到了。第一，就是符合真的标准，符合事实，拿事实来证明，这事是真的，但是已经过去了。今天发生的事情，没问题，可以证明，就像我们刚才讲的，马上可以拿录像、录音来证明。这是符合事实的。第二，你讲的这东西，它本身

[①] 休谟（David Hume，1711—1776），英国哲学家、经济学家、历史学家，不可知论者，著有《人性论》《人类理解研究》等。

必须是符合逻辑的。就是说，不能说它又是又不是，主要是不能违反矛盾律。这个不能成立。所以标准有两个，一个是要符合历史事实，第二个是不能互相矛盾，叙述有矛盾就不符合事实。

比如说，诸葛亮给司马懿设的"空城计"到底有没有？陈寿的《三国志》没有提这事。裴松之的《三国志注》里面引用了大量材料，裴松之是南朝宋人。宋武帝刘裕的儿子宋文帝刘义隆，宋文帝这个国君可不怎么样，但这个人是大学者，他把裴松之请过来，让裴松之把所有材料都收集起来，给陈寿《三国志》作注，因为当时三国材料很多。裴松之的《三国志注》有一条材料，有一个人对司马懿的孙子（司马炎）[①]说，曾经有这样一个事，您的祖父中了诸葛亮的空城计。他讲有这么一个事。所以，不能说《三国演义》中的空城计事出无因，京戏里都有《空城计》。

但是，裴松之当时就考虑，《三国志》中，诸葛亮跟司马懿对阵是在什么时候？他举出很多理由。诸葛亮六出祁山[②]，大家都知道，从汉中往关中打，前三次都是诸葛亮主动，他从上游，从甘肃那边包抄过去，稳扎稳打，不像魏延[③]讲的，出自武都，但是都因为军粮不济，不得不退回。因为关中重要，对曹操来讲，西安重要。如果汉中丢给刘备了，曹操不就打败了吗？关中如果再丢给刘备，这个事就难办了。所以，曹操派在关中这个关键地方做总指挥的是曹真[④]，为什么呢？不是司马懿，他一直在东边，因为曹真是曹家自己人，他信得过。所以，诸葛亮这个主要敌人，一定得有最可信的人镇守。

---

① 司马炎（236—290），字安世，河内郡温县（今河南温县）人，晋朝开国皇帝，司马懿之孙、司马师之侄、司马昭长子。

② 祁山，位于甘肃礼县东、西汉水北侧，西起北岈（今平泉大堡子山），东至卤城（今盐官镇），地势险要，系三国时魏蜀必争之地。

③ 魏延（？—234），字文长，义阳平氏（今河南桐柏县）人，三国时期蜀汉将领。

④ 曹真（？—231），本名秦真，字子丹，沛国谯县（今安徽亳州）人，三国时曹魏名将，魏武帝曹操养子。

那么，六出祁山，第四次是什么情况呢？是曹真准备主动打，诸葛亮准备兵马来对付。可是，曹真是个倒霉蛋，出兵的时候，雨下了一个月。关中到汉中中间是要过秦岭的，那个地方山谷纵横，平常看起来是小溪，河里是没有水的，接连下了一个月雨以后，那个山石就滚下来了，河流水里就滚着石头。那人一进入河流，就被石头像绞肉机似的绞了。曹真用了整整一个月，路都没修好，士兵伤亡很重。他自己也淋了雨，得了病。结果这次他没有打成。他回到关中就病了，然后死了。所以，前四次就是曹真跟诸葛亮打。

到第五、六次时，才是司马懿。曹家没有能人了，没有办法，把司马懿调到前线来。所以，这个"空城计"，时间不对，空间不对。两军对峙地方叫西城，西城在哪里？西城在东边。所以，这个时间不对，地点不对，人物不对。裴松之说，这是不符合事实的，因为事实上是不可能的。按照这个逻辑分析，你一个人在同一时间，不能既在这儿，又不在这儿，对不对？所以时间、地方不符合，这是不可能的。

再说，曹魏里面内部有矛盾。它还有一点不符合，就是不符合情理。哪有当着人家司马懿孙子的面说这个，让人家下不来台，你爷爷当时做了什么丢人的事？裴松之这样分析。根据裴松之这个注，不是一般的注，这条就被否了，现在是翻不过案来的。你看，这就是逻辑的判断力，逻辑推理的重要。这个逻辑判断不是抽象的，逻辑是要根据事实的，这个事实是可以用逻辑来求证的。所以，有两个求证方法，融贯法、符合法。要符合历史，还能融贯。像这个空城计，根据他的论证方法，你看既不符合，也不融贯，对不对？

其实，这个符合说跟融贯说，这两种分法就有问题。这个问题在哪儿呢？亚里士多德的逻辑，不是有三条基本思想律吗？第一条是同一律，A 就是 A；第二条是 A 不是非 A，就是矛盾律；第三条是排中律，就是不能在 A 和非 A 中间还有第三者。这完全是必须的。莱布尼兹（Gottfried Wilhelm

Leibniz）① 就根据后来科学发展，不是 17 世纪科学革命了吗？培根（Francis Bacon）② 的逻辑，亚里士多德的逻辑学，这个涉及问题实在太多。

还得说一点，英国是了不起的，英国是工业革命发源地。欧洲中世纪时，都讲亚里士多德逻辑，都讲矛盾律、同一律、排中律。培根有本书，叫作《新工具》。为什么叫《新工具》？因为亚里士多德关于逻辑的文章，像《范畴篇》《真伪篇》《前分析篇》《后分析篇》，合在一起叫《工具篇》，都是讲演绎法，像几何学那样。培根说，这不行，演绎法不能得到新知识，要综合事实，要用归纳法。例如，水烧到一百度开了，这儿烧一次，那儿烧一次，所有这些综合起来，证明水烧到一百度就开了，到零度就结冰了。这是归纳法。

从前主要是演绎法，培根提出了归纳法。培根认为，只有归纳法才能得到新的知识。这话有没有道理？就是亚里士多德的逻辑学，直到几何学方法，千百年以后，到培根这时候，它发挥不了多大作用。所以，培根提出归纳法。但是，也不能随便归纳，有三条规则（整理方法、完全归纳法、不完全归纳法）吧？尤其到约翰·穆勒（John Stuart Mill）③ 时，他的逻辑学不是有五条吗？所以，归纳法是很严格的，他讲概率、同异法、差异法、函数法、应变法。

演绎法和归纳法，这两样东西是科学。刚才讲，笛卡尔的解析几何，就是几何跟代数相结合，这个跟培根是一致的。17 世纪西方就开始科学革命，除了逻辑演绎，还进行科学实验。到 18 世纪，英国工业革命，19 世纪

① 莱布尼兹（Gottfried Wilhelm Leibniz，1646—1716），德国哲学家、数学家，在数学上，他和牛顿先后独立发现了微积分，他所使用的微积分的数学符号被更广泛地使用，还发明并完善了二进制。

② 培根（Francis Bacon，1561—1626），英国散文家、哲学家，实验科学创始人、归纳法创始人，著有《新工具》等。

③ 约翰·密尔（John Stuart Mill，1806—1873，旧译"穆勒"），英国哲学家、心理学家、经济学家，古典自由主义思想家，著有《穆勒名学》《论自由》等。

（鸦片战争）就打败中国。乾隆五十八年（1793），英国人马戛尔尼（George Macartney）[①]率使团到北京来见乾隆，名义上是给乾隆皇帝祝寿，乾隆皇帝还妄自尊大。那时人家都开始工业革命了，我们都不知道，不到五十年，就发生鸦片战争。

那么，培根说的是重要的，莱布尼兹说的也很重要，他讲科学方法时，首先列出一条，同一律、矛盾律、排中律都留着；第四条，充足理由律。培根列的很有意思，莱布尼兹列的很有意思，为什么？上面列的只是一个形式逻辑的推断。我现在讲，根据培根提出的归纳法，一定还要有充足理由律，证据要充足。于是乎，原来三条就变成四条，前面是亚里士多德讲的同一律、矛盾律和排中律，还有培根的归纳法，莱布尼兹加一个充足理由律，就变成四条了。

后来，克罗齐（Benedetto Croce）[②]也有分析。克罗齐说，这个看起来好像是并列的，他没有想，难道存在的是不合理的？有充足的理由，是存在的，是不合理的，难道有合理的东西是不存在的？培根、莱布尼兹这四条，前三条跟后面一条，实际上是一回事。就是认识这个问题，你不能够单讲逻辑分析，也不能单讲证据，是不是？你得把它们融合在一起来，既要符合事实，又要证明有几个。

黑格尔就讲逻辑跟历史的一致。黑格尔所说的逻辑跟历史的一致，是《世界史哲学》中讲的。黑格尔认为，"世界精神"的太阳最早从东方升起，东方文明，包括中国文明，中国是最东方，还有印度、波斯[③]、埃及文

[①] 马戛尔尼（George Macartney，1737—1806），出生在北爱尔兰，曾率领使团以给乾隆皇帝祝寿为名，于1793年抵达中国，欲通过谈判打开中国市场，却无功而返。

[②] 克罗齐（Benedetto Croce，1866—1952），意大利哲学家、历史学家，新黑格尔主义主要代表之一，著有《美学原理》等。

[③] 波斯（Persia），伊朗古名，兴起于伊朗高原西南部，从公元前600年开始，希腊人把这一地区叫作"波斯"，直到20世纪30年代。波斯帝国曾是第一个地跨亚、欧、非三洲的大帝国。

明，这是人类历史的童年，属最低等级的文明。希腊是人类历史的青年时代；罗马是人类历史的壮年时代。最后太阳降落在日耳曼[①]民族身上，日耳曼是人类历史的老年时期，实现了"世界精神"的终极目的，成为历史的最高阶段。他认为"世界精神"走的这个路是逻辑的，也是历史的。这是最好理解的方法。当然这是武断的。还有他的《小逻辑》《逻辑学》，也是逻辑的、历史的。他的概念是从哪里来的？最初的起点、逻辑的起点，是纯粹的"有"。纯粹的"有"在历史中一变化，就变成纯粹的"无"，是不是？又变，就变成"实有"。黑格尔是唯心主义的。

马克思的《资本论》是从商品二重性、劳动二重性讲起，然后讲这个商业怎么发展起来，怎么交换，怎么一个过程。一直发展到资本主义，从商品到资本主义。这是逻辑的发展，也是历史的发展，这才是逻辑跟历史的一致。现在有时候我们把这个说通俗了，这个事我说得有道理，然后拿出证据，就说是逻辑跟历史的一致，这都是对逻辑降低标准的理解。真正逻辑跟历史一致，用马克思主义观点来看，就是马克思的这个方法。

我们讲这个历史，我们怎么能够知道是真的？作为一个历史过程，现在我们也称为史学的过程。我们在做这个过程中，实际上是在做一个历史过程。别人看我们今天在做的，就是史学的过程。他会根据他自己的专业来解释，他可能不理解，对不对？他会按自己的理解来说明问题。历史一旦成为史学研究的对象，一下子变成主观与客观的结合了，就是客观的历史和主观的史学家之间存在一种关系。一旦成为史学，就是史学家是主体，作为历史的存在，就已经作为历史研究的客体存在，是这么一个关系。所以，史学必定有主观精神，不能没有主观精神，也不能没有客观对象。史

---

① 日耳曼人（Germanic peoples），现今欧洲人的代表民族之一，德意志人、奥地利人、瑞士人、盎格鲁-撒克逊人（英格兰人）、荷兰人、挪威人、丹麦人、瑞典人、冰岛人均为日耳曼人，奥地利、比利时、德国、意大利博尔扎诺自治省、列支敦士登、卢森堡和瑞士以德语为官方语言，用拉丁字母书写。

学本身就存在一个主观与客观的关系。

有的史学家尤其是考据学家强调客观，重视客观。这样的例子很多。包括裴松之作《三国志注》，都注意到这些东西，这个不难理解。有的史学家注重宏观。那么，有没有纯粹客观的东西？兰克曾说，我研究历史，就是让不同的民族看到了都能接受。兰克有一句话，他说："事实摆在那，让事实说话。"真的是这样吗？兰克研究的问题，就是日耳曼德国兴起的一个历史、民族的历史，讲一些具体的历史事件。一些细节问题、一些具体事件可以这么说，但是大的结构性、复杂的历史现象就很难做到。所以兰克也好，同样主张历史通过解释法的法国历史学家也好，他们都写本民族历史，本身就是为他们自己服务的。历史学要完全放弃主体，那只有纯粹做资料员工作，就是整理档案，是不是？章学诚曾强调历史学家要"撰述"，是对的嘛！司马迁不是要"成一家之言"吗？所以历史学家既要如实录，又要"成一家之言"。这中间存在张力，这是客观存在、永远存在的张力。

3. 求真致用

史学家不可能做到纯粹的客观，不可能没有一点主观的东西，史学既要求真，又要致用。史学永远存在求真与致用的关系问题，就是历史的体与用。我的文集里面，不是也讲到体与用的问题？真的事情，能真到什么程度？这是可以有个极限概念的。今天我们谈的，基本上可以说是真的，但也并不能完全恢复事实，对不对？完全恢复已经不可能。我们在座的每个人都复述一下刚才讲的，就不一样了，因为各人理解、各人想法不同。所以这个真，尤其到古代历史的时候，因为材料那么少，或者是迷茫的东西较多，我们是要追求真的，但是有的时候我们甚至不知道真在哪儿。材料不够，史学家可以有一个态度，我不说话嘛，不知道的先不说！甲骨文发现了以后，我再说话。

另一方面，史学家也可以有一个推测。因为甲骨文发现以前，也不是没有一点历史材料。周公在《尚书·多士》里面讲："惟尔知，惟殷先人，有典有册，殷革夏命。"周公对殷人说，他们有文献，有书籍。这不，殷墟①就发现了嘛！所以，史学家不是光凭想象，他要根据材料，这是最根本的一个原则。史学家跟文学家不同，他必须有根据，得跟这个材料相符合。各人根据材料，可以有不同的理解，不同的史家可以有不同的理解，但是你必须有一个客观依据，史学一定要有客观的依据。我们还是传统的、保守的，后现代主义以后再说。其实，根本的问题都在史学家和客观事实之间的关系问题。偏重于这个客观史实过程的是一种情形，偏重于理论分析、强调自己对客观分析的又是一种情形。史学家永远有这两种倾向，所以有不同类型的史学家。

那么，史学家能不能没有自己的观点而纯客观地书写历史？我记得美国历史学家斯塔夫里阿诺斯（Leften Stavros Stavrianos）②的《全球通史》中有句话。他说，现代人类最好能够放弃主观。人类要是能到月球上去看，就可以做到客观了。我看到这话，我就感觉，我还没有写文章，今天不妨说一下，人类要是真到了月球上，就会站在月球的立场上来说话，不会没有立场的。月球就成为人类生活的一部分了。所以，人类对历史，不同的群体、不同的阶段就会有不同的看法，因为这是无法消灭的史学家的主观。消灭史学家的主观，历史也就完了。不是讲张力吗？这头线一断，那头就完了。那头史实或者说史料一断，史学家就完了，没有研究对象了。所以，哪一头能少得了呢？

现在主要的问题是什么？人的主观性，到底是有利还是有害？统一历

---

① 殷墟，商朝后期都城遗址，位于河南省安阳市小屯村。自盘庚十四年迁殷至公元前1046年帝辛亡国，历273年统治。20世纪初叶，在此出土了大量都城建筑遗址和以甲骨文、青铜器为代表的文化遗存。

② 斯塔夫里阿诺斯（Leften Stavros Stavrianos，1913—2004），希腊人，出生于加拿大温哥华，美国克拉克大学哲学博士，曾任加利福尼亚大学教授，著有《全球通史》等。

史观、统一思想，中国历史上也干过这事，汉武帝不也干过吗？"罢黜百家，独尊儒术"。其实，他也没能做到。真正的人，都是现实的人，人们研究历史都是有目的的，就是为现实服务。所以，存在古与今的张力问题。我们讨论过古为今用。古要不能为今用，这个古早就没用了。古不能为今用，很多东西就都消灭了。后来，人们发现，古有很多东西可以为今用。考古发掘出来的一些东西是有价值的，能够为今用，原来可能不知道能为今用，现在能为今有用。考古一发掘，也可以为今用。所以，古为今用，这是少不了的。

那么今呢，世界真是"一"吗？世界学术界就这一个是客观的吗？谁是客观的？自然科学可以说。一个数学的新进步，一个物理进步，那是客观的，大家都得认可、遵守。历史学就不能这么说，现在好像我们逐渐开始淡忘了。可是，当我们这代人刚开始从事世界史教学与研究时，都严重地感觉到，世界历史是以西方为中心的，西方中心论。这个时代的人似乎已经把这个忘了，或者没有意识到。我曾经在一些讲话里或者一些文章里面讲，我的前辈早就讲这个问题了。直接跟我接触的，像林志纯先生、吴于廑先生、周谷城①先生，他们都反对这些东西。陈垣先生说，我们汉学又怎么样？汉学中心已经到法国了，或者像日本人说的，已经迁到东京来了。为什么不弄到北京来？他就有个西方中心论的问题。

西方中心论的一个表现，就是不承认中国在世界史上的地位，不承认中国文化、中华文明的伟大意义。黑格尔是伟大的思想家、哲学家，但是，他主张西欧中心论，中国人看了，也是不能认同的。如果现在让我们选择，让我们听黑格尔的，那怎么行？黑格尔不是代表世界精神，他是代表日耳曼精神。在他的史学观里，中国注定就是要成为西方的殖民地，一个征服对象。这个世界就是这么构成的。我很担心现代学者可能看不到这样的东

---

① 周谷城（1898—1996），湖南省益阳县人，自 1942 年起一直在复旦大学执教，任教授、历史系主任、教务长等，后任全国人大常委会副委员长、中国农工民主党主席。

西，慢慢会对人们产生不良影响。美国现在不能讲种族歧视。一讲种族歧视，政治就是不正确的。其实歧视照样存在，可是对黑人，Negro 不能说，就说 Black。

人类毕竟是人类，人类还没有能够达到完善境界，真正达到大公无私。鸦片战争以来，中国曾经长期受帝国主义的侵略和压迫。我上学时，那时中国还很落后，西方人把汉学是当作古董玩的。我的老师钱宾四①先生曾说："诸位同学，西方汉学家是把我们当古董玩的，我们可要记住。我们是把中国当作自己的生命来研究的，可是他们却是把我们当作古董玩的。"这几句话对我触动很大。钱先生是开学不久，给我们讲中国历史课时说的，他的《国史大纲》开篇就讲这个。不是钱先生有民族主义倾向，在鼓动，他讲的是事实。实际上，这就是历史话语权问题。胡适之讲实用主义②，他们叫实验主义。实用主义不要这个，多谈一些问题，少谈一些主义，不要被牵着鼻子走。这个，当然他有他的具体所指。可是，他讲实用主义，何尝不是被杜威（John Dewey）牵着鼻子走呢？所以，他后来还要搞"整理国故"，不是又回来了吗？中国人要为自己的历史正名，正名自己存在、生存的理由是必要的，否则就是自暴自弃。我们中国人不是自暴自弃的一个民族，在历史上是做了很多贡献的，对世界民族都有贡献。这是问题的一个方面。

问题还有另一方面，历史是一个问题，从来需要多视角来看，需要比较来看。世界的复杂性，历史的复杂性，从一个层面是看不出来的。对一个复杂的东西，要从多个角度来看。比如说，我们看黄山，你光从一个方向看，这叫黄山吗？要从多方面观察，才能看到黄山是什么模样。苏东坡

---

① 钱宾四，即钱穆。
② 实用主义（Pragmatism），产生于19世纪70年代的现代哲学派别，在20世纪的美国成为一种主流思潮。实用主义关注行动是否能带来某种实际的效果，也就是关注直接的效用、利益，有用即是真理，无用即为谬误，代表人物有皮尔士、詹姆士、杜威等。

的诗《题西林壁》是这样写的："横看成岭侧成峰，远近高低各不同。不识庐山真面目，只缘身在此山中。"这四句话是文学作品，也是哲学作品。庐山绚丽多姿，你从不同角度看，就会发现有不同的美。庐山的真面目可以用无限的角度、镜头去看，是不是？所以，真正认识一个世界，怎么能只有一个视角呢？为什么要把自己主动淘汰出来呢？我就不太懂。

我这句话说，是不是有点刺激？我这是从消极意义上来看。我们从积极意义来看，难道我们中国人就不应该为更好地全面地看世界做出自己的贡献吗？难道我们不应该有自己的认识吗？我们说人家西方中心论，你能责怪别人吗？难道你要别人来跟你说？你应该自己来说，这是你自己的责任。中国的地位、中国的作用，这是中国人自己的事情。你应该自己说，不要等着人家替你说。作为中国学者，我们是有责任的，是有使命的，要为中国说话，要向世界做贡献的。我们要贡献自己的角度，贡献自己的经验教训。我们要为中国做贡献，也要为世界做贡献。中国人要代替美国人为世界做贡献是做不到的，要想让美国人代替中国人做贡献也是做不到的。

当然，这个贡献会不会存在错误，会不会有偏见？这个需要说明。我们从来不认为，我们做贡献的时候永远是正确的。毕竟人类不是上帝，人类能够回答前人留下来的问题，就是做了一个贡献。这是第一个贡献。比如中国近代以来长期受列强欺辱，当然列强欺辱中国，主要问题在他们那边，但是他们欺负我们成功了，也有我们自己的问题，对不对？这个问题该怎么看？看清楚，那么可以说是我们的一个贡献。直到现在，我心里仍然怀有浓厚的危机意识，年轻人可能已经没有了，或者这个强度大大减弱了，觉得没有亡国危险了。不过我要说，千万要小心啊，大意还是能亡国的！大意在任何情况下都能亡国，谁也不能大意。美国大意，也能亡国。这是真的。苏联怎么样，强大不强大？一大意，不就出了问题。我讲这个，就是要强调，我们既要争取正当的权利，也要争取贡献自己的智慧，完成我们的义务。这是贡献的第一层意义。

贡献的第二层意义，就是在历史上凡是真正有大贡献的人，他第一的贡献是回答前人的问题，第二个贡献是他在回答前人的问题、提出新看法时，这里面必然有很多新的问题有待进一步展开，进一步探索。这样，就把问题本身提高到更高的高度、更深的层次，让后人在否定你的时候再进一步。我们中国人要自觉地意识到这一点。我举个例子。柏拉图是不是做出贡献来了？当然，不需要证明。他使希腊这么一个小民族，像恩格斯所说，他能为世界历史做出那么大贡献。柏拉图把唯心主义深入到那样的程度，这是他的第一个贡献。同时，他留下的第二个贡献，让人们讨论两千年。如果人类没有第二个贡献，人类就不会进步。所以，人类历史上都是做第一个贡献，就会留下第二个贡献，留下自己发明创造的东西，使人类文明不断发展。

其实，我讲这些，不过是把黑格尔的话具体化而已，就是完成前面贡献的时候，它本身就成历史的，就走向历史反面。资产阶级在历史上曾做过重大的贡献，这是第一个贡献；资产阶级培养了自己的"掘墓人"无产阶级，这是资产阶级的第二个贡献。这不是《共产党宣言》的基本观点吗？第一个贡献提出新的来，第二个贡献留下问题，让后人继续探索，这样人类才能不断进步。

刘家和、蒋重跃在核对口述内容

十四　历史理性问题

1. 历史理性（上）

在接受访谈

关于历史理性问题，我曾经有过比较长时间的思考和探讨，也写过几篇文章，学术界对于这个问题也有所关注。这个问题，可能涉及历史理性在历史上的具体表现，东西方历史理性的不同特点，以及历史理性与逻辑理性有什么不同、两者之间的关系问题等。2003年，我在《史学理论研究》发表了《论历史理性在古代中国发生》一文，这是我开始探讨这个问题的一个标志。历史理性是西方人先提出来的，中国原来没有人说，后来跟着研究。我很早就感觉中国有历史理性，但是不敢说，我也不能说这个词，因为我不知道这样的东西在国际上能不能被接受。那么，西方有人提出来了，大家开始注意了，我就可以提出来。

我觉得在当今世界，如果中国不能跟世界接轨，是不能被其他国家所理解的。有的人刚接触西方哲学史，就觉得好懂。我读西方哲学史时，读黑格尔的《哲学史讲演录》，里面谈到古代东方哲学，也谈到中国哲学，其中提到中国三部重要典籍。一部是《论语》，他认为这谈不上是哲学，就是讲些经验和伦理问题；一部是《易经》，他的理解不多，没有读懂多少；还有一部是《老子》，算是讲得最多的。黑格尔认为，《老子》比较接近哲学，但也不是真正严格意义上的哲学著作。所以，黑格尔的《哲学史讲演录》，跟他的《世界史哲学讲演录》实际上是一样的，都认为中国的历史不是历史，中国的哲学不是哲学。

那么，问题在哪儿？黑格尔说，中国的哲学缺乏逻辑理性。他们把逻辑理性当作纯粹理性，有时候就当作理性。因为中国没有这个，所以中国就没有哲学。2001 年，法国哲学家德里达（Jacques Derrida）[①]到中国来，做了不少演讲，反响较大，他对中国好像很友好，可是他也认为中国没有哲学，因为中国没有历史。我们也没有跟他很好地进行对话，不久他就去世了。其实，道理很简单，他认为中国没有逻辑，没有纯粹理性。所以，在西方学者眼里，西方有哲学，中国有文化，中国是文化。我觉得，中国是有理性的。

西方哲学要从古希腊哲学说起，就是早期哲学家，一直到黑格尔以前。亚里士多德是古希腊最杰出的哲学家，"逻辑学之父"。他的《物理学》是关于自然的学问，都是讲万物的史前和起源（archae）等，与历史无关。然

---

① 德里达（Jacques Derrida，1930—2004），犹太人，法国哲学家，出生于阿尔及利亚，20 世纪下半期最重要的法国思想家之一，西方解构主义的代表人物，著有《论文字学》《书写与差异》等。2001 年来中国，到北京大学、南京大学、复旦大学等校访问。

后，还有什么原子论，也与历史无关，是德谟克利特（Demokritos）[1] 提出来的。到苏格拉底（Socrates）[2]，才把哲学从客观世界转到人的主观世界。苏格拉底一生寻找善，他觉得善丢了，找了一辈子，就找到善的"孙子""重孙子"，最多找到善的"儿子"，没找到善本身。善是什么？是 moral。他是追求善的概念，善的定义。他有一个信念，就是知识即美德。善即真，真即善，这是起源于巴门尼德（Parmenides of Elea）[3]。就是关于知识的认识，由这一点看出柏拉图思想的来源。所以，美德是不是善，是不是知识，善是不是善，由你的知识决定。这个知识是逻辑的知识，永恒的知识。所以，在这里苏格拉底的善与柏拉图的善，这是相对于知识的，这是永恒的。所以，他们的善、他们的理性呢，还是永恒的。

柏拉图的弟子亚里士多德在《形而上学》中讲，就是在 *Metaphysics* 中讲的，他的知识仍然是以逻辑为基础的，以纯粹理性为基础的。不过，亚里士多德一个伟大的贡献，是他的伦理学。ethics 是希腊原文，其词源是风俗，合乎道德或不合乎道德，就看是否合乎当时风俗。合乎当时风俗，大家共同承认、共同遵守的风俗，就是合道德的，是美德。这是实践理性的开始。人类开始知道，除了纯粹理性、纯粹逻辑以外，还有实践理性。

在亚里士多德的思想体系里，政治学是从属于伦理学的，是伦理学的一个分支，是人类怎么处理好人与人的关系，这是由风俗决定的。而风俗本身是历史的，没有一个风俗是古今不变的，都在变。所以正是亚里士多德，使知识美德学发展到风俗美德学。从逻辑理性发展到实践理性，康德称为实践理性。一到实践理性，就是历史。所以说，西方人如果说是历史

---

① 德谟克利特（Demokritos，约前 460—前 370），古希腊哲学家，原子论创始人之一，率先提出万物由原子构成。

② 苏格拉底（Socrates，前 470—前 399），古希腊哲学家，西方哲学创始人之一。其思想主要由他的学生柏拉图和色诺芬记述，认为美德即知识，主张认识你自己。

③ 巴门尼德（Parmenides of Elea，约前 515—前 5 世纪中叶以后），古希腊哲学家，爱利亚学派的实际创始人和主要代表者。

理性，开启的人是亚里士多德。这是我个人的看法，对不对，可能各人有不同理解。

那么，希腊人的这些观点，经过希腊后期到罗马时期，出现了一个哲学流派，就是斯多葛学派（the Stoics）①，他们认为世界理性决定事物的发展变化。所谓世界理性，就是神性，它是世界的主宰，个人只不过是神整体中的一分子。他们强调人要顺从天命，要安于自己在社会中所处的地位，要恬淡寡欲，只有这样才能得到幸福。这个伦理学，这个观念很重要。可是，到中世纪基督教来了以后，这个问题也中断了，基督教只是接受了亚里士多德的逻辑学。所以，基督教的伦理学，完全是宗教的。基督教的善，是上帝设定的善，最高的真、最高的善、最高的美，都集中在上帝自己身上，所以就谈不上历史。

可是，基督教有它的一个观念，上帝创造世界，上帝创造了人。本来人是住在伊甸园里的，人吃什么，要听上帝的。可是蛇跟夏娃说，那树上的果子能吃的，上帝说不要吃，就不让吃。因为人有了知识以后，就被赶出伊甸园去生活，从此以后人就不能再安享自然界、上帝给的一切，人就得靠自己的辛苦劳动了，人不再靠本能生活。所以，人必须自己选择。这个火有用没用？你要用它烤东西，可以把食品烤熟吃；你要不知道它，怎么用它，把手烫伤了，把手烧伤了，这都是你自己选择。人只有在这样的过程中才能进步，人就获得自由了。

---

① 斯多葛学派（the Stoics），古希腊哲学派别之一，创始人为芝诺（Zeno，约前336—约前264），因在雅典集会广场的画廊聚众讲学而得名，认为世界理性决定事物的发展变化。所谓"世界理性"，就是神性，它是世界的主宰，个人只不过是神的整体中的一分子。代表人物有塞内卡、马可·奥勒留等。

西方人最初说的自由观念是"天赋人权说"①。最初这个自由，是上帝甩给你的，每个人都必须自由，自己选择自己的道路。每个人必须自己选择，你有多大本领，后果自己负责，都靠你自己。我们不要把西方的自由观念看作是那么神圣的，就是"人生而自由"。"人生而自由"，它本来的意思就是这个，它不是像动物凭本能，蜜蜂凭着本能就可以做个蜂巢，做个等边六角形蜂巢，这个本能它不需要学习，就像《中庸》讲的，这是天道，"不勉而中"。可是，人不行。这就是什么？不是诚，天道是诚；人之道，诚之。②有位历史学家，吕思勉先生，字诚之。人是要"诚之"。人是要在这个过程中发挥主观作用，从最早搭窝棚开始，模仿鸟儿搭巢，最后一直到能盖摩天大楼。只有人类才可以这样。

那么，基督教来自希伯来人的犹太教。基督教就是什么？耶稣说，人是有原罪的。犹太人、希伯来人太惨了，在历史上出埃及，然后"巴比伦之囚"③。所以基督来了以后要救赎，开启新的时代。经过基督教，开启轴心时代，然后在基督教传播的情况下，最后基督还要二次再来。耶稣基督二次再来，在世上往后一千年，millennium，就是千禧年。千禧年本来是指耶稣让所有的人都复活，在世上享受一千年，然后升上天。所以基督教的历史有起点，有终点。基督教的历史有没有理性？有理性，不是人的理性，是神的理性。

---

① 天赋人权，源于拉丁文 jus nafural，近代自然法学派的一个重要概念，认为人具有天生的生存、自由、追求幸福和财产的权利，由荷兰的格劳秀斯、斯宾诺莎，英国的霍布斯、洛克，法国的伏尔泰、狄德罗、卢梭等人提出，其理论观点被写入 1776 年美国《独立宣言》和 1789 年法国《人权宣言》。
②《孟子·离娄上》："诚者，天之道也；诚之者，人之道也。"
③ 巴比伦之囚（Babylonian Captivity），公元前 597—前 538 年，犹太王国两度被新巴比伦王国国王尼布甲尼撒二世征服。公元前 587 年，尼布甲尼撒二世再次进军巴勒斯坦，并将犹太王国大批民众、工匠、祭司和王室成员掳往巴比伦。公元前 538 年波斯国王居鲁士灭巴比伦后，犹太人才获准返回家园。这段历史对犹太教改革产生了巨大影响。

　　基督教产生的进步观念不是进化论，而是进步的观念。什么是进步观念？耶稣基督二次再来时，距离越近，一定是进步的；距离越远，就越落后。所以这个进步观念是基督教带来的，绝对不是进化论。进步的跟进化的有区别，一个是 Progress，一个是 Evolution，这是两个概念，我们不能混了。历史是有理性的，这个历史理性，就是上帝的意志。基督教讲这样东西呢，你作为宗教可以，可是经过 17 世纪的科学革命和 18 世纪的启蒙运动，再到康德，他就首先在西方正式提出了历史理性问题。

　　康德的代表作是几大"批判"。《纯粹理性批判》这本书，它依托的科学根据基本上是几何学；《实践理性批判》，就是道德理性批判；那么，《历史理性批判（文集）》，就是《世界公民观点之下的普遍历史观念》（1784）一文。康德发表这篇文章的时候，已经六十岁了，已经很成熟了。他没有直接说历史理性这个词。我先用一两句话概括一下他说的，康德这篇文章讲的是什么？历史在演变。每个时期的演变都不知道未来是什么，可是历史有个起点，最后整个地发展，历史汇总到一起，整个人类历史的过程发展到最后，就像这个纸卷起来似的，就这个。开始你看到这一点，都不知道，打开一看，人类整个的历史完全是有理性的，是合理的。这就是发展的概念，展就是展开嘛！德文，展开，entwickeln，英文呢，development，是吧？ envelope 是信封，development，是展开、打开。

　　历史看起来是没有理性的，但是等它全部打开的时候，它就变成非常完美的一个东西。这不很神奇吗？康德凭什么说这个？康德根据的，还是一个最基本的观念，两个词，本质上都是一个，一个是造物主，一个是大自然。这两个概念经常是在一起用的。他相信牛顿（Isaac Newton）①讲的话，就是说造物主。牛顿说，上帝不做无用的功。所以整个的世界安排都是合理的，因为是上帝安排的嘛！这个大自然，你只要去追究，道理都在

────────────

① 牛顿（Isaac Newton，1643—1727），英国物理学家、皇家学会会长，"近代物理学之父"，著有《自然哲学的数学原理》《光学》等。

这儿。那么，康德把它再演绎到人类。他讲一个词，就是 providence，可以翻译成天命、天佑，也可翻译成天命、缘分。它好像是计划的意思，因为 vidence 是"见"的意思，pro 是前面、前见的。上帝当然有先见之明，就是这么安排的，大自然是这样一个情况。

这就不是中国人的方法。牛顿的方法是根据几何学的方法来推断。他先设定个公理，经过分析，演绎这个道理。康德这本书是九个命题，很有意思。这种论证法，用命题来跟人讲，为什么？他的前面就是逻辑，一个问题一个问题来论证，最后我的论证完毕。他第一个命题，就是一定有一个大自然创造一个完整蓝图。[①] 但是，开头你是看不见的，只有到"图穷匕首见"，"图穷真理见、理性见"的时候，你才清楚。这是第一个命题。康德这篇文章不是很长，大家有兴趣可以去看，共九个命题。但是，第四个问题很重要[②]，实际上康德是从人的本性来分析。人的本性，作为个人来讲都是自由的，而且是为自己的，他要一切为自己考虑的。这要追究根源的话，这个是被上帝从伊甸园里赶出来以后，每个人不为自己打算，谁为你打算？人得靠自己，这人就有自己的个体性。他列这一条，是说人不像老虎，也不像狮子，人有自己的特点，人是社会动物。就是每人都有一个目的，然后形成社会性，形成一个总目的，人类社会是这么发展的。西方人讲的历史理性大体是这个情况。

2. 历史理性（下）

在中国思想史上，荀子就有"人能群"的思想。荀子说："人，力不若

---

① 康德原文为：一个被创造物的全部自然禀赋都注定了终究是要充分地并且合目的地发展出来的，上帝不做无用功。

② 康德原文为：大自然使人类的全部禀赋得以发展所采用的手段就是人类在社会中的对抗性，但仅以这种对抗性终将成为人类合法秩序的原因为限。

牛，走不若马，而牛马为用，何也？曰：人能群，彼不能群。"① 人因为能群，所以能够抵御、战胜其他物种。我有一个习惯，就是看到西方的东西，我就会想到中国有没有，中国怎么没有？荀子讲的，就是每个人都有自己的选择，自己的选择有没有合理性，个人的欲望能不能消除？荀子在某些方面实际上是高于宋明理学的。程朱理学讲"天理"与"人欲"是对立的，要"存天理，灭人欲"②。这是违背人的本性的。荀子讲礼，不是为了消灭别人的欲望，而是如何合理地满足人的欲望，礼要有个层次。

礼是有不同等级的，不同的人待遇是不同的。这是不平等的。孟子讲："劳心者治人，劳力者治于人。"③ 这可以说是对问题的回答。柏拉图和亚里士多德是不是同样提过这个问题，要公平。什么叫公平、正义？有两种平等。一种是质的平等，一种是量的平等。量的平等，比如今天有四碗饭，咱们五个人，五个人吃四碗饭，就是吃"大锅饭"。这个量是平等的。还有一个办法，就是按劳分配，这是质的平等。所以，同时存在两种平等。荀子也讲两者如何综合，如何平衡，孟子讲的其实也是这个。所以，在康德想到这个问题以前，其实两千多年前荀子讲的是一样的。可是，荀子面对这样一个情况，他就不敢再往下想。他认为，这个礼，不是消灭人的欲望，礼是用最合理的办法分配利益，每个人各得其所地实现自己的欲望。

康德说，是不是社会性都是好的，个人的就不好？也不一定。你看最好的地方，田园风光，"牧歌式"社会，像古代希腊阿卡迪亚（Arcadia），这个地方是在希腊最为落后的地方，世外桃源，传说中世界的中心位置；其他地方呢，像雅典、斯巴达都很厉害，他们很发达。所以恶也起作用，

---

① 语出《荀子·王制》。
② "存天理，灭人欲"，朱熹理学思想的重要观点之一，把"天理"和"人欲"对立起来，其来有自。《礼记·乐记》说："人化物也者，灭天理而穷人欲者也。于是有悖逆诈伪之心，有淫泆作乱之事。"
③ 语出《孟子·滕文公上》。

恶也是推动人类文明发展的。其实，类似康德这个说法以前也有，赫拉克利特（Heraclitus）①就讲战争是推动社会发展的，这个时候能把人的所有潜能都发展起来，因为关乎生死啊！18世纪工业革命以后飞速发展，当然是资本主义国家，但是，真正科学技术发展最快的时期是两次世界大战。像原子能，发展原子能的人会不会有些后悔？发明了原子能，有了核武器。所以，恶在技术发展上有作用，从人类群体来讲，有时也是为了拔除对方的恶。

你从这个地方看人类历史，打开了以后，历史正处于急剧的变化中。荀子的礼就没有这个，他就不能设想得这么远。但是，他知道人性有恶，知道恶的作用，知道人只有克服了恶以后，才能达到善。孟子是想发挥人的善，使得人进步。荀子说不够，人是同时有恶的，克服了恶以后，人才能进步。所以，儒家讲伦理学，儒家讲的仁，就是人一定要发挥善，要克服恶。但是，他们都没有想到这样的东西，它是整个的历史蓝图。康德就把它展开了，人类要达到一个理想世界，康德提出来这样一个东西。历史不是有没有理性，它有两个合规律或者就叫合法则和合目的性。马克思主义接受了合规律性，就是一切事物的合规律性、目的性要分别对待。他们的目的性都是上帝设定的。康德所说的历史理性，实际上就是上帝设定的。

所以历史理性问题，到康德哲学里就提出来了。那么，黑格尔呢？黑格尔接着康德说。黑格尔的《世界史哲学讲演录》，他用逻辑学的观点来解释世界历史。他认为历史是有规律的，认为历史就是世界精神。他讲的世界历史哲学，就是世界精神在人类历史上展开的过程。世界精神从东方、从中国开始，然后经过这么一个过程，逐步展开，到日耳曼结束。日耳曼是最高级的，世界精神在这里体现出来，他要达到他的目的。那么，个人在这时起不起作用？个人，所有这些东西，个人要服从历史理性。理性早

---

① 赫拉克利特（Heraclitus，前544—前480），是一位富传奇色彩的哲学家，是爱菲斯学派的代表人物，认为世界上的一切事物永远都在运动变化之中，万物皆流。

期，英文讲 reason，就是理性，德文是 Vernunft，黑格尔讲的这个东西，基本上跟康德是一样的。

这个东西中国有没有？我觉得有。最早的证据，《尚书》里我还不知道有没有，至少《史记》里是有的，我们在《六国年表序》《秦楚之际月表序》中可以看到。《史记》中讲，战国时期六国相互斗争很厉害，都是为了争取自己利益，直接目的都是为了争取自己利益，但是客观后果呢，是为秦灭六国统一中国扫清道路。秦在灭六国以后，废封建了，置郡县了，把贵族势力严重摧残，归他统治。这是他们没有想到的。汉高帝刘邦，布衣出身，能够建立一个统一的汉帝国，建立超越前代的统一帝国，结果旧贵族就基本上被扫清了。

这个说明什么呢？人的直接目的和他行动的未来后果可能是不一致的。人只能为了自己直接目的，未来后果是不知的，甚至可能是相反的。《史记》就讲一个观念，就是天假手于恶人，以实现天的意志。《尚书·伊训》中说："于其子孙弗率，皇天降灾，假手于我有命。"这个思想在王夫之《读通鉴论》中也有多次反映。那么这些观念，从司马迁到王夫之，这不都是在康德、黑格尔以前吗？所以，我说中国人有历史理性意识，但是构不成一个体系，其实我们就是没有一个完整体系。中国人有这样的思想，中国有历史理性，但是没有形成一个体系。

（蒋重跃：我插一句，刚才听了您讲西方历史理性的发展过程，但是，柯林伍德《历史的观念》里面有这个观点，您在一些文章里面也表示赞同，就是在古代希腊罗马的历史观念里边，是以实质主义占主导地位的，在这种情况下很难产生历史理性。而中世纪基督教史学呢，是神学作为基本理论框架，恐怕也很难产生以人为核心的历史理性。那么，为什么您 2003 年写的那篇文章《论历史理性在古代中国的发生》中说，在中国古代能够形成比较系统的、有中国特点的历史理性思想？这种思想在历史发展的过程中有哪些优点或者长处，还有哪些问题需要我们去注意、去研究？）

历史理性这个问题，我为什么先从西方说起呢？历史理性这个问题，实际上涉及中西比较问题。西方古代是没有历史理性这个思想的，希腊、罗马是没有的，柯林伍德讲的是对的。那么，中国又如何呢？我觉得，中华民族是富有历史智慧的，西方人的逻辑智慧很好，中国人的历史智慧很出色、很成熟。我的根据从哪儿来？我是从《尚书》中读出来的。这里有一个重要的人物，就是周公。在中国文明早期，那时都是各个小邦，小邦林立，夏、商、周是共时存在的，synchronic，可是周公意识到这个问题，对其进行重新解释，将共时性改为历时性，diachronic。

周公为什么能意识到？周公帮他哥哥周武王灭了殷以后，他对殷遗民说，"天"是我们共同的，一切的权力一直都是"天"给的。这个"天"怎么解释？殷人解释就是鬼神，你看甲骨文里有那么多祭祀内容。周公把这个"天"实际上理解为爱人民的道德理性的最高点。《多士篇》中，周公对殷遗民说，你们不要因为我们周推翻了你们，你们就不服，心怀怨恨。他说："惟尔知，惟殷先人，有册有典。"周公这句话后来被证明了，甲骨文大量发现，的确"有册有典"。有文献在，"殷革夏命"，商汤革夏命，你们的祖先曾经革过夏的命。夏开始时，他的始祖禹是有德的，周公这句话没说，这是我补充说的，所以建立了夏朝。夏到桀为王的时候，无道了，你们的始祖成汤革了夏的命。这是天意啊！当然是合理的。

周公在《无逸篇》中讲，殷曾经有过多少个贤哲王，除了成汤以外，还有好多的贤王，都是合理合法的，"天"对他们也奖励，他们活了多少岁，统治了多少年。到纣王时天下无道，我们不过是走你们的老路而已。周公在《召诰》中说："皇天上帝，改厥元子。"就是大家都是"天"的儿子，各个诸侯都一样，是"天"的儿子。所以从夏转到商，从商转到周，就是"皇天上帝，改厥元子"，都是"天"的意志。这样一来，周公就完成了一个伟大的事业，他就把夏、商、周三朝，本来是并列的三个王国，在空间中是共时的，他改成了历时的。所以，朝代更替，不是说谁打下来就是谁的，而是"天"的意志。

在世界历史上，像两河流域的《苏美尔王表》[1]，你从中可以看到，完全是各国之间霸权转移。周公在《尚书》里讲这个道理，跟《苏美尔王表》那个霸权转移问题，春秋战国以后霸权转移问题不同，周公解释以后，就是"天命"转移，由夏而商、商而周。周公认为，有德者得"天命"，得民心者得"天命"，失民心者失"天命"。孟子不是说："得天下有道：得其民，斯得天下矣；得其民有道，得其心，斯得民也；得其心有道，所欲与之聚之，所恶勿施，尔也。"[2] 其实，这是周公发明的，他是建立在"天命论"的基础上。周公对"天命"的解释与以后末世宗教讲的"天命"是两码事。在他那个时代，要"神道设教"，所以要说"天命"。如果细读《尚书》就可以看出来，周公对周人说话是一个态度，对殷遗民说话又是一个态度。这个当然，内外有别嘛！

是周公自己树立的"三代观"，三代结束于西周。所以，孔子开口三代，闭口三代。西周亡了，三代已经过去了。所以，周公就从王朝的兴起、"天命"的转移说起，三代有规则，"得民心者得天下，失民心者失天下"。这不是历史因果律吗？在那个时候，他能有这样一个认识，在世界历史上也不容易。周公对这个历史理性的认识，他是最初的，当然也是比较简单的。所以，他的历史理性与道德理性是统一的，理性是有多重的。这是第一个阶段。

可是周公讲这个东西，到了厉王以后，西周不是衰落了吗？宣王中

---

① 苏美尔王表（Sumerian King List），发现于美索不达米亚各地，使用苏美尔语书写。王表列举官方的统治者以及他们的统治时间。按照王表，"王权"自天而降，然后从一个城邦转移到另一个城邦。

② 语出《孟子·离娄上》。

兴①，细看实际上很有限，到幽王②时，西周就灭亡了。周室东迁以后，就进入春秋时期，就是东周了，东周分成两个时期。其实，顾亭林在《日知录》中就已经看出来了。东周前半期是春秋 242 年（按通行说法 295），实际上《春秋左传》还不止 242 年。这就是什么呢？他们还打着周的旗号维护传统，但实际上是传统的破坏者。到战国时期，传统的旗帜基本就扔掉了，推行郡县制，从封建到郡县制，周公建立的这套分封制跟宗法制就瓦解了。那时候，"战国七雄"③就没有别的了，不像"春秋五霸"，"春秋五霸"还讲点义气，战国时期诸侯争霸，干脆直接吞并，大鱼吃小鱼，法家兴起。

那么，战国时期，孟子还说"先王之道"，说得头头是道。可是，他说破嘴皮，孟子也知道，"天下恶乎定？定于一。"④他讲的不错，中规中矩，"孰能一之"？他讲的是个大道理，"不嗜杀人者能一之"。不杀人的人那就很好了，这是孟子的理想。实际上，后来中国统一还是要靠侵略，得武力统一。这个地方，康德说的这个问题就出来了。这个统一的事，天假手于恶人，司马迁是这么说的。

在这样情况下，让他们再听周公的话，像孟子讲的，"得人心者得天下，失人心者失天下"，可能吗？像韩非还这么看吗？那时候，法家就不这么看。战国时期，出现了邹衍⑤的"五德终始说"。"五德终始说"讲的是什

---

① 宣王中兴，指公元前 9 世纪周宣王即位后，为消除厉王暴政影响，整顿朝政，使王道已衰落的周王室得到一时复兴，诸侯重新来朝，史称"宣王中兴"。不过，宣王晚年，国势又走下坡路了。

② 周幽王（约前 795—前 771），姬姓，名宫涅，西周第十二任君主，前 782—前 771 年在位。公元前 771 年，犬戎（古部落名）攻入西周都城镐京（今西安），杀死姬宫涅，西周灭亡。

③ 战国七雄，战国时期七个最强大的诸侯国统称，分别是：秦国、楚国、齐国、燕国、赵国、魏国、韩国。

④ 语出《孟子·梁惠王上》。

⑤ 邹衍（约前 324—前 250），战国末期齐国人，出生于山东省济南市章丘区，阴阳家代表人物、五行创始人。

么?"五行相克说",木、火、土、金、水是相生,金克木,木克土,土克水,这是相克。周是火德,秦是水德,水能灭火。那么,邹衍讲"五德终始说"。像"五德"这种情况,实际上是不一样的,火是讲文的,讲光明的文化,水是要讲压制人。《秦始皇本纪》里面也有,五德与人伦合一,就是要用恶来统治。

所以,不同的时期要用不同的"德",是用文化手段,还是用什么东西?这是《吕氏春秋》里讲的。周是火德,以火为贵,《尚书大传》[①]里面讲的,武王伐纣。那么,秦是水德,北方是水,水是冷酷无情的。所以那个时代,"五德"实际上是一种假托自然的相互关系,"相克"关系。这实际上讲的是什么呢?时代精神不同。这个时代精神,不同时代有不同的时代精神,时代精神是在变化的。就是把时代精神,这不是历史主义,把时代精神寄托在这个"五行相克""五行相生"上。所以,这是把历史理性与自然理性附会在一起。这是第二个阶段。

但是,这种说法很牵强。秦国兴起了以后,可是秦衰亡崩溃得也很快,到汉代就不能不重新考虑。汉朝刚建立时,是什么"德"?汉高帝刘邦哪知道这个事,根本不知道!到汉武帝时,才确定汉为"土德"。这些都是符号性的,不是实质性的。以后,刘歆也搞"五德相生说"。为什么?他是为了帮王莽篡位。那时候,汉又不说是"土德"了,变成"火德"了。刘歆说汉是尧后,所以不是"土德",是"火德"。这个东西说起来,是班固的《汉书·律历志》保存了刘歆《世经》,是根据这个。董仲舒在《春秋繁露》中,有篇《三代改制质文》,夏、商、周分为三代。这里有很多附会的东西,就是他始终在考虑分期,根据什么来分期,他得找一个理由,这个理由都不是实在的。他说:"夏尚忠,商尚鬼,周尚文。"就来回这么转。这个东西,今天不必细说,可以看《春秋繁露》,这是公羊学。

---

①《尚书大传》,对《尚书》的解释性著作,旧题西汉伏生所作,原书已佚,有后人辑本传世,以(清)皮锡瑞本最佳。

西汉公羊学实际上有两种说法，一个是"五行说"，一个就是董仲舒的"三统说"。这说明中国人一直在思考历史是不是有规律、有理性。历史在循环。值得注意的是东汉末年何休①的"三世说"。《春秋公羊传》里，春秋十二公分"三世"，这是根据孔子来讲。"所见世"，孔子生于襄公时期，所以襄公以下是"所见世"；"所闻世"，孔子听他父辈说的；还有一个"所传闻世"，是孔子爷爷以上的。春秋十二公，隐、桓、庄、闵、僖、文、宣、成、襄、昭、定、哀，本来《公羊传》里讲这个。何休讲的是什么呢？开始的时候是"传闻世"，是文明初阶，是"内其本国而外诸夏"，就叫"衰乱世"。《春秋》里面，他有根据。因为春秋早期的东西知道得少，所以记得很简单。他们解释，第一阶段"所传闻世"，他叫作"衰乱世"，在这个阶段里，要"内其国而外诸夏"，把本国的事当作"内"来记载，把华夏其他诸国的事当作"外"来记载。第二阶段"所闻世"，他叫"升平世"，就是"内诸夏而外夷狄"，把诸夏当作是一家，夷狄还有。到第三个阶段"太平世"，就是"夷狄进至于爵"，夷狄也给他爵位了，称爵了，"天下远近小大若一"。于是乎，一切分别都没有了，就打通了。

中国古代的历史理性，到何休时达到最高峰，春秋公羊学。我附带说一句，何休的公羊学到最高峰时，因为他讲的这东西，就是人类历史的进步，不是外在因素，不是说五行终始，该什么品德、什么性质，不是这样。他是人的内在理性的展开，内在的展开。所以最初的理性展开，从本国（鲁国）开始，这是儒家的说法，所以那时候就把鲁国当作一家；人的理性第二阶段就是我的扩展，诸夏，就是华夏；人类理性进步的第三个阶段，就是夷狄。这是一种大公无私的行为。所以到清朝，特别是鸦片战争以后，

---

① 何休（129—182），字邵公，任城樊（今山东兖州西南）人，东汉今文经学家，著有《春秋公羊传解诂》等。

当时西方思想传入到中国来，中国用公羊学这种思想，是不是？康有为[1]他们就这样认为，因为这是中国人的思想武器。康有为写《大同书》，就是根据公羊学。

可是，公羊学中间曾一度断绝了。为什么断绝了？这是值得思考的。我写的几篇公羊学研究文章，包括咱们（与蒋重跃）一起合作写的这篇文章，都是讲《公羊传》的精华，但是也讲到了中间的悖论。公羊学里边有些乌七八糟的混杂的东西。何休自己也讲，"多非常异义可怪之论"[2]。所以，外国人是不能懂公羊学的，认为这是胡说。史学家有一多半是否定公羊学的，刘知幾就是否定公羊学的。以前陈其泰[3]教授研究公羊学，他跟杨向奎先生研究这个。他跟我说，现在历史学界研究公羊学的只有三个人，杨向奎先生、我和他。因为公羊学里面的确存在大量杂质，汉代很多谶纬[4]都跟这个有关系。

什么叫"非常异义可怪之论"？有些东西是正面的，他说反了。譬如《公羊传》说"春秋责备贤者"，大家都听了，你为什么不责备不贤者，你要责备贤者？他说，这个责备啊，是求全责备。有些东西都是狡辩了，不值得一提。今天看来，责备是不好的词，reproach。责备本身是有分歧的。贤者，你已经贤了，我就要求你完美；不贤者呢，肯定是狡辩，就有异义。这是我举的例子，不是他举的。他举的例子更荒唐，"世愈乱而文愈治"。东周以后，孔子也说，"礼乐征伐自天子出"，"自诸侯出"，"自陪臣出"，

---

① 康有为（1858—1927），原名祖诒，字广厦，号长素，广东省南海县人，晚清政治家、思想家、教育家，资产阶级改良派代表人物，著有《新学伪经考》《孔子改制考》等。
② 语出何休《公羊传序》。
③ 陈其泰（1939—　），广东丰顺人，北京师范大学史学所教授、博士生导师，著有《中国近代史学》等。
④ 谶纬，谶书和纬书的合称，为经学占验学说。谶纬是盛行于秦汉代的重要社会思潮，谶纬出于神学，谶是方士们造作的图录隐语，纬是相对于经学而言，即以神学附会和解释儒家经书的。

一代不如一代，是不是？到春秋后期，其实这个征伐已经很厉害了，怎么能说"太平世"，"世愈乱而文愈治"，他怎么有约制？这不是异义吗？

我写过一篇文章，题目是《史学的悖论与历史的悖论——试对汉代〈春秋〉公羊学中的矛盾作一种解释》。我为什么写这篇文章？当时杨向奎先生九十岁生日征集论文，要给杨先生祝寿，后来出了一个《庆祝杨向奎先生教研六十年论文集》①。因为我跟杨先生很谈得来，我打电话给他，说我要写这篇文章，杨先生很高兴。其实，这个问题要深入下去有重大的道理，就是怎么样认识春秋这个事情。你要从周王朝的制度看，它是一个封建制度，周公的封建制、宗法制，到春秋时期越来越被破坏，这是一个下行的东西。可是，我们必须看到，这个《公羊传》没有说，我们必须看到这种衰败的趋势实际上是为郡县制作准备，既是一个向下的趋势，又是一个向上的趋势。所以，这个历史就有悖论。《公羊传》是史学的悖论，其依据就是历史本身有记录，历史从来在进步，旧的在破坏，但这个破坏中间新的在形成。这篇文章我写好以后寄给杨先生，杨先生高兴极了。

所以，我说公羊学你得这么看，它有意义，还有一些诸夏的和夷狄的。这样的学问为什么不能传？当然不能传。它最糟糕的，就是缺乏逻辑论证，于是乎就搞些乌七八糟的东西。董仲舒的《春秋繁露》，一看就知道，他有一些有道理的地方，可是他讲的东西、用的方法是什么呢？不是确定一个概念，然后进行判断，然后推论，应该从命题出发来证明。他是用这些东西来附会解释。所以，汉代的谶纬哲学跟公羊学搅在一起。公羊学彰显了"大一统"思想，是汉代时代精神的一个表现。可是这东西不好的地方，就是缺乏逻辑理性。汉代公羊学以后，在这样高的层次上看历史理性，在中国就没有了。我感觉，到18世纪历史理性在西方兴起以后，其中有基督教思想内涵在里面，就是基督教的目的论、神学目的论，这影子他们还有。

---

① 此书于1998年由河北教育出版社出版。

但是，他们把这个逻辑理性已经放在一起了。从康德的东西可以看出来，他是严格按照逻辑来分析的。

3. 理性结构

历史理性在中国发展很好，但中国人没有逻辑规范。中国人非常善于用历史，主要是因为相信有历史理性存在，认为历史是可以为鉴的，所以很注意总结历史经验。中国人的历史智慧表现在整个历史过程中，我们看到好多东西都是历史理性的贯彻。汉和唐的兴起，为什么出现那么强大的国家？他们都经过很深刻的历史反省。周为什么能有八百年历史？周公做了深刻的历史反省，他没有被胜利冲昏头脑，做了反省。汉帝国建立以后也做了历史反省，刘邦开始不重视，借鉴陆贾[①]《新语》以后反省。西汉皇帝很知道自我检讨，赵翼《廿二史劄记》中说："汉诏多惧词"。汉朝皇帝经常下"罪己诏"，遇到天灾就下"罪己诏"。所以这个朝代，他是根据历史发展情况，知道要反省。

东汉以后，谶纬越来越流行，就缺乏这样的东西。魏晋南北朝以后，隋文帝统一。隋炀帝不知道反省，国祚短暂。唐朝建立以后，唐朝所以能有三百年左右历史，这是因为唐太宗那个时代做了反省，就是以史为鉴，有这样一个彻底反省，创造了一个繁荣昌盛时代。汉朝跟罗马帝国基本上是并驾齐驱，唐朝时西方还很落后。可以这样讲，当历史理性被充分利用的时候，以史为鉴，这个时代就能发展进步，繁荣昌盛。为什么要以史为鉴？以史为鉴，就是因为有历史理性，理性就是有常啊！如果没有理性，如何以史为鉴？所以，中国早期文化之所以能在世界历史上占有一席之地，

---

① 陆贾（约前240—前170），西汉初年楚国人，著有《新语》。他以儒家为本、融会黄老道家及法家思想，提出"行仁义、法先圣、礼法结合、无为而治"主张，为汉初统治者所采纳。

跟这个是有关系的，就是进行历史反省，以史为鉴。从周公开始，我们就开始有这个。

可是西方到 18 世纪康德以后，他们把历史理性跟逻辑理性结合起来。尤其是黑格尔的《小逻辑》，他就是概念本身，从概念的纯有直到最后概念分析。他这个是概念，还是纯粹的、逻辑的，可以把他逻辑的历史发展一个阶段一个阶段地理出来，从逻辑理性中提出历史理性来。这就是逻辑和历史的一致。黑格尔本人并没有能做到这一点。他讲的逻辑理性跟历史理性是什么？他是概念的历史，不是真正人类的历史。马克思的《资本论》是逻辑跟历史的一致，是真正的逻辑理性与历史理性的统一。所以，真正要做历史理性的话，要接着马克思做，不是接着黑格尔。但是，做的问题怎么样，根据时代的变化在变化。

那么，这里面就有一个重要的事情，就是西方人为什么能够从逻辑理性推出历史理性？现在要反问我们自己，我们中国人有没有从历史理性推出逻辑理性来？我记得咱们两人（与蒋重跃）合作写的文章就曾提出这个问题来，我们至少现在知道这个事情。我可以讲，我们要改革开放，要学习外国，我作为一个书生，可能讲的都是脱离实际的。我觉得，我们中国要大力地学习西方的数学和逻辑，不仅是学数学的人、学理工科的人要学，学人文科学的人也得有这个素养。

我曾经在一次会上讲到这事，我说西方的大哲学家有几个不是数学家，有几个大数学家不是哲学家？我们中国有几个哲学家关心数学，有几个数学家关心哲学？我当时讲，长此以往，我们怎么同西方人竞争啊！我们要大量地从小学开始，就要培养逻辑思维、数学思维，不要太计较功名，我怎么做习题什么的。我们要从理论上、概念上建立这种思想，这是我们的弱项，我们的短板。我现在算是一个老知识分子了，这是我向学界、向社会、向国家进的一言！如果我们能解决这样的问题，我们中国文化的优点才能够充分显现出来。

（蒋重跃：关于逻辑理性跟历史理性，其实我一开始也不太理解。刚才您讲到，西方自近代以来，康德以后，从逻辑思维中能够意识到历史理性，提出历史理性问题。到黑格尔呢，是概念本身的发展。马克思的《资本论》是对黑格尔辩证法的一个发展，从商品开始进行分析，将这个问题集中地精彩地展现出来，是逻辑理性跟历史理性的辩证统一。这个很有启发意义。）

这个不是我说的，我敢说这样的话吗？这是历史本身。那么，历史理性能不能跟逻辑理性形成比较好的关系，能够互相促进，发展成一种新的有发展前景的学术思想，这是值得思考的一个问题。我现在也没有考虑清楚，就是讲这个"道"的时候，总体上我们是有一个生成性的问题，就是become。它恐怕比那个本体化，就是从本原开始，那个逻辑化的本体化，要比这更大。如果我们说有一些逻辑性的东西，它会包裹在里面，很难独立地生长。就是这么一个问题，历史理性里面是不是应该也有逻辑？如果有，又是哪些内容？比如说，有一个叫充足理由律。

（蒋重跃：刚才您讲到因果律问题，因果律大概应该也是符合逻辑思维的一种思考问题方法，所以才有历史理性。历史如果是有因果的话，那当然它应该是有理性的。可是我们中国人的历史理性，在多大程度上能够跟它内部包含的逻辑理性形成比较好的关系，能够推动逻辑理性的发展，这个问题恐怕还有待研究。您看到历史理性的时候，因果律很自然地就包含在历史理性里面，但是定义、判断、推理这些东西，在历史理性里面能存在到什么程度，能不能发展，恐怕还是个问题。）

问题都是这样，只有在讨论中才越来越清楚，从来如此。我今天讲的问题很可能是不清楚的，不过这些问题还可以进一步讨论。其实，咱们也谈过这个问题，主要是什么？因为逻辑理性、逻辑思维的起点是概念。你确定一个事或者讨论一个观念，必须给它概念。所谓概念，就要给个定义。这是从亚里士多德起就明确的。概念、定义就是把一个事情，把一个事物的本质特征、其内涵和外延进行明确的判断和描述。概念分成不同层级，有种概念，有属概念，有上位概念，有下位概念。平常我们讲的属概念，用英文讲，就是 genus，种概念，是 species。比如亚里士多德说，人是有理性的动物。动物是属概念，有理性、无理性是种差。人是种概念，人跟其他动物一起都是动物。但是，人不是无理性动物，是有理性动物，所以人就跟动物分出来了。

西方的逻辑概念开始讲的一个东西是什么，同时它的边界到哪儿，又不是什么。这点必须清楚。几何学从定义开始，每一个必须有确定概念，始终在这个概念上，要不就乱了。这个东西一旦形成概念，比如说茶杯，口是圆的。我们看到的一切都是圆的，很多东西都是圆的，太阳是圆的，你猜他说什么？他说，我讲的圆是什么圆呢？几何学上讲，有一点 O 到一个点 P，O 跟 P 之间弄一个线段，然后这条线段就沿着 O 这个中心不断地转，环绕这个中心不断地转，从而形成圆。[①] 他讲得很简单、很具体，圆心是 O，O 外一点 P，O 跟 P 不是一个半径嘛，围绕这个半径转一圈，这叫圆。他说，这个圆是真正的圆，其他的圆都不是真正的圆。

柏拉图提到，他称其为 idea（理念）。他说，其他的圆都不是真正的圆，只有这个是永恒的，其他所有的圆都会生成，都会毁灭。这个绝对的圆，一旦经过定义，它就变成抽象的，超越了时间，超越了空间。概念从开始确定的时候起，它就是非历史，超越空间，超越时间。怎么能成为历史呢？历史是在空间、时间中存在的，是不是？所以，逻辑理性从起点上就排除历史。但是，逻辑理性有一个优点，它是永恒不变的。A 大于 B，B 大于 C，这是永恒的，是正确的。A 大于 B，B 大于 C，A 肯定大于 C。这个道

---

① 圆的概念，在一个平面内，一动点以一定点为中心，以一定长度为距离旋转一周所形成的封闭曲线。

理，咱们换个地方讲，到全世界讲，到世界文明昌盛时候，或者到世界毁灭以后，都是正确的，它的真正价值在这儿。

可是，历史理性呢？历史是在变的。历史理性的关键，就是历史在变，但却是有常的。历史是在变的，可是历史作为一个流是不变的。我们讲传承与创新，traditions 是会变的，可是 tradition，不可数名词，历史作为一个流，又是有常的，对不对？我曾经写过一篇文章，《论司马迁史学思想中的变与常》①，就谈到这个问题。历史所以能够有理性，就是变中有常。历史假使变中无常，那还有什么知识？变中有常，这个常与变的辩证关系是非常有意义的，这才是活生生的历史。海德格尔的《形而上学导论》里面讲过这个事情，"是"是不是生成的？"是"本身是生成的。我们从前讲欧几里得几何学，现在不是还有非欧几何吗？非欧几何不是也是逻辑理性啊！柏拉图的哲学是逻辑理性，亚里士多德的哲学是逻辑理性，康德的哲学是逻辑理性，黑格尔的哲学也是逻辑理性。可是，亚里士多德是以柏拉图为鉴，黑格尔是以康德为鉴。康德的哲学以谁为鉴？是以莱布尼兹和休谟为鉴。黑格尔不是说，什么是哲学？哲学就是哲学史。逻辑学也有逻辑史。

我一辈子喜欢逻辑，可是能掌握的程度很有限。从前，我和老伴到新街口去，我们爱吃那个新川凉面，顺便到新街口新华书店看看，对面还有个中国书店。我老伴看到一本《逻辑学史》，她让我买。她说："家和，你不是喜欢逻辑吗？你把这本书买回去。"我看了看，我说："我不能买这书。"她说："你为什么不买？"我说："我看不懂，逻辑水平差。"我对数学是有兴趣的，对逻辑是很有兴趣的，可是经过怀特海（Alfred Whitehead）②、

---

① 本文发表于《北京师范大学学报》2000 年第 2 期。

② 怀特海（Alfred North Whitehead，1861—1947），英国数学家、哲学家、教育理论家，与罗素合著的《数学原理》标志着人类逻辑思维的巨大进步。

罗素（Bertrand Arthur William Russell）①、维特根斯坦（Ludwig Josef Johann Wittgenstein）②他们三代人，我觉得我对逻辑学已经缺得很多了。

历史哲学，不是有思辨的历史哲学吗？这是讲社会发展规律的，还有批判的历史哲学。批判又叫分析，其实批判与分析还是有区别的。批判是从认识论角度讲，从本体论上讲历史哲学。然后，在认识论 epistemology 上讲历史，就是分析一下，从康德就已经开始。这种认识是怎么可能的？康德哲学就是从批判哲学开始的。批判就是分析，他叫批判。那么，真正分析的历史哲学，现在不是经常把批判与分析放在一起吗？是怀特海、罗素、维特根斯坦师生三代。他们把所有的数学都翻译成逻辑语言，逻辑的东西都可以翻译成数学。这就很厉害了。我们就缺乏这样的东西。所以别人说我谦虚，我说："哪是谦虚，我差远了。"所以我的文集，书名是《史苑学步》，我说我没受过严格训练。我现在老了，希望未来搞理论的人在这方面要有造诣。如果我们在这方面没有造诣的话，恐怕要从历史理性向逻辑理性推进是很困难的。

历史理性的发展，在周、汉、唐三个时代对中国历史发展具有极大的意义，都是我们领先，对不对？西方纯粹的逻辑理性是没有什么用处的，几何学在柏拉图和亚里士多德时，都没有什么用。文艺复兴以后，经过启蒙运动，跟着就是培根（Francis Bacon），培根不是有本很著名的书，叫《新工具》吗？《新工具》这个名字，就是针对以前亚里士多德的《工具篇》。亚里士多德的逻辑学，其中有《辨谬篇》《范畴篇》《前分析篇》《后分析篇》，所有关于逻辑的著作加在一起，汇成《工具篇》。培根就批判这

---

① 罗素（Bertrand Arthur William Russell，1872—1970），英国哲学家、数学家、逻辑学家，分析哲学的主要创始人，1950 年获得诺贝尔文学奖，著有《西方哲学史》《哲学问题》等。

② 维特根斯坦（Ludwig Josef Johann Wittgenstein，1889—1951），犹太人，哲学家，出生于奥地利维也纳省，曾任英国剑桥大学教授，著有《维特根斯坦全集》。

个。亚里士多德的这个逻辑，你得不到新知识，因为大前提是，凡人都会死，苏格拉底是人，所以苏格拉底会死。你没有新知识，这算什么新知识？不过，他讲的几点，都是纯粹的形式推理。几何学的公式推理，就从几条公理以后，推出整个几何学。三角都是相同的，它从公式推导，得到复杂的有用的知识。

那么，培根有道理没有？有道理。他强调科学实验，提出了归纳法。除了演绎法以外，要用归纳法，要做科学实验，从经验里得到材料。当西方逻辑理性与这种科学实验的实践理性结合到一起的时候，这就厉害了。17 世纪是培根，跟着就是笛卡尔。笛卡尔把代数和几何放在一起，就成了解析几何。平常我们说射箭，解析几何把抛物线做成一个方程式，就可以计算了。然后，从解析几何再到微积分。所以，当西方逻辑理性与科学实验结合起来时，17 世纪科学革命，18 世纪工业革命，19 世纪开始征服世界了，中国的大门就被打开了。我们就输在这儿。

我讲这话，为什么？这是常识。"李约瑟（Joseph Needham）① 难题"，为什么中国近代没有发生科学和工业革命？我觉得问题就在这儿。我发现，我自己就是个"悖论"。我既爱中国文化，但我对中国文化的缺点又感到很痛心。我是很努力学习的人，这点我敢说，这辈子没有荒废，一直努力学习，但是我有很大缺陷，我一辈子关心数学和逻辑，到老了仍知道得非常可怜。我希望我们这个民族能改掉这个，我们在数学跟逻辑上要研究，这样我们中国人就能彻底地同外国人交流。我觉得，计算机芯片是重要的，火箭跟飞机发动机是重要的，可是一定要有那样的学术基础，即数学与逻辑基础，要科学家受人文的训练，有人文精神，搞人文的人不能都搞数学与逻辑，但是也必须有那些基本训练。所以，我讲的这个，就是说中国人

---

① 李约瑟（Joseph Terence Montgomery Needham，1900—1995），英国科学技术史专家，所著《中国的科学与文明》（即《中国科学技术史》）对现代中西文化交流影响深远。他关于中国科技停滞的思考，即著名的"李约瑟难题"。

要从历史理性推导的话，得补这一课。这是我想说的。

（蒋重跃：您讲得太好了！我没有想到，您考虑得这么深入，这么深刻，而且您对逻辑思维在思考和运用上达到如此自觉的程度！刚才讲逻辑理性跟历史理性的异同，您从分析逻辑本身入手，顺着这个思路推出来，历史理性就是历史的辩证法，就是找到了"常"和"变"的统一，抓住了根本，由此自然而然地过渡到以史为鉴。而以史为鉴就讲到科学、逻辑、哲学，西方也是以史为鉴，所以才能有哲学史、逻辑思想史之类的东西。只要是人，就是历史的。今天我们又听了生动、丰富、深刻的一堂课，谢谢您！）

十五　关于历史比较研究

1. 西方中心？

我为什么会走上比较史学研究的道路？关于这个问题，我在以前的访谈中就说过，最根本的原因是，我生下来不久，刚开始懂事的时候，就是中华民族命运面临最悲惨、最严峻的历史时刻。我生下来第三年（1931），当时我还不满三岁，就发生"九一八事变"，东北沦陷。在全国一片愤慨和悲哀的情况下，很快地我们就在沦陷区成为亡国奴。在这样的情况下，我就有一个特别强烈的愿望，我觉得必须学习中国文化，就是法国作家都德（Alphonse Daudet）①《最后一课》里面的那种思想，要不然中国就完了。就是在这样的周围环境和历史环境中，确定了我的文化认同，我是中国人，我不能忘记中国。所以，上学以后，我就比较用功地学习中国传统文化。与此同时，我开始思考，我曾经多次讲过，如果中国一切都好，为什么我们会受到西方列强、帝国主义如此侵略和欺凌？所以，我觉得，我要学习西方的东西，我要了解外国。这是最深层的根本原因。

---

① 都德（Alphonse Daudet，1840—1897），法国作家，其短篇小说《最后一课》描写普法战争后被割让给普鲁士的阿尔萨斯省一所乡村小学教学场景，突出了爱国主义主题。

那时候，我还是一个小孩，我已经注意这个。我上了三年教会学校，也不长，"珍珠港事件"以后就停下来了。但是，我感觉到外国的文化明显与中国不同，跟中国传统的东西是不一样的。我学数学、学几何时，我感觉到这些完全与中国文化不同，所以就造成我知识的一种饥渴感。我上大学时，我是中外兼顾的。到我参加工作时，我以前讲过，其实我原来的基础是中国史比世界史要好，比外国史好，但是组织上安排我教世界史，教世界古代史。可是，一旦接触这个世界史，在从事教学与科研工作时，我立刻就发现一个问题，我们中国不仅在现实生活中是受压迫的，原来我们在史学领域、世界史研究中也没有话语权。新中国成立前我们读的是西方的教科书，中国在世界史上是没有地位的，即使有，也很有限，甚至有很多曲解。解放以后，在苏联的历史教科书里面，苏联有些地方是照顾中国的，但是有关中国史的内容也很少。有些地方苏联对东方历史的认识，也是受西方影响，受黑格尔影响，也有歧视的地方。

那么，我就感觉到，根据常识来看，中国在世界史上应该是有自己的地位的。中国是世界文明古国之一，在世界历史上曾经做出过巨大的贡献，这是大家都知道的。可是，现在中国在世界史没有自己的地位，因为话语权掌握在别人手里。在这样的情况下，我就感觉，我的工作必须通过比较研究，客观公正地书写世界历史，到底中国怎么样？西方怎么样？这就给我一个学习世界古代史的绝好机会，我可以拼命地学习了。

我在学习西方历史的时候，其实我最初关注的是社会经济史，同时我也一直注意西方哲学，这是他们的思想源头。我是1952年大学毕业的，到1955年去东北师大进修，这三年当中，我做助教，教了不少课。这样就把我的知识面扩大了，当然很粗，可是这个粗，还是很重要的，我在学习外国史的时候都会想到中国。到东北师大进修以后，我的苏联老师、苏联专家在这点上没什么意识，他就按照苏联的方式讲，中国在世界史上没有什么地位。可是林志纯先生有很强的意识，我们通过苏联史学，学到了许多马克思主义理论与方法，但是苏联史学界也有轻视东方的倾向。俄罗斯有一个传统，就是认为自己是西方国家，那个双头鹰看世界，主要是看西方的，东方是落后的。

当时苏联的历史教科书，认为古代东方是落后的，东方的奴隶制是不发达的奴隶制，希腊、罗马是发达的奴隶制。古代东方的奴隶制不发达，因为产生早，永远不发达；西方的奴隶制产生晚，可是出来就是发达的。这不是黑格尔那一套吗？林志纯先生就提出一个观点，他认为东方和西方基本上都有一个统一的规则，没有什么东方专制主义或者西方民主主义，东方奴隶制不发达，土地私有制不发达，是君主专制，这个观点是错误的。林先生认为，东方和西方都经过一个由城邦到帝国的发展过程。起初都是城邦，各个小邦是独立的，没有君主专制，到帝国阶段才有。林先生这个观点提出来后，我们都靡然向风，跟着林先生走。这是林先生做的很大贡献。

可是，我跟着林先生做了一些年以后，就开始有一个意识，觉得林先生的观点可能也有值得商榷之处。这个意识从哪来的？因为林先生的观点提出来以后，就有很多学者表示疑问。林先生讲的不是没有根据，比如杜预的《春秋释例》里面也有民本思想，那时候没有专制主义问题。可是，有人就提出一些不同意见，最集中的问题，就是中国的城邦跟西方的城邦是一样吗？西方的城邦是城市国家，中国古代的诸侯国是不是城邦？我觉得，这样的问题可以提出来讨论。这当然也是一种挑战。

我从黑格尔的思想产生一个联想。我曾经在美国的一次演讲中说："今天我跟诸位都是第一次见面，我看到会场中的每个人都是不同的，全是异。可是我稍微静下来想一下，今天来听我这个讲座的人，都是历史系的老师和同学，还有对历史有兴趣的人。我忽然发现同，都是我的同行和同好，于是乎由全异变成全同。认识到全同是有意义的，要不然我们没法交流。可是，我们真正要认识的是什么呢？我们知道这个情况后，这是老师与学生的关系，我们要考虑我们的专业结构是怎么形成的？有没有 faculty？就是特定的东西，要在同里面进行具体分析，由抽象上升到具体。"我讲的这些，在黑格尔《哲学史讲演录》中都提到，由抽象到具体，这样才能真正把握事物的本质。

我有一位已故的老朋友梁作檊先生写过一本书，书名是《罗马帝国与汉晋帝国衰亡史》。他在研究中进行了一个中西比较。他有个油印稿寄给我，我看了觉得挺有意思，挺好的。后来，梁先生去世了，他的学生兼同事陈远峰先生把书稿整理出来，准备出版，要我给这本书写个序。梁先生比我大两岁，是我的学长。我在序中说，梁先生做的比较主要有三点：梁先生发现的同异是没有问题的，发现了中西的同异；第三点，就是同中之异，可惜梁先生没有能完成。我讲这话意思，就是梁先生的工作还有待于进一步探讨。

2. 比较研究

我觉得，我们要继承林先生的勇于探索精神，在林先生学术研究成果的基础上继续前进。关于世界古代都经历一个由城邦到帝国的发展过程，这是需要结合具体史实来说明的。西方学者认为，两河流域苏美尔[①]城邦的政治体制是这么组成的：国民大会，元老院或叫贵族院，还有行政领导（王）。那么，中国有没有这样的东西？中国似乎也能找到一些历史痕迹。我写过一篇文章，《三朝制新探》，收在《古代中国与世界》一书里。从中国"礼"的角度来看，它有三朝，这三朝不等于三个机构吗？外朝、治朝、内朝。今天的天安门，在清代相当于古代的外朝，是与万民商议政事的地方；端门和午门之间相当于治朝，左祖右社[②]，是国君和卿大夫商议政事的

---

① 苏美尔（Sumer），是古代美索不达米亚东南部幼发拉底河与底格里斯河下游文明，约公元前 30 世纪就出现了城邦。苏美尔人是两河流域早期文明的创造者，创造了楔形文字。

② 左祖右社，出自《周礼·考工记》。指宫殿的左边（东）是祖庙，右边（西）是社稷。

地方，君臣皆站立，即朝会，早上议事；内朝就是午门以内，如太和殿，内朝是宗族内部活动的地方。这个《三朝制新探》，好像我在讲中国历史，其实我讲的问题里面有康德的痕迹，就是历史的展开，即发展，是一个阶段一个阶段发展的。

林先生也谈到外朝的事，提出这个问题，朝国人。我的研究是配合林先生的研究。中国古代的三朝制可比作希腊罗马的公民大会、元老院和执政官（国王）。我当时研究和撰写《楚邦的发生和发展》也是为了配合林先生的研究，从中国史方面提供证明。我在跟林先生学习的时候，我没有能力和条件做更进一步的深入研究。林先生的贡献，我跟着林先生学习苏联，林先生和我都看出当时苏联的教科书也有问题。我跟着林先生，我向林先生提出问题，林先生说他正在学习马克思主义。我与老师有同，也有不同，做学生的不能够不学习老师，但也不能不前进。

我研究《楚辞》，也是为了比较研究。比较起来，中国古代都是由原来的部落联盟形成国家，所以古代号称有"万国"。"万国"里头有一个头儿，就是"天子"，不说王权。那么，苏美尔也有这样的情况。从《苏美尔王表》中，我们可以得知王权在各国之间转移，从这个城邦转移到那个城邦。中国历史上也有过王权转移，从夏转移到商，从商转移到周。周公就讲过这个。其实，商人也感觉到，成汤反对夏桀，王权在夏时，他起来革命，汤武革命是有道理的。为什么？因为夏在大禹治水时是有德的，有德，有天下；桀失德，失天下。周代商而兴，所以周公对殷遗民说，你们殷以前也有很多先哲王，但是你们没有利用好"天命"，现在纣失德了，失去民心了，所以天命我周来代替，要革商的命。本来，夏、商、周三个王朝像苏美尔似的，是平面上的、空间上的一个转移，可经周公一说，立刻就变成一个纵向的、历时的王权更替。周公在此基础上，又推行了两项重要制度，一个是分封制，一个是宗法制。这是中国历史上第一次真正的统一。

在西方，希腊城邦从来没有成为诸侯。城邦联盟里可以有领袖，伯罗奔尼撒同盟^①的领袖是斯巴达，提洛同盟^②的领袖是雅典，但是，他们不是天子和诸侯的关系。希腊人有个语言上的共同性，也有点民族意识，可是希腊每一个城市都是要讲独立的，都是要讲自由的。古代希腊人讲的自由，主要是讲城邦独立的自由。法国著名历史学家古朗日（Fustel de Coularges）写了《古代城市》（La Cite—antique），从前李宗侗译为《希腊罗马古代社会研究》。这本书中专门有个标题，就讲古代不知道个人自由。斯巴达公民哪有个人自由？全在君权手上，什么都受限制。雅典人也不能有个人自由，真正的个人自由是近代概念。但是，他们有这个基因。希腊有很多殖民地，移民到其他地方，建立起自己的城邦国家，等于细胞分裂，从母邦里面分裂出去，是一个独立的国家，跟这个宗主国、移民国没有所属关系，不从属于它。希腊这项政策，包括黑海边上一部分移民到意大利南部西西里岛，好多这样的情况，移民出去建立一个城市，建立了政权机构，国民大会什么的，它跟原来移民出去的宗主国没有所属关系，他们没有什么寻根拜祖这个传统。

而在中国，西周初年实行分封制。更早以前夏、商的情况材料较少，我们不清楚，商朝诸侯未必是商王封的，不过他势力大，大家承认他是王。我们知道周初的确是封建的，齐鲁这些大国都是封的，像郑卫这些，都是封的，可是他们的根是周王室。林先生有时候讲，齐与鲁都是周的殖民地，周公、太公封到齐鲁去了。不过，这跟希腊殖民地是不一样的。所以说，西方有城市国家，但是没有完全的君主专制。林先生讲的君主专制这个问题很重要，到底分出去就独立了，还是分出去以后是统一的？我非常感激

---

① 伯罗奔尼撒同盟（Peloponnesian League），古希腊以斯巴达为首的伯罗奔尼撒半岛大部分城邦组成的军事同盟，公元前 6 世纪中叶起逐步形成，公元前 366 年解散。
② 提洛同盟（Delian League），公元前 478 年，雅典组织中希腊、爱琴诸岛和小亚细亚的一些城邦形成新的同盟，因同盟金库设在提洛岛，故名。公元前 404 年，由于在伯罗奔尼撒战争中失败，雅典被迫解散提洛同盟。

林先生，林先生把我带上世界古代史研究道路，我也曾经在林先生指导下做了许多学术研究，可是我觉得，我要尊重林先生，就应该继承林先生的探索精神，在他的成就基础上更进一步。所以，我觉得中西方两种情况不可小觑，应当作进一步研究。西方到现在还是要独立，中国就不是这样。

我们为什么要进行比较研究？我感到，世界是有共同规则的，但是又有具体特点，世界是多元的，都承认有各自特点。世界是从小世界变成中世界，再变成大世界。所谓天下，最初是天子统治的天下，王统治的是天下，国是诸侯国，家是贵族之家。林先生也讲过周天下。周天下是一，还是多？它里面有异和同。中国先秦早期国家是多的，是有异的，在政治上是有异的。西方呢？多本身不能出现一，每个国家都想独立。我在跟林先生研究时，一直到写《世界上古史纲》，跟吴于廑先生写《世界通史》一书时，我的这些想法就慢慢地都表现出来了。我为什么要做这个？你不说出中国的特点跟西方的特点来，你是不会有自己地位的，你不能有话语权。按照希腊、罗马标准看，你什么都不是，对不对？按西方标准来看，中国什么都不是。因为中国到近代，明清以后中国落后了，其实鸦片战争以前西方人已经看不起中国了。黑格尔的《世界史哲学讲演录》是道光二十年（1840）鸦片战争前不久，他已经看不起中国了，说中国太落后了。他根本看不到中国内在的社会结构。

我觉得，我们一定要说明中国在世界史上的地位和作用，中国到底有没有在世界史上发挥作用。在西方人看来，只有一个标准。西方后来也成立帝国了，可是西方的帝国是什么？亚历山大（Alexander the Great）[①]统一希腊，横扫中亚，进军北非，大军抵达印度河流域，建立亚历山大帝国。可是，他怎么统治？他把一个个独立的国家征服了，让他们臣服于他。罗

[①] 亚历山大大帝（Alexander the Great，前356—前323），即亚历山大三世，马其顿王国（亚历山大帝国）国王，先后统一希腊全境，横扫中东地区，占领埃及全境，荡平波斯帝国，大军开到印度河流域，建立了当时世界上领土面积最大的国家。

马人就搞这个。罗马帝国的统治办法与亚历山大帝国一样，就是建立城邦啊！在亚历山大帝国境内，当时亚历山大利亚（Alexandria）有多少个？现在就剩埃及一个了，原来有很多城市。亚历山大利亚这样的城市，希腊人、马其顿人移民到这儿，又像一个殖民地似的，建立城邦。但是这个跟原来的希腊殖民地不一样。希腊殖民地的城邦都是独立的，这个城邦上面是帝国。其他地方呢？在希腊、罗马城市里还是政权机构，还有国民大会、议事会和行政长官。行政长官有时候是罗马人派的，有时候是自己选的。亚历山大派的，一般都是当地人，但是得服从亚历山大帝国统治。所以，亚历山大帝国、罗马帝国里面的城市是服从中央的，可是它们本身有地方自治的，而其他地方呢，还是原来谁统治就谁统治。亚历山大帝国也好，罗马帝国也好，就派人到各处收税，逐渐地从那里征兵，不是作为作战的步兵，是低级的服务兵，一般当差的。所以，当地人跟这个政权实际上是没有关系的，就是一个简单的剥削统治对象而已。

波斯帝国也是如此。在希腊与波斯战争中，大流士（Darius I）[1] 的军队没有 uniform，没有统一制服。波斯帝国各个部落征来的兵都穿自己的服装，用自己的武器。这个制服，为什么叫 uniform？《左传》里有，叫"均服"。在军队里面，必须穿同样的衣服，就是"均服"。《宫之奇谏假道》中说："均服振振，取虢之旗"。[2] 波斯军队没有这个，各个部落征来的兵都穿各自服装。这样的军队当然战斗力不行。像马拉松战役[3]，希腊的兵多精，波斯这样东拼西凑起来的军队不禁打啊！看起来好像很强大，可是把它锐

---

① 大流士一世（Darius I，前 522—前 485），波斯帝国的第三代君主，曾随国王冈比西斯二世出征埃及，亲率大军出征希腊、远征印度，对内进行改革，是世界历史上的著名政治家之一。

② 语出《左传·僖公五年》。

③ 马拉松战役，公元前 490 年波斯帝国对雅典发动的一次战役，战役在雅典东北马拉松平原进行，波斯军队 3.2 万人，希腊军队 1.1 万人。雅典利用地形靠智谋获得胜利，波斯军队阵亡 6400 人，雅典方面仅阵亡 192 人。

气破了以后，马上就散了。亚历山大东征有三万多步兵，骑兵是七千人，就把一个强大的波斯帝国打败了，因为波斯军队不禁打，没有一个有力的领导核心。

亚历山大帝国与罗马帝国也都试图建立同盟。他们跟其他国家建立一个同盟，罗马人是有限的，所有意大利人是同盟者。他们打到一个地方，最大的利益当然是罗马人的，但是他们把罗马的基础扩大到同盟者。可是，同盟者的城邦也是独立的，仅仅是同盟者而已，性质就是同盟者。这是希腊跟罗马城邦合并时候的一个情况，他们建立同盟。

在中国，周朝诸侯是怎么合并的呢？西周初年周公建立的宗法制到东周时候，远了以后，就不顶用了。分封制呢，周室东迁以后完全就衰落了。春秋时期，各诸侯国就要破坏分封制。孔子说"礼崩乐坏"，"礼乐征伐自天子出"，"礼乐征伐自诸侯出"①，就逐渐地下降。战国时候呢？如果说春秋时齐桓公、晋文公搞的，实际上是大国兼并小国，但是他们还打着"尊王攘夷"旗号，包括一些礼节还在，到战国时候就彻底变了。顾亭林在《日知录》里面讲，春秋战国就彻底破坏，一边破坏，一边就建立起新的东西。春秋战国实际上为进一步统一奠定基础，就是出现了郡县制。如果从周、三代的情况来看，像孔子讲的，他觉得一代不如一代。不过，如果换个角度看，新的东西越来越出现，一旦出现郡县制以后，就开始有中央集权了。所以，秦汉帝国跟罗马帝国根本不同。

郡县制的出现实际上为秦汉帝国奠定了制度基础。春秋时期，人的等级身份是很清楚的，国人、野人区分得很清楚。到战国时期，国人、野人基本上没有差别，都成"编户齐民"②了。罗马帝国与秦汉帝国不同，罗马

---

① 语出《论语·季氏》。

② 编户齐民，中国封建社会实行的户籍制度，开始于汉武帝时代，历代中原王朝沿袭。规定凡政府控制的平民百姓，都必须按姓名、年龄、籍贯、身份、相貌、财富情况等项目载入户籍，这些人便称为"编户齐民"。

人与同盟者身份是不同的。所以，中国的郡县制与罗马的行省制，这是完全不同的概念，虽然行政级别是一样的。东西方历史有这么一个发展过程，就是在城邦阶段，都是城市国家，小国寡民，中国跟西方都有，但是有不同；到帝国阶段，就有很大的不同。秦始皇是彻底地消灭了分封制。当时有一次大辩论。李斯说："周文武所封子弟同姓甚众，然后属疏远，相攻击如仇雠，诸侯更相诛伐，周天子弗能禁止。"① 他认为绝不能再封诸侯，封了就兼并，就会打仗。可是，汉初不是又分封了吗？在郡县制里面出现了分封，后来又逐渐取消了。西晋时候，又搞分封，到明朝不是还搞这个！中国历史上虽然反复地出现分封制，却是统一帝国内部的分封，这些诸侯与郡县没有多大差别。

在西方帝国统治之下的各个国家，都是独立的，还有独立的城市。不仅希腊、罗马如此，欧洲中世纪时，在一个民族统治地方，有些交通要道兴起的商业城市，有一些工商业者，只要向国王交纳一笔赎金，这个城市就自由了。欧洲中世纪日耳曼人建立起来的国家又重复了古希腊、罗马统治方式，在这个城市有一套相对独立的制度，有自己的组织（Guild）②，有一定的自治权。农民和手工业者逃到城市，如果到一百天没有被抓回去，到一百零一天就是城市游民了，就是城市的空气让人自由。所以，欧洲中世纪还有农村公社（马尔克公社，March Community）③ 起义等，城市公社就是在封建国家里出现的。它不是分封，一分封，就分裂了。查理曼大帝

---

① 语出《史记·秦始皇本纪》。李斯（前284—前208），汝南上蔡（今河南省上蔡县）人，政治家、文学家和书法家，辅佐秦始皇统一天下，建立中央集权政治制度。
② 基尔特（Guild），职业相同者基于互助精神组成团体，相互救济的一种制度，起源于欧洲中世纪，为现代人寿保险雏形，该制度创始之初，有商人基尔特与手工业者基尔特两种。
③ 马尔克公社（March Community），欧洲中世纪日耳曼人的一种村落组织，其主要特征是共同的地缘关系代替血缘关系成为主要联系纽带，耕地已成为私有财产，森林、牧场仍为共有财产。

（Charles the Great）^①的三个孙子，在其祖父死后，就分成三个国家。欧洲中世纪接受的，还是希腊、罗马传统。

意大利文艺复兴是怎么开始的？德国是神圣罗马帝国^②皇帝所在地，意大利是罗马教皇所在地。皇帝想拆教皇的台，教皇想拆皇帝的台，所以他们统一不了。德意志、意大利，最后都晚于英法统一。文艺复兴时，意大利的威尼斯、热那亚、佛罗伦萨，这些城市是古代城市的翻版，他们有自己的统治权。有些人，比如佛罗伦萨美第奇家族^③，他们在这个城市里很有势力，就相当于古代希腊城邦国家似的。但是，他们的城市有自己的规则。意大利境内有个很小的国家，叫圣马力诺，还有像摩纳哥这么小的国家，实际上就是王权国家成立以后，城市还拥有地方自治权。中国就不是这样的情况，而是一个有分封的国家。西方诞生了统一国家后，一方面有自治的城市或者说城邦，一方面就变成共和国。这就是中西异同，有同有异。

3．"世界精神"

林先生做的最大的贡献就是破除西方中心论，看到东方、西方都有一个从城邦到帝国的发展阶段。这是一个大的突破，大的贡献。现在要做的，

---

① 查理曼大帝（Charles the Great，742—814），法兰克王国加洛林国王，德意志神圣罗马帝国奠基人。他建立了囊括西欧大部分地区的庞大查理曼帝国。他死后不久，帝国就出现分裂。843 年，他的三个孙子各自为王，帝国一分为三，其中东法兰克王国为今德国雏形，西法兰克王国就是以后的法国，东西部之间地区则成了以后的意大利。

② 神圣罗马帝国，全称"德意志民族神圣罗马帝国"（Heiliges Römisches Reich deutscher Nation，962—1806），是地跨西欧和中欧的封建君主制国家，大部分时间由数百个侯国、公国、郡县、自由城市组成，早期是皇帝拥有实际权力的封建帝国，14 世纪时演变成承认皇帝为最高权威的邦联国家，后为拿破仑所灭。德国人将神圣罗马帝国定义为"德意志第一帝国"。

③ 美第奇家族（Medici Family），佛罗伦萨 13 世纪至 17 世纪时期在欧洲拥有强大势力的名门望族，对意大利文艺复兴起了重大推动作用。

就是在这个大致相同的历史阶段里看出各自特点。就是说，我们要进行比较研究，从中找出一些规律性的东西来。中国在世界史研究中的话语权，不能说我要话语权，就有话语权。西方中心论在历史研究里面有长期而深远的影响，其中黑格尔的《世界史哲学讲演录》影响很大。

黑格尔根据当时传教士带回去的一些资料，认为中国自古以来大概就像清朝一样，没有什么变化。他说，中国历史很悠久，没有断，但是没什么变化，所以中国是"非历史的历史"。为什么？你没有自由，你只有一个人有自由，其他人都处于奴隶地位。他的《世界史哲学讲演录》里有这样的话。我看到不同的德文本，有的版本没有这样的话。他说，东方只有一个人有自由，希腊是少数人有自由，奴隶没有自由，日耳曼人是全体都有自由。这个太抽象了。他为什么这样讲？中国历史最悠久，他是出于无知，这事不能怪他，当时埃及学①、亚述学②等还没兴起。他说，中国是最早的，也最连续，有很多丰富的史书，中国统一，历史悠久，连续性和统一性，就像一块花岗岩似的，就在这儿。他把中国排除在历史以外了，就是"非历史的历史"了。

我觉得，黑格尔的这个观点，他不是历史的哲学，他是哲学的历史。现在新的翻译还是更准确，可是"世界史哲学"这个词是黑格尔儿子③曾经用过的。现在按照原文翻译，他讲的不是人类的历史，是哲学的历史。他

---

① 埃及学（Egyptology），研究古埃及文明的语言、文字、历史及文化艺术的学科。古埃及文明年代范围从公元前3100年左右到前332年埃及受希腊统治时止，包括新石器时代及希腊罗马统治时期。

② 亚述学（Assyriology），研究古代美索不达米亚地区（Mesopotamia，今伊拉克境内幼发拉底河、底格里斯河中下游地区和叙利亚东北部地区）语言、文字、社会和历史的一门学科，因起始于亚述文字研究而得名。

③ 黑格尔儿子，指黑格尔大儿子卡尔（Karl）。黑格尔妻子玛丽为他生了两个儿子，还有一个非婚生儿子。卡尔出生于1813年，后成为埃尔朗根大学历史教授，《世界史哲学讲演录》由他整理出版。

的哲学就是"世界精神"，这是典型的历史唯心主义。他有辩证法。辩证法在哪儿？即"世界精神"。世界在发展过程中才能实现"世界精神"。所以发展就像是打开一个画卷似的，我逐渐这样看，这个康德以前就有了。那么，从哪儿打开呢？太阳从东方升起，东方是最早期的，是最落后、最原始的。中国在世界的最东方，所以在黑格尔的"世界精神"里，中国就是第一阶段。

第一阶段以后，"世界精神"不在那里了，你实际上就没有意义了。中国是东方的最东方，比印度、波斯都更东方，所以中国是最落后的。可是，中国在文明开始时起过这样的作用。历史画卷往后展开，后面一边展开，前面一边卷起来，这是黑格尔描述的"世界精神"发展过程。这不是真正的世界历史，是黑格尔的"世界精神"所走过的道路。所以我认为，他所说的历史，是非历史的历史，是他自己编造出来的"世界精神"史。他拿历史作例子，实际上是断章取义，就是"世界精神"的历史。我们所说真正的世界史，应该是世界史本身里面，它的规律是什么？所以唯物史观正好跟他相反，唯物史观要讲社会发展规律，是真正从人类历史里找出规律来。当然，他认为"世界精神"想要发展，有逐渐完善的问题。

我不是一个教条的人。我觉得，我们研究历史的人，还是要从具体历史出发，不能从黑格尔的"世界精神"出发。很多人都说，黑格尔已经过时了，不需要考虑，可是这个东西根基很深。所以，假如我们要谈根源问题，还得从黑格尔谈起。中国在先秦时期是经过否定的，春秋战国与夏商周（西周）不同，与西方比较也不同，不是像黑格尔所说的中国没有变化。我最初不知道雅斯贝尔斯（Karl Theodor Jaspers），80年代初到美国才知道。我原来就准备进行比较研究，希腊、印度和中国。我看到雅斯贝尔斯《论历史的起源与目标》时，觉得他对历史的看法跟我有很一致的地方。雅斯贝尔斯讲的，实际上是三个不同社会形态，但是都有共同的性质，都经过"轴心时期"，都有精神的突破，都有新的重大变革。

所以，中国不是没有变革。最大的变革，就是从夏商周三代到春秋战国以后，出现了秦汉帝国。怎么能说中国没有质变呢？而且这个质变，中国人也不是没有意识。第一个意识到的是谁呢？孟子。《孟子·万章》中说："人有言：至于禹而德衰，不传于贤而传于子。"孟子这里讲从尧、舜到禹的一个变化，"不传于贤而传于子"。孟子说，尧的儿子祭祀天，神不受，民不从。从来天跟人在一起，对不对？舜避尧的儿子丹朱三年，最后"天与人归"[①]；舜的儿子也要经过这么一个过程，"天与人归"；到禹时就变了，他把位子传给自己的儿子了。孟子看到的，就是尧舜禹到夏商周三代的一个变化，这是不是一个质变？接着，司马迁在《史记》里面把孟子的说法都讲了，对周秦、春秋战国时期这个变化，在他那几个年表序里讲得非常清楚。司马迁在《秦楚之际月表》中说，汉高祖刘邦是怎么起来的？在他以前建立起来的政权，没有一个不是多少带点贵族性质，包括秦朝也是多少带点贵族性质，怎么到汉高祖时候什么都没有，"无尺土之封"，这不是"齐民"得天下吗？他分析得多么深刻！所以，亡六国者不是秦，而是六国，是六国自己给秦统一扫清了道路。秦不封建，实行郡县制，结果天下归一，只要把它打倒了，没有人反抗，整个军事化，那些诸侯都不行。一次是孟子，一次是司马迁，都看到变化，至少看到两次吧？所以，怎么能说中国没有变化呢？这不是睁着眼睛说瞎话吗？魏晋南北朝可以说是中国历史上第二个春秋战国。中国从华夏到汉民族，一直到今天约十三亿汉族人口，这是祖宗留下的最宝贵财富，而且大家都有一个统一意识。

4. 轴心文明

雅斯贝尔斯认为中国、印度、希腊是有共性的，但是，各自又有不同。

---

① 天与人归，旧指帝王受命于天，并得到人民拥护。《孟子·万章上》："'然则舜有天下也，孰与之？'曰：'天与之。'"

我曾经写过一篇文章，《论古代的人类精神觉醒》①，其中就讲到这个问题。有些人可能认为，雅斯贝尔斯是西方中心论。我觉得，他对于传统的西方中心论是有所突破的，他批判黑格尔，对中国是有一定重视的。实际上，中国儒家的东西，核心是积极的方面，就是对人的重视，人格的尊严。我记得，以前不是有一些冤假错案吗，不是后来平反了吗？有人说，冤假错案是以前我们判错了，这是不是有损害当事人（执法人员）的尊严啊？习近平总书记说，你只看到你的尊严，人家的尊严呢，受害人的尊严呢？②他这句话，我非常感动。他还讲，人民对美好生活的向往就是我们的奋斗目标。这个口号，恐怕还是有点对儒家思想的继承发展。所以，儒家跟法家不同，儒家是讲人格的。先秦时期，最主要的是人啊，以人为核心，人的价值，人觉醒了，知道自己，也知道自己的界限了。

不过，雅斯贝尔斯的"轴心理论"，还是拿西方来解释世界。他的话在某些方面是对的，因为每个人都有自己的出发点，每个人不可能没有自己的视角，即使到月球上，月球也是视角。雅斯贝尔斯作为西方人，他主要是反映西方的历史观，可是他把眼光扩大到世界范围。假如我们中国人有一天取得了话语权，能够真正解释历史，那别人会不会说，这不是"中国中心论"吗？当然不是。我们这样解释，只是向真理更靠近了一步。我们的话语权，跟西方话语霸权是两回事。

不过，福柯（Michel Foucault）③曾认为，知识也成为权力，这就是霸权。这是不行的。如果那样，牛顿的东西不是从西方立场出发吗？莱布尼兹不是从西方立场出发吗？康德、黑格尔甚至马克思不都是从西方立场出

---

① 本文发表于《北京师范大学学报》1989 年第 5 期。
② 习近平:《维护人的尊严和权利》，新华网 2019 年 12 月 12 日，http://www.xinhuanet.com/world/ 2019-12/12/c_1210392326.htm。
③ 福柯（Michel Foucault, 1926—1984），法国哲学家、思想家、历史学家，曾任法兰西学院教授，著有《疯癫与文明》《知识考古学》等。

发吗？马克思的《资本论》，整个是对西方资本主义制度的批判。所以，视角肯定要有的，不能成为霸权。马克思主义理论不是霸权，是有利于全人类的，对人类是有巨大贡献的。我们正是要站在中国人的角度，来贡献我们的智慧。我们不是要争取霸权，这一点应该是明确的。同时，要求思想家没有自己的视角，是纯粹客观的，这个也是不现实的。说雅斯贝尔斯有西方人的视角，这个没有意义。

存在主义是当代西方主要哲学流派之一。存在主义是一个"大屋顶"，底下各家有所不同。存在主义最大的特点是什么？就是把亚里士多德、柏拉图所讲的 being，说成是超越时间的。那么，这个"在"到底是什么？这个"在"是最抽象的东西，对不对？而且这个"在"是不可定义的，因为它已经是最高概念了。要定义的话，必须有属概念在上面。上面还有一个"在"，它不能定义。这个"在"是我们抽象出来的一个概念，不能说明任何问题。你怎么知道？所以能够理解"在"，一定是在这儿，具体的在这儿，就不是要研究"在"的本身的。它是一个概念。凡事一到概念，就是属概念加种差，立刻是抽象的，超越时间，超越空间。

海德格尔（Martin Heidegger）的第一部成名作是《存在与时间》。存在主义的这个"在"，是 Das Sein，就不是什么 being，是实在，existence，就是现实的存在，所以他叫 Das Sein。这个就是人能够认识"在"的这个体验。所以，他立刻把西方两千年来的时间注入哲学，西方哲学没有时间，一有时间，就是相对论。海德格尔也是从西方出发的，同样是存在主义者。海德格尔同雅斯贝尔斯是两大家。海德格尔也是从西方出发的，可是他反对传统的西方哲学。他把两千年来的西方哲学给颠倒了。所以，张世英[1]先生讲，西方人一进入实践观，就接近历史了。可是，海德格尔把人类看得非常悲观的，他就不看人类过去的文明成果，他就看最近的。雅斯贝尔斯

---

[1] 张世英（1921—2020），湖北武汉人，毕业于西南联大，北京大学教授，著有《论黑格尔的哲学》等。

还有一点积极方面，总体来讲，存在主义就是很悲观的。海德格尔说，人的存在就是向死的存在。所以人总是操心的、忧愁的、烦恼的，不知道明天会怎么存在，而且前途就是死。雅斯贝尔斯还有个想法，他说人类还有一个发展。你看同一个屋顶（存在主义）下，这两个就不一样。所以他们的哲学，回到人学上。孔子就是人学，对不对？

5. 文化认同

我们正在做一个比较研究项目，从先秦、两汉向后面延伸，就是魏晋南北朝与西欧中世纪进行比较。这个比较，最核心的问题是什么？我前面讲过，春秋战国以后，出现了郡县制，建立了秦汉帝国，加强中央集权，建立了许多新的制度。但是，任何现存的制度不可能都是完善的，总是要改革的。用儒家的话说，就是要"日新其德"。[①] 可是，在阶级社会里，统治阶级，他们都是剥削阶级，每个王朝开始的那些君主或者统治者经过一个巨大的震动以后，他们往往都是比较清醒的。土地关系问题都得到一个相对缓解，甚至有些地方重新配置，所以会有一个"新生"。汉代不是有"文景之治"、唐代不是有"贞观之治"吗？然而，在那种体制下，你对老百姓放宽了，对兼并制度也放宽了，经过一定的历史阶段，逐渐地又贫富分化，土地又集中，阶级矛盾积累。阶级矛盾积累、统治阶级内部矛盾积累到一定程度，就会发生王朝更替。两汉之间有十来年王莽新朝[②]，为什么？就是西汉后期土地兼并严重，光武帝[③] 起来，把这个问题缓解了。

经过四百年以后，这个问题终于又爆发了。中国已经有了郡县制，应

---

① 语出《周易》。《象》曰："大畜，刚健笃实辉光，日新其德，刚上而尚贤。"

② 新朝，又称新莽，公元 9—23 年，定都常安（今西安）。

③ 光武帝，即刘秀（公元前 5—公元 57），字文叔，南阳郡蔡阳县（今湖北枣阳）人，东汉王朝开国皇帝，年号建武。

该是不会分裂的，为什么又出现分裂？因为社会基础还是这个经济、人民生活，一旦土地兼并、贫富分化严重时，哪能不出现危机？社会危机到来时，总是两个问题：一个是内部阶级矛盾；另一个是外部民族矛盾。魏晋南北朝时期，两个矛盾都爆发了，这就叫内忧外患，同时到了。罗马帝国衰亡也是这样，社会经济严重恶化，民族矛盾十分尖锐。罗马帝国强盛时，可以打高卢，打日耳曼人，可以占领不列颠的一部分，内部矛盾一爆发，罗马帝国就走向衰亡。

魏晋南北朝时期，实际上跟罗马帝国衰亡时期危机一样，就是危机全面爆发。这个爆发是两种矛盾导致的必然结果，就是内部危机、民族危机。魏晋南北朝，从魏、蜀、吴三国开始，跟罗马帝国三世纪危机，一直到东罗马查士丁尼（Justinian the Great）[1]恢复帝国失败，中国到隋朝统一，这段时间东西方很相似，都是内部危机和民族危机，结果都分裂了。西晋有过短暂统一，但是很快发生"八王之乱"[2]，内部又乱了。要是没有"八王之乱"，西晋不会一下子垮到这个地步。这时候发生了什么历史事件？少数民族涌进中原，原来中原的汉人南迁，南迁的就建立了南朝，南方地区开始开发。魏晋南北朝出现两种情况，一个是南方开发，一个是北方少数民族进入中原。

少数民族进入中原以后，有这个屠杀。特别像石虎[3]这样的人，汉族也

---

① 查士丁尼（Justinian the Great，约 482—565），东罗马帝国皇帝。在位期间，编纂《查士丁尼法典》。

② 八王之乱，西晋时期的一场皇族为争夺中央政权而引发的内乱，因皇后贾南风干政弄权所引发，动乱历时 16 年（291—306），导致西晋亡国以及近三百年的动乱，使中原北方进入十六国时期。

③ 石虎（295—349），字季龙，上党武乡（今山西榆社）人，后赵开国皇帝石勒之侄，后赵第三任皇帝。

要报复。像李特①这样的人，仇杀是有的。但是有一条，少数民族进入中原以后，他为什么能够建立政权，他的政权合法性在哪里？这不是历史吗？他要确立政权的合法性。他进入中原，要统治的对象是华夏人、汉人。少数民族人口跟汉族人口是不能相比的，文化也是不能相比的。他怎么样才能打进来，怎么样才能成为统治者？存在这样的问题。这些少数民族政权建立时，都是汉族同他们合作治理。

刘渊②就不用说了。他是匈奴人，自幼学习经学，本身就是经学家。他在魏晋时候，就已经在中原朝廷做官，还受到晋武帝的召见，文武全才。那时候也没什么，可是一旦真要起事的时候，他就不是《史记》中讲的："匈奴，夏后氏之苗裔也。"③他说，我就是汉代皇族后裔，前面有汉高祖刘邦，光武帝刘秀。《三国志·蜀纪》写刘备，只有先主，没有后主的问题，因为它很短，第二代就完了，刘渊把刘备当作"烈祖"。这是为了说明，他是名正言顺的统治者。他把自己的政权建立在合法性上，他是刘家的后代。所以，这就涉及文化认同问题。你说他没有一点血缘关系？这个婚姻关系多了，汉族与少数民族婚姻关系也不少，是不是？你说他完全是假的，也不是。一到中原以后，民族之间通过婚姻关系，各种情况就都有。从政治上来讲，他是为了贯彻尧舜禹以来的中国政治传统，我是"正统"。"道统"，"法统"，学术是"道统"，我都承认。经过文化认同，像后代科举什么的政治上的认同，他的政权就披上了合法外衣。

实际上，这时候北方少数民族政权，帮助他们的都是汉族。前秦苻坚④

---

① 李特（？—303），字玄休，氐族人，略阳（今甘肃秦安）人，十六国时期成汉政权建立者李雄之父，成汉政权奠基人。

② 刘渊（？—310），字元海，新兴郡虑虒县（今山西省五台县）人，匈奴人，十六国时期汉赵开国皇帝（304—310年在位）。

③ 语出《史记·匈奴传》。

④ 苻坚（338—385），字永固，小字文玉，略阳（今甘肃秦安）人，氐族，十六国时期前秦第三位国君（357—385年在位）。

手下有个王猛，这是大家都知道的。那么，北魏呢？道武帝①时，不是有崔宏、崔浩父子吗？他们帮助北魏政权。实际上，这时北魏内部有矛盾了。矛盾在哪儿？鲜卑族进入中原这一部分到孝文帝②时候，孝文帝元宏（拓跋宏），其祖母文明太后③就是汉族，所以他们彻底地认同中原文化。他明显地从血缘上来讲，有与汉文化融合的意向，实际上就是文化认同问题。他要实行统治，就有文化认同问题，一直到清朝都是如此。苻坚南征，淝水之战④打败了，可是你看他出师前跟大臣说："自吾承业，垂三十载，四方略定，唯东南一隅，未霑王化。"⑤他出师的理由，就是要统一中国，不能这样乱了。北魏也是这个理由。

少数民族入主中原以后为什么要这样做？因为中国经学里面存在一个"夷夏问题"⑥。"夷夏"的区别，《左传》中说，要是用"夷礼"，"华夏"也变为"夷狄"；要是用"华夏"的礼，"夷狄"也变成"华夏"。所以，"夷狄"跟"华夏"可以互相转换。《左传》里讲得很清楚。例如，杞⑦本来是

---

① 道武帝（371—409），即拓跋珪，云中盛乐（今内蒙古和林格尔县）人，鲜卑族，北魏王朝开国皇帝（386—409 年在位）。

② 孝文帝，即拓跋宏（467—499），汉名元宏，鲜卑族，北魏皇帝，中国历史上杰出的少数民族政治家、改革家，在位期间进行汉化改革。

③ 文明太后，即冯太后（441—490），汉族，长乐郡信都县（今河北冀州）人，生于京兆长安（今陕西西安），北魏孝文帝祖母。

④ 淝水之战，中国历史上著名的以少胜多战例，发生于 383 年，前秦出兵伐东晋，于淝水（今安徽寿县东南方）交战，最终东晋以八万军力大胜号称八十余万大军的前秦。

⑤ 参见《资治通鉴》卷一百零四，《晋纪》第二十六。

⑥ 夷夏之辨，或称"华夷之辨""夷夏之防"，以区别华夏与蛮夷。古代华夏族群居于中原，为文明中心，周边则较落后。《春秋左传正义·定公十年》云："中国有礼仪之大，故称夏；有服章之美，谓之华。"其衡量标准大致有三：血缘标准，地缘标准，衣饰与礼仪等文化标准。

⑦ 杞，周朝国名，在今河南杞县。

夏后代，用"夷礼"称子；用"夷礼"，就是当"夷狄"看待。季札①原来是吴国的，吴是"夷狄"，因为他对"华夏"礼义精通，后来他就被认为是"华夏"了。孟子说："舜，昔东夷之人也；文王，西夷之人也。"②舜和文王是"东夷"和"西夷"，不是都成"圣王"了吗？所以，他不在乎这个。少数民族进入中原以后，他在中国这样一个文化传统里，不是讲上面有个"天"吗？大家都是"天"的儿子，"天子"就是管家、大儿子。谁坐着？有德的坐着，爱民有德的坐着。只要他"敬天保民"，只要他能这样，不管你什么民族都可以。中国本身的文化传统就有这么一个包容的特点。

那么，各个少数民族进来以后，当然你有这样一个情况，就不会陷入文明冲突了。石勒③是一个大字不识的人，因为他是曾经被俘虏的羯④人，是当过奴隶的，给人耕田。他也不识字，让人给他读《汉书》。他就问："你觉得我能够跟谁比？"给他读《汉书》的人说："你啊，是尧舜。"那时候，谁敢跟他说真话？所以，说他是尧、舜、禹、汤什么的。他说："不是。"人家就说："那您是汉高帝？"他说："汉高帝也不是。我要遇到汉高帝，我就老老实实在他手下为臣，我就做他的臣子。要是遇到光武帝，那我还可以跟他争一争。如果争不过，我就为臣。"所以，他们都是很自觉地去了解华夏文明。中华文明在早期的文化基因里面就有这个东西，有容乃大。这是我们的一个宝，在当今世界是一个宝。用现在的话说，就是人类命运共同体。那时候不可能有这个意识，是不是？我们有这个文化基因。

---

① 季札（前576—前484），姬姓，名札，姑苏（今江苏苏州）人，春秋时期政治家、外交家，周游列国，提倡礼乐，对华夏文化的发展作出了贡献。
② 语出《孟子·离娄下》。
③ 石勒（274—333），字世龙，上党武乡（今山西榆社）人，后赵开国皇帝，羯族部落首领周曷朱之子，中国历史上唯一一位奴隶皇帝。
④ 羯，古族名，曾附属于匈奴，建立后赵，定都襄国（今河北邢台），后迁都邺（今河南安阳附近）。

　　魏晋南北朝时期，有十六国。实际上，不止十六国。北魏崔鸿①的《十六国春秋》，这书是崔鸿编辑起来的，内容基本上在《晋书》里边有。金毓黻先生的《中国史学史》列的表很详细，每个国家都写历史。所以，看起来魏晋南北朝是个黑暗时期，实际上是个史学繁荣时期，绝不亚于两汉。"前四史"中，《史记》是西汉写的，《汉书》是东汉写的，《后汉书》《三国志》都是魏晋南北朝时期写的。接下来是《梁史》，南方、北方都写。这一时期，还出现了地方史，出现了像裴松之《三国志注》、刘义庆《世说新语》等这样的作品。不仅有史学著作，还有来自印度的佛教。印度没有历史，佛教没有历史，可到中国以后，佛经有目录学，有史，有《高僧传》②。

　　我们今天讲史学，"史学"这个词在中国第一次出现，恰恰在魏晋南北朝时期。金毓黻先生《中国史学史》里讲，不是别人，大字不识一个的石勒，他也建立了太学③，他还去视察。他设立五经博士、祭酒，还设立了史学祭酒，由任播和崔濬④担任。史学祭酒，类似于现在历史学院或历史系领导。祭酒是指导这事，是学术带头的，因为他最年长，资格最老。宴会时要行礼，都必须喝酒，喝酒就要祭神，这个仪式由祭酒主持。就是在太学校长下面，设立史学祭酒，史学是太学的一个科目。可见，石勒这样的人都这样做，那不是传统吗？

　　我刚才讲的，最根本的就是一个文化认同问题。中国的一个文化传统就是包容，而且是有德则有天下。正像孟子讲的："三代之得天下也以仁，

---

① 崔鸿（478—525），字彦鸾，东清河郡鄃县（今山东省临淄市淄川区）人，北魏大臣、史学家。

②《高僧传》，又称《梁高僧传》，南朝梁释慧皎撰，凡十四卷，所载僧人从东汉永平十年（67）至南朝梁天监十八年（519），计257人，附见者二百余人。

③ 太学，中国古代的国立最高学府，萌芽于上古时代。汉武帝元朔五年（前124），采纳董仲舒建议，于京师长安（今陕西西安）设立太学，由博士任教授，设五经博士，专门讲授儒家经典。

④ 参见《晋书·石勒载记下》大兴二年（319）。

其失天下也以不仁。"① 所以，一个中原王朝瓦解以后，群雄并起，不是分裂，而是都想来统一。那么，谁来统一？ 我来统一。每个人都有权利，即使少数民族也有权利。那么，西方国家怎样？ 日耳曼人不认识字，里边有一个东哥特王狄奥多里克（Theodoric the Great）②，他曾经在东罗马做过人质，接受了罗马文化。辅助他的一个大臣，犹之于王猛辅佐苻坚、崔浩对于北魏似的，叫卡西奥多罗斯（Cassiodorus）③ 帮他写的《东哥特史》，说哥特人原来就是罗马人的后代。可惜只有一本，而且是在别人引用的书里看到的。在这样的情况下，就出现了这样的历史，这样的理论。

　　魏晋南北朝时期不仅史学发达，其他科学、文化都比较发达，像音乐、美术、雕刻，还有自然科学，这是一个学术文化竞争繁荣的时代。还有一个更重要的问题，就是中国文化这时候面临考验。这个只有比较才能看出来。中国跟罗马都面临一个相似的问题，都是在一到二世纪，就是罗马三世纪危机④ 前两百年，大概到东汉初年佛教开始传入中国。佛教传入中国，开始也让传播，但是有一些矛盾，与中国文化有格格不入的地方，所以就有争论。中国和印度文化不同，引起中国思想界很多的深入思考，神灭论、神不灭论，在《弘明集》⑤ 里都有，促进了中国学术文化的发展。

　　而且，佛教与魏晋玄学相互影响。《世说新语》里也讲佛教。佛教传到

---

① 语出《孟子·离娄上》。

② 狄奥多里克（Theoderic the Great，约 455—526），东哥特国王，名义上臣属于拜占庭帝国，辖意大利北部和中部。他 8 岁时被当作人质送到东罗马帝国皇帝里奥的宫廷，在君士坦丁堡接受教育，生活 10 年，20 岁继承父亲王位，被称为罗马复兴者。

③ 卡西奥多罗斯（Cassiodorus，490—585），中世纪初期罗马城的政治家和作家，著述甚丰，代表作有《信札》等。

④ 三世纪危机（Crisis of the Third Century），指公元 235—284 年罗马帝国所面临的危机。由于奴隶制经济的衰落，从三世纪开始，罗马帝国陷入严重的危机之中。农村枯竭，城市衰落，内战连绵，帝国政府全面瘫痪。

⑤《弘明集》，中国佛教史上第一部护法弘教文献汇编，由南朝梁武帝时律学名师僧祐编撰，凡 14 卷，收录文章 183 篇，涉及人物 122 人。

中国来，它解决了两个问题。第一个问题，《魏书·释老志》讲得很清楚，佛图澄①到中国以后，他在石勒底下。石勒杀了很多人，所以佛教在这个战争中间起到了一个什么作用呢？生灵涂炭，佛教起到了一个缓和作用。可是，佛教在中国又引起了很多矛盾，在《弘明集》里面可以看到。佛教经过魏晋南北朝，发展到隋朝出现了天台宗②，隋唐以后出现了许多宗派，最后禅宗③地位确立，佛教中国化。佛教作为一种信仰保留了下来，"三武灭佛"④是偶然的。中国从来没有像西方那样的信仰，中国文化本来没有真正的宗教。佛教传入中国以后，并没有割裂中国历史，相反佛教本来是没有历史的，印度没有历史，到中国以后佛教反而有历史了。

西方是什么情况？基督教最初是一个秘密宗教，罗马帝国曾经镇压过，一到二世纪时候镇压过。基督教跟犹太教不同，犹太教是以色列人、犹太人的宗教。犹太人、以色列人在历史上惨了，你看《圣经》就会知道。从到埃及、"巴比伦之囚"，以后罗马人征服，犹太人流亡到各地，可是，他认为自己是"上帝的选民"。基督教不是说，所有人都可以加入基督教吗？它变为世界宗教。基督教最初是在下层社会传播，可是到三世纪危机时候就大发展。三世纪危机到什么程度？危机到罗马的一些贵族，尤其行省里一些自治市的贵族都要破产。为什么呢？罗马收税，不是自治市要交税吗？到后来都交税了，一概要交税。这个自治税，以后因为贸易问题、商品经

---

① 佛图澄（232—348），西域高僧，本姓帛氏，晋怀帝永嘉四年（310）来到洛阳，适逢永嘉之乱，先隐居草野，后投奔石勒，深得石勒及其侄石虎宠信。

② 天台宗，又称法华宗，因创始人智顗（538—597）常驻浙江天台山而得名，其教义主要依据《妙法莲华经》，是中国佛教最早创立的一个宗派。

③ 禅宗，又称佛心宗，汉传佛教宗派之一，始于菩提达摩，盛于六祖惠能（638—713），中晚唐之后成为汉传佛教的主流，认为佛性人人皆有，提出顿悟成佛之学。

④ 三武灭佛，指北魏太武帝、北周武帝、唐武宗三次"灭佛"事件。因他们的谥号或庙号都带有"武"字，故合称"三武"。加上后周世宗时"灭佛"事件，合称"三武一宗灭佛"。

济，都要交税。钱从哪儿来？税收上不来，就让地方自治市的元老们来交，弄得元老们倾家荡产。所以，不仅下层社会，包括自治市的一些元老也加入基督教。信基督教的不仅有穷人，富人也进去了，基督教性质在变化。

马克思、恩格斯曾经说过，基督教最初是奴隶和被释放的奴隶、穷人和无权者、被罗马所征服或驱散的人们的宗教。可是，现在基督教领导权就逐渐从穷人手里转到富人手里了。许多罗马人开始信基督教，结果戴克里先（Gaius Aurelius Valerius Diocletianus）① 开始镇压，可到君士坦丁（Flavius Valerius Aurelius Constantine）② 时，就承认基督教是合法的，然后进一步宣布基督教为国教。他自己还参加基督教的会议，宣布哪个是正宗，哪个是异端。基督教由被镇压的宗教成为国教，对异端进行镇压，你看排他性多厉害！这个就与中华文化的包容精神大不一样了。

基督教成为统治宗教以后，在文化史上、历史上有什么变化？基督教打断了希腊、罗马文化的脊梁骨，希腊、罗马原来的古典史学发展到四世纪时已经很可怜了！最后一个大史学家，叫马塞林纳斯（Ammianus Marcellinus）③，这时候希腊、罗马史学就断了，就变成按照《圣经》来写历史。本来希腊、罗马也没有早期历史，对不对？不像中国。为什么？上帝创造世界。中国古代神话说是开天辟地，基督教说上帝创造世界，把以色列的历史给写下来，罗马史就变成里面的附庸。基督教有一个历史，就是耶稣以前是一个阶段，耶稣诞生以后又是一个阶段。这是基督教与犹太教的不同。

---

① 戴克里先（Gaius Aurelius Valerius Diocletianus，244—312），罗马帝国皇帝（284—305 年在位），结束罗马帝国三世纪危机，建立四帝共治制，使其成为罗马帝国后期的主要政体。

② 君士坦丁（Flavius Valerius Aurelius Constantine，275—337），罗马皇帝（306—337 年在位），重新统一罗马帝国，支持基督教发展，是第一个信奉基督教的罗马皇帝。

③ 马塞林纳斯（Ammianus Marcellinus，约 330—395），罗马帝国最后一位重要的历史学家。

雅斯贝尔斯所说的"轴心"一词,他是用在什么地方呢? 就是用在基督诞生时候,这个世界变了。希腊人、罗马人的历史是以当代史为主,从有基督教开始史学进入一个新的阶段。根据基督教的说法,耶稣第二次降临时,越靠近这个越进步。在历史上是进步的还是倒退的,不是进化的,是进步的,进化论是达尔文(Charles Robert Darwin)[①]提出的,西方历史上进步观念是基督教才有的。希腊、罗马没有说进步,中国有。于是开始出现基督教史学,从前史学界对基督教史学注意得不够。这样一个新的宗教(指佛教)传入到中国以后,就融合成为中国历史的一部分,佛教丝毫没有影响中国史学。欧洲中世纪是基督教统治,真正古典的东西,希腊、罗马的东西就没有了,所以到14世纪以后,尤其是到15、16世纪,就出现了文艺复兴,要不然怎么讲文艺复兴呢? 就是古典文明的再生。

现在我们对中西方这段历史进行比较,对于魏晋南北朝和西方中世纪史有一个新的认识,西方文化与中国文化不同,中国文化有一个文化认同问题,始终有一个文化核心。这对我们解释世界史有用处,对解释中国史也有用处。魏晋南北朝时期,虽然国家是分裂的,但是始终有华夏文化这么一个核心,有一个延续性和统一性,虽然是分裂的,但里面有文化认同。带着这个,所以到隋唐,又是大统一。可是,西方没有出现这样的情况,他们没有这个认同,基督教取代了希腊、罗马古典文化。这个比较,又是一个非常生动的案例,这不能说是"非历史的历史"吧! 四百年的大震荡,又是一个正反合,震荡就变成发展。用黑格尔的观点来说,是辩证发展的。可是这个呢,我们是从唯物史观具体的历史分析出发,而不是他的"世界精神"的翻版,我们不脱离具体的历史发展。

---

① 达尔文(Charles Robert Darwin,1809—1882),英国生物学家,进化论的奠基人。1831年至1836年坐贝格尔号舰作了历时5年的环球航行,对动植物和地质结构等进行了大量观察和采集,出版《物种起源》,提出进化论,具有划时代意义。

十六　学术工作的基础问题

1. 知识结构

关于学术工作的基础问题，我以前写过这方面的文章。对这个问题，我只是作为一个年长的学者和青年学者、朋友们谈谈自己的学习方法，我只能说是贡献一孔之见，未必允当。

严格说来，个人的方法是最有效的。方法是有普遍的，那是原则，然而真正适用的方法还是个人的，就像每一件衣服都有领子、都有袖子什么的，可是穿着是否合体，就是他自己的事情了。方法也是这样。真正适用于个人有效的方法，都是具体的，一定是结合自己的知识结构、兴趣爱好和学习愿望逐步形成的。所以，首先我要说明这一点，不要认为一个方法就是框架，到处适用。我们从别人说的只能得到启发，如何量体裁衣，还是要根据自身情况，裁剪出符合自己身体的衣服。这恐怕是讨论方法应该有的一个出发点。

那么，有没有一般的具有普遍意义的方法呢？当然，我只能结合个人的经验来讲。可是我的经验未必适合别人，我也跟同辈学者甚至不同学科的朋友交流过。如果从年轻时候说起，他面临的一个问题，就是真正的基础问题。最初的基础还是需要的，而且要比较牢固，实际上这是很重要的。从基础来看，结合我自己来讲，因为我年轻时候没有条件上正规学校，主要学古文、英语、数学。这三门学好以后，还是有好处的。为什么？因为这些都是工具性的。孔子说："工欲善其事，必先利其器。"[1] 最好的办法是，能从最基础的东西学出兴趣来。如果能在这个阶段把基础打好，还是很有帮助的。

这个阶段还有其他课，像历史、地理、自然这些，中学里面有物理、化学等。大概到了高中时期，就可以发现有的同学是偏科的。我有一个朋友，他很有成就。他考高中，报考清华中学，国文 100 分，英文 99 分，数学是 0 分。当时，校长面对录取不录取他这个问题很是为难，因为数学是 0 分。后来校长说，录取他。结果这位朋友成为有名的历史学家，谁呢？齐世荣[2]。他的国文与英文，到底哪个 100 分，哪个 99 分，具体我记不清了，反正是这个情况，数学是 0 分。有的课成绩很突出，某些方面有缺陷。也有高中同班同学，每门课都好，很均匀发展，他当然能考取好的大学，但是没有一门非常优秀。我身边这样的朋友也不少，大学考取很好的学校，结果终身创造性成就不多，甚至"泯然众人矣"[3]。

我看到有这样两种类型的人。齐世荣先生是一种类型，明显偏科；还有一种类型，各科比较均匀。齐先生是抗战期间考的清华中学。清华中学英文和国文要求都很高。齐先生的父亲是留学生。这个可能对他有影响。吴晗先生也是我们史学界前辈，据说他考大学时，数学分也很低，别的科高分，是这么被录取的。不知道我属于哪种类型。我大概也是有偏向的，偏文科。我对数学有兴趣，可是物理、化学不行，搞不了理科，是有缺陷的。顺便说高中文理分科问题，是分科好还是不分科好？恐怕不能简单地下结论。德国有一所中学，中文应该怎么翻译？Gymnasium。马克思上的

---

[1] 语出《论语·卫灵公》。

[2] 齐世荣（1926—2015），江苏连云港人，曾任首都师范大学校长，教授、博士生导师，中国世界近现代史研究会会长，著有《20 世纪的历史巨变》等。

[3] 语出王安石《伤仲永》。

就是 Gymnasium，文理中学。这个学校希腊文和拉丁文都要求很高，当然，马克思数学很好。所以，其实人才是不拘一格的。

有一次，教育部讨论职业高中、职业大学考试怎么出题问题。那次会议我也去了，找了一些文科、工科的老师去。一起开会的也有一些文科老师，他们说，现在的学生为什么这么懒啊？我听一些理工科老师说，觉得对学生是放纵了。但是，我觉得没有那么放纵，课下该打球就打球，该休息就休息，没觉得懒到那个样子。可能是我们的课程安排太面面俱到，而且不分轻重，就是这样造成的。所以，学习还有个主科与副科的差别问题，什么是主要的，什么是次要的？作为一个学者，从学生开始到成为学者这个过程中，要想多方面齐头并进可能很困难。所以，这里有个自我设计问题，主要做什么，其他只要能跟得上就行。大概中学时期，就要考虑这个问题。

我上大学以后，当然也分了系、分学科了。其实，我很早就发现，历史学是跨学科的，当时不叫跨学科，不知道 inter disciplinary。但是，我知道历史学包括很多东西。我当时为什么考历史系？因为我也是多方面有兴趣，我对中文、历史都有兴趣，对很多东西有兴趣。我对先秦诸子有兴趣，对"五经"里的问题有兴趣，对文学也有兴趣，甚至对诗词都有兴趣，对地理学都有兴趣。那么，报考什么呢？假如学历史的话，我觉得里边都有了。这样，我就报考了江南大学史地系。我在朦胧中觉得学历史可以包含一切。

我为什么知道这个？因为上大学以前，我读过《史记》和《汉书》，知道《史记》的"八书"、《汉书》的"十志"，都是专门学术。尤其《汉书·叙传》的最后一段，讲史学是无所不包。原文是这样的：

> 凡《汉书》，叙帝皇。列官司，建侯王。准天地，统阴阳。阐元极，步三光。分州域，物土疆。穷人理，该万方。纬《六经》，缀道纲。总百氏，赞篇章。函雅故，通古今。正文字，惟学林。

这些我在中学时期就知道。那么，我在大学读的是史地系，以历史为主。也正因为我兴趣广泛，对很多学科有兴趣，所以我上大学时，才会疯狂地学了那么多课，特别是一年级、二年级时候，我觉得这些课都跟历史有关。

我为什么学微积分？这不仅仅是因为有兴趣。我从学几何开始，就对数学有兴趣，我觉得数学跟逻辑关系很密切。要学好历史，必须要懂哲学、懂逻辑学。虽然我数学不行，但是我可以用数学方法、逻辑方法来理解一些问题。我在读大一时，大概思想中就模模糊糊地有了知识结构问题。我也知道博与专的问题。孟子不是说"博学而详说之，将以反说约也"，这是由博而约，由博而精。你哪一点不懂，将来都不行。我从上大学开始，就养成了要不断扩大自己视野的习惯。

2. 长板短板

我在不断开拓自己视野的同时，我也意识到，我们每个人的眼界都必然是有限的。像我理科这个情况，想要做到学术前沿是不可能的。这里就涉及到一个问题，如何把我们所学知识转换成为能力，知识是零散的，容易被遗忘。那时候，我就学会了一点，就是弄清新学到的知识与已有知识是什么关系，要形成一个知识结构、知识网络（knowledge network），当时不知道"网络"，知道要有个知识结构。知识形成结构以后，才能成为一个基础。我写的《谈学术工作的基础》①一文，没有把基础固定在某个点上，就强调先打好基础。因为基础是随着你的发展而发展的，一旦基础不能有所发展，学术前沿也就达不到了。你没有那个基础，是不可能接触学术前沿的。所以，要对知识网络有一个自觉认识。

这时候就会发现一个问题，我们永远会遇到网络中间有短板，就存在

---

① 发表于《文史知识》1990 年第 6 期。

这个问题。这个短板，明显就分两类：一类短板是我们的条件难以克服的，比如说天文、历法，司马迁是参加《太初历》①编修的。历史学家讲这样的东西，今天天文学、物理学这些方面，我们都有这样的短板。我们知道得最多，也只能做到古人那样，懂得天文、历法，我们的能力有限，数学知识有限。我的一位老朋友张培瑜先生，这位先生人真好，南京紫金山天文台的，这是一位很了不起的天文学家、历法家。他知道我对这个有兴趣，他在自己的《中国古代历法》一书出版以前就把打印稿寄给我。他说："刘先生，您如果真想学天文、历法，集中两个星期时间，我教您，别的不干，大概就可以做到。"他的书，结果拖了十年才出版，后来他又送了我一本。这个书我看了以后，我觉得要学一点是有可能的，但是毕竟我能力有限。

我们要知道自己的短板，有些我们真不知道。光是古代数学这个问题还比较好办，可以补到一定程度，我要不能看《汉书·律历志》,《论断代史〈汉书〉中的通史精神》②那篇文章就写不出来。班固是根据刘歆的古文经学，实际上当时又是历史哲学，刘歆懂天文历算，他写的这个。这是中国史学理论的一个发展阶段，那么在《汉书》当中，这不是一个重要问题吗？有很多短板。很多短板是能够克服的，你知道哪儿不行，就补吧。所以，我们终生都有一个补短板的问题。你在研究中间遇到短板，你就去补。可以说，我们还能意识到、认识到自己有短板，说明我学术上还没衰老，还有前进余地。对于一个老人来说，这一点是还可以继续工作的一个基础。我现在是作为一个老人来讲，对中青年朋友来讲，可是我的意识还没有老，知道自己有短板。

另一方面，你还要意识到自己是有长板的，要认清自己的长板。长板

---

① 太初历，汉初承袭秦制，使用古历《颛顼历》。元封七年（前104），经司马迁等人提议，汉武帝下令改订历法，改年号为太初，后人即以此年号称其为《太初历》，规定一年等于365.2502天，将原来以十月为岁首改为以正月为岁首。
② 本文发表于《北京师范大学学报》2012年第3期。

是什么？有具体的，还有原则的。抗日战争期间，我根本就没有读小学，也没有读几年中学。抗战胜利以后，按照年龄，我应该上高二下，我到南京去报考成美学堂。这个我以前讲过。为什么我没有真正的结业条件？我没有在哪一个学校学习期满，所以与几位同学一起做了一个东西，虽然是弄虚作假，说已经读完高一，然后上了私立中学，这个要求低一点，当然也得经过考试录取。我为什么能被录取，凭什么？就是凭我的文章，我有长板，我的古文比较好，读的古书比较多。我的文科没有问题，国文也好，历史、地理都好解决。我剩下来的工夫，我对数学有兴趣，就剩物理跟化学，就勉强这么对付吧。那时候，化学就是在文科高分的拉扯下，就这么抢救过来的，高中时候抢救过来的。要是没有长板，这短板就过不去。考大学的时候，又是这个问题。要求各门功课的总成绩，我的文科分高，把其他课的成绩拉上去。

我觉得，认识到自己的短板是必要的，然而认识到长板同样重要。就好比一个水桶，它是一片一片木板拼起来的，是一个结构。假使各个板都平衡，就不存在长板和短板问题。如果有短板，水到短板就上不来了，得把短板补齐了，用长板补短板，长板是引导这个结构提升的。所以水桶的意识，有两层意思：一方面，要意识到自己的短板；另一方面，还要认清自己的长板，用长板补短板。像我刚才讲的，这一学科强，可以带动其他学科。

我读国文以后，就慢慢地学外文。我因为懂得小学，什么文字、音韵、训诂，我学外文也是这样，后来开始研究 etymology，这个词源学。我学习外文语法，grammar，把中国小学方法移植到学外文上。我知道怎么查词典，词源是什么。比如英文词典，有一本《韦氏词典》(*Webster's Dictionary*)、《牛津词典》，再买一本《牛津简明英语词典》，这不就有了吗？这是我常用的。我查词典，就查这个词的词源。这样在掌握一个词的时候，就能获得许多这个词的知识，就像摘葡萄似的，不是一串一串地采摘，而是一大株一大株地摘。这样学起来比较容易掌握。词本身就有结构，你看词典就能知道，它的本义是在最前面的，好的词典都这样，差的词典不行，然后是引申义，还有假借义。这不是跟《说文解字》讲的都是一样吗？这就是靠长板拉短板，以小学功夫学习外文。

我研究外国历史，跟外国人差远了，知道我的外文不行，所以我拼命学现代语言，学英文、俄文，又学德文。但是，我知道不学古文还不行，要学希腊文、拉丁文，可惜都失败了。我知道这个短板补不上来，没办法。改革开放以后，条件好了，但年纪也大了，事情也多了，我不可能再去学古文（外语）。你要知道自己能做到什么境界，还有要靠长板拉短板。比方说，我大学毕业以后，领导让我教世界史。对外国史我是陌生的，中学里学过一点，大学里也学过一点。那么，现在要教外国历史，从什么地方下手？我是中国人，中国历史我还是有点基础，怎么样记东西，怎么样组织知识结构。知道这些，对学外国史是有好处的。

另一方面，我在学中国史的时候，问题是很多的，我知道从中国史里看出问题来。比如说我读赵翼的《廿二史劄记》就看出问题来，像"汉初布衣将相之局"[①] 这些。我看外国史也知道怎么提问题。更重要的是，我要研究外国史，外文不够，尤其研究世界古代史，古代外语不够。我才知道，现代语言，我会点英文，会点俄文，再会点德文，哪儿够？还有一个问题很重要，作为教师，要教外国史，就凭借上学时学的一点东西，靠一点外国教科书作参考哪行？你怎么能做研究，需要不需要知道目录学？有哪些原始史料，有哪些重要史学著作？要知道史料学，还有这个学术史。不能光凭一本教科书，那个是死的，你得自己找。怎么办？我就知道目录学的重要，就往里面去摸，找那些有代表性的著作，不用老师天天指导。我以前也讲过，我主要从伯里的《希腊史》、格罗特的《希腊史》找原始材料，就是史料和史学，那是活的。还要看出他的书是有局限的，有哪些问题。

---

① 参见《廿二史劄记》卷二。

他们讲的这些东西能给人以启发，但是你还得自己思考，这样才能写论文，起码能达到一定的学术水平。

如果说研究希腊，我不是第一次试验做这个，转过来，我去研究印度，研究印度是很困难的。为什么我想研究印度？还是三个点，就是希腊、印度和中国，当时我还不知道雅斯贝尔斯讲的"轴心文明"。我要研究这三个国家，可是研究印度从哪儿着手？还得从目录学入手。这又是原来研究中国史的方法。在这样的情况下，有一个英国人写的东西，那目录很清楚，我从那地方做起。第二个，我从佛经做起，这很有中国特色。如果说印度佛经没有年代，中国翻译的佛经都有年代。我一旦把中国佛经目录学拿来研究印度史，中国佛经有些东西，外国没有，西方没有，这就有自己的特色了。因为目录学，我从希腊转到印度，也就是五年时间，所以要弄懂目录学这个途径。

《大藏经》浩如烟海，怎么弄啊？我知道《大藏经》总体结构以后，明确自己的研究对象是什么。早期印度佛教。早期印度佛教，就是小乘经，这也是我对佛经目录了解的结果，我知道玄奘那些是怎么来的。小乘佛经的内部结构这个比较容易把握，这是陈（垣）老给我讲的，要竭泽而渔。《大藏经》怎么竭泽法？要把自己放在一个有限的范围里面。竭泽而渔，首先必须有个意识，泽必须是有限的，它才可以竭。从逻辑上讲，假如泽是无限的，你怎么竭？凡是可竭的，一定是有限的。同时，要知道有限的泽，可能还有很多源头。这就是因为我受过目录学训练带来的方便。如果不懂得这个，可能我这个效率不会那么高。应该说，我这个印度史研究，在材料运用上还比较到位吧。

所以，要用长板拉动短板。我讲的长板跟短板还是比较全面的，既注意短板，也注意长板，是动态平衡的问题，突出了，就变成长板了，有了长板，就又出现了短板。随时看到短板，也随时看到新的苗头。长短兼顾。长板看到希望，长板得不到其他支持，也得不到发展。出现新的长板，其他的跟上，就是取长补短。补了短，变成长，其他地方又不够了，又需要补了。这个关系的理解是有现实意义的。

历史是跨学科的，要知道，我们必有跨不过去的，平衡和平衡的打破，动态，长板和短板一定是在跨学科时出现。《说文》长了，《尔雅》是短板，《尔雅》是分类的近义词词典，看《尔雅》就能知道有短板，看扬雄的《方言》也会看到其他短板，《尔雅》能让我们看出自己的短板来。《释天》《释地》，《尔雅》是要读的，不是查的，"熙"字有二义，欣也，光也。《尔雅》是短板，需要补，音韵也是。两者这么相互结合的问题，你的面就扩展起来。我跟你们几位讲，如果从年轻人到老年的时候，我不能否定我是老年了，对不对？"90后"，还不是老年吗？我知道短板在，还有短板意识，这是我还可以工作的基础，它衡量着我的底线。我还有长板意识的积极作用，是我能够发展、能够前进的一种可能，是不是？一个是短板，一个还能再往上升。如果没有这个，也就不能再往上升，就不可能进步了。这是我讲的长板，是在平面上讲的。

实际上，我们在学术研究过程中，除了平面结构以外，还有高度和深度的问题。这就是各个学科，除了历史学科以外，与其他学科的关系问题。刚才讲的主要还是知识结构、史料学方面，现在讲这个理论问题。史学从来不能离开史学史。搞史学的人，必须要搞史学史。这是额外的吗？不是。因为你要读史学，就要知道这个史学的历史。你要研究《史记》《汉书》，必须知道有多少家注。研究《左传》，不也是这样嘛！在研究史学史时，要注意这时候长板是什么。长板就是史学理论，就是见识。问题的深入是靠见识、靠理论，问题的制高点是靠见识、靠理论。史学理论是非常重要的。这时候，学习西方哲学史，学习西方逻辑，学习马克思主义理论，这都是非常重要的。要真学，不是挑几段语录。这样，我们才能知道西方史学史是怎么发展的，我们怎么才能够走向前沿。

我讲这话，不是空讲。你像为了跟黑格尔的"世界精神"进行一些讨论，我要对他的挑战进行回应，如果我不对他下些功夫，不在西方逻辑或者历史哲学上有一定训练，这是不可能的。如果说这个是精，博是以精为核心的，博需要高，需要深，博成一个地基，博做到了，你才能精。所以，这个理论本来就是我们要学的，不能够把学理论当成额外的负担。我是研究史学的，可是数学、经济学这些知识，各方面知识都是有用的。长板与短板的问题，实际还在这方面，就是更高一个层次。我们在理论上有一个短板，就会限制我们的深度，限制我们的高度。所以，不仅是语言、文字问题，还有知识结构问题。

我觉得，新一代史学工作者一定要有广阔的学术基础。为什么要有广阔的基础？为了将来开拓视野，不断地扩大自己的视野，给自己争取一个更加光明的未来。我们不仅要学好通史，还要在理论上有所造诣。现在，我们明显看到动力不足的原因是什么？最根本的一个问题就是短板克服不了，不再想这个问题，因为克服不了，想也没有用。长板的概念是什么？有时候认为熟练也是长板，熟练是根据已有的知识结构可以出现很多东西。可是没有长板的发现，没有长板提高，就没有向高、向深发展的可能。因为在这样的情况下，我们知道有个短板，我们突不破，长板也看不到，处于这种情况，这就是所谓"中等收入陷阱"①。

这个"中等收入陷阱"，不是说在经济方面，学术界也存在这样的问题。这里的问题是什么？可能原来基础就没有打好。写了一篇博士论文，现在就翻来覆去地在这篇论文里打转，出不来了。这时候，短板根本就不要补了，长板又看不见，就成为"专家"。其实真正的专家，他至少研究的点是很多的。比如说罗尔纲②先生，他是太平天国史研究专家，别的不搞，就搞太平天国史。可是，太平天国史也有各个部分啊，包括太平天国的立

---

① 中等收入陷阱（Middle Income Trap），世界银行《东亚经济发展报告（2006）》提出的一个概念，指一个国家发展到中等收入阶段（人均国内生产总值 1000—12000 美元）后，由于各种因素而出现国内市场萎缩、产业升级乏力、增长停滞不前的状态。
② 罗尔纲（1901—1997），广西贵县（今贵港市）人，曾任中国社会科学院近代史研究所研究员，著有《太平天国史纲》等。

法，各种制度。所以说，专家也需要一个广博的知识基础。我讲这些，不是不重视专家，中国缺专家，中国需要各方面专家。可是，专家也有层次的。真正的大专家，他在自己的领域是很广博的，博与精是结合得很好的。

我再讲竭泽而渔的问题，他是一块一块竭的。专家，就是把有限的泽竭了。在这个有限的领域里又博了，又精了。可在竭泽时，陈老是很清楚的，他目录学就这么读的，所以陈老这套方法，他做到哪儿都是大专家，你看他的范围多宽。他在中国通史里面，他研究哪一段都是很专的。如果说陈老受时代影响，没有人是没有局限的，这是时代局限，陈老在理论上接触较少。这是另外一回事，不能苛求。他在专的方面，他研究的各个方面都很精。再比如王静安①先生，他的学术是多方面的，他学术所到的地方都是很高深的。但是，王静安先生也有自己的局限。没有哪个人是没有局限的。所以，我们恐怕从年轻的时候就要注意这个问题。我在一个问题里头可以竭泽而渔，成为专家以后，要不要考虑以后怎么发展？我觉得，中国史学真正要发展，真正要前进，我们更需要通才。过去大史学家哪位不是通才？《史记》作者，《汉书》作者，都是通才。他们当然也是专家。

3. 传统创新

关于传统和创新问题，我今天不讲传统本身、创新本身的理论问题。我们讨论过这个问题，就是托马斯·库恩在《必要的张力》一书里讲的"必要的张力"。他说，科学创新一个必要的条件是什么？就是必要的张力，necessary tension。他说得很简单，很生动。他说，如何才能创新？这个能创新的人，一定是非常熟谙传统，他同时又是一个非常勇于砸破神像的、打破偶像的，也就是敢于反传统的人。科学创新需要这种张力，一方面熟

---

① 王静安（1877—1927），即王国维，字静安，晚号观堂，浙江海宁人，著名学者，著有《人间词话》《观堂集林》等。

谙传统，另一方面又对传统中的问题看得很深，偶像彻底破除。

现在都在讲创新，我觉得这个问题值得强调。什么叫创新？创新其实是要突破，break through。怎样才能 break through？突破对象是什么？当然是传统。不知道传统是什么，怎么突破它？必须对传统有极深入的了解，对它内在结构有极深的理解，知道传统里面存在的问题，关键问题在哪儿，问题结构是什么，对不对？只有这样，你才可以去创新。假如传统是一头牛，像庄子讲庖丁解牛似的，你得把传统真正的问题、肯綮在哪儿、关键在哪儿搞清楚。知道这个东西束缚了发展，阻碍了学术发展。所以不熟谙传统，是不可能创新的。

创新，break through，就是突破，对不对？没有突破，怎么能创新呢？创新，德文叫 Innovation，英文叫 break through。那么突破的对象是什么，不明显地是传统吗？可是，突破的问题哪儿来的？突破的问题是从传统来的，不能凭空想出来，不是我编一个问题来突破。要深于传统，就是知道传统到这儿，有哪些地方"卡壳"了。所以，一定要深于传统，深知传统的利弊。深知传统的利弊，才能看出问题来突破。

真正的创新是什么？不是说我写一本书就叫创新了，我发表一篇文章或者我讲两点东西，就是创新了。我曾经在一个受奖会上当着我们系里领导说，真正的创新，要能够回应挑战解决问题，这才是创新；你不能够回应挑战，不能解决问题，不是创新。不是号召大家创新，就万炮齐发，就能创新了。要看到面临挑战的问题，并能回答问题，才能说是创新。要是不能回答问题，这一炮，就是礼炮。问题从哪儿来？从传统来，挑战也是向传统挑战。

黑格尔对中国历史文化的挑战，那是鸦片战争前十年左右的事情。时间虽然过去将近二百年了，却一直没有得到真正意义上的回应，就这样它成了传统中的一部分。所以我们要回应挑战。挑战的问题来自传统。我们有问题，要解决，要创新，要突破，破的是传统，要破的问题来源于传统。光说挑战的问题来自传统还不够，还需要什么？突破的手段靠什么？我们能够用的资源不能空想出来的，一切资源还是来自传统。我打一个比喻。一个火箭或者一个卫星射出去以后，要脱离地球。可是，怎么才能离开地球？需要突破地球的引力。这不是 break through 吗？你要把火箭发射出去，资源不是还得靠地球吗？

传统是一种习惯力量。它为什么曾经长期有效，可是到现在面临困境？它的有效性已经到极限了。必须要知道这个，要熟谙传统，知道想要突破，要害在哪儿。这实际上是对传统的扬弃，不是对传统简单地抛弃，对传统的抛弃不能创新。抛弃了自己的传统，去学习完全是外来的一个传统，这就是所谓"全盘西化"。这个结果就是什么？我看到过你（蒋重跃）的一张"邯郸学步"照片，别去邯郸学步，什么也学不到，到时还得爬回来，是不是这样？

创新的意义在哪里？"创新"这词多有意思，实际上是由"创"而"新"。"创"这个字有两种意义：一方面是创伤，当然这个创伤不一定是肉体上的创伤，更大的可能是精神创伤，Trauma，是吧？Trauma，后现代主义代表人物安克施密特（Frank Ankersmit）[1]说的。康德也讲过，有了 Trauma 以后，就 Sublime，崇高了。所以创新，首先要有"创"，"创"就是破旧，不破不立，得有新的，才能有立，就是除旧布新，推陈出新。创新是对旧的扬弃。

创新与传统是什么关系？创新，要创造，问题从何来？问题一定是从传统提出。既然要对传统有突破，要创造，就需要从传统中看出问题来，也需要有动力。这个动力是什么？你的思想资源。我们凭头脑一张白纸，就能去创新吗？我们这个资源，还得从传统里来。人类创新都是这样。因此，真要创新，不能够凭着一张白纸似的，你用简单的想象力就可以创新了，因为我们深入了解传统的时候，实际上是掌握传统的两重性。所以精

---

[1] 安克施密特（Frank Ankersmit，1945—　），荷兰鲁尼根大学教授，当代西方后现代主义历史哲学领军人物之一，著名史学理论家、《历史哲学杂志》主编。

确地了解传统、熟谙传统的人，即懂得传统中精华的方面，它能成为传统，必有精华的地方，任何精华在历史中发展都可能转为糟粕。我们永远只能靠历史中的精华去克服历史中的糟粕，造成新的历史精华。这就是创新，是不是？问题来自于传统，解决问题的资源也在传统。所以真正的创新，必须既能够从传统中获得资源，获得问题对象，然后突破传统，解决问题。这是对立统一关系，也是一个张力问题。

库恩在《必要的张力》一书中讲的是自然科学领域的，其实我们搞文科的可以通用。历史学也一样，你对传统没有了解到一定深度，不可能有真正的创新。有时候，我们看到一些论文，作者认为自己是创新。可是，他把对方的问题放在一边，自己说。这种文章，恐怕按照必要的张力观点来讲，很难说是真正的创新，因为他躲开了对方的问题。真正要创新，一定要深入到传统里面去，从传统中发现问题，才能够扬弃，才能有创新。我觉得，不能因为库恩是美国人就简单否定，他的一些观点可能有问题，但是在这个问题上，他讲的是有道理的。

中国历史上，恐怕孔子对周公来说，应该说有创新。虽然我们看不到很多资料，但是可以想象，孔子为什么那么推崇周公？大概我们可以根据这个来推测，孔子一定看不上什么，不是"子所雅言，《诗》《书》、执礼，皆雅言也"①吗？这里面一定有孔子看不上的。我们今天看到的《尚书·酒诰》，主要是周公做的。孔子一定觉得周公做的，作为一个传统，贡献很大。这没有异议。可到孔子时代，周公的东西已经不行了，"礼崩乐坏"了。怎么办？只有很深谙传统的人，才会去做创造，才会提出新东西来。我个人的观点，孔子就是把周公之"德"进而发展为"仁"。周公讲德政，他讲仁政。周公的德政是爱民，把人当作子民来爱。春秋时期，哪个国君还把人当作子民来爱？所以，孔子讲"仁"。"博爱之谓仁"。②要把人当作

---

① 语出《论语·述而》。
② 语出韩愈《原道》。

人来爱。怎么当人来爱？他就讲"博爱"。

孟子说："老吾老以及人之老，幼吾幼以及人之幼。"这个思想资源是哪儿来的？还是周公的。儒家说"爱有等差"，就是"仁"跟"礼"的关系。"礼"是哪来的？还不是周公吗？周公的宗法制观念。孔子深谙周公之道，也知道周公之道那时已经不行了，所以他要破。他要突破的是什么？就是周公一套宗法的东西，他还把三代都当过去的。公羊家所说"《春秋》作新王"，这当然是一种神化的说法，可孔子这种做法的确是深谙周公传统，知道要破的是什么。所以在周公讲的"礼"遭到破坏的情况下，孔子这个时候讲把人当人来爱，这就叫创造性的转化，有创伤，"德"改了，变成"仁"了。

可是，不能只讲"仁"，还是要有"礼"，"仁""礼"要结合，这是孔子的一个创新。他破的是周公宗法制度、封建制度中已经被时代所抛弃的东西，新建了一个更高的东西，而他的动力与资源都是从周公来的。我的一篇文章《先秦儒家仁礼学说新探》[1]，讲孔子的创新意义就在这里。《论语·颜渊》中孔子讲"克己复礼"那段话，我觉得是孔子论"仁"的精华："颜渊问仁。子曰：'克己复礼为仁，一日克己复礼，天下归仁焉。为仁由己，而由人乎哉？'颜渊曰：'请问其目。'子曰：'非礼勿视，非礼勿听，非礼勿言，非礼勿动。'"这四个"非礼"，就是"仁"的最高境界。这个话不是我说的，是清朝学者惠士奇[2]讲的，他对程朱学说加以批判。惠士奇把这些东西提出来一看，就是孔子真正有所树立啊！

应该说，孔子思想在当时已经很先进了，这是在《论语》里可以多次看到的。孔子的思想是把人当作人看，其中潜在的就是自由、人与人之间

---

[1] 本文发表于《孔子研究》1990年第1期。

[2] 惠士奇（1671—1741），字天牧，一字仲孺，晚号半农，人称红豆先生，江苏吴县人，清代经学家，著有《易说》《礼说》《春秋说》等。其子惠栋，汉学中吴中（苏州学派）代表人物。

是平等的思想。这个话，我只能说潜藏着自由、平等、博爱的思想，"为仁由己，而由人乎哉？"①做人不做人，得你自己决定，你是自由选择的，你要想做个人，不能让别人代替你做；你自己选择不做人，别人怎么把你当人？这不是真正的自由的思想吗？"仁"，"仁"就是人，人不是平等吗？"仁"就是把别人看作跟自己一样，就是平等。由于"仁"是这样的，所以说，"仁者爱人"。这个爱不是兼爱，有个"礼"，"推己及人"，后来孟子说"老吾老以及人之老，幼吾幼以及人之幼"。应该说，这是孔子学说的精华。我举这个例子，就是要说明，"必要的张力"在孔子身上是不是表现得很清楚？孔子真正懂《尚书》，懂周公。现在具体材料没有多少，《史记》直接引《尚书》不多。可是，太史公也引用《论语》所说："子以四教：文、行、忠、信"。②他是以诗书礼乐教，就是传统。

说到这儿，需要再谈一个张力，必要的张力的另外一层含义，就是通过孔子来更好地理解创新的内在精神，就是扬弃。我觉得，我们对于孔子也应该是这样，要深入下去。比如"颜渊问仁"这章，谁不知道？你要深入下去，当然我的理解可能是错误的，我不怕别人批评，可是我怕现在没人讨论，也没有批评，很多人没有真正读懂。没有真正读懂，就很难讨论了。你要真正深入了解孔子，不是简单地批判孔子，像吴稚晖③讲的，把他抛到厕所里去。

4. 微观宏观

对于历史研究来说，还有一个宏观与微观的问题，还有这么一个张力。

---

① 语出《论语·颜渊》。
② 语出《论语·述而》。
③ 吴稚晖（1865—1953），名敬恒，字稚晖，江苏武进人，早年加入同盟会，曾任国民党中央监察委员，鼓吹无政府主义。后赴台湾。

这就是我经常说的两个 philo①，philology 和 philosophy。

　　第一个 philo，philology，就是小学，包括文字、音韵、训诂等，这些东西极具体，词义、发音、古训、名物制度，都是微观的东西。《尔雅》十九篇就讲这个。现在研究小学的人多数研究《说文》，因为清代人研究《说文》很有成绩。其实，《尔雅》很重要。《释诂》《释言》《释训》讲的是语言，一个是以古语释今言，一个是以雅语②释方言。《释言》是什么？汉字也不都是一个一个单字。像"斤斤计较"，"斤"字是斧头，也是一个重量单位。"斤斤"两个字合起来是什么意思？"斤斤"，察也，两个字合在一起，发生化学作用，意思变了，就是另外一个词，跟原来"斤"字意思没有关系了。像这样的东西，都很微观的。《释器》讲的东西，这是我们使用的器物，例如房子是要住的，茶杯是要使用的。然后释什么？《释亲》《释宫》《释乐》《释天》《释地》，具体篇章我有点忘了，反正是从近到远，还有《释山》《释丘》《释水》，最后是草木虫鱼，共计十九篇，所以《尔雅》讲的是微观的。你不了解这个，古书就看不懂。

　　清儒就发现这样的问题，所以在这方面下了很大功夫。我讲一个笑话。"文革"时期，我看到一张大字报，其中有一句话"罪不容诛"，这是什么意思？那时候，大字报旁边不是有人写旁批吗？有人用钢笔画了一道，然后批道："他有那么多罪，为什么还不允许诛啊？"罪不容诛，这话源自哪里？孟子说："此所谓率土地而食人肉，罪不容于死也。"③死都容不下你那么大的罪行，死都不够抵罪，它是这个意思。前些年，台湾的陈水扁自夸功绩，说自己在任期间建树很多，罄竹难书。可是，罄竹难书是什么意思？

---

① Philo，古希腊语，词根，"爱"的意思。
② 雅语，指文学语言，与俗语相对。此词出自清陈田《明诗纪事丁签·何景明》："东川取境甚狭，仲默广矣，雅语亦胜之。"春秋战国时期，各诸侯国语言不同，而官方交往、文人讲学、祭祀活动都使用中原雅言。《论语·述而》："子所雅言，诗书执礼皆雅言也。"
③ 语出《孟子·离娄上》。

李密写的这篇文章，讲隋炀帝的罪行，"罄南山之竹，书罪无穷；决东海之波，流恶难尽"①。形容罪行多得写不完。结果，居然还有一位历史学家帮陈水扁曲解，这就不对了。你要是不懂历史，不懂这些，就会闹笑话。

所以说，清儒就讲，顾亭林也讲过，要懂"六经"，读书识字，都是要从识字、读音开始。中国学术发展到清代，清代有衰落的一面，也有走到最高阶段的，像音韵学、小学这些走到最高阶段。张之洞说："由小学入经学者，其经学可信；由经学入史学者，其史学可信。"②就是说，真要使史学可信的话，你必须有深厚的经学基础。就是我讲的，你要熟谙传统，才能突破传统，就是张力问题。假如没有这个小学基础，没有这个 Philology，怎样能够熟谙传统呢？必须有这个基础。Philology 不是 Linguistics，Linguistics 是当代语言学，Philology 是古典语言学，类似于小学，就是文字、音韵、训诂之学。你必须要有这个基础，才可能对传统达到熟谙程度。

现在中国人都能看懂古书吗？我并不是真正研究经学的人，不过我举个例子，可以说明懂得点语言学、小学的重要性。我刚转入中国史研究时，写过一篇关于《诗经·大雅·公刘》的文章，原来的解释在我看来有问题，我靠什么东西来解决？就是小学。我写《尚书》的文章、写《左传》的文章，实际上就是靠小学。我想说明的就是我的治学方法，书不这么读不行，前人不是一切问题都解决了的。后来我写文章探讨《公刘》六章次序，在我以前有没有人看到？我觉得吴汝纶基本上看到了，我不是注明了吗？可我的结论是通过语言考证得来的。问题从哪儿来？一般人看《诗经》，就看朱熹的《诗集传》，当时通用的是这个；然后再看《十三经》。我怎么读《毛传》、读《郑笺》？这是《诗经》最早的两家注。一般来说，厚古薄今啊！但是，《毛传》跟《郑笺》有差异，我就从中看到问题，要不深入进

---

① 语出《旧唐书·李密传》。
② 参见《书目答问·清代著述诸家姓名略》。

去，就不可能这样。

有人会觉得，你为什么要研究《左传》这些？你为什么总是去研究清人做的学问？史学界的朋友一般是不理解或不会赞同我的，你把球玩出界了，你打出我们史学界了，我还跟你玩什么？我不能在球场以外跟你玩吧。可是，球有时候就得出界的，这样才能打到。导向是根本，学科是第二位的。史学涉及许多学科。司空图《二十四诗品》里面有两品："超以象外，得其寰中"①。从前我还跟聂石樵②先生借书看，现在电脑上一查就出来了，"超以象外，得其寰中"，必须要有个philo，philology，你这个基础才能牢啊！不是说我有多么了不起，还可能是错的，但是，我这个尝试不是不可以啊！谁限制了我们历史学的界限？不能搞这个，不能搞那个，哪一个都在我们历史之内。小学是历史学交叉学科之一，要打开这条路，要不然就是一个短板。

还有另外一个philo，你可能根本看不见它的深度，就在一般的层面上加以引用，这是你没有真正把握的，就是philosophy，哲学。如果刚才说的philo是"上穷"，那么，这个philo就是"黄泉"，"上穷碧落下黄泉"③，"碧落"与"黄泉"中间有张力，植根于"黄泉"，起于"碧落"，这个中间有张力，就是哲学，包括逻辑思维。史学要往深处讲，就是史学即哲学，经学实际是哲学。西方史学也涉及哲学，是不是？都受哲学影响。我们在史学研究中，经常会遇到这个问题，"上穷碧落下黄泉"，形成"黄泉"与"碧落"之间的张力。为什么要站在高处？站在高处，我们看的眼界就不同。实际上，我在讲竭泽而渔的时候，我们站在不同的高度上，有不同的

① 语出《二十四诗品·雄浑》。司空图（837—908），河中虞乡（今山西永济）人，晚唐诗人、诗论家。
② 聂石樵（1927—2018），山东蓬莱人，曾任北京师范大学教授、博士生导师，著有《古代戏曲小说论丛》等。
③ 语出白居易《长恨歌》。

可竭之泽，对不对？我们坐上飞机，去看太平洋、大西洋、印度洋，这个"泽"就不是我们在陆地上看到的"泽"，因为我们看到一望无际。不过，我们俯瞰的东西是总体的，还是要宏观与微观结合。宏观地考虑问题，是启发我们发现问题、开拓未来的。

真正的历史智慧怎样才能相通呢？高处是相通的。历史上的问题，一切理论问题，人类的文化，你站到高处才能看清。你从中国的高度就能看中国，从各国的高度只能看到各国，只有从世界的高度才能看到世界，才能看到世界整体。这是宏观和微观的矛盾，这也形成必要的张力。我讲这些，有点像以管窥天，以蠡测海，这是东方朔[①]《答客难》中说的。所以说，这个 Philosophy，是宏观的。当然，我的认识其实很粗疏，没有精密化，如果真要把这些问题作为一个系统来讲，看来也不是我的能力所达到的。

[①] 东方朔（约前 161—前 93 ），字曼倩，平原郡厌次县（今山东省惠民县）人，汉武帝时任常侍郎中、太中大夫等。《答客难》云："以管窥天，以蠡测海，以筳撞钟，岂能通其条贯，考其文理，发其音声哉？犹是观之，譬由鼱鼩之袭狗，孤豚之咋虎，至则靡耳，何功之有？今以下愚而非处士，虽欲勿困，固不得已。此话足以明其不知权变，而终惑于大道也。"

十七　记忆与史

　　现在，我再谈关于记忆问题的一点认识。因为到今天我们讲了十五次，就要结束了。首先，感谢国家图书馆中国记忆项目中心，但是具体的，得感谢全根先先生。全先生为了做我的访谈费了极大的工夫，可以说几乎做了竭泽而渔的调查，准备了长达一百余条的访谈提纲。当然，我讲的时候，也随时进行调整。还有蒋重跃教授在采访中也不时提出问题，我们一起探讨。没有你们二位的努力，我们这个对话是不可能的。所以，全先生他们做这个事，是非常重要的。重要性不是在我这儿，而在于他们所做的事业。

口述史采访合影（左起：蒋重跃、刘家和、全根先）

全先生的一个论文集就要出版了。他请我写几句话作为一个序，我已经想好要做了。我在这里可以先说一下，全先生他们现在做的，是把传统的图书馆事业向前推进了一步。传统图书馆就是收集文献，采访、分类、著录、保存，当然还有传播，现在多了一个记忆。现在口述历史要讲记忆，我觉得这个就是新的。我在全先生书的序言里讲，国外也是，我不是什么保守派，不像明朝、清朝那些学者，认为凡是外国有什么，我们中国都早已有之，我还不是那样的人。但是，我不能不说，口述历史从一开始，就是各种文献的来源。试看《国语·楚语》中申叔时说的话，楚庄王让他教太子，申叔时说"教之语，使其明德"①，其中就有"语"。《左传》《国语》当中，就有这些东西。

在古代，还有一个传统说法，就是"左史记言，右史记事"②。人的历史活动，就是"事"和"言"。"事"是通过人的行动做出来的客观的一个表现，但是如果没有"言"，这个事是不可理解的。柯林伍德说："一切历史都是思想史。"从一定角度来讲，这是对的。你做事，背后的思想是什么？为什么做这个事？总得有个思想。譬如我们今天做这个事，得有个思想。问题是，事要靠语言来表达，所以"事"和"言"缺一不可。

历史研究是需要文献来支撑的。什么是"文献"？《论语》里面，孔子不是说："夏礼，吾能言之，杞不足征也；殷礼，吾能言之，宋不足征也。文献不足故也，足则吾能征之矣。"③这段话怎么解释？"文"没有问题，就是文本；"献"是什么？还是要看何晏④注。何晏注也不是他自己的，他引用郑注。何晏《论语集解》中说："献，贤也。""献""贤"，音义相通。

---

① 语出《国语·楚语·申叔时论傅太子之道》。
② 语出《汉书·艺文志》。
③ 语出《论语·八佾》。
④ 何晏（？—249），字平叔，南阳郡宛县（今河南南阳）人，三国时期曹魏大臣、玄学家，东汉大将军何进之孙，著有《论语集解》等。

"献"就是"贤","贤"就是贤人。所以，就是有"文"，还有人，"献"是人。马端临在《文献通考》中说，凡是历代史书、记事的东西，是"文"；"献"就是"贤"，是历代臣子的谏议、奏折、文书这些。不仅当时人说话算"献"，后代人对前代人的话进行解释、评论也算"献"。

"文"和"献"是可以互相转化的。"文"和"献"互相转化的过程，实际上就是把我们"死的"图书馆变成"活的"图书馆。如果用电来比喻的话，它就形成"回路"，"文"和"献"之间互相来往的一个"回路"。这个文献，本来是故纸堆，现在变成有生命力了。这个过程，中国人过去就理解到这儿，现在我们叫记忆，叫口述史。

记忆，当然有个人记忆。所以，口述史里面，一般都是个人记忆。可是个人记忆，他不会是单独的。个人记忆一定是在一定社会背景下的，个人记忆背后涉及集体记忆，它是在集体记忆之下。个人记忆和集体记忆在平面上是相互交换的，这就是扬·阿斯曼（Jan Assmann）[①]讲的"交往记忆"。交往记忆基本上是同时的，三代人的时间。《公羊传》中，不是孔子讲"所见世""所闻世""所传闻世"吗？从祖到孙三代人，这个交往是很密切的。可是，记忆在历史潮流里是会变的，会变成"文化记忆"。

为什么叫"文化记忆"？"文化"这个词，我的理解，文化的本质，是历史文化的过程，就是事物不断扬弃、不断发展的过程。什么叫"文化"？"文化"的英文单词是 culture，就是培植、栽培，既可以是物质的栽培，也可以是对人的主观精神进行栽培。这个过程是由低级向高级发展的过程。原始人的巫术曾经是文化，它不是巫术的时候，它也是文化。要作为过程来讲，我们所有的东西，曾经的东西都是过去的，曾经的东西都是新的。这就是文化过程。所以，文化的过程就是历史的过程。用哲学语言说，都是人的努力在自我扬弃和自我否定中发展的过程。没有一样事物是全面的、

[①] 扬·阿斯曼（Jan Assmann，1938—　），德国学者、历史学家，"文化记忆理论"的提出者，海德堡科学院院士，德国考古研究所和德国历史人类学研究所研究员。

正确的，都有两方面，新的和旧的，新的不断代替旧的。

马克思说，动物都有本能。蜜蜂的巢，每个都是正六边形，这是人靠本能做不到的。蜂巢都是六边形，六边形最稳固，人做不到，人只能搭窝棚。可是从没有窝棚到有窝棚，是不是就是文化的进步？人类开始有巫，有巫医这不是进步吗？当时，巫就是文化，文化本身中间有非文化部分。手机从2G、从模拟的到数字的，现在发展到5G，那么曾经是最先进的东西不是被扬弃了吗？所以说，历史是这么一个过程。

其实，记忆也在这个过程中。现在我们做口述史，它有个好处。它是交流记忆，反映了个人，也反映了个人所认同的社会，所以，我们认同。如果把我们的记忆延续下来，这不就是文化记忆吗？在中国历史上，过去的、国内的、少数民族的历史文化，都有流传下来的历史记忆。北宋亡国时的历史记忆，再看岳飞的《满江红》，这些是存在过的，我们知道是历史。然而，中华民族整个的历史发展，这是文化记忆，大家都认同，构成中华民族的集体记忆。文化记忆是不断扬弃、不断发展的历史过程。

我觉得，把一些本来是非常容易遗忘的个人记忆使它保存下来，这个很重要。一个人的记忆很渺小，尤其像我这样的，渺小得不得了。所以最初我说不做口述史，但是，全先生坚持要做。那好吧，就展现我这个迂腐的、无用的知识分子面貌，当今这个社会还有这样的人，是不是？在这个集体记忆里，你可以更全面地了解这个社会、了解历史，还有这样一种类型的知识分子。个人虽然很渺小，从个人记忆到集体记忆，然后再到交往记忆、文化记忆的时候，就可以看出来历史发展的大致过程，以后的历史就更为丰富了。所以，我觉得做这个口述史意义非常重大。

后　记

这本小书，是由国家图书馆社会教育部中国记忆资源建设总审校全根先先生筹划而成的。全先生首先了解了我的生平大概，收罗并浏览了拙作（开有主要作品目录），提出了一百多个问题，和我商量通过访谈形成一本我的口述历史。我觉得自己作为一介书生，本不值得由国图来记录自己的个人记忆，可是他的敬业精神、学术素养和工作效率让我既钦佩又感动，于是我同意了。

全先生同我商定了访谈计划，可是他决定请蒋重跃教授来对我作访谈。他考虑到的是，重跃和我有二十余年的学术交往经历，互相了解较深，对话更容易投缘而引发出见解的交融或顿悟的火花。不过，每一场访谈时，全先生都出场指挥音像摄制，把握对话过程。每次对话以后，立即由录音记为文字初稿，他及时作初步审核，因为当时印象仍很鲜明。全部对话结束之后，速记初稿也大体完成。最后，全先生审定全稿。而他审定全稿的过程又成了他和重跃不断对话的过程，不过，因为新冠疫情的影响，这一次他们的对话是通过网络与电话进行的。在他们二位觉得需要和我核实的时候，也会同我在电话中核实。最后，再由全先生复核定稿成书。

如果允许我们驰骋想象，我觉得，这本书的形成过程就像是一场全、蒋、刘三人间篮球投篮游戏，球篮就是口述史框架，而球呢？就是那个姓刘的人的个人记忆，"球"在三人之间几经传递，最后投入"篮"中，目的就达到了，GOAL！这个比喻不免有些滑稽，颇与庄子的"寓言"类似，不过似乎也不无道理。

道理何在？请看《庄子·寓言》："卮言日出，和以天倪，因以曼衍，所以穷年。"《庄子》此篇认为，语言展示有三种方式：一是寓言，就是打比方来说，这种方式对于作口述史来说不合适；二是重言，就是引前贤权威的话来说，这种方式对于作口述史更不合适；三是卮言，所谓"卮言"，就像酒卮里的酒，只要来源不断，你就会常倒常有。这却有些像这次作口述史的方法。一个人的生活经历有极多的层次和方面，其间还有各种不同的复杂的关联，如果不分主次，拉拉杂杂，其实是永远谈不完的。所以"卮言"可以日出，但是必须"和以天倪"（循着自然的头绪），"因以曼衍"（由一事而联想多方），"所以穷年"（成年累月地谈下去），这一次的访谈还真是断续谈了一年多的时间。"卮言"看来是随便之言，但也是使口述史在对话中活生生的展现形式。

当然，这一次的访谈，是学者之间的对话交流，特别是第二部分尤为显著。《易·兑卦·象辞》："丽泽，兑，君子以朋友讲习。"所以，这一本看来是个人口述史的书，其实是"君子以朋友讲习"的结果。八卦中的"兑"卦，其象就是泽（一条水），到六十四卦中重叠二"兑"成为"丽泽"（二水交流），所以就解释为学者之间的学术交流。其意义在于它不是如同一次照相中呈现出来的凝固不变的我，而是我们三人在学术交流中随时因论题变换而展现的活生生的我。同时它又不是曼衍的游戏之谈，而是在全、蒋二位友人视野中对于我的学术人生的呈现。因此，它应该说是我们三人的共同作品。

最后，我要感谢全、蒋二位友人的合作，感谢摄像、录音、速记诸位友人的辛勤奉献，还要感谢出版社的编审先生的指教和帮助。

刘家和

于北京师范大学寓庐愚庵

2020 年 4 月 30 日